2013年教育部人文社会科学研究专项任务项目《大学生文化自觉文化自信培养与高校思政课教育教学研究——以财经类院校为例》(13JDSZ2040)阶段性成果

思想政治理论课整体性教学研究

沈大光　张高臣　主编

山东大学出版社

图书在版编目(CIP)数据

思想政治理论课整体性教学研究/沈大光，张高臣主编.
—济南：山东大学出版社，2014.6
ISBN 978-7-5607-5052-1

Ⅰ.①思…
Ⅱ.①沈… ②张…
Ⅲ.①思想政治教育－政治研究－高等学校
Ⅳ.①G641

中国版本图书馆 CIP 数据核字(2013)第 131518 号

责任策划：徐 翔
责任编辑：徐 翔
封面设计：张 荔

出版发行：山东大学出版社
社 址 山东省济南市山大南路 20 号
邮 编 250100
电 话 市场部(0531)88364466
经 销：山东省新华书店
印 刷：山东泰安金彩印务有限公司印刷
规 格：787 毫米×1092 毫米 1/16
16.5 印张 380 千字
版 次：2014 年 6 月第 1 版
印 次：2014 年 6 月第 1 次印刷
定 价：42.00 元

前言

大学生是祖国的未来，是全面建成小康社会、建设和发展中国特色社会主义、实现中华民族伟大复兴中国梦的生力军。大学生的素质如何，直接影响到民族的繁荣昌盛和国家的兴旺发达。

关于大学生应该具备怎样的素质，才能成为社会主义事业的合格建设者和可靠接班人，建国以后的历代领导人均有精妙的叙述。早在20世纪50年代，毛泽东同志就提出了培养德智体全面发展的社会主义事业接班人的战略任务。在改革开放的新时期，邓小平同志提出要按“有理想，有道德，有文化，有纪律”的“四有”标准来培养社会主义事业接班人。江泽民结合新的实际，强调从德智体美各方面促进青年一代的全面发展。胡锦涛同志希望广大青年努力成为理想远大、信念坚定的新一代，品德高尚、意志顽强的新一代，视野开阔、知识丰富的新一代，开拓进取、艰苦创业的新一代。党的十八大以后，习近平同志勉励广大青年要勇敢肩负起时代赋予的重任，坚定理想信念，练就过硬本领，勇于创新创造，矢志艰苦奋斗，锻炼高尚品格，努力在实现中华民族伟大复兴的中国梦的生动实践中放飞梦想。

上述国家领导人的叙述，表达了他们对不同时期广大青年的一种殷切期望，希望他们能够发展成为具备全面素质的人，即思想道德素质和科学文化素质全面发展的人。

思想道德素质包括政治素质、思想素质、道德素质，涵盖了人生观、价值观、道德观、法制观、人生理想、社会理想等内容。思想道德素质教育具有对大学生进行价值引导和政治导向的功能。科学文化素质包括科学素质、文化素质，是指人们的科学知识、文史知识、艺术欣赏等方面的综合素质，是人们能力、观念、情感、意志等因素综合而成的一个人的内在品质。相对于思想道德素质而言的科学文化素质涵盖了大学生的人文素养、科学素质、文化品位及审美情趣等。

思想道德素质和科学文化素质是密切联系、不可分割的。其中，思想道德素质是根本、灵魂，主导着科学文化素质的发展，没有良好的思想道德素质，科学文化素质的提升就会缺乏正确的方向。科学文化素质是基础，没有良好的科学文化素质的支撑，思想道德素质也难以提升。列宁强调，“文盲是处在政治之外的……不识字只能有流言蜚语、谎话偏见，而没有政治”。“共产主义是从人类知识的总和中产生出来的”，“只有了解人类创造的一切财富以丰富自己的头脑，才能成为共产主义者”。[①] 20世纪60年代初，陈毅曾对北京的高校毕业生以开飞机为例说过这样一句话：“不专，就飞不上去；不红，就飞不回来。”这句话十分形象地揭示了思想道德素质和科学文化素质的关系，二者必须全面发展，不能偏废。

在大学教育中，对大学生实施两个素质的全面培养，是一个综合的、系统性的工程，各个方面均承担着全面培养大学生素质的责任。当然，又各有侧重。毋庸置疑，高校开设思想政治理论课的首要目的是加强对大学生思想道德素质的培养。

中宣部、教育部强调，高校思想政治理论课是对大学生进行马克思主义理论与思想品德教育的主渠道。要通过思想政治理论课的开设，引导和帮助大学生确立马克思主义信仰，坚定中国特色社会主义的理想信念，树立正确的世界观、人生观和价值观。

当前，高校思想政治理论课开设了“马克思主义基本原理概论”、“毛泽东思想和中国特色社会主义理论体系概论”、“思想道德修养与法律基础”、“中国近现代史纲要”四门必修课程。另外要求开设“当代世界经济与政治”等多门政治、经济、人文知识类选修课。应该说，基本形成了以四门必修课为主干，以选修课为枝叶和辅助的完整的课程体系。从整体上看，四门主干必修课的设置结构合理、功能互补，它们之间既互相联系，又相互区别。

首先，四门必修课程对于培养大学生的思想政治素质分别担负着不同的使命。“思想道德修养与法律基础”以人生观、价值观、道德观、法制观为主线，以教育和引导大学新生适应大学生活，培养综合素质为切入点，教育引导大学生加强自身思想道德修养，增强法律意识。“中国近现代史纲要”主要帮助学生了解国史、国情，深刻领会历史和人民怎样选择了马克思主义、怎样选择了中国共产党、怎样选择了社会主义道路、怎样选择了改革开放。“马克思主义基本原理概论”课则是要提高大学生的马克思主义理论素养，使他们学会运用马克思主义的立场、观点、方法去观察和分析问题。“毛泽东思想和中国特色社会主义理论体系概论”对学生进行系统的马克思主义中国化理论教育，坚定他们在党的领导下走中国特色社会主义道路的理想信念，增强投身到我国社会主义现代化建设中的自觉性、主动性和创造性。

其次，四门课程又紧密联系，功能互补。其中，“马克思主义基本原理概论”是基础，“毛泽东思想和中国特色社会主义理论体系概论”是重点，“中国近现代史纲要”是主线，“思想道德修养与法律基础”是落脚点。“马克思主义基本原理概论”所进行的马克思主义立场、观点、方法教育，可以为其他三门课程的学习奠定坚实的理论基础，提供科学的世界观和方法论指导。“毛泽东思想和中国特色社会主义理论体系概论”课的教学内容是马克思主义普遍原理同中国不同时期社会实际相结合产生的理论成果，大学生对这门课程的掌握程度，不仅关系到大学生对党的方针政策和社会现实问题的理解和判断能力，而且关系到大学生对实现中华民族伟大复兴的信心，对党和国家的信任。“中国近现代史纲要”课的主要教学内容以历史为线索，勾画出了近现代中国人民选择马列主义、选择中国共产

① 《列宁选集》第4卷，人民出版社1996年版，第590、284、285页。

党、选择社会主义、选择改革开放的历史根源的主线。“思想道德修养与法律基础”课则立足于帮助大学生树立正确的人生观、价值观、道德观和法制观，培养德智体美全面发展的社会主义合格建设者和可靠接班人。这一目标也是全部思想政治理论课的落脚点。因而，四门课程各有侧重，功能互补，虽然具有不同的地位和作用，但是不能替换，缺一不可。

新的高等院校思想政治理论课体系确定以后，国家对于教材内容进行了精心设计，从教育主管部门到高校的一线课堂，许多专心从事思想政治理论课教学的教学管理人员，在各方面也投入了大量的精力，对大学生思想道德素质的提升起了明显作用。然而，在实际教学过程中也凸显出一个不容忽略的问题，即思想政治理论课的教学目的与实际教学效果相去甚远。

2009 年 3 月 24 日，韩国《中央日报》报道了这样一则消息："要想在聚集中国精英的北京大学图书馆占座应该怎么做？早去学校，然后在椅子上放上书包或者其他物品，就是上策。但这种方法存在一个致命性问题，那就是丢失物品的危险。于是，点子多的学生会在椅子上放一些谁都不屑一顾的物品。有一种东西用于占座非常好，那就是有关马克思主义的书籍。"外电的这则报道某种程度上反映了我国大学思想政治理论课教育的现状。

在实际教学过程中，根据对思想政治理论课教学情况的实际调研，我们也认为存在着明显的“三个弱化”问题：一是课本难度性的弱化，即教师固守刻板课件倾向讲授简单化的教材内容。不少教师对教材缺乏深度研究，只是固守刻板课件，上课时充当“操作工”，对学生进行“机灌”，从原先的“照本宣科”演变为“照课件宣科”。久而久之，教师自身的马克思主义理论水平下降，影响到对大学生马克思主义素养的培养。二是课堂生动性的弱化，即满足于自我陶醉式的“我讲你听”授课方式。课堂教学过程中，理论讲授和实践感染结合不足，生动性不够。不少教师在理论知识同大学生切身利益和关心的问题的最佳结合切入点上把握不足，用力不够，讲授内容针对性和实效性不强，枯燥乏味的东西多，新鲜诱人的东西少。空洞说教的结果，必然是师生双方均感无趣。三是教学效果性的弱化，即追求效果的表层化，促使学生满足于到课率或者考试及格率。学生对思想政治理论课的厌倦情绪和逆反心理，导致学生缺乏听课的主动性，反映在教学效果上，则仅仅满足于考试是否及格，导致思想政治理论课的内在育人功能不能有效地发挥出来。

如何使思想政治理论课的教学效果由表层向深层转化，使大学生由被动接受转为主动要求接受，使思想政治理论课真正成为提升大学生“三观”的主渠道，把大学生培养成为德智体美全面发展的社会主义合格建设者和可靠接班人，是当前思想政治理论课教学中必须认真研究解决的重大而紧迫的课题。

我们在思想政治理论课教学改革的探讨中逐渐形成了一种共识：要加强思想政治理论课教学的整体性研究。唯有如此，才能真正做到中共中央、国务院要求的“以理想信念教育为核心，以爱国主义教育为重点，以思想道德建设为基础，以大学生全面发展为目标……坚持以人为本，贴近实际、贴近生活、贴近学生，努力提高思想政治教育的针对性、实效性和吸引力、感染力”的教学目标，才能真正提高思想政治理论课教学的实效性。

在展开整体性教学研究的过程中，我们的总体考虑是首先厘清四门必修理论课究竟各自应着力培养大学生哪些方面的素质;其次从培养这些素质入手,结合各门课的基本内容,确定教案;最后组织各教研室教师具体组织教案的编写。本书就是我们整体性教学研究的成果。总的来说,本书具有两个明显的特点:一是整体性;二是实效性。我们希望通过思想政治理论课的整体性教学研究,切实改变以往四门必修课各自为政、内容重叠、口号式说教、脱离大学生基本素质教育需求的局面。

需要特别说明的是,本书是以四门主干必修课的基本内容为基础展开编写的,同时也借鉴了众多学者的研究成果。书中的引文,凡属未作页下注说明出处的,皆引自:《马克思主义基本原理概论》、《毛泽东思想和中国特色社会主义理论体系概论》、《思想道德修养与法律基础》、《中国近现代史纲要》四本教材。

邓小平同志曾经说过这样一段话:"在我们的社会里,广大劳动者有高度的政治觉悟,他们自觉地刻苦钻研,提高科学文化水平,从而必将在生产中创造出比资本主义更高的劳动生产率。"[①]期待我们的整体性教学研究能为实现这一目标产生些许裨益。

本书在编写过程中,错漏难免,恳请同行批评指正!

编　者

2014年2月

① 《邓小平文选》第2卷,人民出版社1994年版,第88页。

目录

第 1 章　集体主义品质培养

大学生是民族的希望、祖国的未来，肩负着人民的重托、历史的责任。在大学阶段，引导大学生提升集体主义品质，保持积极的人生态度、良好的道德风尚、健康的生活情趣，努力做中华民族传统美德的传承者，做体现时代进步要求的新道德规范的实践者，做新型人际关系和良好社会风气的推动者，是"思想道德修养与法律基础"课教学的首要任务。

本章通过对《思想道德修养与法律基础》教材内容的解读，确定大学阶段主要应该培养大学生九种品质。

1.1　明确角色

【教案视角】

1. 大学及大学精神(90 分钟)
2. 大学生应该承担的角色与责任(90 分钟)
3. 大学生如何适应大学生活(90 分钟)
4. 大学生道德素养与法律素养的培养(90 分钟)

【本讲视角】　第 3 视角

【教学目的】　通过本讲教学，使大学新生全面直观地认识大学，了解大学生活，明确社会对大学生的期望以及大学生应该承担的角色，帮助他们尽快适应大学生活，实现从中学到大学的完美转变。

【本讲内容】

大学生如何适应大学生活

告别中学时代，迈进大学校门，人生的历程翻开了新的一页。能否迅速适应大学生活，顺利实现人生角色的转变，是莘莘学子首先要面对的问题。而要成功实现角色的转变，则首先要对大学及大学生活有一个全面的了解。

一、大学及大学理念

(一)导入

请同学们思考并回答两个问题:

1.步入大学前,你心目中的大学是什么样?

2.步入大学后,你眼前的大学是什么样?

在同学们回答的基础上进一步引导学生思考:什么是大学?

(二)大学理念

大学不在于一定要有大大的校园、高高的教学楼,大学有其深邃的精神和理念。

《大学》开篇写道:“大学之道,在明明德,在亲民,在止于至善。”[①]蔡元培指出:“大学者,研究高深学问者也。”[②]大学的“大”在于:真理为大;学术为大;育人为大;要有大师。

大学就是大师、大学生和大学问的紧密结合,是大学生成长成才的重要阶段和平台。

二、正确认识大学生活

一位大学生在网上发表感受,认为大学是“培养人的殿堂,这里的同学文明程度很高,这里的学习气氛很浓厚,这里的环境很优美……”而在另一位学生的眼里,“大学还不如过去的中学,老师上完课就走,就连辅导员也是一两个星期才能见一次面……”显然,由于每一个大学生接触的都是一定时期、一定际遇下特定的学校,因而对大学都会有着不尽一致的感受。但是,作为一种独特的社会机构,大学在人们这种丰富多彩的感受背后又有着自己的共性和个性。为了更好地体会并利用大学的美好时光,了解大学生活的特点无疑是大学生实现自我发展和成才的一个重要环节。

(一)学习要求的变化

大学学习知识的广度和深度都大大增加,有确定的专业方向,需要大学生发挥主动性,在课余时间广泛涉猎相关知识,掌握科学的学习方法,培养自学能力和独立思考问题、分析问题、解决问题的能力。同时,学习环境的弹性也很大。第一,大学实行的是学分制,除了公共科目、专业基础知识属于必修之外,各专业都开设选修课,大学生可以根据个人兴趣和能力选择选修课程。第二,在大学课表上,由老师讲授的课仅占一部分时间,其余都是自修时间,大学生可以自由支配。第三,大学老师所讲内容信息量大,不局限于书本,还常涉及本学科研究的最新动态和成果,并且许多问题尚无结论,这就要求大学生上课时不仅要认真听课、做好笔记,还要开动脑筋,主动参与,积极思索。第四,教师有时会布置大量课外阅读书目。第五,图书馆和网络的作用凸显出来,如何利用图书馆和互联网搜索资料和掌握信息成了现代大学生必备的技能之一。

(二)生活环境的变化

大学生活有着许多特点,绝大多数新生都不同程度地存在一个适应过程。尽管大学生活向每一个新生展现着通向理想彼岸的曙光,但是如果学生不能适应大学生活,那么一切美好的前景便是海市蜃楼,转瞬即逝。

上大学对于绝大部分大学新生来说意味着告别家庭,开始独立生活。例如,从生活方

---

① 孙培育:《中国教育史》,华东师范大学出版社1991年版,第156页。

② 蔡元培:《蔡元培教育文选》,人民教育出版社1980年版,第23页。

式看，上大学之前，大部分同学都是走读，也没有完全脱离家庭和父母，虽然不至于衣来伸手，饭来张口，但生活中的衣食住行却不用自己操心。但上大学后，生活上就失去了家庭的照顾，衣食住行得完全靠自己。从生活习惯上看，饮食方面的显著差异、语言环境的变化、作息制度和卫生习惯的不同、经济安排不当等，也会给新入学的大学生带来很多麻烦；从生活范围看，中学时代生活领域较窄，学习是生活的中心内容，课余时间少，但进入大学后，生活的领域大大拓展，除了学习外，参加丰富多彩的校园文化活动则是锻炼自己的好机会。因此，大学的独立生活会给每一个大学生带来全方位的挑战。①

(三)社会活动的变化

大学生活还具有社会性的特色。进入大学后，各种校园组织都会热忱欢迎新成员加入以扩大组织力量、提高活动水平。除了有正式的组织，如党组织、团组织、学生会、班委会、校园广播台、网络管理服务中心等之外，也有业余的由志趣、爱好相同的学生自愿组织起来的各种学生社团。这些社团有各种类型：①专业学术型：如马克思主义哲学研究会、毛泽东思想研究会、邓小平理论及“三个代表”重要思想学习小组、党的基本知识学习小组、科普协会、电子爱好者协会等。②文体娱乐型：如文学社、合唱团、艺术团、演辩协会、足球协会、集邮协会、摄影协会、书法协会等。③社会服务型：如电子系的家电维修小组、法学系的法律咨询服务队等。

同学们可以根据自己的特点和爱好，经过慎重考虑之后，选择一两个社团参加，可以丰富自己的课余生活，锻炼自己的组织和交往能力。值得提醒的是，参加各种校园文化活动，仅仅是帮助自己得到锻炼的途径之一，学习才是大学生的主要任务，千万不要主次颠倒，贻误了大好时光。

三、如何适应大学生活

(一)心理的适应

1. 角色改变与自我评价

许多大学生在中学里是佼佼者，深得老师的关注和同学的羡慕，是家长的宠爱对象，是生活里的中心和重心。然而，在大学里，几乎每个人都有着辉煌的过去，人人有奇才，个个是高手，在激烈的竞争中只有少数人保持原来的中心地位和重要角色。多数学生在从中心角色向普通角色转变的过程中，自我评价会受到不同程度的冲击。这种冲击基本上来自于两个方面：学习成绩和能力特长方面的比较。

成绩一直是中学生评价自我和他人的重要标准，可是在新的集体里，原来的市级甚至省级高考状元可能学习成绩落后于一个高考成绩一般的同学。这里有学习方法的因素，也有心理压力的因素。原来以学业成绩优秀而建立起自信心的大学生，用原有的信念推论出“学习成绩不好，个人价值就低”的结论，这个结论沉重地打击着他们的自尊心和自信心。许多人因此出现了失眠、神经衰弱和抑郁症。

大学里评价人的标准并非是单一的学习成绩，能力特长成为实际生活中衡量一个人水平的重要因素，并且有愈来愈重要的倾向。比如，一个大学生知识面很宽，或者社会交往能力很强，或者能歌善舞，或者有体育专长，这些都能令人刮目相看。这会使那些只看

① 参见罗国杰：《思想道德修养》，中国人民大学出版社 2002 年版，第 25～26 页。

重学习成绩而缺少能力或特长的学生心理上产生不平衡感：自己成绩优秀却得不到掌声，而学业不如自己的人却在校园里如鱼得水。如果这种困惑迷茫的心理状态调整不好，就容易产生心理障碍。

2.重要丧失与挫折感

在人的一生中的每个特定阶段，重要丧失的内容也有所不同。即使在大学时期，入学之初与后期，也有较大差别。

大学新生最重要的丧失是丧失了对家庭的完整依赖。从事事由大人做主到常常要自己拿主意，包括选修课程到买生活用品等，这使得初次离家者顿生无助之感。所以，常常有学生流着泪给父母写信或打电话，哭诉自己的不适应。近几年的报道中就有大学生因无法独立生活而退学回家的事例。的确，家庭是一个人最重要的社会关系，在依赖了十几年后一下子断开直接的频繁的联系，会给很多大学生的心理造成一些影响。这对于那些在家庭中接受独立训练较多的学生来说，适应起来比较容易。

第二种是指对教师的依赖减少。中学教学更多地强调教师的主导作用，由教师制订学习目标、学习计划并监督执行。而大学更多强调学生的能动作用，原来由教师完成的许多工作要由学生自己完成。失去了学习中的拐棍，大学新生常有茫然不知所措的感觉。如果不能及时调整自己就可能导致学习成绩下降，由此带来的心理问题是不言而喻的。

第三种是指朋友的分离。中学时代许多人都结交了非常要好的朋友，这种友谊是青春时代重要的精神支柱和财富。有许多问题不能讲给家长和老师，但可以说给朋友听。这种朋友关系是影响心理健康发展的一个外在因素。但升学使多数好朋友各分东西、身处异地，新的环境中又难以短时间内觅到挚友。一旦遇到困难、受到挫折，孤独感和失落感就会油然而生。

大学新生面临着众多的丧失，由丧失所带来的挫折感围绕着他们，那么怎样才能走出困境，走向心理健康，走向成功呢？

3.学会自我调节

每个大学新生，在升学喜悦之外，要接受这样的现实：一切都只能说明过去，必须接受眼前的一切，开始新的生活。大学生活是一段全新的生活，每个人站在起点上都要自己来决定未来。谁都可能成功，谁都可能遇到坎坷，唯一可以确定的是：只有自己才能使一切美好的愿望得以实现。面对难题，可以向老师请教，也可以与同学探讨，但更重要的是自己独立思考，自己确定而不是单纯地依赖别人告诉你做什么和怎么做。面对挫折，可以伸出求援的手，可以自己咬紧牙关独立解决，可以把一切愁苦留给自己，把欢笑留给别人，也可以向朋友倾诉，寻求理解……总之，在新的环境中，在新的挑战下，大学新生只要充分调动起自我的力量来迎接新的一切，入学适应的阶段就会顺利通过，在未来会不断留下成功的足迹。①

(二)环境的适应

大学新生面临的另一个巨大的变化就是环境的变化。多数学生从中小城市、乡镇农村到大城市读书，在家庭所在地就读的大学生也从走读变成住校。能否适应新环境，就成

① 参见龙建成：《大学生心理健康向导》，西安电子科技大学出版社2001年版，第32～37页。

了大学生们必须迎接的一个挑战。

1. 自然环境的适应

校园是大学生活中最重要的场所，对校园环境是否熟悉和充分了解决定了大学生能否在这个环境中自如地生活、学习。有的人入校后一经安排好行李，马上就到校园各处熟悉情况，办公室在什么地方，教室、图书馆的使用规定，食堂的开饭时间，如何购买澡票，甚至学校有几个门，商店、电话亭的位置等，都能在短时间内了解清楚。这样，在办理各种手续、解决各种问题时就会比别人更顺利、更节省时间、更早适应新环境，而且还可以给那些对周围环境不熟悉的同学以指点和帮助。与他们相反，一部分同学刚到新的环境中，非常拘谨、胆怯，缺乏方向感，生怕走远一点儿就迷路，又不好意思开口向别人求援，所以尽量少走动、少说话，遇到一定要办的事则只能跟在别人后面，或者结伴而行。

对新环境适应快的学生，很快就成为班级中的重要人物，担任一些班级工作。与老师、同学接触多，掌握的信息多，锻炼的机会也多，能力提高很快，自信心也就逐渐建立起来了。

如何尽快熟悉新的环境呢？除了自己摸索以外，比较方便的方法是向高年级同学或者同乡请教。多数老生都愿意把他们的经验、教训介绍给新生，以帮助他们尽快适应、少走弯路。

2. 人际环境的适应

相对来说，中学生的人际环境简单些，对处理人际关系的能力要求不高。进入大学后，人际关系的类型、交往方式都发生了相当的改变。

(1)师生关系。在中学里，学习内容、学习时间和学习计划都由老师安排，学习效果由老师随时检查，师生关系比较密切。而在大学里，班级设班主任或年级设辅导员，最多与学生一周见一次面。到了高年级，具体工作大多由学生自己或班干部组织完成，学生得做自己的老师。难以适应这种师生关系的学生，表现为事事等着老师决定、安排，保持着对老师的依赖和顺从，缺乏主动性和独立性，老师没安排的课不主动选，老师没指定的书不主动读。这些大学生以完成基本学分为目的，缺少与教师的主动交往，对自己没有进一步发展、提高的要求。而那些能够较好适应这种师生关系的学生，则能自己确定学习和发展的目标，自己制订学习计划，自己安排时间表，自己选课，自己检查学习效果，主动找教师征询意见，请教师帮助解决困难，定期向教师汇报学习状况，提出自己的计划与教师共同探讨。

(2)同学关系。人际环境的适应中问题最多的还是同学之间的关系。许多同学都为处理不好与其他同学的关系而深深苦恼，甚至出现神经衰弱和失眠等症状。

①同学关系紧张的原因：

首先是思想观念、价值标准的不同。有的人看重能力，有的人看重品行；有的人信奉“人之初，性本善”，有的人相信人在潜意识里总有犯罪的动机；有的人追求学业上的成就，有的人追求人际关系的和谐。这样，在遇到实际问题时观点常常发生冲突，行为倾向性也有不同，争论甚至争吵在大学校园里屡见不鲜，因为大学生的自我意识很强，都想证明自己的观点并坚持自己的立场。

其次，大多数同学曾经在学习、工作方面有出色成绩，这样，同学们聚集在一起，谁都不服别人，或者害怕落后于别人而有一种紧张感，心理压力很重，于是，明争暗斗使每个人绷紧了神经。嫉妒、不公平就造成更多人际关系的紧张。

另外，生活方式、习惯的不同也是大学生人际适应的障碍。最明显的是南北方的差异：南方人谨慎、细心，北方人直率、坦诚；南方人含蓄，北方人外露；南方人吃辣、喜食米饭，北方人口味重、喜面食；等等。对于每个人来讲，生活习惯也是千差万别的：有的人外向，整天说个不停，有的人内向，少言寡语；有的人早起早睡，有的人早上不起，晚上不睡；有的人独善其身，有的人广交朋友。这样一来，晚上看书的人影响早睡的人休息，爱卧谈的人搅扰不善言辞的人，爱静的人被朋友多的人搞得烦躁。而每个人的生活习惯又一时难以改变，所以，有相当一部分人因生活习惯相差太多而互相排斥。

差异是客观存在的，每个大学新生都必须面对它，接受它。对待新的环境要以一种积极的态度去适应。首先要承认的是每个人都有各自的生活习惯和价值体系，如果你与别人生活在一起，你就得连同他的生活方式一起接受。如果别人的生活方式有碍于你的生活，你需要委婉地提出意见，适当地进行自我调整。

②同学关系紧张的常见情况：

处理不好同学关系的人大致有两类：一是过分求全，处处忍让。这种人一味迁就别人，别人对的他接受，别人不对的他也接受。有了意见也不肯提，怕伤了和气，怕别人对自己印象不好，怕别人“报复”自己。看起来这种人与世无争，与人为善，其实内心里多有压抑，容易出现抑郁症的症状，如少言寡语、不爱与人交往、退缩，或者出现少数极端不理智的行为，如伤害他人、自杀等。另一种是过分维护自己，对别人缺少宽容，以自我为中心，言谈举止不考虑别人的利益。这种人在群体中不容易被接纳，常常不受人欢迎，是群体孤立的对象。

要想处理好同学关系，必须动脑筋，讲究方法技巧。比如，舍友爱卧谈，直接提意见制止他们难以奏效，那么可以相应地调节自己的计划，或推迟上床的时间，或听英语磁带等。给别人提意见一定不能当着众人的面，以免使对方难堪、丢面子。

(三)生活的适应

高中生的大部分时间和精力都用在学习上，生活上的事绝大多数是由父母包办代替的。到大学后，生活有了较大的变化，没有了父母、长辈悉心的照料，真正的独立生活需要做好充分的准备。

1.生活自理能力的培养

独立生活能力的一个重要方面体现在对钱的管理上。除了交学费买学习用品，一般大学新生没有太多“理财”的经验。由于一般家长每月或几个月给学生一次生活学习费用，大学生就要自己独立计划如何进行消费。计划不当甚至没有计划的学生常常在最初的时间里大手大脚——“过度消费”、“超前消费”。现在的大学生“超支”现象很严重，赶时髦、讲排场的风气对大学新生也有相当的影响，往往一次娱乐的开支就能用掉生活费的一大半，加上伙食开销，父母每月固定的汇款就所剩无几了，于是以各种名义要求父母追加费用的学生越来越多。

花钱是要有计划的，这首先要考虑在整个生活中哪些开支是必需的、基本的，哪些是可有可无的，还要了解自己父母的经济能力和自己挣钱的可能性。有了这些基本情况的分析，再确定自己的“花钱计划”，使之切实可行。

2. 良好生活习惯的培养

生活习惯代表着个人的生活方式，它不仅影响个人的身心健康，而且对人的未来发展有间接的作用。大学生正处于长身体、长知识的阶段，身心健康是确保顺利、成功度过大学阶段的一个重要基础。为了达到身心健康的目的，从一进大学起，就该切实重视这个问题，培养良好的生活习惯。

第一，每天要有严格的作息时间，生活的高度规律性是身体健康的保证。大学生自己可以安排和利用的时间较多，生活内容较为丰富多彩，如果不能妥善计划，生活的杂乱无章就会使人精疲力竭。

第二，要有良好的饮食习惯。大学生中胃病患者较多。原因主要有二：一是饮食不规律。很多人早晨起床较晚，来不及吃早饭便去上课，有的就索性取消了早饭，有的则在课间饿时随便吃些零食。二是暴饮暴食。个别学生有饮酒的习惯，这不仅影响身体健康，而且也会增加开支。

第三，要坚持锻炼身体。因为读书而使身体垮掉的大有人在。近几年，高校中因病休学、退学的人很多；尽管校方经常开展各种体育活动以促进学生增强体质，但真正重视身体锻炼的学生却并不多。

第四，保持乐观而平稳的心态。生活中难免有各种各样的挫折、坎坷与困境。面对困难，要有乐观的态度。遇到逆境，不要失去信心。要学会自我调整，学会寻求帮助，学会向别人倾诉。倾诉不仅能宣泄、化解心中的郁闷，而且还会得到别人的帮助，迅速走出不良心境。

3. 业余时间的安排

大学生活的内容是丰富多彩的。除了教学活动以外，还有多种讲座、讨论会、学术报告会、文体活动、社交、公关活动等。这些对于大学新生来讲，的确是令人目不暇接的，到底该怎样安排业余生活，心中无谱。如果完全凭兴趣，随意性太大，就很难有效地利用高校的环境，也就不能更好地调动和发挥自己的潜能了。

要合理地安排业余活动，一定要首先对自己有理智的分析。看看自己本阶段要达到哪些目标，自己最迫切需要的是什么，长远目标是什么，各种活动对自己发展的意义又有多大。然后做出最好的计划，并且在执行中不断地修正计划。值得注意的是，一部分大学生常常过多地娱乐，对学业抓得不紧，考试只求 60 分及格即可，每天玩的时间多于学习的时间。虽然这些人多数能拿到毕业文凭，但因基础知识不扎实，缺乏学术、科研能力，毕业后，往往难以胜任本职工作。

(四)学习的适应

学习是大学生活中最重要的一部分，大学的教学体制、教学方法都与中学有着明显的不同。能否尽快适应全新的大学学习生活，直接影响着四年的学业，并间接影响着以后的工作、生活。而且，心理咨询工作者发现，大学生心理疾病的一个重要原因就是学业适应不良造成的心理压力和紧张。

1. 充分了解学习环境

一般来讲，大学的校园规模都比较大，教学设施比较齐全。新生入学后，在思想上要有这样一种认识：要想在学业上获得成功，一定要在发扬勤奋刻苦精神的同时，充分利用现有的学习条件。“能干加巧干”是成功的保证,这里的“巧干”就有熟悉利用周围环境的意思。有了初步的认识后,就要在最初的几个月里,迅速熟悉学校可以提供的一切教学及辅助设施,如教学、办公地点,图书馆的使用时间和方法,教学辅助设施包括实验室、复印室、录音室、书店等。大学中,教学内容所包含的信息量越来越大,单凭坐在教室里苦读书是难以适应的。大学生必须通过多种渠道获取大量的信息,并充分利用现代多种高科技教学手段来掌握、运用自己所学的知识,提高自己的能力。

另有一部分大学生,对学习环境、教学设施的意义理解不够、重视不足,认为只要把老师讲的掌握了就行,所以,他们除了课堂以外,很少利用各种有利条件来发展自己、提高自己,这是对有限的教育资源的浪费。从个人角度来看,这也是对个人潜能的一种极大的浪费,因为在正确的态度指导下,充分利用环境中的优势,个人的能力与潜力将得到最大限度的促进与提高。

2.适应新的学习气氛

同样是一种竞争的学习气氛,但大学与中学相比是截然不同的。这里很少有人监督你,很少有人主动指导你;这里没人给你定具体的学习目标,但这里绝不是没有竞争。每个人都在独立地面对学业;每个人都该有自己设定的目标;每个人都在和自己的昨天比,和自己的潜能比,也暗暗地与别人比。这里一切都看似轻松、自由,但实际上却充满了紧张与竞争。大学新生入校后,刚刚从高中紧张得透不过气来的竞争中松绑,一下子被表面上轻松的大学气氛所包围,若时间长了不能体会到这种激烈竞争的氛围的话,不久就会在许多方面落伍。

3.调整学习方法

学习方法对学习效果的影响是不言而喻的。而大学的学习方法又与中小学的方法差别很大,许多学生一时难以适应。以教师为主导的教学模式变成了以学生为主导的自学模式。课堂讲授知识后,学生不仅要消化理解课上学的内容,而且还要大量阅读相关方面的文献资料。自学能力成了影响学业成绩的最重要的因素。这种自学能力包括:确定学习目标,对教师所讲内容提出质疑,查询有关文献,确定自修内容,将自修的内容表达出来与人探讨,写学习心得或学术论文等。

从旧的学习方法向新的学习方法过渡,这是每个大学新生都必须经历的过程。及早做好思想准备,就能较好地、顺利地度过这一阶段,少走弯路,减少心理压力,促进学业成绩的提高。在高校心理咨询中心,一些大学生心情沮丧、神态忧郁,主诉的内容多与学习上的挫折有关。究其原因,不难发现,承袭过去的学习方法,虽勤奋用功,亦难以获得能力的全面提高,这是相当普遍的现象。尤其对于那些以往的学习尖子来说,这种挫折带给他们的是自信心的丧失,严重者可导致精神障碍。所以,学校在新生入学时应有学习方法上的辅导与经验介绍,新生本人更应该在学习方法上勤观察、多思考,以应付可能出现的学习危机。

【结语】 生活与学习是一体的两面,生活推动着人们不断地学习,而学习又让人们懂得如何生活。大学阶段是一个人成长成才的重要阶段,是人生道路的一个新起点,可能会面临许多新的挑战。只要我们做好充分的准备,就能很快适应大学生活,明确自己将要承担的社会角色,为将来成为一个有责任、能担当的人才奠定良好的基础。

(张瑞)

1.2 树立理想

【教案视角】

1. 大学生如何科学地树立和实现理想(90 分钟)
2. 分享对“理想”的感受及对未来的规划(90 分钟)
3. 理想的多维性分析(90 分钟)
4. 大学生的信仰确立问题(90 分钟)

【本讲视角】 第 1 视角

【教学目的】 本讲教学旨在触发大学生去积极地思考理想、信念、信仰等相关问题，感悟理想信念对自身成长成才以及未来人生发展的重要意义，并在帮助大学生明确如何树立科学的理想信念的基础上，引导其自觉地投身于实践，将理想的实现落实为自我完善的具体过程。

【本讲内容】

大学生如何科学地树立和实现理想

理想是一个人心灵世界的核心，是素质教育的基础。大学生正处于理想信念形成的关键时期，理想信念教育更应该置于基础性的位置。只有加强理想信念教育，才能为大学生成长为爱祖国、爱人民，有道德、有法制的人提供动力支持。

【导入一】 插图“成长与理想”，配合“抓周”的视频，引出反思。

提问：1. 还记得儿时的理想吗？

2. 你现在的理想是什么？

3. 能谈谈你对未来的打算吗？

【导入二】 目前，社会上认为当代大学生存在着“八有八无”现象，即：有智商，无智慧；有知识，无思想；有文化，无德性；有目标，无信仰；有规范，无道德；有欲望，无理想；有青春，无热血；有索取，无奉献。

提问：1. 你认为这种现象是否符合你现在的实际情况？

2. 什么是你理解的“理想”和“信仰”？

一、理想与信念

(一)理想

谈到理想，记得流沙河先生有一首非常有名的诗，名字就叫《理想》。(插入：配乐诗朗诵——《理想》)在这里，流沙河先生以诗歌的形式给我们描绘了什么是理想以及它所具有的人生意义。下面，就来具体看一下理想的含义以及它所具有的特征。

1. 含义

理想是人们在实践中形成的、有可能实现的、对未来社会和自身发展的向往和追求，是人们的世界观、人生观和价值观在奋斗目标上的集中体现。

2. 理想的特征

(1)理想具有主观能动性。理想在形式上总是主观的,是人们在意识中对未来的描述和规划。理想是人类特有的精神现象。人作为高级的生命存在,不仅具有生物本能,而且具有自我意识,正如马克思所指出的:“蜘蛛的活动与织工的活动相似,蜜蜂建筑蜂房的本领使人间许多建筑师感到惭愧。但是最蹩脚的建筑师从开始就比最灵巧的蜜蜂高明的地方,是他用蜂蜡建筑蜂房以前,已经在自己的头脑中把它建成了。”[①]理想就是人们在自我意识中对未来的一种思考、描述和规划。

(2)理想具有超越性。超越性是指理想具有指向未来的属性。也就是说,理想所描绘的不是现实状况,而是同奋斗目标相联系的未来状况。人不仅生活在现在,而且生活在对未来的追求之中,理想就是以预见的方式反映未来,把握未来。

(3)理想具有现实可能性。理想与幻想、空想不同,它必须建立在客观现实的基础之上,具有实现的现实可能性。比如有人说要发明永动机,这是违背客观规律的,是不可能实现的空想,那这就不是理想。正如罗素所言:“只有同这个世界结合起来,我们的理想才能结出果实;脱离这个世界,理想就不结果实。”[②]

(4)理想具有社会性。理想作为一种思想意识,是一定社会生产方式的产物。生产力发展水平不同,社会实践的深度和广度也会不同,从而决定了人们追求的目标——即理想也是不同的。就像流沙河的诗中所谈到的:“饥饿的年代,理想是温饱;温饱的年代,理想是文明;离乱的年代,理想是安定;安定的年代,理想是繁荣。”[③]显然,理想是社会存在的反映,不同的社会条件下,人们的向往和追求也不会相同。

(5)理想在阶级社会具有阶级性。在阶级社会,人们的阶级地位和立场不同,理想也必然不同。换句话说,理想是带着阶级的烙印的。例如,在奴隶社会,奴隶主的理想是希望永远把奴隶当成“会说话的工具”,让奴隶永远听命于自己,而奴隶的理想则是获得人身自由。

(6)理想具有实践性。理想与实践是不可分离的,因为人们需要在实践中确立理想,需要通过实践检验、调整理想,最后,还要在实践中实现理想。由此可见,实践是理想与现实之间的桥梁。实践产生理想,理想指引实践,两者相互作用,共同推动人类社会发展进步。因此,理想具有实践性,不能离开实践空谈理想。

(二)信念

1. 含义

信念同理想一样,也是人类特有的精神现象。具体来说,信念是认知、情感和意志的有机统一体,是人们在一定的认识基础上确立的对某种思想或事物坚信不疑并身体力行的心理态度和精神状态。

2. 信念的特征

(1)信念具有复合性。信念是认知、情感和意志的融合与统一。它是一种综合的精神

① 马克思:《资本论》,人民出版社 1972 年版,第 202 页。

② 转引自贺年:《世界经典名言警句金榜》,内蒙古人民出版社 2003 年版,第 24 页。

③ 流沙河:《流沙河诗集》,上海文艺出版社 1982 年版,第 232～234 页。

状态，而不仅仅只是一种认知或想法。这其中，认知是基础，情感是关键，意志是保证。

(2)信念具有稳定性。信念一旦形成，就具有相对的稳定性，因为信念包含着“信”的成分；因为相信，才能“衣带渐宽终不悔，为伊消得人憔悴”；因为相信，才能“举世皆浊我独清，众人皆醉我独醒”。

(3)信念具有执着性。信念的稳定往往带来情感上的执着。虽然人们的认识既可能是正确的，也可能是错误的，但从个人来说，一旦形成了信念，就会坚持相信的态度，就会认为自己的信念是正确的，这就使得信念带有极大的执着性。

【案例】 沙漠中的苹果

一场突然而至的沙暴，让一位独自穿行大漠的旅行者迷失了方向，更可怕的是装干粮和水的背包都不见了。翻遍所有的衣袋，他只找到一只泛青的苹果。“哦，我还有一只苹果。”他惊喜地喊道。他攥着那只苹果，深一脚浅一脚地在大漠里寻找着出路。整整一个昼夜过去了，他仍未走出空阔的大漠。饥饿、干渴、疲惫却一起涌上来，望着茫茫无际的沙漠，有好几次他都觉得自己快要支撑不住了，可是看一眼手里的苹果，他抿抿干裂的嘴唇，陡然又添了些许力量。

顶着炎炎烈日，他已数不清摔了多少跟头了，只是每一次他都挣扎着爬起来，踉跄着一点点往前挪，他心中不停默念着：“我还有一只苹果，我还有一只苹果……”

三天以后，他终于走出了大漠。那只他始终未曾咬过一口的青苹果，已干巴得不成样子，他还宝贝似地拿在手中，久久凝视着。强烈的求生信念和希望把他拉出了死亡的边缘。

【点评】 在人生的旅途中，我们常常会遭遇各种挫折和困难，但是不要轻易地说自己什么都没了，其实只要心中有一盏永不熄灭的信念之灯，就拥有继续前行的勇气和力量，握紧它，就没有穿不过的风雨、涉不过的险途。信念让我们变得执着，执着地行走，执着地跋涉，执着地追求最终的梦想。

(4)信念具有多样性。一是不同时期，信念不同。信念作为一种精神现象，作为社会存在的反映，必然随着社会历史的变化而变化。二是不同人，信念不同。对于每个人来说，由于所处的社会环境不同、思想观念不同、利益需要不同、性格不同等，其信念也是不同的，也就是人们常说的“人各有志”。三是同一个人在不同的领域也可能有不同的信念。人的需要是多方面的，人的发展是多维度的，人在不同领域、方面的追求和向往，也可能形成人的不同信念。

3. 信仰

信念最集中充分的表现形式就是信仰。

信仰是主体超越现实、超越自我、追求最高价值的自我意识，是对具有最高价值的对象高度信服、景仰、向往、追求，并以之统摄自己精神生活的一种信念。从这个概念可以看出，信仰是主体的最高价值追求，是人对终极归宿的追问。

【案例】 信仰的力量

1941年1月皖南事变中，叶挺被扣押。随后，他被解往上饶牢房，接着又关入桂林一个潮湿的山洞中。他为表示抗议拒绝理发。一年后，蒋介石认为他尝够了苦头可能会被软化，下令押往重庆。据当时的军统特务头子沈醉记载，叶挺下飞机时头发胡子都很长，手持一盏油灯。别人问白日为何举灯，叶挺回答说，天还未明。对国民党的黑暗予以了辛辣的讽刺。

叶挺先被送进“优待室”，蒋介石当面劝他“悔过”，叶挺断然拒绝，只要求释放被囚的新四军人员。蒋介石恼羞成怒，又把他关入重庆“中美合作所”单独监禁。叶挺被关入重庆“中美合作所”后，对威胁利诱全然不理，于渣滓洞集中营二号牢房墙壁上，大书一首《囚歌》，以表心志：“为人进出的门紧锁着，为狗爬出的洞敞开着，一个声音高叫着——爬出来吧，给你自由！我渴望自由，但我深深地知道——人的身躯怎能从狗洞子里爬出！我希望有一天地下的烈火，将我连这活棺材一齐烧掉，我应该在烈火与鲜血中得到永生！”

【点评】 正是因为有了信仰，一个人才变得勇敢无畏；也正是因为有了信仰，做人才坚如磐石，不会随风飘摇。正如列夫·托尔斯泰所说：“信仰是人生的力量。”[①]

（三）理想与信念的关系

理想和信念作为意识观念，是人类特有的精神现象，二者互相制约，紧密联系。一方面，理想是信念的根据和前提。拥有了一定的理想，人们的信念才能有所指向，才能以坚定的“信”的态度投入到对理想的追求中。另一方面，信念是实现理想的重要保障。理想的实现离不开信念的支持，信念可以使人们在追求理想的过程中获得强大而持久的精神力量，没有信念，理想就可能动摇，甚至丧失。

当然，在人生的道路上，理想和信念总是如影随形、相互依存的。在很多情况下，理想就是信念，信念就是理想。用理想引导信念，用信念支撑理想，把理想和信念紧密结合，才能产生强大的实践动力，把理想转化为现实。

二、理想信念的人生意义

（一）理想、信念能够指引人生的奋斗目标

俄国作家列夫·托尔斯泰指出：“理想是指路明灯，没有理想，就没有坚定的方向；没有方向，就没有真正的生活。”[②]

【案例】 比赛尔的故事

在很久以前，比赛尔（西撒哈拉沙漠中的一个小村庄）是一个只能进、不能出的贫瘠地方。在一望无际的沙漠里，一个人如果凭着感觉往前走，他只会走出许多大小不一的圆圈，最后的足迹十有八九是一把卷尺的形状。因为人们没有认识到这一点，所以他们一直都没走出去过。后来，一位青年出现了，他发现比赛尔四处都是沙漠，一点可以参照的东西也没有，于是，他找到了北斗星，在北斗星的指引下，他成功地走出了大漠。这位青年人于是成了比赛尔的开拓者，他的铜像被竖立在小城的中央。铜像的底座上刻着一行字：新生活是从选定方向开始的。

【点评】 理想就是黑夜中的北斗星，它指给我们一个方向。在人生的旅途中，我们很容易陷入迷茫状态，而这个时候，最需要的就是理想，理想会告诉我们每一步跋涉的方向，会让我们在人生的路上不彷徨、不慌张。

---

① 转引自贺年：《世界经典名言警句金榜》，内蒙古人民出版社2003年版，第455页。

② 转引自贺年：《世界经典名言警句金榜》，内蒙古人民出版社2003年版，第25页。

（二）理想、信念能够提供人生前进的动力

心理学家沙拉维耶夫曾经说过："不要被自己的弱小所迷惑，也不要因为命运的强大而惧怕，信念会让你有着不可战胜的力量。屈从于命运而活着的人，不会创造出新的生活；创造生活的唯有那些信念坚定的人！"

【案例】　信念的价值

美国诺比塔小学的董事兼校长皮尔·保罗对所有的学生都是一视同仁的，在他的心目中根本没有什么"优生"和"差生"之别。因而，他对所有学生都给予热忱的鼓励，从而在他们心中竖起一面旗帜，而孩子确实是需要鼓励、需要有一面旗帜的。在他的学生中，有一位叫罗杰·罗尔斯的学生后来成为美国纽约州历史上第一位黑人州长。

罗杰·罗尔斯出生在纽约的大沙头贫民窟。那里环境恶劣，充满暴力。罗杰·罗尔斯所在的诺比塔小学的学生不与老师合作，旷课、斗殴，甚至砸烂教室黑板。皮尔·保罗想了很多办法来引导他们，可是没有一个是奏效的。后来他发现这些孩子都很迷信，于是在他上课的时候就多了一项内容——给学生看手相。他用这个办法来鼓励学生。

有一天，当罗尔斯从窗台上跳下，伸着小手走向讲台时，皮尔·保罗说："我一看你修长的小拇指就知道，将来你是纽约州的州长。"当时，罗尔斯大吃一惊，因为长这么大，只有他奶奶让他振奋过一次，说他可以成为五吨重的小船的船长。这一次，皮尔·保罗先生竟说他可以成为纽约州的州长，着实出乎他的预料。他记下了这句话，并且相信了它。从那天起，"纽约州州长"就像一面旗帜飘在罗尔斯的心中，他的衣服不再沾满泥土，说话时不再夹杂污言秽语。他开始挺直腰杆走路，在以后的四十多年间，他没有一天不按州长的身份要求自己。在 51 岁那年，他终于成了州长。

在就职演说中，罗尔斯说："信念值多少钱？信念是不值钱的，它有时甚至是一个善意的欺骗，然而你一旦坚持下去，它就会迅速升值。"

【点评】　理想、信念，可以成为所有奇迹的萌发点，可以成为一个人一生的动力。

（三）理想、信念能够提高人生的精神境界

正如居里夫人曾经说过的："我相信我仍应该在一种理想主义中去找精神上的力量，这种理想主义要能够不使我们骄傲，而又能够使我们把我们的希望和梦想放得很高。"[①]

【案例】　工人的梦想

有这样一个故事：三个工人在砌一堵墙。有人过来问："你们在干什么？"第一个人没好气地说："没看见吗？砌墙。"第二个人抬头笑了笑，说："我们在盖一幢高楼。"第三个人边干边哼着歌曲，他的笑容很灿烂，说："我们正在建设一个新城市。"十年后，时间将三个人分出了层次：第一个人在另一个工地上砌墙；第二个人坐在办公室里画图纸，他成了工程师；第三个人呢，是前两个人的老板。

【点评】　三个人之间的差别是什么？那就是：理想的有无和程度的高低。显然，有远大理想的人，更有机会成就一番大事业，因为他的精神境界是高于他人的。

三、树立科学的理想、信念

理想的分类是多维的，从不同的角度可以将理想划分为多种类型。例如：从性质上可

---

① 转引自贺年：《世界经典名言警句金榜》，内蒙古人民出版社 2003 年版，第 26 页。

以分为科学理想和非科学理想;从层次上可以分为崇高理想和一般理想;从时序上可以分为长远理想和近期理想;从对象上可以分为个人理想和社会理想;从内容上可以分为社会政治理想、道德理想、职业理想和生活理想等。

(一)个人理想

个人理想就是指以个人生活为核心的理想,在内容上它主要包括道德理想、职业理想和生活理想。

1.道德理想

道德理想是指人们对未来道德关系、道德标准和理想人格的向往和追求。

其实说白了,道德理想就是一个"如何做人"(非做事)的问题。从道德的意义上讲,做人大致有这样几个层次:最起码的要求是做个清白人,不损人利己,不做坏事,不当坏人;其次是做个合格公民,正确地行使权利,自觉地履行义务;再次是做个有益于社会的人,在工作上有所成就,对国家有所贡献;最高的要求是做个时代楷模,能够站在时代的前列,开拓进取,"先天下之忧而忧,后天下之乐而乐"。

2.职业理想

职业理想,顾名思义,就是指人们对于未来从事的职业的向往和追求。(插入新闻链接:男童长大想当公交司机,其母怒扇巴掌称其没出息)

3.生活理想

生活理想是人们对未来生活的向往和追求,既包括对物质生活的向往和追求,也包括对精神生活的向往和追求,还包括对婚姻、家庭、爱情生活的向往和追求。

简言之,生活理想就是人们对幸福生活的向往和追求。因为对"幸福"的理解不同,所以就有了不同的追求。

(二)社会理想

社会理想是以社会为核心的理想,它主要是指有关社会经济、政治、文化等基本社会制度的向往和追求。社会理想又分为共同理想和最高理想两个层次。

1.共同理想

共同理想是人们在不同的历史发展时期所确定的共同的奋斗目标,它带有阶段性,具有相对的可变性和目标的渐进性。我国现阶段的共同理想,就是在中国共产党领导下,走中国特色社会主义道路,实现中华民族的伟大复兴。

2.最高理想

最高理想是人们奋斗的最终目标,它带有终极意义,具有相对的稳定性、目标的长远性和宏观的指导性。我们的最高理想是建立共产主义社会。

3.二者的关系

最高理想和共同理想是辩证统一的关系。一方面,共同理想是实现最高理想的必经阶段,是最高理想在现阶段的具体体现,它为最高理想的实现提供了基础和条件;另一方面,最高理想是共同理想的目的和归宿,它为共同理想提供发展的方向。

当前中国的社会理想,包括中国特色社会主义的共同理想和共产主义的最高理想,二者是相互制约、紧密相连的一个整体。失去了对共产主义的信仰,忘记了最高理想而只顾眼前,就会迷失前进的方向;当然,脱离当前中国的社会主义建设,空谈共产主义的理想、信仰，也会阻碍社会进步，丧失发展机遇。所以，我们要把共产主义的最高理想与建设中国特色社会主义结合起来，脚踏实地地学习、工作。

（三）个人理想与社会理想的关系

就个人理想与社会理想而言，双方也是辩证统一的关系，其中社会理想应占主导地位。只有树立了科学的、崇高的社会理想，才能使个人理想与社会理想和谐一致，才能更顺利地实现个人理想。

具体来说，这里的辩证统一关系主要体现在两个方面：一方面，社会理想决定和制约着个人理想，适应、符合社会理想是个人理想实现的基本条件。个人理想的实现除了取决于个人的努力程度，还取决于社会发展的要求，违背社会的发展趋势，脱离社会发展要求的个人理想，是难以得到实现的。而社会理想集中反映了社会发展的趋势，代表了社会发展的要求。如果脱离社会理想，就会违背公众意志，个人理想就会失去依据和保障，就会落空。另一方面，个人理想体现着社会理想，社会理想的实现要靠社会成员的努力奋斗。人类历史的发展充分说明，没有个人实践活动的积累，社会理想也是无法实现的。没有每个人为个人理想所做的努力，社会理想就只能成为虚幻空洞的想象。因此，我们在追求和实现中国特色社会主义的共同理想、共产主义的最高理想时，不但不应该拒斥个人理想，反而应该要求每个人都要有自己的理想，包括生活理想、职业理想、道德理想等方方面面的理想。

社会理想以个人理想为基础，个人理想以社会理想为导向。只有结合了多数个人理想的社会理想才具有深厚的基础，也只有结合了社会理想的个人理想才具有光辉的前景。这是我们在树立科学的理想信念时，必须要注意的问题。

四、理想的实现

（一）理想与现实

1.认识上存在的误区

一种是“以理想来否定现实”：当有些人发现现实并不符合理想的时候，就对现实大为不满，甚至对社会现实采取全盘否定的态度，好像社会现实全是阴暗面，一无是处。另一种是“以现实来否定理想”：当有些人发现理想与现实存在一些矛盾时，就觉得实现理想很困难、很渺茫，认为还是“实际”一点好，不要做什么“理想主义者”了，开始不思进取、随波逐流。

2.理想与现实的辩证统一关系

理想与现实的辩证统一关系表现为：一方面，理想与现实是对立的。理想是主观的，现实是客观的；理想是未来的，现实是当下的；理想是完美的，现实是有缺陷的；理想是“应然的”，现实是“实然的”。另一方面，理想与现实又是统一的。理想来源于现实，包含着现实的因素，并且在一定条件下会转化为新的现实；而现实中则孕育着理想，包含着理想实现的条件和因素。

因此，在生活中，人们不仅要看到理想与现实矛盾冲突的一面，还要看到它们一致的方面，只有这样才能全面地把握二者的关系，不会因为暂时碰到的理想与现实之间的冲突而产生偏颇的思想认识和态度。

(二)人生理想与人生实践

理想的实现离不开实践,离不开脚踏实地的行动。"千里之行,始于足下"。如果仅仅停留在口头上大谈特谈理想,理想永远也不可能实现。理想的实现需要我们立足当下,脚踏实地,从我做起,从小事做起,从今天做起。

【案例】 白居易与鸟窠禅师的对话

一次,白居易参访鸟窠禅师,请教说:"如何是佛法大意?"禅师答曰:"诸恶莫做,众善奉行!"白居易听了,以为禅师会开示自己深奥的道理,原来是如此平常的话,感到很失望地说:"这是三岁孩儿也知道的道理呀!"禅师笑答:"三岁孩儿虽道得,八十老翁行不得。"

【点评】 理想的实现重在力行。理想是用来做的,而不只是用来说的。

1. 在实践中明确理想

要实现自己的理想,首先要明确理想。明确理想,也就是"立志"。这里的"志"具有双重含义:一是对未来目标的向往;二是实现目标的顽强意志。

大学时期是理想、信念形成的重要时期,也是立志的关键时期。对于立志,法国科学家巴斯德曾经说过一段话:"立志是一件很重要的事情。工作(即实践)随着志向走,成功随着工作来,这是一定的规律。立志、工作、成功是人类活动的三大要素。立志是事业的大门,工作是登堂入室的旅程。这旅程的尽头就有个成功在等着,来庆祝你努力的结果。"①

实现理想的第一步是明确理想。对于大学生来说,在明确理想(立志)的过程中要坚持个人理想与社会理想的统一,把自身的宏伟志向与社会发展的要求相结合;同时要积极参加社会实践,只有在实践的基础上才能明确什么是自己所追求的,离开了实践,是无法确立自己的志向的。

2. 在实践中检验、调整和完善理想

理想的实现是一个不断调整、完善的过程。实践是检验真理的唯一标准,当人们确定了理想之后,还需要通过实践来检验、调整和完善理想。例如,小时候,许多人都有过做科学家的理想,但是随着实践的发展和人生阅历的不断丰富,对于当初的理想,有些人可能会更加坚定,而有些人则可能会选择放弃。这是因为实践让我们越来越充分地认识了自我,越来越全面地了解了社会,于是人们的爱好和志向会随之而进行调整,既可能不改初衷,坚持早年的志向,也可能志向变迁,另有打算。

3. 在实践中实现理想

显然,理想的实现并不是一个一帆风顺、轻而易举的过程,其间肯定会遭遇到各种各样的困难和挫折。在这个过程中,大家要端正态度,充分认识、理解和把握以下三个问题:一是理想的实现是一个长期、艰巨、曲折的过程。理想的实现不是一蹴而就的,有顺境,也有逆境,我们要学会善于利用顺境,勇于正视逆境,战胜逆境。二是理想的实现需要坚强的毅力和坚定的信念。理想的实现离不开信念的支持,信念可以使人们在追求理想的过程中获得强大而持久的精神力量,没有信念,理想就可能动摇,甚至丧失。三是理想的实现需要艰苦奋斗的精神。艰苦奋斗不仅是一种勤俭朴素的生活方式,更重要的是,它还是

① 转引自贺年:《世界经典名言警句金榜》,内蒙古人民出版社 2003 年版,第 37 页。

一种奋斗拼搏、自强不息、不畏艰难困苦、乐观向上的精神。这种精神在我们这个时代尤为宝贵和急需。

【结语】 漫漫人生，唯有激流勇进，不畏艰险，方能中流击水，抵达光明的彼岸。科学的理想信念，正是当代大学生乘风破浪、搏击沧海的灯塔和动力之源。大学生追求远大理想，坚定崇高信念，在为实现中国特色社会主义共同理想而奋斗的过程中实现个人理想，是自身成长成才的现实需要，是国家和人民的殷切期盼，是践行社会主义核心价值体系和实现中华民族伟大复兴的客观要求。当然，实践是通往理想的道路，在这条道路上，大学生还必须不懈努力，奋力拼搏，既要看到理想实现的长期性和艰巨性，又要对理想满怀信心，充满希望，以坚韧的毅力和艰苦奋斗的精神，破浪乘风，抒写美好的人生。

（岳彩新）

1.3 自觉爱国

【教案视角】

1.爱国主义是个体社会化发展的重要方面(90 分钟)

2.爱国主义的内涵及日常表现(90 分钟)

3.传承爱国主义优良传统，培养新时期的爱国主义(90 分钟)

【本讲视角】 第 2 视角

【教学目的】 通过本讲教学，帮助大学生了解爱国主义的基本内涵及日常表现，培养大学生自觉的爱国意识。

【本讲内容】

爱国主义的内涵及日常表现

爱国主义是中华民族最深厚的思想传统，是动员和鼓舞中国人民团结奋斗的一面旗帜。在新的历史条件下，继承爱国主义传统，做一个忠诚的爱国者，是大学生应该具备的基本素质。

一、爱国主义的基本内涵

(一)爱国主义的定义

爱国主义是以爱故土、爱人民、爱国家为基本要求的具体行为模式和意志倾向。

爱国体现了人民群众对自己祖国的深厚感情，是一种道德感，反映了个人对祖国的依存关系，是人们对故土家园、民族和文化的归属感、认同感、尊严感和荣誉感的统一。

爱国主义是调节个人与祖国关系的道德要求、政治原则和法律规范，所以在道德生活领域、政治生活范围、法律工作领域都有所表现。现代意义上的祖国，至少包含了三个方面的要素：一是自然要素，即人们赖以生存的一定区域内的土地、山河、矿产等自然风貌、自然资源所构成的国土；二是社会要素，即具有共同的经济生活、语言文化、社会心理和历史传统，通过纵横交织的社会关系紧密联成一体的人民或国民；三是政治要素，即为了维护社会共同体的安全、主权和稳定而建立起来的实施阶级统治的强有力的政治机构——

国家。

爱国主义与中华民族精神的关系:爱国主义是民族精神的核心,民族精神是一个民族赖以生存和发展的精神支撑。在五千多年的历史发展中,中华民族形成了以爱国主义为核心的团结统一、爱好和平、勤劳勇敢、自强不息的伟大民族精神。

(二)爱国主义的基本要求

1.爱祖国的大好河山

"禾苗离土即死,国家无土难存。"南宋末年的岳飞,正是在金人入侵的动乱年代里,立下了"还我河山"的壮志,一生征战沙场,死而后已。

2.爱自己的骨肉同胞

人有地域和信仰的不同,但报国之心不应有差别。经济全球化为个人发展提供了广阔的空间,也为个人价值的实现提供了广阔的舞台。但是,无论你是生活在国内还是国外,无论你的政治信仰和宗教信仰属于何种类别,也无论你在何种所有制企业中工作,作为流淌着中华民族血液的华夏子孙,报国的心不应有差别。2008 年,随着奥运圣火在欧美各国的传递,一些激进分子企图借机破坏干扰。针对激进分子的干扰破坏,海外留学生自发组织了保卫奥运圣火活动。在伦敦、巴黎、堪培拉,在圣火途经的各个城市,我们都能看到海外学子们欢迎奥运圣火、保护圣火的热情。一位澳洲留学生对《环球时报》记者说:"我们要让全世界见证真正来自中国的主流民意。"

在汶川 8.0 级大地震紧急救援行动中,国家和各省救援队始终牢记党和人民的重托和肩负的神圣使命,视人民的生命高于一切、重于一切,始终战斗在灾区最困难、最危险、最需要的地方。国家和各省救援队克服余震不断、天气恶劣、道路难行以及后勤保障难度大等重重困难,坚持科学施救,充分发挥专业化队伍的作用,共营救出 371 名幸存者。国家和各省救援队的专业素质、科学施救的理念,以及不畏困难、连续作战的精神,得到了灾区政府及人民的肯定和赞誉。

3.爱祖国的灿烂文化

文化是祖国在历史发展中各族人民智慧的结晶,被称为国家和民族的"胎记",是一个民族得以延续和发展的智力基础和精神动力。没有了文化,也就无所谓民族。

中华民族是一个有悠久灿烂文化的民族。作为一个中国人,应该了解一点中国的历史。开天辟地女娲补天,一个古老的民族从此开始繁衍;春秋争霸,"百家争鸣",一段灿烂的文明从此开始谱写;秦皇汉武,风起云涌,一个完整的国家从此开始形成。大学生了解祖国的过去,才能更加热爱祖国的现在和将来。追随历史的发展轨迹,触摸 5000 年的文明脉搏,看我国五千年的巨大变化,才能酷爱自己的祖国和民族,赞颂本民族的勤劳勇敢和革命传统,珍视自己祖国的悠久历史和灿烂文化,热忱报效祖国和民族的精神实质。

4.爱自己的国家

祖国不是抽象的,它是由国土、人民、制度、文化等要素构成的具体的国家。国家尊严包括党和政府的尊严,领袖的尊严,民族与人民的尊严,领域、领空、领海的尊严,政策法令的尊严,法律道德的尊严等等,每个公民都应自觉履行维护国家尊严的义务,并与损害国家尊严的言行进行斗争。

【案例】　中国留美女学生曲小雪维护人格和祖国尊严

曲小雪是一位留学美国的学生，到露易丝太太家勤工俭学，在多次受到令人难以忍受的侮辱之后，她决定辞工。而老太太的儿子——银行家爱德华却蛮横地拦住了她，并声称，中国人比他最看不起的黑人都不如。事关中国人的尊严，曲小雪不卑不亢，针锋相对："请不要污辱我们中国人，我可以告诉你我身边的一个例子。在我所在的大学里，我们班有50个读硕士学位的，可47个都是我们黄皮肤、黑头发的中国人。而遗憾的是，你的同胞只有3个，而且还是倒数三名，但我们没有看不起他们。"爱德华母子恼羞成怒，竟对弱小的曲小雪进行人格侮辱和毒打，致使曲小雪膑软骨永久性挫伤、脊椎骨错位弯曲以及严重脑震荡。更让人难以忍受的是，爱德华母子竟恶人先告状，告她无理取闹。无奈之下，曲小雪被迫四处求告。在以后漫长的四年里，她忍受着病痛的折磨、法庭内外的巨大压力以及种种意想不到的困难，最后，使这场官司由地方法庭一直打到最高巡回法庭。法庭上，曲小雪以超群的智慧击败华盛顿三位大律师"庭外和解"的企图。法官被迫宣判被告赔偿5250美元，并当场向原告赔礼道歉。曲小雪接过支票，向全场抖了抖，义正词严地说："刚才被告不得不向我公开道歉之后，你们又非常及时地在法庭上公开给我递上这张支票，你们这样做，是想造成一种印象：这个中国姑娘之所以旷日持久地坚持要打这场官司，无非就是为了这张支票，让人觉得钱是这场官司的目的，也只有钱能为这场官司画上句号。可你们错了！至少我这个中国人，当然，还有许许多多的中国人都决不会在你们的美元面前低下自己高贵的头！我打这场官司，是为了讨回我做人的尊严！美元在我的尊严面前一分不值。见鬼去吧！美元。"曲小雪把5000多美元的支票一点一点地撕碎，抛向法庭的上空。

【点评】　爱国体现了人民群众对自己祖国的深厚情感，是人们对故土家园、民族和文化的归属感、认同感、尊严感和荣誉感的统一。面对爱德华母子的无理取闹，留美学生曲小雪用自己的实际行动捍卫了祖国和自己的尊严。

一个熟悉的诗篇浓缩了爱国主义精神的基本要求：

"小时候，乡愁是一枚小小的邮票，我在这头，母亲在那头；长大后，乡愁是一张窄窄的船票，我在这头，新娘在那头；后来呵，乡愁是一方矮矮的坟墓，我在外头，母亲在里头；而现在，乡愁是一湾浅浅的海峡，我在这头，大陆在那头。""当我死时，葬我在长江与黄河之间，白发盖着黑土，在最美的母亲的国土。"①

二、日常生活中的爱国行为

(一)视频观赏

观看视频：《2013国庆专题调查：爱国让你想到了什么》。正值新中国成立64周年之际，中央电视台10月1日播出国庆特别调查"爱国让你想起什么"。通过在中国和海外的随机采访，海内外各界人士表达了个人的爱国情怀。

在哥伦比亚首都波哥大一家名为"北京"的中餐馆，来自北京的老板罗占文和老板娘陈瑾15年前到达哥伦比亚。当被问及"爱国让你想起什么"，陈瑾说："还是国家好、祖国好。刚来的时候，人家会问你是日本人、韩国人，还是台湾人？我说我是中国人，台湾人也

---

① 余光中：《乡愁四韵》，南京大学出版社2008年版，第11～12页。

是中国人。"老板罗占文则说:"要是在海外生活时间长了,就把国家忘了,那就忘本了。以后我们都要落叶归根的。希望中国富强,老人健康,全国人民都幸福。"

当央视记者在中国各地采访同一问题时,哈尔滨市中央大街上的一位民警认为,作为基层民警,爱岗敬业、忠于职守就是最大的爱国;南京市一名小学生则说,爱国就是扶老奶奶过街,让座位;沈阳市一市民表示:"爱祖国、爱人民,那指定(肯定)得爱。从小就是共产党把我抚养大的,我在孤儿院长大,所以共产党和国家比什么都重要,比我儿女都重要。"也有几位市民用歌声表达他们的爱国情:南京市夫子庙前一游客唱起了《没有共产党就没有新中国》;山东省荣成一村民唱起了《我的祖国》;大连一位市民则认为歌曲《我爱你中国》更能表达他对中国的感情。这位大连市民说:"爱国就像对家人说我爱你一样,说得非常少。中国人比较内敛。如果在大街上随便说我爱你中国,人家以为这人脑子有毛病呢。但是今年接受采访,我会自豪地说,我爱你,中国。"80 岁高龄的作家王蒙接受采访时说:"一说到爱国,就会想到五星红旗迎风飘扬,这是我们这一代人永远不能忘记的。爱国不是自己宣扬的一个口号,而是表现在人生的各个方面。"王蒙举例说,他很少说爱国,但是他回答过美国人对他的提问:"为什么中国人那么爱国?"他开玩笑似地回答:"第一,我们喜欢唐诗宋词;第二,我们喜欢中华料理。唐诗宋词代表中国心,中华料理代表中国腹。我们对国家的感情是心腹的感情。"

(二)案例分析

【案例 1】 课堂上的交锋

一位原为记者的中国留学生,赴法国巴黎十二大学就读,第一堂对话课时就受到了教授的"挑战"。教授:"作为记者,请概括一下你在中国是如何工作的。"留学生:"概括来讲,我可以写我愿意讲的东西。"教授精心设计了一个陷阱:"我可以知道您来自哪个中国吗?""先生,我没听清楚您的问题。""我是想知道,您是来自'台湾中国'还是北京中国?"

霎时,全班几十双不同颜色的眼睛一齐扫向了中国留学生和一位台湾同学。中国留学生沉静地说:"只有一个中国,教授先生,这是常识。"随后,那位台湾同学在教授和同学们的注视下也重复一遍说:"只有一个中国,教授先生,这是常识。"教授似乎不甘心,提出一个更大难度的问题:"我实在愿意请教,中国富强的标志是什么? 这儿坐了二十几个国家的学生,我想大家都有兴趣弄清楚这一点。"

中国留学生站起来,一字一板地说:"最起码的一条是:任何一个离开祖国的我的同胞,再不会受到像我今日承受的这类刁难。"教授离开了讲台走向中国留学生,一只手放到他的肩上,轻轻地说:"我丝毫没有刁难你的意思。我只是想知道,一个普通的中国人是如何看待他们自己国家的。"然后他大步走到教室中央大声宣布:"我向中国人脱帽致敬。"

【点评】 拥护祖国统一不仅是生活在大陆的中国公民的责任,而且是包括港澳台同胞以及海外侨胞在内的全体中华儿女的责任。一个人,只有爱自己的祖国,时刻维护祖国的统一,才可能得到他人的尊重。就像案例中的两位留学生,面对教授的刁难,他们的回答异常坚定,最终赢得了教授的尊重。

【案例 2】 科学没有国界,但科学家有国界

居里夫人说:"科学是属于全人类的,但我们自己是属于祖国母亲的。"俄国著名的生物学家巴甫洛夫也说:"科学没有国界,科学家却有国界。"

【点评】 科学反映的是客观世界的本质联系及其运动规律，它具有客观性、真理性和普遍性的特点，所以说科学无国界。但科学家有国界，每一个科学家都有自己的祖国，祖国培育了我们，无论我们身处何处，都应心系祖国，为祖国的繁荣富强贡献自己的一份力量。在我国，这样的科学家数不胜数。

(三)课堂讨论

【讨论1】 谈谈当代大学生怎样才能做一名理性、忠诚的爱国者。

面对复杂的国际形势，大学生既不要被愤怒冲昏头脑，也不要被激情掩盖冷静，应该进行理性的思考和行动，以青年人的自强、理智、勇敢，在全世界的各个角落淋漓尽致地演绎爱国激情。

例如，在法国，一位来自西安名叫李洹的留学生在巴黎的共和国广场上用法文发表了慷慨激昂的长篇讲演，他那"富有逻辑思辨的行文，地道的法语，播音员般圆润、激昂、优美的嗓音，连珠炮般的语速以及摧枯拉朽般不可凌辱的气势"，不但大长了海外华人的志气，而且震惊了法国人民。

在国内，由江西青年邱国新创作的一首《中国的复兴不可阻挡》的歌曲，大气宏伟，字字激荡爱国真情，在海内外学子中广为传唱。在互联网，从MSN签名、QQ头像、BBS到"爱国T恤"，随处可见强大的中国心！"红心中国"散发霞光万丈！在高校，大学生宿舍自发挂起了鲜艳的五星红旗。

爱国勿抵制日货。前驻法大使吴建民呼吁理性爱国，勿抵制日货。吴建民指出，应该理性爱国，之前有些人主张抵制日货，可是全球化进行到今天，要看清楚，索尼产品95%是中国制造。抵制日货不愚蠢吗？他强调，不要被那种看来很激进很爱国实际上误国的言行所忽悠，那是害国家的事情。

【讨论2】 出国与爱国？

在课堂上，一个学生说："老师，您不要太讲爱国主义的内容了，我是要尽快出国发展的。"这反映了当前一部分学生的思想现状。

当前，出国留学的浪潮一浪高过一浪，那么学成之后，我们应该何去何从呢？结合上面这一同学的观点，讨论一下"出国与爱国"的问题。

出国不等于不爱国。有的科学家为了祖国的繁荣富强，放弃了在国外优越的一切回来参加祖国建设。例如钱学森、邓稼先、李四光、童第周、华罗庚等一大批著名的科学家，他们都毫不犹豫地放弃了国外的优厚待遇，回到一贫如洗、百废待兴的祖国，为新中国的建设事业贡献自己的力量，把自己的国家建设得更加美丽富强。也有很多科学家，虽然他们留在国外，但时刻关注国家的建设事业，一直倾力相助，比如李政道。从20世纪70年代起，李政道教授为中国的教育事业和科学技术的发展做出了重大的贡献。他建议设立博士后流动站，影响至今；在他的建议下设立的"国家自然科学基金"，已经是目前中国最重要的科研基金；李政道设立的"CUSPEA计划"，让无数大陆的青年学子，有机会到美国一流大学深造。此外，李政道还在20世纪80年代末和90年代初，在浙江大学捐资设立了浙江近代物理研究中心，在北大设立了北大现代物理研究中心，并担任主任。这两个中心都已经发展成为国内重要的物理学研究基地。他们的行为是爱国精神最真切、最深刻的体现。在经济大潮如洪水猛兽般冲击全社会的今天，他们的爱国言行无疑凝聚着中华民族之魂，显示了爱国情感对志士仁人的感召力。

【结语】 爱国主义是中华民族最深厚的思想精髓，是动员和鼓舞中国人民团结奋斗的一面旗帜。发展爱国主义精神是个人顺利完成社会化进程、促进道德人格完善的基本内容。在新的历史条件下，继承爱国主义传统，做一个忠诚的爱国者，是大学生应该具备的基本素质。

（郑金香）

1.4 积极奉献

【教案视角】

1.“利己”与“利他”（90 分钟）

2.为人民服务是社会主义道德建设的基本要求（90 分钟）

3.“集体主义”解析（90 分钟）

【本讲视角】 第 1 视角

【教学目的】 一个人要想幸福，就要学会奉献，而且应敢于奉献，积极奉献。奉献和幸福之间具有必然的联系。大学生是社会奉献的主体，是社会道德形象的代表。本教案的教学目的就是通过一定的理论讲授让学生明确为什么要奉献，通过讲授帮助学生真实感受到奉献确实有利于自己的人生并能够提高自己的价值。

【本讲内容】

“利己”与“利他”

今天主要从理论上分析“利己”和“利他”两个概念，并通过案例论证“利己”和“利他”作为人的价值选择的依据，从而得出结论：“利他”价值高于“利己”价值，人应学会奉献。

一、关于“利己”和“利他”概念的基本分析

（一）“利己”概念

如何理解“利己”的概念，可从哲学上的“自私”着手分析。哲学上关于“私”的概念有多种理解，如：①孔子的“愉愉如私”，一般指人的精神境界的自由，没有道德含义。②日常生活中的私下的含义。③个人独立个性的私自的含义。④法律文本的私利的含义。⑤道德文本的私心的含义。不难看出，只有第五种层面上的含义才是我们一般所理解的“自私”的含义，换言之，属于道德层面的利己的范畴。

关于人的利己，我们可以看出，人的利益有个人正当的利益，也有个人不正当的利益。个人正当利益和个人主义有着本质的区别。社会允许个人正当利益的存在，但是个人主义属于一种价值观的倾向和判断，实际上就是人的利己思想和行为的理论化和概括化，作为一种价值观，自然要受到我们的反对。

（二）“利他”概念

利他是指一种不期望任何社会报偿而出于自觉自愿的助人行为。比如在生活中把方便让给别人，把困难留给自己；奋不顾身跳下水营救素不相识的落水者；帮助非亲非故的孤寡老人等。

分析“利他”概念时要明确分析“抽象人性论”的错误思想。

问题在于:人并非利己的,但是我们如何分析人应说是利他的呢?很明显,从本性上看人不是自私的,同样,从本性上看人也不可能是利他的,这是一种唯物主义观点。人毕竟是社会环境的产物,社会的文化决定了人的道德需求,根据人的社会属性我们必须寻找人为什么能够利他的根据,否则人类的道德行为就会失去根据。

无论是从逻辑上推论,还是通过案例证明,我们必须给予学生明确的甚至可以信服的论证:利他不是人的本性或本能,但确实是人的生活本质的外在表现和特征,利他行为具有一定的原因或根据。教师应当帮助学生探究这一根据。分析这个问题,不少同学自然会想到生活中人们利他行为的出现和人的一定情感或者血缘关系有关,确实如此。在课堂上作为教师是不能否定这一事实的,否则就不是唯物主义。我们可以通过实例或者理论对此问题加以分析,注意一定不能回避,毕竟人们生活在人群世界中,人的血缘关系对人的思想和行为的选择具有重要影响。可以用费孝通先生的“差序格局”理论简单做出分析。费孝通在研究中国乡村结构时提出了“差序格局”的概念,“每一家以自己的地位作为中心,周围划出一个圈子,这个圈子的大小要依着中心势力的厚薄而定”,“以己为中心,像石子一般投入水中,和别人所联系成的社会关系不像团体中的分子一般大家立在一个平面上的,而是像水的波纹一样,一圈圈推出去,愈推愈远,也愈推愈薄”。[①] 这说明,人处于个人情感的环境之中,处于一定的圈子之中,而圈子的大小和上述因素的大小强弱是成正比的。血缘组织越大,圈子就越大,其属性规则以伦理辈分为基础。地缘越是接近,就越易形成差序圈子。而经济水平和政治地位的高低是圈子形成最重要的因素,它象征着权力支配的大小。圈子的形成可能是一种因素的结果,也可能是几种因素的综合作用。社会中最重要的亲属关系就是这种丢石头形成同心圆波纹的性质。亲属关系是根据生育和婚姻事实所发生的社会关系。从生育和婚姻所结成的网络,可以一直推出去,包括无穷的人——过去的、现在的和未来的人。我们俗语里有“一表三千里”,就是这个意思,其实“三千里”也不过指其广袤的意思而已。这个网络就像蜘蛛的网一样,有一个中心,就是自己。我们每个人都有这么一个以亲属关系布出去的网,但是没有一个网所罩住的人是相同的。在一个社会里的人可以用同一个体系来记认他们的亲属,所同的只是这体系罢了。体系是抽象的格局,或是范畴性的有关概念。当我们用这体系来判断或区分具体的亲戚或朋友时,各人所认的就各有不同了。我们在亲属体系里都有父母,可是我的父母却不是你的父母。再进一步说,天下没有两个人所认取的亲属可以是完全相同的。兄弟两人固然有相同的父母了,但是各人有各人的妻子儿女。因之,以亲属关系所联系成的社会关系的网络来说,是个别的,每一个网络有个“己”作为中心,各个网络的中心都不同。中国有“虎毒不食子”之说,说明人们重视家庭或者朋友情感是一种自然而然的事,不必否定和回避。

在基本的圈子中,人的情感是无法割舍的,人们关心自己所在圈子中的人并且表现出一定的利他行为这是情有可原的。

分析到这里,我们认可了人的利他选择的依据可能就是人的血缘情感,但是,必须指

---

① 费孝通:《乡土中国》,北京大学出版社 1998 年版,第 26 页。

出，人的血缘情感所导致的行为选择不是我们这里进行道德论证的依据，这是事实，而且是不容回避的事实，但是，问题的关键是要通过一定的案例或逻辑来证明人的利他选择是基于人的理性而非单纯基于人的血缘情感，虽然情感也可以导致人的利他选择。这就自然推导出第二个问题，人们之所以选择利他而不选择利己，是因为利他的价值要高于利己的价值，只有信服这个道理，人们才会选择利他。

二、关于利他选择的价值和利己选择的价值比较

1. 通过“瘙痒理论”说明人类互利行为的重要性，比较“报复”、“报恩”的区别以及人类道德殿堂中利他行为的道德尊严和道德价值

【案例1】“报复”的意义。“报复”在印度等南亚国家中具有道德含义，并且是一种社会认可的道德行为，不少电影就是以此为题材的。

【案例2】“报恩”的意义。“报恩”在中国传统的封建社会中具有道德含义，中国传统的戏剧大多是以此为题材的。

【点评】 互利行为具有一定的价值，但是要区分一般意义的互利和商品交换中的互利的区别。

2. 通过几个案例来分析个人利他选择的价值高于个人利己选择的价值

上面分析人的利他选择可能源于人的情感——事实描述，这里需要通过更有针对性的案例来分析人的选择是基于人的理性——逻辑推论。

【案例1】 在一个假想的国家中有两个犯人正接受警察的审讯，警察试图通过他们各自不同招供的情况，给他们定罪。这就是伦理学的“囚徒困境”理论。现有以下三种情况可供选择：

(1)都不招，指控不成立，继续受审3个月后将获释。

(2)都招，指控成立，每人将获刑5年。

(3)甲招供并指控乙，甲将释放，乙被判刑8年；反之亦然。

我们假定上述三种选择，是在甲乙双方不了解对方选择的前提下做出的各自的选择，自己的选择决定着自己的结果，但同时又由对方的选择所决定；换言之，自己并不能完全决定自己最终的判刑结果。

首先，假设他们各自从自私的角度做出选择：

甲认为：不管对方招供与否，我招供对我是有利的，理由如下：

假设以对方招供为前提，我招供对我有利，因为将被判刑5年而不是8年；假设以对方不招供为前提，我招供对我是有利的，因为将释放而不是再审3个月。

乙认为：不管对方招供与否，我招供对我是有利的，理由如下：

假设以对方招供为前提，我招供对我有利，因为将被判刑5年而不是8年；假设以对方不招供为前提，我招供对我是有利的，因为将释放而不是再审3个月。

甲乙双方分别站在各自利己的角度寻求自己的最大利益，于是在不知对方选择的情况下最终选择了招供，结果分别被判刑5年。

其次，假设他们各自从利他的角度做出选择：

甲认为：不管对方招供与否，我不招供对我们是有利的，这里突出一个概念“我们”，理由如下：

假设以对方招供为前提，我不招供对我们有利，因为我招供，我们将被判刑10年(5+5)，而我不招供将会判刑8年(8+0)。假设以对方不招供为前提，我不招供，对我们是有利的，我不招供，我们将被再审6个月(3+3)，然后释放；而如果我招供，我们将会被判刑8年(8+0)。

乙认为：不管对方招供与否，我不招供对我们是有利的，这里突出一个概念"我们"，理由如下：

假设以对方招供为前提，我不招供对我们有利，因为我招供，我们将被判刑10年(5+5)，而我不招供将会判刑8年(8+0)。假设以对方不招供为前提，我不招供，对我们是有利的，我不招供，我们将被再审6个月(3+3)，然后释放；而如果我招供，我们将会被判刑8年(8+0)。

甲乙双方分别站在各自利他的角度寻求双方的最大利益，于是在不知对方选择的情况下最终选择了不招供，结果分别在3个月后被释放。

【案例分析】 从各种假设的但是符合逻辑的案例中我们可以看出，道理很简单。其一，从自私的角度获取的利益并不比从利他的角度获取的利益大。事物的普遍联系原理说明在复杂的社会利益关系链条中，不少选择并不会获得最大效益。其二，有人讲，我若利他但是对方自私怎么办？生活中正是由于这种心理作祟，不少社会道德冷漠的现象才会产生。

为了更好地说明这一现象，我们不妨抛开单纯的逻辑关系来通过一个类似的案例加以证明和分析。

【案例2】 假设，仍然是假设。大一新生和大四老生不约而同从两个方向攀登一座高山，即将登顶时突然遇到山顶守株待兔的一只伤人老虎，如此情况下应该如何做出选择？一般情况下，人的本能促使人们做出的选择就是逃跑，这里没有更多的尊严和所谓的优雅。镇定或者胆量，在一瞬间都可以忽略不计，因为没有多大的必要去做出更多的探讨。假设一下，如果逃跑，二人必有一死或者二死，因为老虎究竟吃谁完全是老虎的意愿而不以学生的意愿为转移。再假设，如果不跑而坐以待毙的话，两个人可能同时被老虎吃掉。再进一步假设，如果两个人留下来能够打败老虎的话，两个人可能活下来，问题就在于如何促使两个人留下来？这个问题和上面的"囚徒困境"无疑有共同之处。

下面简单做一下分析。

其实，让两个人同时留下来共同打败老虎唯一的方法就是各自站在利他的角度去做出选择：首先看大四老生，经过四年的学习和修养，看到这种情况，心想：大一新生请你抓紧逃跑，活下去可以更好地体验大学生活，我留下来对付老虎；大一新生同时想，我刚刚上大学，大四同学可以更好地服务社会，让我留下来被老虎吃掉吧。大四同学的勇敢和大一同学的敦厚，一个"留下来对付老虎"，一个"留下来被老虎吃掉"，反映了大学培养的差别，但是却有着共同的道德勇气和力量。最终两个各自站在对方的角度考虑而不约而同地留了下来，最终他们联手制服了老虎并保全了各自的性命。

【点评】 在这个假设的命题中，我们看到，从自私的角度和利他的角度做出的选择最终取得的效益各有不同。利他效益高于利己效益。"只有在集体中，个人才能获得全面发展其才能的手段,也就是说,只有在集体中才可能有个人自由。”①

也许有人讲,过分的假设与社会关系也太不密切了吧?确实这都是一种假设,一种理论上的假设,但是我们也要看到这种假设的背后其实是一种社会必然现象的反映。偶然性的背后隐藏着必然性,并且恰恰是必然性的表现。

【结语】 人们的道德选择属于一种理性的选择,这种选择的结果和人的价值观息息相关。个人可以追求自己的利益甚至最大利益,但是经济理性和道德理性毕竟不同,在市场经济的今天,我们有理由相信,只要人们追求或者捍卫自己的正确的价值观,就会获取更大的回报和利益。大学生更应明白这个道理并且能够做出更为科学的选择,敢于承担自己的责任,勇于担当,学会奉献。

(沈大光)

1.5 珍惜生命

【教案视角】

1. 树立正确的人生观(90 分钟)

2. 珍惜生命,创造有价值的人生(90 分钟)

【本讲视角】 第 2 视角

【教学目的】 引导学生正确认识人的生命,培养学生热爱、珍惜、尊重生命的态度,增强对生活的信心和社会责任感,树立正确的人生价值观,使学生善待生命,健康成长。

【本讲内容】

珍惜生命,创造有价值的人生

阅读以下几个案例,请问:看完这几个案例后,你有什么感想?

【案例 1】 2002 年,清华大学刘海洋“为了测试熊的嗅觉”,将硫酸泼向北京动物园的 5 只黑熊。

【案例 2】 2004 年,云南大学马加爵因琐碎小事与同学结怨,不能正确处理同学之间的关系,经过周密计划和准备,先后将 4 名同学残忍杀害。

【案例 3】 2005 年,复旦大学研究生张亮因心烦气躁将压力发泄在 30 多只小猫身上。

【案例 4】 2010 年,西安音乐学院药家鑫将女服务员张妙撞倒后,对正在记车牌号的张妙连扎 8 刀后驾车逃逸。

【案例 5】 2013 年 4 月,中国上海复旦大学医学院研究生黄洋遭室友林某投毒后死亡。该案件发生于大学校园中,且犯罪嫌疑人为被害人室友,因而引发中国大陆舆论的广泛关注。

每当社会上出现个体生命受到严重戕害的危机事件时,人们总是会反思:为什么当代

---

① 《马克思恩格斯选集》第 1 卷,人民出版社 1972 年版,第 82 页。

大学生这么冷漠无情、漠视生命？这时候，一个重要的教育命题就摆在人们面前：生命教育。

一、大学生漠视生命的表现

随着我国改革开放的不断深入，大学生的思想观念、价值取向、生活方式发生了深刻变化。

(一)消极对待生活

经过高考的"独木桥"进入大学后，很多学生放松下来，认为学习不再重要，开始在大学校园里舒舒服服地等着毕业：上课想听就听、想睡就睡、想逃就逃，抱着应付的态度完成老师布置的任务；用上网、玩耍、谈恋爱等方式来消磨时光，到考试的时候临时抱佛脚。另一部分学生把更多的时间和精力投入兼职、社团等活动。大学生中普遍存在着消极颓废、空虚无聊的现象，"郁闷"已成为大学校园的一种"流行病"和口头禅。大学生消极颓废、虚度光阴是对生命的轻视与亵渎；当大学生没有精神归宿和信仰时，他们就可能忽视甚至怀疑生命存在的意义和价值。

(二)否定自我生命

2004 年，上海市杨浦区精神卫生中心在"上海市预防自杀研讨会"上公布了对杨浦区 3000 名大学一年级学生的调查结果，25%以上的被调查者曾经有过自杀的意念。中国社会调查所(SSIC)对北京、上海、广州、南京、武汉、大连、沈阳、哈尔滨等地高校 1000 名大学生进行问卷调查显示：26.5%的大学生偶尔有自杀念头，2.1%的大学生经常有自杀念头。2001 年至 2005 年，全国共报道 281 名大学生自杀事件，其中 209 人死亡，72 人存活，自杀死亡率为 74.4%。2008 年，教育部直属高校共发生 63 宗大学生自杀事件。

随着我国社会的变革和市场经济的迅猛发展，大学生普遍存在着学习、生活、恋爱、人际交往、就业等各方面的压力，一些大学生认识不到生命存在的唯一性，不懂得珍惜自己的生命，最终选择自杀来解决这些压力，对自我生命的否定也反映了大学生生命意识的淡薄和缺失。

(三)漠视他人生命

2005 年，北京大学学生安然为追求一名女生与同学崔培昭产生矛盾，最终追砍崔培昭数十刀后致其死亡；2007 年，云南大学张超及其男友谢宏劫取木洪章的钱财后，将被害人尸解；2010 年 3 月，四川大学公共管理学院 2008 级信息资源管理专业本科生曾世杰(男)因感情纠纷在四川大学江安校区明远湖边杀死一名女学生，伤害两名男学生；2012 年 12 月，安徽医科大学图书馆里发生一起命案，一名上自习的学生被另一名学生用斧头当场砍死。

这些极端事件都反映了大学生对生命的漠视。漠视生命导致了他们对生命、生活的错误态度，他们意识不到自我生命存在与他人生命存在是相互依存的，剥夺他人的生命，最终也毁灭了自己的生命。

二、大学生漠视生命的原因

当代大学生生命教育发展缓慢，甚至缺失，导致这种情况出现的原因是多方面的，其中既有教育本身的原因，更有家庭、学校、社会和大学生自身的原因。要实现大学生全面发展，必须正确分析导致大学生生命意识缺失的原因。

(一)家庭环境的不和谐

家庭是每个人成长的第一环境,父母是子女的第一任老师,与个人的成长关系最为密切,因而大学生生命意识的形成与其所在的家庭环境有着密切的关系。如果大学生生长在单亲、父母离异或不和睦的家庭,甚至在成长过程中有不愉快的经历,较容易形成自卑、孤僻的性格,遇到挫折就自暴自弃,消极面对人生。

家庭教育方式和父母对子女的期望对大学生生命意识的形成具有重要影响。一部分父母对子女的健康成长缺乏关心,疏于管教,而另一部分父母对子女管教过于严格,经常采取打骂甚至暴力方式,或者对子女过度溺爱、过分保护,这些做法都不利于大学生形成健康的生命意识。多数大学生是家中的独生子女,往往以自我为中心,缺乏社会责任和对人生价值观的认识,独立性比较差,抗挫折能力差,适应能力差,心理承受能力比较弱,遇到挫折就可能采取极端行为。

(二)高校教育的疏忽

目前,我国高校对生命教育的重视程度不够。

第一,高校教育依循传统教育方式,对于学业教育比较重视,缺乏对生命意识等人文意识的教育。长期以来,学生不是学习的主人,而是被动学习的工具,以书本知识为中心,考好成绩成为学生追求的唯一目标,对于生活目的和生命的意义感到迷茫。

第二,缺乏有效的理论指导。高校中还没有系统的生命教育课程,关于生命教育的思想,仅仅局限于部分专业课或思想政治课的讲授,没有具体的针对性,思想政治课教学内容理论性比较强,少有具体案例分析,论述枯燥乏味,缺乏时代感和时效性。

第三,缺乏专业教师。由于教学任务繁重,各学科的专业课老师往往注重教授专业知识;而思想政治课的教育方法往往采用灌输方式,没有注重学生的思想需求和个性特征,因而不能进行有针对性的解惑、疏导。

第四,很多高校设置了心理咨询室,但是到此咨询的大学生却很少。即使大学生遇到心理问题,想要寻求解决,也会出于各种各样的原因不好意思去寻求帮助。高校生命教育的缺失,使得学生只关心自己的实际利益,忽视了对生命价值、生命意义、生命尊严的思考。

(三)社会的负面影响

网络、影视、报刊等媒体对自杀或伤害他人的事件经常大肆渲染或炒作,不同程度地给大学生带来消极的心理暗示,潜移默化地影响着他们的生命意识。不少大学生缺乏足够的辨别能力和判断力。在网络虚拟世界中尤其是网络游戏中,伤害生命的行为变得轻而易举,大学生对于生命的感知、认识和情感也会变得麻木模糊。

(四)自我教育缺乏

大学生自身对生命教育认识不够,没有主动学习相关知识,许多问题的认识都停留在表面。面对纷繁复杂的社会现象,大学生缺乏理性思考,也没有正确修正自己的价值观。当他们面对就业、经济、学业、人际关系、恋爱等各方面挫折和压力时,表现得缺少耐挫力和容忍度,轻则产生心理问题,逃避现实或意志消沉,消极面对人生,重则走向自我毁灭,或报复他人。

三、生命教育的内涵

人人都拥有生命,但不是每个人都能珍惜生命、懂得欣赏生命的多姿、发现生命的意义和价值、享受生命的快乐和幸福。巴特勒在《生命之路》中说:世界上除了人,所有的动物都知道生命的真谛就是享受生命。[①] 作为高级动物的人,为什么就不懂得生命的真谛,不仅不享受生命,反而天天制造戕害自己和他人生命的悲剧呢?

近年来大学生甚至成年人在思想和行为上表现出对生命的无畏、对生存的无能和对生活的无趣等特征,其根本原因就在于缺乏对于生命的敬畏之心。这种生命状态犹如泡沫一般轻飘,一时间可以在阳光下呈现五彩缤纷的状态,但转瞬就在阳光中破裂消散,不会留下任何生命印迹。现实的需要促使越来越多的学校关注和实施生命教育。那么,什么是生命教育?生命教育的价值何在?要回答这一系列问题,必须要从什么是生命谈起。

(一)生命起源及进化谱系

关于生命,可以从几个方面研究,也就是说,有几个方面的问题一直困扰着人类。一是生命的起源和它的条件,至今人类也没有搞清,但人们一直在努力,也取得了一些成果。比如 20 世纪以后就有奥兹本的《生命的起源与进化》(1918 年),从地球物理学、地球化学、古生物学、形态学、发生学、生理学、生物化学等领域出发,研究生命的起源与进化。1937 年,前苏联的奥巴林著《生命的起源》一书,把生命的起源问题从过去几个世纪以来的猜测(哲学、宗教式的论述),确立为"以实验科学的具体研究成果为基础来加以解决的自然科学课题"。

早在 19 世纪,人们就从进化的角度来追索生物、生命的起源。1858 年,英国华莱士写出《论变种与原形的距离无限增大的倾向》,1859 年达尔文发表《物种起源》一书,以自然界的大量事实和自然选择为根据,证明了生物的进化,从而确立了"生物进化论"。在他们的文章和著作发表的时候,统治着欧洲意识形态的还是特创论、物种不变论和目的论,教会势力深入社会的各个角落,因此,达尔文在《物种起源》一书的最后,谨慎而又明确地宣告:"人类的起源及其历史也将由此而得到充分说明。"

在达尔文看来,生物进化的动力在于"生存竞争"与"自然选择"。而它的前提是假定同一物种的不同个体存在着可以遗传的变异,但对于遗传的机理,他并不知道。这个问题是由与他同时代的奥地利科学家孟德尔解决的,而这一问题却关系到生命的自然本质。

1962 年,华森、克里克、威尔金斯获得诺贝尔奖,他们的论文题目是"核酸的分子结构及其在生物信息传递中的意义"。文中指出,核酸(DNA)存在于细胞核内的染色体中,是支配遗传—变异的物质;核酸(DNA)分子是双螺旋结构,连接双螺旋的是氢键。现在这一结构模型已被各种实验证实。

关于生命自然本质的研究就是沿着上述路线一直发展到今天,它也是今天"生物工程"、"基因工程"的源头。既然基因能够遗传性状,那么改变基因就可改变性状。现代生物工程就是根据此原理设立的。今天,只要我们实现生物之间基因的重组和转移,就可能按人的需要创造出自然界从来没有过的新品种或新物种。人们甚至发明了基因武器和生物战剂。

---

① 参见[英]巴特勒著,黄雨石译:《生命之路》,华夏出版社 2008 年版,第 42～45 页。

（二）人生的意义及价值

恩格斯说："动物仅仅利用外部自然界，单纯地以自己的存在来使自然界改变；而人则通过他所作出的改变来使自然界为自己的目的服务，来支配自然界。这便是人同其他动物的最后的本质区别。"①

我国著名学者何新指出："人类之所以是人类，就因为人类是理性的动物。其他动物也有感知，有感情，有知觉，甚至也有技巧、经验和局部理性能力。但是除了人类以外，没有任何动物具有系统化的理性能力。这种理性能力虽然极为复杂，但说到底最根本的则是两点：一是对事物分类而形成概念；二是发现因果关系，从而预知行为和过程的结果和未来。"②

生命是最基本的价值。一个最简单的事实是，每个人只有一条命。在无限的时空中，再也不会有同样的机会，所有因素都恰好组合在一起来产生这个特定的个体了。一旦失去了生命，没有人能够活第二次。同时，生命又是人生其他一切价值的前提，没有了生命，其他一切都无从谈起。

由此得出的一个当然的结论是：对于每一个人来说，生命是最珍贵的。因此，对于自己的生命，我们当知珍惜；对于他人的生命，我们当知关爱。

衡量一个人生命质量的高低，可以有许多标准。在一切标准之中，始终不外乎两个最重要的标准，一是看他有无健康的生命本能，二是看他有无崇高的精神追求。这是生命质量的两个基本要素。没有健康的生命本能，萎靡不振，表明生命质量低下。没有崇高的精神追求，随波逐流，也表明生命质量低下。这两个要素其实是密切关联、互相依存的，生命本能若无精神的目标是盲目的，精神追求若无本能的发动是空洞的。它们的关系犹如土壤和阳光，一株植物唯有既扎根于肥沃的土壤，又沐浴着充足的阳光，才能茁壮地成长。

（三）生命教育的内涵

1968年，美国学者杰·唐纳·华特士在《生命教育》一书中首次倡导和践行生命教育思想，引起了世界的广泛关注，并逐渐发展为一种新的教育思潮。③

狭义的生命教育指的是通过各种途径教育学生珍惜自身生命，同时尊重一切自然生命。

广义的生命教育是一种全面的教育，包括多个层面：

一是加强学生对生命的认识和感知，接纳和肯定他人生命，重视、珍惜一切生命。

二是帮助学生树立积极向上的人生态度，能正确面对现实生活中遇到的各种困难、挫折和失败。

三是提升自我生命的意义和生命价值，实现全面和谐发展的人生，这也是高校思想政治教育最终所要达到的目的。

生命教育既是一切教育的前提，同时也是教育的最高追求。通过生命教育，大学生应树立健全的生命观，珍惜、尊重自己和他人的生命，敬畏生命，以积极的态度主动维护生命

---

① 《马克思恩格斯选集》第4卷，人民出版社1995年版，第383页。

② 何新：《思考：我的哲学与宗教观》，时事出版社2001年版，第39页。

③ 参见[美]杰·唐纳·华特士著，林莺译：《生命教育》，四川大学出版社2006年版，第6～8页。

权利、提升生命价值。

四、珍惜生命，创造人生价值的途径

教育是生命的教育，面对的是生命，发展的是生命。党的十七大报告提出，在加强和改进思想政治工作中要注重人文关怀和心理疏导，体现出高校思想政治工作以人为本、以学生为本的宗旨和与时俱进的创新意识。生命教育正是以上思想的体现，这就要求高校更多地关注大学生的学习、生活状态及其生命价值的实现等问题。高校应树立珍爱生命的教育理念，引导学生发现生命的意义，加强大学生生命教育，提升生命的价值，帮助学生形成正确的生命观，提高生命品质，提升人生境界。

（一）人与己：认识自己，接纳自己，欣赏自己

1. 人为什么要认识自己

俗话说："人贵有自知之明。"正确地认识自己，客观地评价自己，对接人待物和处理问题，对事业的发展和生活的美满，会有极大的好处。一个人不能正确地评价自己，就会产生心理障碍，表现出对自我的不满和排斥，或者盲目自高自大，成为自大狂。因此，我们应尽可能地了解自我、认识自我，这样才能更好地把握自我，发展自我。

2. 如何认识自我，了解自我

（1）从个人和大家的评价中认识自己。有一定代表性的个人，如你最好的舍友、最密切的朋友等等，一般来说，他们比别人更了解你。大家的评价，可以是全体舍友的看法，也可以是综合班级同学的看法。

（2）在工作和学习中认识自己。工作方面，你的工作的各种情况，比如，是否喜欢参与校园社团和社会实践活动，成绩如何；学习方面，你对学习怎么看，是否感兴趣，你对政治学习、专业学习是什么态度，效果如何……

（3）从自己的强项和弱项中认识自己。在工作、学习或者爱好中，你的强项是什么，你最强的是什么，成就如何，别人怎么看；你的弱项是什么，在弱项中，它们又是一种什么具体情况……

（4）从以往的成功和挫折中认识自我。成功和挫折最能反映个人性格或能力上的特点，因此，可以通过自己成功或失败的经验教训来发现个人的特点，在自我反思和自我检查中重新认识自我，认识自己的长处和短处。

（5）从感兴趣和讨厌的事情中认识自己。你对什么事情感兴趣，哪一种你最感兴趣，这种兴趣发展到了什么程度，这种兴趣是否高雅、正当，这种兴趣是否发展为爱好，在这些方面可做一个具体的分析。你讨厌什么，你讨厌的人和物是一个什么具体情况……

（6）从生理和心理上认识自己。生理主要是指身体是否健康。心理包括的内容很多，如：心理是否健康，心理品质如何，意志、毅力、心胸、情绪的基本情况如何，等等。在科学评价自己时，最好包括这部分内容，这样会更全面、更准确地认识自己。

在采用上述方法综合各种情况后，自己进一步全面地分析对比，采纳正确的认识，剔除错误的看法，客观地评价自己，既不高估自己，也不贬低自己。认识自己的优势、劣势、自己的与众不同和发展潜力。认识自己的生理特点，认识自己的理想、价值观、兴趣爱好、能力、性格等心理特点。

需要注意的是，认识自我，要尽量客观、准确、全面，避免因为个人认识或个人动机出

现较大误差。再者,认识自我包括认识自己的现状和未来,是为了更好地把握自己,发展自己,要避免因此限制自己,成为发展的桎梏。

(二)人与人:接纳他人,学会关爱他人、尊重他人,与他人分工合作

大海懂得在退潮时把贝壳留给沙滩,太阳懂得在谢幕后把星星留给苍穹。我们也应思考如何付出和给予,如何合作与共处。

什么是合作呢?顾名思义,合作就是互相配合,共同把事情做好。世界上有许多事情,只有通过人与人之间的相互合作才能完成。一个人学会了与别人合作,也就获得了打开成功之门的钥匙。所以,人们常说:小合作有小成就,大合作有大成就,不合作就很难有成就。这是非常宝贵的人生道理,我们应该牢牢记住。

有这样一个古老的故事:有人和上帝讨论天堂和地狱的问题。上帝对他说:"来吧!我让你看看什么是地狱。"他们走进一个房间,一群人围着一大锅肉汤,但每个人看上去一脸饿相,瘦骨伶仃。他们每个人都有一只可以够到锅里的汤勺,但汤勺的柄比他们的手臂还长,自己没法把汤送进嘴里。有肉汤,喝不到肚子里。只能望"汤"兴叹,无可奈何。"来吧!我再让你看看天堂。"上帝把这个人领到另一个房间。这里的一切和刚才那个房间没什么不同,一锅汤、一群人、一样的长柄汤勺,但大家都身宽体胖,正在快乐地歌唱着幸福。"为什么?"这个人不解地问,"为什么地狱的人喝不到肉汤,而天堂的人却能喝到?"上帝微笑着说:"很简单,在这儿,他们都会喂别人喝汤。"故事并不复杂,但却蕴涵着深刻的社会哲理和强烈的警示意义。同样的条件,同样的设备,为什么一些人把它变成了天堂而另一些人却经营成了地狱?关键就在于,你是选择共同幸福还是独霸利益。天堂的人学会了给予,每个人都会喂对方喝汤,因而显得幸福快乐。这个故事教给人们要学会"给予、付出",同时也说明了要"学会合作"的道理,从合作中获得生存且得到乐趣。

怎样才能卓有成效地合作呢?你一定在音乐厅或电视里看到过交响乐团的演奏吧,这可算得上是人与人合作的典范了。你瞧,指挥家轻轻一扬手里的指挥棒,悠扬的乐曲便从乐师的嘴唇边、指缝里倾泻出来,流向天宇,也流进人们的心田。是什么力量使上百位乐师、数十种不同的乐器合作得这样完美和谐?我想,这主要依靠高度统一的团体目标和为了实现这个目标每个人必须具有的协作精神。

可见,成功的合作不仅要有统一的目标,要尽力做好分内的事情,而且还要心中想着别人,心中想着集体,有自我牺牲的精神。

(三)人与天:体会和认识自己与社会、世界、宇宙的关系

要想科学地回答人与社会、与世界宇宙的关系问题,必须要先明确人的本质是什么。人的本质问题一直是哲学界争论不休的问题,时至今日也无一个完整而确定的答案。人的本质问题,是马克思主义哲学的核心问题,不能仅从某个伟人或哲学家的只言片语,断章取义地对人的本质下定义。我们认为应从辩证法的高度去认识和把握人的本质。

1. 人的本质观

现代科学告诉我们,人体是一个复杂的多层次矛盾统一体,它是由细胞、组织、器官、系统等不同层次的要素有机结合、相互联系所形成的一个自组织系统。人具有两种属性:自然属性和社会属性。

人的自然属性,也称为人的生物性,它是人类在生物进化中形成的特性,主要由人的

物质组织结构、生理结构和千万年来与自然界交往的过程中形成的基本特性，如食欲、性欲、自我保存能力等等。

人的社会属性是人作为集体活动的个体或作为社会的一员而活动时所表现出的特性。

哪种属性才是人的本质属性呢？马克思在《关于费尔巴哈的提纲》中指出：费尔巴哈“撇开历史的进程，孤立地观察宗教感情，并假定出一种抽象的——孤立的——人类个体”。马克思正是注意到费尔巴哈对人的本质的论述的片面性，即那种只注意事物内部联系，忽视事物外部联系的片面性，所以严厉地批判道：“人的本质并不是单个人所固有的抽象物。在其现实性上，他是一切社会关系的总和。”

2. 人生的自我价值与社会价值

人生价值包含了人生的自我价值和社会价值两个方面。人生的自我价值，是个体的人生活动对自己的生存和发展所具有的价值，主要表现为对自身物质和精神需要的满足程度。人生的社会价值，是个体的人生活动对社会、他人所具有的价值。

人生的自我价值和社会价值，既相互区别，又密切联系、相互依存，共同构成人生价值的矛盾统一体。一方面，自我价值是个体存在和发展的必要条件，自我价值的实现构成了个体为社会创造更大价值的前提；另一方面，社会价值是实现自我价值的基础，没有社会价值，人的自我价值就无法存在。

人生价值评价的根本标准，是看一个人的人生活动是否符合社会发展的客观规律，是否通过劳动对社会和他人做出了贡献。

请根据以下案例思考：人生的自我价值和社会价值是什么关系？为什么说衡量人生价值的普遍标准是劳动和贡献？

【案例1】 徐本禹出生于山东聊城的一个贫穷的农村家庭。1999年，徐本禹成为华中农业大学的一名学生。2002年7月，徐本禹参加学校组织的暑期社会实践，到贵州省大方县猫场镇狗吊岩村设在山洞里的为民小学支教一个月。这次社会实践使他更加深刻地认识了国情，激发了强烈的社会责任感，决心以实际行动为改变当地贫穷落后的状况贡献自己的力量。2003年，徐本禹以372分的高分考取了本校农业经济管理专业的硕士研究生。然而，徐本禹却作出了让所有人大吃一惊的决定：放弃攻读研究生的机会，去贵州省大方县大水乡大石村支教。2005年，徐本禹返回华中农业大学读研。如果眼泪是一种财富，徐本禹就是一个富有的人，他让我们泪流满面。他从繁华的城市，走进大山深处，用一个刚刚毕业的大学生稚嫩的肩膀，扛住了倾颓的教室，扛住了贫穷和孤独，扛起了本来不属于他的责任。也许一个人的力量还不能让孩子的眼睛铺满阳光，爱，被期待着。徐本禹点亮了火把，刺痛了我们的眼睛。

【案例2】 郭明义，男，汉族，1958年12月生，中共党员，鞍钢矿业公司齐大山铁矿生产技术室采场公路管理员。他追求纯粹，做好事不求人知，矢志不渝地追求真善美。他善小而为，15年里每天提前2小时上班，16年间为失学儿童、受灾群众捐款12万元，20年来55次无偿献血，挽救数十人的生命。他坚信奉献使人快乐、助人使人幸福，数十年如一日地用自己的博大爱心、满腔热血铸就了人间大爱，被誉为“爱心使者”、“雷锋传人”。

前苏联文学巨著《钢铁是怎样炼成的》的主人公保尔·柯察金有这样一段名言：人的

一生应当这样度过：当回忆往事的时候，他不至于因为虚度年华而痛悔，也不因过去的碌碌无为而羞愧；在临死的时候，他能够说："我的整个生命和全部精力，都已经献给世界上最壮丽的事业——为人类的解放而斗争。"作为时代骄子的当代大学生应当认真思考一下：人的生命是有限的，面对有限的人生，我们又该选择一条什么样的人生道路呢？

3.人生价值的标准

人的社会性决定了社会价值是人生价值的最基本内容。一个人的生活具有什么样的价值从根本上说是由社会所规定的，而社会对于一个人的价值评判，也主要是以他对社会所作的贡献为标准。个体对社会和他人的生存和发展贡献越大，其人生的社会价值也就越大；反之，人生的社会价值就越小。如果个体的人生活动对社会和他人的生存和发展不仅没有贡献，反而起到某种反作用，那么，这种人生的社会价值就表现为负价值。

人生价值评价的根本尺度，是看一个人的人生活动是否符合社会发展的客观规律，是否通过实践促进了历史的进步。人生价值评价的普遍标准，是劳动以及通过劳动对社会和他人作出的贡献。一个人对社会和他人所作的贡献越大，他在社会中获得的人生价值的评价就越高。劳动和贡献的尺度作为社会评价人生价值的基本尺度，正是对人生价值评价根本尺度的一种具体化。在我们今天所处的社会主义社会中，衡量人生的价值，标准就在于看一个人是否以自己的劳动和聪明才智为中国特色社会主义真诚奉献，为人民群众尽心尽力服务。

4.衡量人生价值的方法

(1)坚持能力有大小与贡献须尽力相统一。每个人的职业不同，能力大小不同，对社会贡献的绝对量不同，不能简单地认为能力大的人就实现了人生价值，能力小的人就没有实现人生价值。

(2)坚持物质贡献与精神贡献相统一。评价人的价值，不仅要看个人对社会作出的物质贡献，也要看其对社会作出的精神贡献。

(3)坚持完善自身与贡献社会相统一。人生的社会价值是实现人生自我价值的基础，评价人生价值应看一个人的活动对社会所作的贡献。但这并不意味着否定人生的自我价值。

(4)坚持动机与效果相统一。在人生价值的评价中，既要看动机又要看效果，联系动机看效果，透过效果察动机。

(四)人与地：适应环境，爱护环境，珍惜所有生命

地球，这位人类的母亲，我们生命的摇篮，曾经是那样美丽壮观，和蔼可亲！她无私地为我们提供各种资源，但是人们却随意毁坏自然资源，污染环境，造成一系列生态灾难，给人类生存带来严重威胁。作为地球村的每一位公民，我们有责任、有义务从小事做起，从身边做起保护我们的环境，保护我们赖以生存的家园。

【结语】 生命，只有一次；我们应该如何把握自己的生命之舟，使自己的生活变得更精彩，创造一个有关生命的奇迹，是每一个人都值得去思考的问题。假如生命是一首歌，就要演奏快乐；假如生命是一条河，就要欢腾雀跃；假如生命是一团火，就要在奋斗中燃烧洒脱。

（闫杰）

1.6 敬畏道德

【教案视角】

1.什么是道德(90分钟)

2.大学生应怎样继承和弘扬中华民族的优良道德传统(90分钟)

3.当代大学生应当怎样弘扬社会主义道德(90分钟)

4.新时代的公民应当恪守哪些基本道德规范(90分钟)

【本讲视角】 第1视角

【教学目的】 通过本讲教学,帮助大学生掌握道德的含义,明确道德的功能和作用。特别是通过案例、热点问题的讨论和辩论,引导学生明辨是非,形成正确的道德认同,培养起道德责任感和自省、自思、自律、自救的道德品质,养成自我道德约束的习惯。

【本讲内容】

什么是道德

一、道德的概念

(一)从语义学角度看道德

早在中国古代西周时期就已经出现了“道”和“德”这两个字,但是起初“道”和“德”并不是连在一起使用的。如《论语》中提到“道”有60多处,提到“德”有38处,却没有一处把它们连用。我们先来看“道”。最早期的“道”字,字形中间下面是人的头部,头的上方是一个气路象意符,几条脉络与天相通,四边外围的几笔,象征四通八达。会意人通过头顶的气路,与自然相感格,四通八达、毫无滞碍、明明白白、天人合一的状态,这就是“道”。[①] 老子在《道德经》第二十五章中说:“人法地,地法天,天法道,道法自然。”《孟子·离娄上》说:“是故诚者,天之道也;思诚者,人之道也。”诚实是天地之大道,天地之根本规律。追求诚信,则是做人的根本规则。可见,“道”在初始意义上是指世界万物的本源和本质、世间万物运动变化的规律,以及由此延伸出来的人们必须遵循的社会行为的准则、规矩、规范。

关于“德”字,在三千多年前的商代甲骨文中就有记载。在甲骨文中,“德”字的左边是“彳”(chi)形符号,它在古文中是表示道路或行动的符号,其右边是一只眼睛,眼睛之上是一条垂直线,这是表示目光直射之意。所以这个字的意思是:行动要正,而且“目不斜视”。在金文中,“目”下面又加了“心”,也就是说,目正、心正才算“德”。在小篆中,其右边的上方变成了“直”,即“直心”为“德”。“德”是现代楷书的写法。

人们最早把“道”和“德”连在一起用是在春秋战国时期。如《管子·君臣下》云:“君之在国都也,若心之在身体也,道德定于上,则百姓化于下矣。”意思是说,只要国君有了高尚的道德,老百姓就会接受教化。《荀子·劝学》篇云:“礼者,法之大分,类之纲纪也,故学至乎礼而止矣。夫是之谓之道德之极。”意思是说,如果一切都能按礼的规定去做,就算达到

① 参见熊春锦:《慧性图文思维教育》,团结出版社2009年版,第65页。

了道德的最高境界。东汉的刘熙载在《释名》中对“德”的解释是:“德者,得也,得事宜也。”许慎在《说文解字》中说:“德,外得于人,内得于己也。”朱熹也讲:“德者,得也。行道而有得于心者也。”[①]可见,“德”是表示得“道”,即认识道和实施道之后的有所得。一方面,做到“外得于人”,即“以善德施之他人,使众人各得其益”;另一方面,做到“内得于己”,即“以善念存诸心中,使身心互得其益”。[②] 这与孔子在《论语・述而》中讲的“志于道,据于德,依于仁,游于艺”是一个意思。“道”指做人治国的根本原则。“德”即“得”,人们认识“道”,遵循“道”,内得于己,外施于人,便称为“德”。可见,道德在此时已内含着人们处理人与人之间关系时应当遵循一定的准则的意蕴。而在西方,“道德”一词起源于拉丁语的“mores”,本表示风俗和习惯,后来演变成内在本性、性格、品德等意思,也有规则或规范等含义。到公元4世纪,拉丁语又产生出专指道德的“moralitas”一词,在英语中则为“morality”。[③]《新编学生现代汉语词典》这样解释“道德”:道德是社会意识形态之一,是人们共同生活及其行为的准则和规范。[④]

(二)道德的含义

道德属于上层建筑的范畴,是一种特殊的社会意识形态。它通过社会舆论、传统习俗和人们的内心信念来维系,是对人们的行为进行善恶评价的心理意识、原则规范和行为活动的总和。换言之,作为社会意识形态之一的道德,是依靠社会舆论、传统习惯和人们的内心信念调节人与人(包括个人与个人、个人与社会集体、社会集体与社会集体)、人与自然、人与自身之间的伦理关系的行为原则、规范的总和。社会舆论是指众人的言论,包括宣传工具的议论。舆论压力、舆论谴责有制约作用。

【案例】 温岭女教师虐童案

颜艳红是原浙江温岭城西街道蓝孔雀幼儿园教师。2012年10月,颜艳红虐待幼儿照片被曝光。照片显示,其在该园活动室里强行揪住一名幼童双耳向上提起,幼儿表情痛苦。随后,该事件引发网友声讨,并“人肉”出该幼教。

传统习惯:即社会风俗和习惯的行为倾向。与传统文化和社会心理结合在一起,比舆论更具有稳定性。内心信念:对道德义务的真诚信仰和强烈的责任感,内在的精神力量,表现为良心的安慰或谴责。所以,我们要谈的道德,实际上就是一种为社会和个人所认可的不同于法律、制度等外在规范的一种社会规则。这种规则的产生有其主客观的原因,一旦产生便影响着个人的行为模式。

二、道德的起源和本质

关于道德的起源和本质问题,归纳起来主要有以下几种观点。

(一)神启论

这种观点认为,道德来自于神灵的启示和超自然力量的规定。由于人的有限性,人类自己感觉到应该由一种高于自己的全知、全善、全能的神来为人类制定行为规则,因为人

---

① 朱熹:《论语集注・学而》。

② 罗国杰:《罗国杰自选集》,中国人民大学出版社2007年版,第19页。

③ 参见秦尚海:《高校科技道德教育论》,中国海洋大学出版社2010年版,第23页。

④ 《新编学生现代汉语词典》,吉林教育出版社2010年版,第121页。

的本性是有缺陷的、不成熟的、终极无知的，所以，人不能凭自己的理性来为自己制定行为戒律，这种戒律应该来自一个至高的神。他所颁布的戒律是神圣的、不可违反的。这种戒律就形成了人们必须要遵守的道德。[①]

(二)天赋论

这种观点认为道德起源于人类的天性或自然本性，即人先天就有道德意识。[②] 如孟子认为，道德不需要外求，它就起源于人的先天本性。也就是说，我们的本性天然就是善的。他说："仁、义、礼、智，非由外铄我也，我固有之也。"[③]意思是说，仁、义、礼、智之类的道德规范不是后来形成的，根源于人心，是先天固有的良知。他认为人都有"不忍人之心"，"恻隐之心，仁之端也；羞恶之心，义之端也；辞让之心，礼之端也；是非之心，智之端也"。[④] 德国近代哲学家康德认为具有普遍道德价值的东西来自人的理性本身的善良意志，善良意志是人与生俱来的受理性支配、不以环境为转移的内在机能，道德就是这种善良意志所发出的绝对命令。

(三)情感欲望论

这种观点认为，道德起源于人所固有的本能欲望和天然情感之中。如法国哲学家爱尔维修认为，人是有感觉的动物，人的本性就是趋乐避苦，就是自利、自爱。也就是说，追求个人的利益和幸福是一切道德的根源。拉美特利指出，自然欲望是道德的基础。费尔巴哈也认为人的自爱利己的本性和追求感官的享受是道德的来源和基础。

(四)动物本能论

这种观点认为道德起源于动物的"合群性"本能。达尔文在《人类的由来及性选择》一书中指出："道德感起源于：第一，社会本能的持续和恒久存在；第二，人类懂得同群诸人的称赞和非难；第三，人类心理官能的高度活动以及对过去的鲜明印象。"[⑤]在达尔文看来，社会本能是导致人类道德得以产生的最重要和最深刻的原因。这种社会本能为一切具有社会性的动物所共有，它表现为以群居为乐，对同类富有同情心，并以各种方式彼此协作，相互服务。

【课堂讨论】 动物有没有道德？

【结论】 听取学生的观点以后，给出一个小结：马克思主义认为，道德是社会关系的产物，只是由于需要，由于和他人交往的迫切需要才产生的。马克思说："动物不对什么东西发生'关系'，而且根本没有'关系'；对于动物来说，它对他物的关系不是作为关系存在的。"[⑥]动物本能说的根本错误是抹杀了人与动物的本质界限，只看到和突出了人的自然性一面，没有看到人的生理和心理的社会性和文化性，因而不可能真正科学地解决道德的起源问题。道德首先是一种社会现象，属于社会上层建筑和社会意识形态，因此必须而且只能从人类的社会关系和社会生活本身去探索它的起源，并由此开始对马克思主义道德

① 参见赵常兴主编：《思想道德修养与法律基础》，西安电子科技大学出版社 2013 年版，第 110 页。

② 参见赵常兴主编：《思想道德修养与法律基础》，西安电子科技大学出版社 2013 年版，第 110 页。

③ 《孟子·告子上》。

④ 《孟子·公孙丑上》。

⑤ 邹富汉编著：《道德与科技道德》，西北工业大学出版社 2002 年版，第 44 页。

⑥ 《马克思恩格斯选集》第 1 卷，人民出版社 1995 年版，第 81 页。

起源论的讨论。

(五)马克思主义的道德论

1.道德的起源

马克思主义认为，道德作为一种社会现象，其产生有多方面的条件，经历了一个漫长的历史过程。道德产生需要具备三个要素：

一是客观条件：社会关系的形成是道德赖以产生的客观条件。人类的道德生活本质上是对人们社会关系的认识和反映，道德的产生必须以人类社会关系的形成为前提。

二是主观条件：人类自我意识的形成与发展是道德产生的主观条件。自我意识的产生，是标志着人把自身同动物区别开来的重要的一步。当人开始意识到自己作为社会成员与其他动物的根本区别，意识到自己与他人或集体的不同利益关系以及产生了调节利益矛盾的迫切要求时，作为自觉意识和人类精神自律的道德才能得以产生。

三是历史前提：人的劳动是道德起源的历史前提。劳动创造了人本身，从而创造了道德主体；在人的劳动过程中不但形成生产关系，而且产生需要调整的人与人之间的利益关系，创造着人们的道德需要，形成有关善与恶、祸与福、利与害等道德观念。劳动提供道德产生和发展的动力。

人类的道德萌发于人类早期劳动和简单交往。古代人们为了生存的需要从事采集活动、渔猎活动等简单的生产劳动。在这个过程中，必然形成一些基本的生产关系和交往方式，并以风俗习惯等形式表现出来。随着社会生产力的发展以及社会分工和生活的日益复杂化、多样化，道德逐渐从风俗习惯中分化出来，成为一种独立的社会形式。总的来说，人类道德的形成和发展经历就是一个由原始群体的禁忌到氏族的禁令再到共同制定道德规范的发展过程。这是一个道德意识逐渐自觉而清晰起来的过程。

2.道德的历史发展和本质

首先，道德作为一种特殊的社会意识形态，归根到底是由经济基础决定的，是社会经济关系的反映。①社会经济关系的性质决定着各种道德体系的性质。②社会经济关系所表现出来的利益决定着各种道德的基本原则和主要规范。③在阶级社会中，社会经济关系主要表现为阶级关系，因此，各种道德体系也必然带有阶级属性。④社会经济关系的变化必然引起道德的变化。其次，道德对社会经济关系的反映不是消极被动的，而是以能动的方式来把握世界和引导、规范人们的社会实践活动。

通过分析道德的历史发展来说明：从原始社会风尚习俗到社会主义社会道德。

原始社会风尚习俗的基本特征：①维护血缘集体的共同利益，维护全体成员的自由平等，共同劳动，相互帮助。②道德观念贫乏、直观和含混。③道德调节的狭隘性、简朴性、外在性和权威性。原始社会风尚习俗的积极方面：①虽然还很简单和幼稚，但它以维护部落、氏族整体利益为核心，来调节人们的社会关系和社会活动，为人类道德的发展奠定了良好的开端。②虽然凭借的只是习俗、传统和长者的威信等，但它当时所具有的力量和权威，却比后来阶级社会的政治和法律等更为强而有力。③原始社会的人们，在部落氏族道德风尚的感染和陶冶下形成的为公共事务无条件地承担义务，以及所表现出的正直、诚实、刚毅和勇敢等纯真质朴的美德，同氏族的人相互援助、照顾和保护等行为，都是很值得赞羡的。消极方面：①血族复仇。②食人之风。③血缘群婚。《达尔文日记》中记载了达尔文两次考察世界的见闻，其中提到当年澳洲野蛮人的两种习惯，一叫“杀婴制”，一叫“驱妪制”。前者是指在饥饿时便杀掉婴儿去吃；后者是指老年妇女失去了劳动力，族人便把她们赶走。达尔文第一次到澳洲时，带走了一个 10 岁左右的男孩，让他到英国去“文明化”一下子，并给他起名为约翰·明斯克。若干年后，又托人把他带回澳洲，大有“撒下文明的种子”之意。达尔文第二次去澳洲考察时，苦苦追寻那男孩的下落，知情者的回答是：我们已经把他吃了。他没有像样的体力，很多事都不会做。

奴隶社会和封建社会等级特权道德的主要特性：①起主导作用的道德原则是忠于君主。②维护人身依附和宗法等级制度，是其所公认的道德要求。③鄙视劳动，歧视妇女，主张男尊女卑。其基本特征：①一方面挣脱了原始氏族道德的狭隘与局限性，加快了道德意识和伦理学理论向前发展的步伐，同时又是从原始社会的淳朴道德顶峰的极度堕落。②这两个社会的道德成为了独立的社会上层建筑成分和意识形态。③政治道德化和道德宗教化。“三纲五常”是中国封建社会最基本的规范。“三纲”是指君为臣纲，父为子纲，夫为妻纲，要求为臣、为子、为妻的必须绝对服从于君、父、夫，同时也要求君、父、夫为臣、子、妻作出表率。它反映了封建社会中君臣、父子、夫妇之间的一种特殊的道德关系。“五常”即仁、义、礼、智、信，是用以调整、规范君臣、父子、兄弟、夫妇、朋友等人伦关系的行为准则。

资本主义社会的道德是以资本主义私人占有制为经济基础的反映。个人主义和利己主义是资本主义的道德原则。自由、平等、博爱是基本的道德规范。唯利是图是占主导地位的道德规范。(联系社会现实进行分析)

社会主义道德是以社会主义公有制为主体的经济基础的反映；是在无产阶级自发形成的朴素的道德基础上，以马克思主义的世界观为指导，由无产阶级自觉培养起来的道德；是以为人民服务为核心，以集体主义为原则，以诚实守信为重点，以社会主义公民基本道德规范和社会主义荣辱观为主要内容，以代表无产阶级和广大劳动人民根本利益和长远利益的先进道德体系。十八大报告提出，倡导富强、民主、文明、和谐，倡导自由、平等、公正、法治，倡导爱国、敬业、诚信、友善，积极培育社会主义核心价值观。从国家层面看，是富强、民主、文明、和谐；从社会层面看，是自由、平等、公正、法治；从公民个人层面看，是爱国、敬业、诚信、友善。这三个层面的表述体现了正确处理国家、集体、个人三者的关系。

【课堂讨论】　是不是经济水平越发达，道德水平越高？

【结论】　经济基础决定道德是从终极意义而言的；经济发展与道德发展具有不同步性。人类道德的发展是一个曲折上升的历史过程。人类道德发展的历史过程与社会生产方式的发展进程大体一致。虽然在一定时期可能有某种停滞或倒退现象，但道德发展的总趋势是向上的、前进的，是沿着曲折道路往前进的。所以，对于当代的大学生而言，应当充分发挥自己的主体性和主动性，做到道德的自觉、自省。社会主义道德是人类道德发展合乎规律的必然产物，在社会主义精神文明中占有重要地位。大学生应当积极按照社会主义道德的标准，在日常生活中实践社会主义道德观，培养道德责任感，实践道德精神，提升自己的道德水准，锤炼道德品质。

三、道德的功能和作用

古希腊伟大的哲学家苏格拉底谈到：“人类最大的幸福就在于每天能谈谈道德方面的

事情。无灵魂的生活就失去了人的生活价值。”[①]德国近代哲学家康德在他的伟大著作《实践理性批判》中也讲到:“有两样东西,我们愈经常愈持久地加以思索,它们就愈使心灵充满日新月异、有增无减的景仰和敬畏:那就是我们头上灿烂的星空和我们心中崇高的道德准则。”[②]但丁说:“道德常常能填补智慧的缺陷,而智慧却永远填补不了道德的缺陷。”[③]这实质上都在说道德的功能和作用。

(一)道德的主要功能

道德的功能,即道德作为社会意识的特殊形式对社会发展所具有的能效,是处理个人与他人、个人与社会之间关系的行为规范及实现自我完善的一种重要精神力量。

道德的主要功能是认识功能和调节功能。道德的认识功能是指道德反映社会经济关系的功效和能力,借助于道德观念、道德准则、道德理想等形式,帮助人们正确认识社会道德生活的规律和原则,认识人生的价值和意义,认识自己对家庭、他人、社会的义务和责任,使人们的道德实践建立在明辨善恶的认识基础上,从而正确选择自己的道德行为,积极塑造自身的道德人格。

道德的调节功能是道德最突出也是最重要的社会功能,即通过道德评价等方式,指导和纠正人们的行为和实践活动,协调人们之间关系的功效与能力。如果道德反映社会经济发展的客观必然性,就能引导和激发人们的主动性和积极性,不断调节社会整体和个人的关系,使个人与他人、个人与社会的关系逐步完善和谐,使人们的行为逐步从“实然”向“应然”转化。道德还具有导向功能、激励功能、辩护功能和沟通功能等。

(二)道德的社会作用

道德的社会作用是指道德功能的发挥和实现所产生的社会影响及实际效果。①道德能够影响经济基础的形成、巩固和发展。②道德对其他社会意识形态的存在和发展有着重大的影响。③道德是影响社会生产力发展的一种重要的精神力量。④道德通过调整人们之间的关系维护社会秩序和稳定。⑤道德是提高人的精神境界、促进人的自我完善、推动人的全面发展的内在动力。⑥在阶级社会中,道德是阶级斗争的重要工具。

【结语】 道德的起源、本质及其发展过程既展现了道德领域自成的逻辑脉络,也充分体现出道德于人而言的必然性;道德具有不同于其他社会意识的自律性,这就意味着在没有他人监督的情况下,也需要通过自己要求自己,变被动为主动,自觉约束个人的一言一行。诸多社会现实和实例也充分表明讲道德对社会、对个人而言,都具有重要意义。因此,在社会主义市场经济和经济全球化的背景下,大学生不仅应当掌握丰富的科学文化知识,更应当具备较高的道德素养,自觉履行道德行为。

(高凤敏)

---

① 转引自双明:《给大忙人看的静心书》,中国言实出版社 2011 年版,第 21 页。

② 转引自[美]查尔斯·塔列弗罗著,傅永军、铁省林译:《证据与信仰——17 世纪以来的西方哲学与宗教》,山东人民出版社 2011 年版,第 194 页。

③ 张志军等主编:《传世语海》第 1 册,西北工业大学出版社 2002 年版,第 47 页。

1.7　诚信做人

【教案视角】

1.中国公民基本道德规范简介(90分钟)

2.践约守信,诚实做人(90分钟)

3.大学生与诚信道德(90分钟)

【本讲视角】　第2视角

【教学目的】　了解诚信的内涵,认识诚信做人的基本要求,感受诚信是每个人立足于社会的通行证;培养学生观察、分析的能力和明辨是非的能力,以及为人处世与社会生活的能力,引导学生学会"信近于义",践约守信,诚实做人;增强对他人、对社会的责任感,树立正确的为人处世态度,确立"守信为荣,失信可耻"的道德观念,大力弘扬中华民族传统美德。

【本讲内容】

践约守信,诚实做人

在生活中,我们常常听到有人被这样评价——"这个人很实诚",也会听到有人被这样评价——"这个人很滑头",说的就是一个人的诚信的品质。"狼来了"的故事妇孺皆知,小男孩因为一再说谎,而导致说话无人听,最后被狼吃了。其实,使小男孩失去生命的,严格地说不是狼,而是他那不诚信的品质。在现实生活中,类似的不诚信行为也屡见不鲜,如我们常见到的拖欠农民工工资、出售假冒伪劣商品、小商小贩短斤少两、公司虚假广告宣传等。大学生中也存在着考试作弊、借东西不还、抄袭作业等不诚信行为。这就是我们本节课要讨论的话题——践约守信,诚实做人。

《论语·为政》说"人无信不立。"又说:"人而无信,不知其可。"古语有云:"小信诚则大信立。"《大学》也说到:"心诚求之,虽不中,不远矣!"都是在谈诚信对人的意义和价值。那么,诚信究竟意味着什么呢?

一、诚信的内涵

许慎《说文解字》解释说:"诚,信也","信,诚也"。换句话说,诚,就是要实事求是,不夸大,不缩小;信,就是要一言九鼎,说到做到,不朝秦暮楚,不朝令夕改。诚信是一个道德范畴,即待人处事真诚、老实、讲信誉,言必信,行必果,一言九鼎,一诺千金。因此,诚实意味着实事求是,表里如一,说实话,做实事,不虚伪,不夸大其词,不文过饰非。为人做事诚实守信,方能真正安身立命,才能建立良好的人际关系,才能打下牢靠的事业基础,取得坚实的人生业绩。只有人人诚实守信,社会秩序才能有条不紊,文明进步才有保障。

二、诚信故事分享

接下来,会呈现出一系列与诚信有关的案例,需要大家讨论。请大家五人组成一组,对所要讨论的问题提出自己的看法。首先要求大家进行一个小小的讨论,找出生活中诚信和不诚信两方面的案例,每个小组分别找出正面、反面案例各一,选举一名代表讲给大家听,并谈一谈自身的感受。

三、诚信理论分析

大家讲得都非常好。下面，根据大家所谈的内容，我尝试结合案例，从以下几个方面对诚信进行分析：

(一)作为立身之本的诚信

就个人而言，诚信是立身之本，是一个人安身立命的基础，是一个人立足社会的通行证，是一个人生存和发展的重要条件，是我们做人的基本准则、立身之本，是人生最重要的财富之一。下面的例子一个因为诚信而立身，一个因为不诚信而失去生命，发人深省。

【案例 1】 北宋词人晏殊的例子可以视为诚信的正面典型。北宋词人晏殊，素以诚实著称。在他 14 岁时，有人把他作为神童举荐给皇帝。皇帝召见了他并要他与 1000 多名进士同时参加考试。结果晏殊发现考试题目是自己十天前刚练习过的，就如实向真宗报告，并请求改换其他题目。宋真宗非常赞赏晏殊的诚实品质，便赐给他"同进士出身"。晏殊当职时，正值天下太平。于是，京城的大小官员便经常到郊外游玩或在城内的酒楼茶馆举行各种宴会。晏殊家贫，无钱出去吃喝玩乐，只好在家里和兄弟们读写文章。有一天，真宗提升晏殊为辅佐太子读书的东宫官。大臣们惊讶异常，不明白真宗为何做出这样的决定。真宗说："近来群臣经常游玩饮宴，只有晏殊闭门读书，如此自重谨慎，正是东宫官合适的人选。"晏殊谢恩后说："我其实也是个喜欢游玩饮宴的人，只是家贫而已。若我有钱，也早就参与宴游了。"这两件事，使晏殊在群臣面前树立起了信誉，而宋真宗也更加信任他了。

【案例 2】 因为不诚信而遭受祸患的例子也不乏其人。如《郁离子》中记载了一个因失信而丧生的故事。济阳有个商人过河时船沉了，他抓住一根大麻杆大声呼救。有个渔夫闻声而至。商人急忙喊："我是济阳最大的富翁，你若能救我，给你一百两金子。"待被救上岸后，商人却翻脸不认账了。他只给了渔夫十两金子。渔夫责怪他不守信，出尔反尔。富翁说："你一个打渔的，一生都挣不了几个钱，突然得十两金子还不满足吗？"渔夫只得怏怏而去。不料想后来那富翁又一次在原地翻船了。有人欲救，那个曾被他骗过的渔夫说："他就是那个说话不算数的人！"于是商人淹死了。商人两次翻船而遇同一渔夫是偶然的，但商人的不得好报却是在意料之中的。因为一个人若不守信，别人便会失去对他的信任。所以，一旦他处于困境，便没有人再愿意出手相救。失信于人者，一旦遭难，只有坐以待毙。

(二)作为交往之道的诚信

在博弈论中有一种观点认为，如果博弈过程只有一次，也就是我们所说的"一锤子买卖"，那么博弈双方彼此欺骗的可能性就非常大。但是，博弈论的前提是：人是理性人。而事实上人不仅仅是一种理性的存在，更是一种感情的存在。人情的美好是我们感受和体验幸福的至关重要的一部分，而人际交往的能力和素质则是达成人际和谐和人情美好的关键。诚信，作为一种人际交往的素养(其实也是一种能力，后面会谈到)，对每个人都至关重要。

【案例】 在宋庆龄小的时候，一天早晨，一家人正准备去李伯伯家做客。突然，她告诉父母："我和小珍约好，今天上午我要教她叠纸花，我不去李伯伯家了。"爸爸说："以后再教吧！明天再和她解释一下，再说，李伯伯家有你喜欢的鸽子，你不去会后悔的！""不会，"

宋庆龄想了想,说:“你们去吧,我在家等她,我不能失信。”妈妈想了想,说:“就按她的意思吧!有句话说:‘言必信,行必果。’一个有道德的人要讲信用,不能自食其言。”就这样,宋庆龄一个人在家等小珍。11 点了,小珍还没来,宋庆龄十分失望。中午,父母回来了,听宋庆龄说小珍没来,爸爸说:“唉!要知道她不来,就不等她了。”宋庆龄却说:“不。没有来,我也要等。虽然没有等到,但我心里很坦然。”就这样,这段故事成就了宋庆龄和儿时玩伴一生的友谊。

(三)作为事业推手的诚信

诚信不仅是个人的立身之本和为人处世之道,同时还是一个人事业成功的重要保障。刚才所讲的故事中多少都涉及这方面的问题了,下面我们再举一个典型例子进行说明。

【案例 1】　李嘉诚在创业初期,资金极为有限。一次,一个外商希望大量订货,但他提出需要有富裕的厂商替李嘉诚作担保。李嘉诚努力跑了好几天,仍一无着落,但他并没有捏造事实,或是含糊其辞,而是一切据实以告。那位外商被他的诚信深深感动,对他十分信赖,说:“从阁下言谈之中看出,你是一位诚实的君子。不必其他厂商作保了,现在我们就签约吧。”虽然这是个好机会,但李嘉诚感动之余还是说:“先生,蒙你如此信任,我不胜荣幸。但我还是不能和你签约,因为我的资金真的有限。”外商听了,更加佩服他的为人,不但与之签约,还预付了货款。这笔生意使李嘉诚赚了一笔可观的钱,为以后的发展奠定了基础。由此,李嘉诚也悟出了“坦诚第一,以诚待人”的原则,并以此获得了巨大的成功。

在这个故事中,我们不禁要问,为什么外商在没有担保的情况下还会和李嘉诚签订合同并预付货款呢?答案不言而喻,正是由于李嘉诚具有诚信品德,坚持诚信做事,才会获得信任和尊重,才能形成交往和合作,才能享有信誉和成功。可见,诚信是通向事业成功的桥梁。

【案例 2】　创办于 1669 年的同仁堂,虽经历了 300 多年的时代变迁和风风雨雨,但“炮制虽繁必不敢省人工,品味虽贵必不敢减物力”的祖训始终不变。这使同仁堂数百年不衰,并获得“天下第一中药店”的殊荣。与此相反,2001 年中秋节前,著名老字号南京冠生园用上一年的陈陷做月饼,坑害消费者事件被曝光。“南京冠生园事件”影响了六成多消费者购买月饼的意愿;有 14%的消费者表示该年不会买月饼。一夜间冠生园的声誉扫地,不久便被迫申请破产。

同是百年老店,为什么同仁堂会名扬四海、生意兴隆,而冠生园会声誉扫地、一蹶不振呢?答案就是——诚信,它对于企业而言,是宝贵的无形资产,得之则昌,失之则败。

立身之本、为人之道、事业之桥,就是就个人而言的诚信的三个基本理论内核,也是诚信的基本功能和作用。当然,诚信对社会有积极的作用,比如提升人们的精神境界、推动社会精神文明建设,维护社会和谐稳定等,但这些功能可以视为前面三项功能的逻辑伸展,在此不再展开论述。

四、诚信的现实践行

诚信在理论上的功能和作用我们已经谈过了,但是,认识诚信不难,要真正做到诚信却非常不易。事实上,要在实践中切实践行诚信,绝非轻而易举之事。我们不妨通过“尾生抱柱”的例子进行说明。

【案例】《庄子·盗跖》谈道:“尾生与女子期于梁(桥)下,女子不来,水至不去,抱梁柱而死。”这个故事讲的是鲁国曲阜有个书生叫尾生,他在大梁(春秋时梁国首都)认识了一位年轻漂亮的姑娘。两人一见钟情,遂私订终身。但是姑娘的父母嫌弃尾生家境贫寒,坚决反对这门亲事。为了追求爱情和幸福,姑娘决定背着父母与尾生私奔,随尾生回到曲阜老家去。那一天,两人约定在韩城外的一座木桥边会面,双双远走高飞。黄昏时分,尾生提前来到桥上等候。不料,六月的天气说变就变,突然乌云密布,狂风怒吼,雷鸣电闪,滂沱大雨倾盆而下。不久山洪暴发,滚滚江水裹挟泥沙席卷而来,淹没了桥面,没过了尾生的膝盖。“城外桥面,不见不散”,尾生想起了与姑娘的信誓旦旦,四顾茫茫水世界,不见姑娘踪影。但他寸步不离,死死抱着桥柱,终于被活活淹死。再说姑娘因为私奔念头泄露,被父母禁锢家中,不得脱身。后伺机黄夜逃出家门,冒雨来到城外桥边,此时洪水已渐渐退去。姑娘看到紧抱桥柱而死的尾生,悲恸欲绝。她抱着尾生的尸体号啕大哭。阴阳相隔,生死一体,哭罢,便相拥纵身投入滚滚江中,谱写了中国文学史上一幕惊心动魄的爱情悲剧……

后来司马迁的《史记·苏秦列传》更以“信如尾生”誉之,后人也用“尾生之信”、“尾生抱柱”等喻指人坚守信约,忠诚不渝。然而,大家仔细想一想,尾生的做法有没有问题呢?

诚如大家所谈到的,尾生的做法的确有问题——但仅仅停留在批评尾生不知道变通和过于愚蠢上是不够的,我们还应当继续思考。大家想一想:如果尾生不抱柱而死,他所心爱的姑娘会不会伤心并殉情?远在曲阜的尾生的父母会不会伤心欲绝?他的亲戚朋友会不会感到惋惜?会的,一定会的。如果是这样,那么,尾生看上去似乎坚守诚信的做法就值得重新考量了。这不由得让我想起《论语·学而》中的一句话:“信近于义,言可复也。”这句话就是讲,如果讲求信誉或者诚信,也要考虑一下是否应该,是否合适,是否合乎当时的条件。脱离了具体的条件和情景而一味地讲究诚实守信,也是不可取的。所以《淮南子·汜论训》评论尾生抱柱而死之事时说:“尾生与妇人期而死之……信而溺死,虽有直信,孰能贵之?”认为他这样做缺乏灵活性,是不应该的。

对于“信近于义,言可复也”的观点,在《孟子·离娄下》讲得更为透彻:“大人者,言不必信,行不必果,惟义所在。”如下面就是一个正面的例子:春秋时期晋国曾经派出大军讨伐齐国,半路上听说齐国国君去世,晋军元帅士匄毅然决定班师回国。尽管作为军队主帅,他应该坚守对本国国君的信诺进行伐齐,但根据当时的诸国之间的约定,若对方国家国君去世,讨伐对方是不义的。所以,士匄的做法是正确的,也受到了国内外的一致赞誉和好评。

那么按照“信近于义”的标准,请大家思考,如果你遇到了如下的情况,你会怎么做?说说你的理由。每组派代表抽取一种情景,讨论之后发言。

【情景 1】 一天,小张在上学路上捡到一个皮包,发现里面有身份证、支票夹、人民币3000元。他不假思索地按照身份证上的联络方式将皮包完璧归赵,并婉言谢绝了失主给他的奖金。又一天,小张在本班门口发现地上有一支铅笔。如果你是小张,你会怎么做?

【情景 2】 在生物课上,你的同伴打破了实验器具,他让你帮忙隐瞒,老师问你时,你会怎么说?

【情景 3】 你的好朋友小明父母离异了。他只把此事告诉了你,并说不想让第三个人知道。另一好友小刚却问到了此事，你会对小刚说什么？

【情景 4】 若干年后，你成了一名内科医生。一位胃癌病人向作为主治医生的你询问病情，你会怎么做？

正如大家所看到的，在诚信问题上有各种复杂情况，在特定的交往情境中，有的时候需要善意的隐瞒和欺骗，有的时候也要根据实际情况灵活地去践行信诺。这和诚信做人并不矛盾，因为诚信的本质是善，善意的谎言也好，必要的灵活也好，在很大程度上，都是诚信的内在要求。只有我们把握好诚信的原则，学会讲诚信的方式方法，才能真正做到与人为善、永不自欺。这就需要我们在日常生活中面对现实的诚信情景的时候，要学会思考，学会权衡，逐渐领悟和学会践行诚信的智慧，做一个懂诚信、明诚信、行诚信的人。

【结语】 从小的方面讲，做人需要诚信，赢得尊严需要诚信。诚信是做人处事的基本原则，是个人安身立命的基本条件，是通向事业成功的纽带和桥梁。诚信还调节着人与人之间的关系，是每个人人情美好的必要条件。“无诚则有失，无信则招祸。”诚信是人的一张脸，上面写着你的品德和操行。诚信是做人的一种品质，是职业道德和成就事业的根基。同时，从大的方面讲，诚信又是治理国家必须遵守的规范和道德法则，它维系着社会秩序，使整个社会有序、和谐、美好！

要践行诚信，就要从具体而微的生活经验着手，从生活中的点点滴滴的小事做起，既要讲究诚信的原则性，也要学会践行诚信的灵活性，将二者很好地结合起来，既要有“信”，又要有“义”，做到“信近于义”，或者说“信”与“义”的完美结合。

让我们一起朗诵下面的这首《诚信之歌》，点亮诚信的火炬，践行诚信的精神！

诚信之歌

诚信是一朵馨香的花朵；让他人快乐，使自己陶醉；诚信是一首古老的诗歌；让他人品味，使自己高尚。面容上有自尊；眼睛里有自信；行动中有把握；生活中有朋友。一个人可以没有财富，只要他活得坦荡；一个人可以没有名望，只要他问心无愧；但一个人不能没有诚信，否则一无所有。学习，因为诚信而进步；工作，因为诚信而成功；人生，因为诚信而精彩；社会，因为诚信而和谐。莘莘学子，诚信为本；言而无信，不知其可。诚自心，信自行，心行合一。让我们用心灵呼唤诚信，让我们的人生以诚信为基石，让我们的风采以诚信为旗帜；让诚信成为你寒冷时身边红红的炉火，让诚信成为烈日下你头顶的一片绿荫；身沐一片灿烂，心系一份执着；带着诚信上路，踏着一路风光；我们呼唤诚信，拥抱诚信，坚守诚信！

（田茂泉）

1.8 懂法守法

【教案视角】

1. 法学基础理论(简)(90 分钟)
2. 我国宪法确立的基本原则和制度(90 分钟)
3. 中国特色社会主义法律体系之民法(90 分钟)
4. 中国特色社会主义法律体系之刑法(90 分钟)
5. 树立社会主义法治理念(90 分钟)
6. 培养社会主义法治思维方式(90 分钟)
7. 维护社会主义法律权威(90 分钟)

【本讲视角】 第 6 视角

【教学目的】 法律是人们生存和发展必备的知识和技能。大学生既要具备良好的思想道德素质,也应具备良好的法律素质,成为一个知法、懂法、守法的人。依法治国能否顺利进行,在一定程度上要看社会主义法治思维能否深入人心。通过本专题教学,帮助大学生准确把握法治思维的基本含义和特征,正确理解法治建设的基本关系,逐步培养法治思维方式,努力做到能够像法律人一样思考,形成运用法治思维分析和解决问题的能力。

【本讲内容】

培养社会主义法治思维方式

当今中国,法治已成为党和政府治国理政的基本方式,在国家治理和社会管理中发挥着重大作用。大学生应该懂得用法律、纪律规范自己的行为;懂得合法合理、适时适度处理大学学习阶段的问题;知道用什么方式、通过什么途径去维护自身的权益,其中尤其重要的是要注意法律思维的养成。

【案例】 所罗门判案

据希伯莱传说,神赐给所罗门王极大的智慧,"如同海沙不可测量"。天下列王都差人听他的智语。《圣经·列王纪上》记载了这样一件事:一日,两妓女争夺孩子,久执不下。所罗门王令人将孩子一劈为二,各与半。一女愿劈,一女不愿,宁送子与彼。王遂判子归后者。而相同的智慧故事也在中国上演。在《管锥编》中,钱钟书先生举了很多相同的例子,如《风俗通义》中的黄霸判子案、《魏书·李崇传》中的断子案、《灰栏记》第四折中的包拯断子案等等。裁判者与所罗门王使用的技巧完全相同。

【课堂讨论】 在故事中,所罗门王依据什么判案呢?

所罗门王依据的是一种生活常识与生活经验——生母一般比其他人对孩子有更深厚的感情,舍不得让孩子被劈而死。这种生活常识与生活经验是世世代代积累下来的,可以超越时空岁月,为后世人们所用。

但今天还能这样断案吗?答案显然是不能的。这则故事告诉我们:法律与我们的生活息息相关,伴随我们从摇篮走向坟墓。从出生时起我们就穿上法律的外衣,直到临近死亡脱下法律的外衣并通过遗嘱加以处置，法律伴随我们人生的始终。因此，那些觉得法律离自己比较遥远，“法律与我何干？学法干什么？不犯法就行”的想法在现实社会生活中是不成立的。

一、准确把握法治思维方式的基本含义和特征

(一)什么是法治思维方式

在探讨法治思维方式时，我们将涉及“思维方式”、“法治思维方式”这两个概念。

思维方式是看待事物的角度。不同国籍、文化背景的人看待事物的角度不同，便是思维方式的不同。思维方式与文化密切相关，是文化心理诸特征的集中体现；思维方式又与语言密切相关，是语言生成和发展的深层机制，语言又促使思维方式得以形成和发展。语言是思维的主要工具。

法治思维方式是指人们按照法治的理念、原则和标准判断、分析和处理问题的理性思维方式。

【课堂讨论】 法治与人治的区别。

亚里士多德指出法治应该包含两重含义：已制定的法律获得普遍服从，而大家所服从的法律又应该本身是制定得良好的法律(We have to distinguish two senses of the rule of law —one which means obedience to such laws as have been enacted, and another which means that the laws obeyed have also been well enacted)。[①] 继高度评价法治的价值，强调“法治应当优于一人之治”之后，亚里士多德又进一步阐述了法治的内涵。

所谓人治，就是国家以一套严格的道德制度去规范和约束人们的行为，从而产生社会秩序。要使道德高度变为德治，必须以权利的不平等和权力的不制衡为前提。此常见于我国的封建社会，用君主至高无上的权力去进行国家的统治，作为判断是非的标准。法制是一种正式的、相对稳定的、制度化的社会规范。法治与人治则是相对立的两种法律文化：前者的核心是强调社会治理规则(主要是法律形式的规则)的普适性、稳定性和权威性；后者的核心是强调社会治理主体的自觉性、能动性和权变性。虽然法律也是由人来制定的，而且法治也不排斥人的能动性，但从法律的制定、执行到修改都必须按照法律本身制定的规则，人的能动性只能在法律规定的范围内发挥作用，而不能超越法律。对于法治思维的相关要求，党的十八大提出三个不允许：不允许以言代法，不允许以权压法，不允许徇私枉法。这正是法治内在的本质要求。

(二)法治思维必须具备的四种基本态度和方式

1. 法律至上

法治思维不仅认为法律是治国理政的手段和工具，更强调法律是治国理政的最高准则，治国理政必须奉守法律至上原则。法律的至上性，具体表现为法律的普遍适用性、优先适用性和不可违抗性。

首先，法治思维要求以法律为准绳来思考与处理法律问题。某种行为是合法行为还是违法行为，是一般违法行为还是犯罪行为，是否应当承担法律责任，应当承担什么样的法律责任，都应当以法律为标准做出判断。如果脱离开法律来思考与处理问题，就根本谈

---

① 参见[古希腊]亚里士多德著，吴寿彭译：《政治学》，商务印书馆1965年版，第199页。

不上什么法治思维。

【案例】 伊朗门事件

美国著名的伊朗门事件就很好地体现了法治社会的特点。美国是一个典型的法治社会,尽管它的法治有很多缺点,但严格依法办事是其优点。当时,在伊朗有一些人把美国人劫持为人质,美伊两国政府秘密谈判,双方达成协议,由伊朗政府帮助解救人质,而美国政府向伊朗出售先进武器。尽管这一做法的目的是为了解救美国人的生命,但却是违法的,因为当时议会有禁止向伊朗出售武器的法律规定。在人质事件解决完毕后,议会开始进行调查,结果又发现了另一个违法的问题,即美国政府把出售武器的这笔钱用来资助尼加拉瓜的反共游击队去了。因为当时尼加拉瓜由社会主义政党掌权,该政党上台之后就开始建立公有制,没收资本家和地主的财产,使美国人在那儿的投资受到了侵犯。美国很恼火,但又不好出兵干涉,于是就资助当地的反共游击队。但因为议会又有法律规定资助国外武装也必须经议会授权,美国政府没有经议会授权而资助国外武装,这也是违法的。议会最后追查到签字做出决定的责任人身上,签字人是诺斯上校。后来斯诺上校被提交法院审判,一审被判有罪。到了二审,由于法官考虑其他一些因素才最终改判无罪。

其次,当遇到法与理、法与情的冲突时,要遵守有效的法律。在社会生活中,我们可能会遇到法与理、法与情的冲突,遇到合理不合法或合情不合法的情况。但是,即使人们感觉到法律明显不合理,也不能随意地抛弃或搁置法律。一项法律规定,只要它没有被修改或废除,就是有效的,人们就有义务遵守或执行。如果人们觉得某项法律规定不合理,可以向有关国家机关提出修改或废除的建议,由有关国家机关修改或废除该项法律规定。但在国家修改或废除之前,我们仍然必须遵守或执行。

【案例 1】 萝卜该不该赔

某年,日照市一次“110”特别行动中,公安人员追捕歹徒到男青年甲的菜园里,并发生了搏斗。公安人员最终制服了歹徒。正当公安人员押着歹徒准备离开时,甲对着众多记者和摄影机突然提出,要求公安人员赔偿被损害的 20 多棵萝卜。此事经媒体报道后,社会舆论一片哗然,邻居谴责说:“公安人员是为了抓坏人,是为了大家,甲作为新时代的青年,不应当要求赔偿 20 多棵萝卜。”当事公安人员也表示不可理解,说:“当时我们一个同事身负重伤,鲜血直流,可甲居然提出赔偿他 20 多棵萝卜。”甲所在单位专门召开了一周的批判会,批判甲。在当年日照市评选精神文明先进单位时,甲所在单位也因此而失去了资格。甲在社会舆论的重压下,不得不离家住到姐姐家中,并且对记者产生了严重的不信任和反感。

【课堂讨论】 人们为什么对甲的行为都只有从道德而没有从法律视角去评价呢?人们的意识和观念还局限于道德领域,没有法律意识和法治观念;学习法律后,就应当树立相应的法律意识和法治观念。以法律为准绳思考与处理法律问题,这就是法治思想。

【案例 2】 王老汉杀死亲生儿子

王老汉的儿子是一横行乡里的恶霸,在乡里民愤极大,而在家里他对王老汉也是动辄打骂。一次,他向王老汉要钱出去赌博未果,将王老汉暴打一顿,然后扬长而去,晚上又喝得大醉回家。这时王老汉越想越气,用菜刀将其儿子砍死,然后去公安机关自首。从公安机关立案开始,一直到法院审判阶段,乡民们都在不断为王老汉请愿,要求对其从轻处罚,并且认为王老汉的行为是大义灭亲之举。

【课堂讨论】 请问法院该不该对王老汉从轻判决？他的行为是不是大义灭亲？

【结论】 不是大义灭亲，而是故意杀人行为。但是鉴于王老汉杀他儿子有其长期遭受儿子打骂、出于义愤等因素，所以可以对他从轻处罚。

2.权力制约

国家权力是人民所赋予的(权为民所赋)，应为人民而行使(权为民所用)，因此，权力运行必须受到有效制约和监督。权力制约原则可以概括为职权由法定、有权必有责、用权受监督、违法受追究四项要求。资产阶级国家实行三权分立：立法权、行政权和司法权互相独立，互相制衡。

如果司法权不与立法权和行政权分立，自由也就不存在了；如果司法权同行政权合二为一，法官便将握有压迫者的力量。

西方三权分立制度不适合我国国情。

其一，我国不存在三权分立制的经济基础。我国以公有制为主体的所有制关系决定了劳动者之间的根本利益是一致的，他们之间不存在资本主义社会私有者之间那种深刻的利益对抗关系，因而在国家政治形式和党派制度上，没有必要人为地把他们划分为各种不同利益的政治对手。我国宪法明确规定："中华人民共和国是工人阶级领导的、以工农联盟为基础的人民民主专政的社会主义国家。"与这一国体相适应，我们的政体采取人民代表大会制度。

其二，我国不存在实行三权分立的历史前提。我国的人民代表大会制度、共产党领导的多党合作和政治协商制度等具有中国特色社会主义民主政治制度，是我们党领导人民进行长期革命斗争的产物，是人民群众的历史选择。如果放弃了这些行之有效的政治制度，实行三权分立和多党制，必然动摇我国社会主义民主政治制度的根基，动摇人民当家作主的政治地位。

其三，我国实行的建立在民主集中制原则基础上的人民代表大会制度，一方面体现了广泛的人民民主；另一方面，又保证了人民意志的统一和国家权力的统一，保证了决策的效率。人民代表大会是国家的最高权力机关。这种制度使占社会绝大多数的工人、农民、知识分子和其他劳动群众真正成为国家和社会的主人。人民代表大会制度与三权分立不同，国家最高权力是一元的、统一的。人民代表大会是代表人民行使权力，为人民服务的政权组织形式，本质上是体现"议行合一"原则的政治制度。

历史和现实都表明，人民代表大会制度是符合中国国情、具有中国特色、能够保证人民群众当家作主、有效管理国家和社会的根本政治制度。我们只能通过加强执政党自身的建设、加强和完善人民代表大会制度，来强化对权力的监督和制约。当然，在推进政治体制改革中，应该借鉴人类政治文明发展的有益成果，重视对西方分权制约思想的研究，但一切都必须适合中国国情。

3.人权保障

人权是人作为人所享有或应当享有的权利。法律的重要使命就是充分尊重和保障人权，不得以任何借口侵犯人权。人权的法律保障包括宪法保障、立法保障、行政保护和司法救济。社会主义法律首先要维护最广大人民群众的根本利益，反映到人权领域，就要维护人民群众的生存权和发展权。具体到执法工作中,尊重和保障个人人权,就是要尊重和保障执法当事人的合法权利,包括尊重和保障行政管理相对人的合法权利,尊重和保障犯罪嫌疑人、被告人、罪犯的合法权利,尊重和保障被害人的合法权利等;执法机关在执法活动中,要严格遵守有关法律规定,对于未成年人、妇女、老年人、残疾人等弱势群体给予特殊保护,对特殊群体给予更多关爱,使他们的权利得到切实保障。

4. 正当程序

正义不仅应当实现,而且应当以人们看得见的方式实现。程序是运送正义的方式。程序正当是指立法、执法、司法机关的活动必须严格遵守法定程序的规定,保障法律制定的科学性,保证案件及时正确处理,确保公开、公平、公正、民主、效率、人权保障、权力制约与监督等价值目标得以实现。

名谚举例:

一次不公的裁判比多次不平的举动未获尤烈。因为这些不平的举动不过弄脏了水流,而不公的裁判则把水源败坏了。——[英]培根:《论司法》

程序是法治和恣意而治的分水岭。——法谚

自然公平的第一个原则是:必须给予诉讼当事人各方充分的机会来陈述本方的理由。这意味着必须将诉讼程序告知他们,并及时通知其任何可能受到的指控,以便于他们行使权利。——[英]彼得·斯潘

二、正确理解法治思维方式

(一)正确理解民主与法治的关系

民主与法治是我国社会主义政治文明建设的目标与基本内容。民主与法治既相辅相成,不可分割,又存在本质区别,甚至相互制约。

民主与法治本质上分属于不同的理论范畴。民主一词源于希腊字“demos”,意为人民,系指在一定的阶级范围内,按照平等和少数服从多数原则来共同管理国家事务的国家制度。民主治国俨然成为近现代政治发展的基本趋势。我国宪法规定:“中华人民共和国的一切权力属于人民。公民依法享有政治、经济、文化和社会生活等方面的民主自由权利。”从根本法的高度,提出了民主政治要求。而法治则是相对于人治而言的一种治国方略,法治基本含义可概括为“法律至上,权力制约,司法公正”。作为一种治国方略,“依法治国”在我国1999年宪法修正案中得到正式确认。

民主与法治是现代宪法机制良性运作的双翼。两者在一定条件下是可以统一的。

1. 社会主义民主是社会主义法治的基础

民主是法治产生的前提;民主是法治发挥力量的源泉;民主是法治原则确立的前提。法治并不简单地是指法律制度本身,它更重要的是指人们行为的合法性内涵,其中最重要的是国家行为的合法性内涵,它要求国家权力必须以法律为依据,源于法律并依法行使,即法治原则。从这个意义上来说,法治是一定民主政治的法律化和制度化,是依法行使国家权力,不允许任何组织或个人享有凌驾于法律之上的特权的一项原则和制度。

【阅读】 我国法治建设的成绩

新中国成立以来特别是改革开放的伟大成就,得益于民主法治的有力保障。建国后仅半年,就颁布了《婚姻法》。1954年制定《宪法》,4亿国民中有1.5亿人参加讨论,提出

118万条修改建议。建立了"人民代表大会"制度、"中国共产党领导的多党合作和政治协商制度"、"民族区域自治制度",后来又建立了"基层群众自治制度",开创了一条符合中国国情的社会主义民主法治道路,奠定了共和国的基础。

改革开放后,我们党大力推进社会主义民主法治建设。用三十多年的时间,解决了10多亿人的吃穿住行,2亿多人摆脱贫困,人民最基本的生存权、发展权得到切实保障。人大代表普遍实行差额选举,县及县以下人大代表完全实行直接选举,人民民主得到广泛体现。党的十五大提出"依法治国"的基本方略,并被写入宪法。三十多年来,制定了240部法律,706部行政法规,8600多部地方性法规,形成了中国特色的社会主义法律体系。

民主政治改革是法治原则完善的保证。法治实践中存在的问题根源于民主政治的不完善性,因此,解决问题的手段就要同时加强法治建设和民主建设。其中,民主政治建设尤为重要和优先,民主政治建设是完善法治原则的前提保证。并且,法治建设的许多内容其实就是民主政治建设的题中之意。十一届三中全会以来我国法制建设所取得的每一进步,都是以政治体制改革的深入发展为后盾的。邓小平同志多次强调指出,要通过政治体制改革来健全法制,处理好法治与人治的关系。

2. 社会主义法治是社会主义民主的保障

法治以法律形式确认了人民当家作主的地位,为人民行使民主权利指明了方向,保障了社会主义民主的实现。具体讲,法治将民主制度化、法律化,为民主创造了一个可操作的、稳定的运行和发展空间,把民主容易偏向激情的特性引导至理性的轨道,为民主的健康发展保驾护航;通过对一切私人的、公共的权力施以必要的法律限制,从而保障公民权利,维护民主秩序。

(二)正确理解德治与法治的关系

1. 法治与德治相辅相成、相互促进,是一个紧密结合的整体

依法治国需以德治国为基础。

首先,道德是立法的基础。重要的和基本的道德规范是法律规范的主要来源之一,先进的道德规范是法律规范的主要价值目标之一,良好的道德规范是评价法律规范的主要标准之一。例如,许多道德规范通过立法程序已转变为法律规范。围绕孝敬老人这一美德,我国《治安管理处罚条例》、《婚姻法》、《继承法》、《刑法》从财产、人身等不同方面作了保障性规定。

其次,道德是执法的基础。法律规范不可避免地具有一定的模糊性,能否公正地、准确地把握立法宗旨,取决于执法者的素质;执法者不可避免地具有一定的自由裁量权,能否恰当地运用这一权力,也取决于执法者的素质;执法者不可避免地具有证据采信方面的自由取证权,能否恰当地运用这一权力,也取决于执法者的素质。

再次,道德是守法的基础。大多数人对法律的认同和信仰是法律存在的基础;权利是现代法治的核心,如何将法定权利兑现成为现实权利取决于公民的自觉和自愿意识;与权利意识相对应的义务意识也与公民的自觉和自愿意识相关联。

社会主义法律和社会主义道德在实施中相互支撑。

社会主义道德的实施主要依靠社会舆论的力量,法律的实施则主要依靠国家强制力,但两者殊途同归,目标都是促进民族素质的提高和社会文明的进步。一个民族素质的提

高，单靠国家推动和单靠社会力量推动都是不够的，只有两者形成合力，共同推动，才最为有效。

2. 法治与德治的结合，是人类历史经验教训的深刻总结

上层建筑可以反作用于经济基础，良好的治国方略可以促进经济文化发展和社会秩序的稳定。中国封建社会之所以能够长期延续与发展，原因固然很多，但与其"德主刑辅"、"霸王道杂之"的治国方略不无关系。

3. 法治与德治的结合，是中国特色社会主义伟大事业发展的客观需要

建设中国特色社会主义经济、政治和文化，需要法治与德治相结合。

（三）正确理解权利与权力的关系

如何理解权利与权力的关系，既是民主政治建设中的重大问题，也是法治建设中的重大问题。按照法治思维，权利与权力之间的关系主要表现为四个方面：第一，权力来源于权利。第二，权力服务于权利。第三，权力应当以权利为界限。第四，权力必须受到权利的制约。

（四）正确理解权利与义务的关系

正确理解法律权利与法律义务的关系，是培养法治思维的前提条件。

从来源来看，法律的权利与法律的义务都来源于法律的明文规定。从基本内容上来看，法律权利意味着人们可以作或不作一定的行为，可以依法要求他人作或不作一定的行为。权利可以放弃。法律义务包括作为义务和不作为义务。作为义务要求人们必须依法作出一定行为，如依法纳税、依法服兵役。不作为义务要求人们依法不得作出一定行为，如不得假冒他人注册商标。从范围来看，法律权利与法律义务都有明确的界限。种类和范围都受到物质文化发展水平的限制，每项权利与义务都有法定界限、我国宪法规定："中华人民共和国公民在行使自由和权利的时候，不得损害国家的、社会的、集体的和其他公民的自由和权利。"

法律权利和法律义务的关系如下：

1. 结构上的相关关系

这种对应关系是指任何一项法律权利都有相对应的法律义务，二者是相互关联、对立统一的。正如马克思指出的："没有无义务的权利，也没有无权利的义务。"[①]

2. 总量上的等值关系

马克思指出："没有无义务的权利，也没有无权利的义务。"这主要表现在权利、义务的总量是大体相等的。如果权利的总量大于义务的总量，有的权利就是虚设的；如果义务的总量大于权利的总量，就有特权。

3. 功能上的互补关系

法律权利的享有有助于法律义务的积极履行。在许多情况下，不主张权利，义务人就不去履行义务。法律义务也是法律责任，义务规范要求的作为与不作为要令行禁止。法律主体如果都能这样对待义务，就必然有助于权利的实现，建立起良好的秩序。

【课堂讨论】 父母是否应该承担你读书期间的学费？

---

① 《马克思恩格斯选集》第3卷，人民出版社2009年版，第227页。

(五)正确理解自由与平等的关系

树立正确的自由和平等观念,协调自由与平等的关系,是法治思维的内在要求。

1.依法享有和行使自由的观念

名谚举例:

自由就是做法律许可范围内的事情的权利。——[罗马]西塞罗

自由是一种必须有其自己的权威、纪律以及制约性的生活方式。——[美]李普曼

有理智的人在一般法律体系中生活比在无拘无束的孤独中更为自由。——[英]斯宾诺莎

让我们维护公平,那我们将会得到更多的自由。——[美]约瑟夫·儒贝尔

法律不是压制自由的措施,正如重力定律不是阻止运动的措施一样。——[德]马克思

2.法律面前人人平等观念

名谚举例:

法律不能使人人平等,但是在法律面前人人是平等的。——[美]波洛克

法律面前人人平等观念是在近代资产阶级革命过程中首先提出的。社会主义制度为实现法律面前人人平等的理想奠定了现实的经济、政治和文化基础,法律面前人人平等观念不仅被社会主义法治所承认,而且得到充分实现,成为社会主义法治的基本原则。

(六)正确理解实体与程序的关系

坚持实体公正与程序公正并重。实体公正是指法律上的权利、义务、责任之设定、分配的结果是否正当合理;程序公正是指法律上的权利、义务、责任之设定、分配的过程或程序是否正当合理。

【案例】 实体公正与程序公正

1995年,轰动美国的辛普森杀妻案,因警方在某一证据的收集程序上存在漏洞与瑕疵,使其他确凿的证据也变得苍白无力,难以置信,辛普森被宣告无罪,当庭释放,此案在美国掀起轩然大波,不亚于"9·11"事件的震荡。但人们还是认为在辛普森事实上有罪的同时,承认这是一次公正的审判。

2003年,在刘涌涉黑集团案中,刘涌一审被判死刑立即执行,后因某些证据涉嫌刑讯逼供,而使二审对其改判死缓。但因为该判决引起普通民众的强烈不满,最后终于由最高法院再审改判为死刑立即执行。

判断一个案件审理是否公正,要从程序和实体两方面考察,有时要看社会效果与法律效果是否统一。程序正义和实体正义是在人们追求正义过程中两种不同价值观的体现。不同国家对两种正义的不同追求,体现出中西方法律文化的差异。美国在刑事诉讼过程中更注重于程序正义,一个证据在取证过程中存在瑕疵,就会导致其他证据的无效;而我国则是"以事实为依据,以法律为准绳,部分证据存在瑕疵并不影响其他证据的证明力"。

法治思维强调程序公正与实体公正相冲突时,程序公正要优先实现。程序就是法律所规定的法律行为的方式和过程。程序告诉人们实施某种法律行为时,先做什么事情,后做什么事情,以及如何做这些事情。法治思维要讲程序,从程序出发思考与处理法律问题。程序问题在法律领域居于非常重要的地位。法律是通过规定明确的程序来约束人们

的行为的。可以说，与其他类型的思维方式相比，法治思维更为关心行为的程序问题。

【案例】 程序违法

20世纪90年代初，四川省夹江县发生一起造假行为，是非法使用别人商标的侵权行为。四川省技术监督局进行打假，按照法律作出了处罚，处罚决定在实体上没有问题。但被处罚人以打假者程序违法为由提起行政诉讼，主张商标侵权应由工商局进行查处，技术监督局是越权行政，程序违法。夹江法院原本准备支持原告主张，判打假者败诉。但当地的人大常委会实行个案监督，让法院院长去汇报。院长说准备判打假者败诉，人大的同志就不理解，认为好人不应败诉。但是按照法治观念，法律面前人人平等，法官不应预设立场，而只能依法裁决，而人大的同志显然持的是人治的观念。后来，该法院逐级请示直到最高法院，最高法院作出了越权行政无效，应判打假者败诉的批复。

三、如何培养法治思维方式

(一)学习法律知识，心中有法

学习和掌握基本的法律知识，是培养法治思维方式的前提。法律知识通常包括法律、法规方面的知识和法律原理方面的知识，这两部分法律知识对于培养法治思维方式都很重要。只有既了解法律、法规在某个问题上的具体规定，又了解法律的原理、原则，才能更好地领会法律精神，养成法治思维。

(二)办合法事

大凡作出任何举动步骤之前，都以是否合法作为先导程序预作估测，合法则可行，不合法则缓行禁行，明白任何组织或者个人都没有超越宪法和法律的特权，做到实体公正。

(三)合法办事

即便欲办之事合乎法律法规，但在办理过程中也必须循规蹈矩，不得逾越法律半步，更不能以言代法、以权压法、徇私枉法，确保程序公正。

(四)权之以法

论人说理，观事察物，一切均以法律作为衡量和评判的准绳，守法则褒之誉之，违法则贬之挞之，做到悠悠万物，唯法为大。

【结语】 养成"法治思维"，纸上谈来轻松，生活中践行则绝非易事。大学生可以通过学习法律知识、掌握法律方法、积极参与法治实践等途径，从自己的一言一行做起，在日常生活中逐渐形成思考、分析、解决法律问题的法治思维方式。

（李兰）

1.9 培养格调

【教案视角】

1.公共生活中的道德与法律(90分钟)

2.职业生活中的道德与法律(90分钟)

3.爱情与人生(90分钟)

4.婚姻家庭生活中的道德与法律(90分钟)

5.个人品德养成中的道德与法律(90分钟)

【本讲视角】 第3视角

【教学目的】 通过本专题教学,明确当代大学生对待爱情应有的正确态度,使他们明确爱情的本质和恋爱的道德要求,帮助学生形成正确的恋爱观,正确处理好爱情与学业、爱情与人生发展的关系。

【本讲内容】

给咖啡加点糖——爱情与人生

【正面案例1】 周恩来与邓颖超的爱情

周总理和邓颖超是共同奋斗的亲密战友,又是相濡以沫的终身伴侣。据资料介绍,从1925年8月到1976年1月,在长达半个多世纪的婚姻生活中,他们奉行"互敬,互爱,互信,互勉,互助,互让,互谅,互慰"的"八互原则",堪称恩爱的模范夫妻。周总理和邓颖超的爱情经历了"出生入死,艰险困苦,患难与共,悲喜分担"的战火纷飞年代和革命胜利后的考验,"经历了几十年也没有任何消减"。

【正面案例2】 钱学森与歌唱家夫人的浪漫爱情故事——科学与艺术的完美结合

如果说,钱学森是一座丰碑,是一座大山的话,那么,蒋英就是丰碑旁的一片绿荫,大山上的一片植被。他们用科学与音乐组成了美丽的二重唱,给世界留下了无尽的回声……蒋英和钱学森于1947年在上海结婚,在一起相处了62年。62年当中,他们互相忠诚、信任,互相关心、支持。每当蒋英登台演出,或指挥学生毕业演出时,钱学森是忠实的听众,也是私人评论家。蒋英教授对科技事业、科学工作者的艰辛十分关心和理解,她曾以巨大的热情,不顾连续几个月的劳累,参与组织、指导一台大型音乐会——《星光灿烂》,歌唱航天人,献给航天人。钱学森与蒋英的爱情故事被誉为是科学与艺术联姻的典范。

【反面案例1】 中国政法大学杀师案

2008年10月28日晚18点43分,中国政法大学昌平校区教室内,教授程春明正在准备上课时,大四学生付成励突然从后门冲入教室,用利器砍向程春明颈部,致其重伤。程春明送医院抢救无效,当晚7点死亡。付某行凶后报了警,被警察带走。

【反面案例2】 安徽合肥少女毁容事件

2011年9月17日,合肥,只因求爱不成,17岁中学生陶汝坤竟然强行闯入民宅,将汽油泼向16岁少女周岩,并点起打火机将其烧成重伤,或致其终身残疾。

【反面案例 3】 演员白静被杀案

2012 年 2 月 28 日，周成海在北京家中将白静砍死，自己自杀。白静与丈夫周成海之间有第三者，还有经济纠纷，积怨已久。

这几个案例可以引发我们思考：爱情是什么？

一、爱情的本质

爱情是自从有了人类以来就一直存在的社会现象，爱情是一个古老而常新的话题。那么爱情是什么呢？从古到今，不同的人对爱情都有自己的独特理解。比如：

爱情的意义在于帮助对方提高，同时也提高自己。唯有那因为爱而变得思想明澈、双手矫健的人才算爱着。 ——[前苏]车尔尼雪夫斯基

爱情可能是持久的，那是一份坚贞与执着；但也可能是脆弱的，那是当你存有太多幻想，而又不肯忍受现实的缺点的时候。能维持长远的感情，其中定有很多的宽容与原谅。

——[法]罗曼·罗兰

真正的爱情是始终使人上进的，不管激起这种爱情的女人是谁。 ——[法]小仲马

"爱是我们对所爱者的生命与成长的主动关切，没有这种关切就没有爱。"

——[美]弗洛姆

"爱情是不按逻辑发展的，所以必须时时注意它的变化。爱情更不是永恒的，所以必须不断地追求。" ——柏杨

(一)各种不同的爱情观

1. 自然主义爱情观

自然主义观认为，爱情的全部内容就是性欲的满足。从古希腊罗马时代的"肉体之爱"，到现代精神分析学派的"泛性论"，以及当代世俗社会中否定爱情真实存在的种种言论，都可认为是自然主义爱情本质论在理论和现实中的表现。

2. 超理性主义爱情观

超理性主义认为，性欲是低级的兽性，而爱情是一种丝毫不带有兽性的高尚的精神活动。这种完全否定爱情的自然基础，将性欲排斥在爱情之外的超理性主义的爱情本质论与古希腊罗马时代的"柏拉图式精神恋爱"一脉相承。

3. 马克思主义爱情观

马克思主义认为，爱情是人类自然属性和社会属性的统一。爱情的自然属性是指成熟健康的男女自身的性欲和性需求，它是爱情产生的最基本的前提条件；爱情的社会属性是指人的性需求不是以一种自然的方式来满足，而是以一种内容丰富、不断发展变化的社会方式进行的，即人的性欲本能随着社会发展而演化为社会化的自然属性。因此，爱情的基础是性，但性决不是爱情的全部内容。

英国哲学家罗素在《婚姻与道德》一书中说："男女之间最高尚的爱是自由的、无畏的，是肉体和精神平等的结合；这种爱不应当因为肉体关系而失去其理想色彩，也不应当因此对肉体关系发生恐惧之心，认为肉体之爱必定阻碍理想关系的实现。爱，正像一棵大树，她的根子要扎在泥土之中，但树枝却高可参天。"①

① [英]罗素著，文良文化译：《婚姻与道德》，中央编译出版社 2005 年版，第 102～103 页。

(二)爱情的概念

爱情是一对男女基于一定的社会基础和共同的生活理想，在各自内心形成的相互倾慕，渴望对方成为自己终身伴侣的一种强烈、纯真、转移的感情。性爱、理想和责任是爱情的三个基本要素。

因此，爱情是美好和谐的性爱与有感情、有理智、有道德的精神生活的统一。

弗洛姆认为爱是一门艺术，要求人们有这方面的知识并付出努力。但是大多数人认为爱仅仅是一种偶然产生的令人心旷神怡的感受，只有幸运儿才能“堕入”爱的情网。人们产生这种错误的想法有三种原因：①大多数人认为爱情首先是自己能否被人爱，而不是自己有没有能力爱的问题。②认为爱的问题是一个对象问题，而不是能力问题。③人们不了解“堕入情网”同“持久的爱”这两者的区别。

弗洛姆提出了成熟爱情的五大要素：付出、关心、责任心、尊重、了解，认为人世间存在五种爱：兄弟之爱，母爱，父爱，性爱，信仰之爱。他说：“真诚地爱一个人意味着爱所有的人，爱世界，爱生活。”他认为兄弟之爱表达了这种爱的普遍性。他说：“一切类型的爱都发端于最本源的爱，即兄弟之爱。”天真的、孩童式的爱情遵循下列原则：“我爱，因为我被人爱。”成熟的爱的原则是：“我被人爱，因为我爱人。”不成熟的、幼稚的爱是：“我爱你，因为我需要你。”而成熟的爱是：“我需要你，因为我爱你。”①

二、恋爱中的道德

1. 确立正确的恋爱观

“恋”字：由“亦”和“心”组成，就是说，恋爱也要用心去了解、理解。

培养和铸就爱情的过程就是恋爱。恋爱是生物性与社会性的结合。恋爱的过程就是情感发展的过程，是彼此深入了解、互相适应的过程。健康文明的恋爱方式有助于造就健康、巩固、成熟而完美的爱情，邓颖超同志曾这样描述男女之间的恋爱：“两性的恋爱本来是光明正大的事，并不是污浊神秘的。但它的来源，须得要基于纯洁的友爱，美的感情渐渐浓厚，个性的接近，相互的了解，思想的融洽，人生观的一致……成分上面。此外，更须两性间觅得共同的‘学’与‘业’来维系着有移动性的爱情，以期永久。这种真纯善美的恋爱，是人生之花，是精神的高尚产品，对于社会、对于人类将来，是有良好的影响的。”②

2. 确立合理的择偶标准

志同道合，了解自己、了解对方，不能感情用事，草率恋爱。

3. 尊重对方的情感和人格，平等履行自己的义务

强扭的瓜不甜，“剃头挑子一头热”不行，双方地位平等、人格独立，没有人身依附关系。

4. 以诚相见，忠贞不贰

爱情专一、真诚，不能有半点虚假，否则自酿的苦酒只能自己喝。不能朝三暮四，这山望着那山高。

5. 文明端庄，持之以度，学会恰当的表达方式

自尊自爱，不能越雷池。对己负责，对人负责。尤其是在公共场所，要注意维护自身

---

① [美]艾·弗洛姆著，李健鸣译：《爱的艺术》，上海译文出版社2008年版，第92～102页。

② 邓颖超：《错误的恋爱》，《新民意报》副刊《女星》1923年第2期。

的形象。

6. 理智地处理爱情与事业的关系

没有爱情的人生是不幸的，只有爱情的人生是可悲的。匈牙利诗人裴多菲："生命诚可贵，爱情价更高。若为自由故，二者皆可抛。"

7. 明智地化解失恋的痛苦

人生如旅程，聚散皆是缘。无法同行时，就微笑着惜别。天涯何处无芳草，总有一人会在灯火阑珊处等你。

三、校园恋情

【课堂讨论】 有人认为：校园恋情是一种特殊的爱情，是不祈求走向婚姻的，"只求曾经拥有，不求天长地久"是很多在校大学生信奉的爱情格言。你赞同这种观点吗？为什么？

（一）大学生的爱情三部曲

1. 好感

好感是指在人际交往中所产生的一种彼此欣赏的情感体验。

2. 爱慕

男女之间在好感的基础上，经过对对方的爱好、志趣、性格、为人等各方面的更多的了解，而产生更深刻的情感体验，以至这种内在感情使人心旷神怡，萌发了希望与其结合的强烈情感倾向，并在理智支配下，发展成对对方的爱慕之情。

3. 相爱

男女之间单方面的爱慕还不是爱情，只有相互爱慕，爱情才能建立。在恋爱中，从单方爱慕到互爱，有时可能是同步到来，有时也可能是异步的，或者还会经受一些波折与非难，但只要双方心心相印，无论是谁首先打开自己的心扉，最终都会赢得对方的回报，开出绚丽多彩的爱情之花。

（二）当代大学生恋爱的特点

1. 自主性强

大学生在恋爱问题上，个性突出，重感情、易冲动，不受传统习俗的局限，在确定恋爱关系前，甚至在确定恋爱关系后，一般都不征求双方父母的意见。

2. 恋爱动机简单化

许多大学生在恋爱中没有考虑到将来的结婚，不是清楚地、自觉地意识到应选择一个终身伴侣，他们恋爱，只是因为需要爱和被爱。

3. 自控力与耐挫力较弱

大学生一旦陷入热恋之中，往往不善于控制自己的情感，任感情随意放纵，缺乏理智的驾驭能力，对恋爱对象过分依赖，稍有波折就痛苦万分。一旦恋爱受挫，即会情绪失控，无法自拔，对学习造成严重影响。

4. 不成熟性与不稳定性

当前大学生的恋爱呈现低龄化，人数呈上升趋势。一年级就开始谈恋爱的已不是个别现象，有的学生甚至一进校就谈恋爱。这些低年级学生，由于社会阅历浅，思想单纯，很多学生对于自己的人生目标和需要，还没有一个很清楚的概念，造成在对待恋爱问题上简单、幼稚和不成熟。在择偶标准上,往往重外表,轻内在。在恋爱方式上,往往重形式,轻内容。在恋爱行为中,往往重过程,轻结果;重享乐,轻责任。这种恋爱问题上的不成熟性,加之他们在就学期间经济上尚未独立,恋爱过程中感情和思想易变,缺乏妥善处理恋爱中情感纠葛的能力,极易造成恋爱的周期性中断,或对恋爱对象的选择漂泊不定,恋爱的成功率很低。

(三)大学生恋爱存在的问题

1.单相思与爱情错觉

单相思是指异性关系中的一方倾心于另一方,却得不到对方回报的单方面的“爱情”。

爱情错觉则是指在异性间的接触往来关系中,一方错误地认为对方对自己“有意”,或者把双方正常的交往和友谊误认为是爱情的来临。

爱情错觉是单相思的另一种形式,它常会使当事人想入非非,自作多情。

单相思与爱情错觉都是恋爱心理的一种认知和情感的失误。单相思使某些学生陷入痛苦的境地,处于空虚、烦恼,甚至绝望之中。处理不好对以后的恋爱婚姻生活都有消极的影响,因此,陷入单相思的大学生要及早止步,另做选择。要想克服单相思和爱情错觉,重要的是正确理解爱情的深刻含义,同时用理智驾驭情感,尊重对方的选择,不可感情用事。①

2.恋爱动机不端正

有些大学生的恋爱动机不是出于爱情本身,而是为了弥补内心的空虚、孤独或随大流有从众心理。这类学生在择偶时很少把恋爱行为与婚姻结合起来考虑,缺乏责任感。还有极少数的学生为了显示自己的魅力,同时和几位异性同学交往、周旋,搞多角恋爱,甚至和谁都不确定恋爱关系。

不道德的多角恋爱易引起纷争、不幸和灾难,也极易发生冲突,酿造悲剧,最终会对所有当事人都产生不良后果。

3.恋爱中的感情纠葛

主要表现为:三角恋爱、父母的反对,周围人的非议,恋人之间的矛盾、误解和猜疑。

4.选择对象理想化,虚荣心强,择偶标准不切实际

有些大学生虚荣心太强,片面注重外表,追求梦想中的“白马王子”或“绝代佳人”。

5.失恋

失恋是指恋爱过程的中断。

失恋带来的悲伤、痛苦、绝望、忧郁、焦虑、虚无等情绪使当事人受到伤害,是人生中最严重的心理挫折之一。失恋所引发的消极情绪若不及时化解,会导致身心疾病。

(四)大学生恋爱的利弊分析

1.大学生恋爱的利

(1)在校大学生往往都是离家在外,生活上失去了家人的关心,两个人情投意合走在一起,首先在生活上就会互相帮助,关心彼此。

(2)爱情是人格上的相互映衬、志趣上的相互认同,双方有相同的人生理想。很多在校大学生会一起准备考研或者一起学习,可见谈恋爱能够振奋人的精神,激发人的智慧。

---

① 参见张超美:《爱情心理学》,中国商业出版社 2013 年版,第 24~27 页。

(3)责任也是在校大学生谈恋爱时会学会的一种品质。古今中外,人们所赞颂的爱情无不体现着恋人之间忘我的付出,这种自愿担当责任的品质,提升了爱情的境界。

(4)心怀包容。正确地处理情感问题,诸如恋人之间的误会、失恋等等,学会理解对方,学会包容他人。

(5)提升自己的价值观。两个人真正相爱时,无论对方处于逆境还是顺境,是富裕还是贫穷,是健康还是疾病,都会一如既往地陪在心爱的人身边,这正体现了大学生正确的价值观。

(6)学会尊重人格平等恋爱的双方在人格上都是独立的,都有给予爱、接受爱、拒绝爱的自由,放纵自己的感情或者强迫对方的感情都是不正确的。

(7)男女之间的恋爱因为性爱将它与其他爱分开,这种特殊的爱,不仅会让彼此得到情绪上的愉快,而且会让彼此变得更成熟。

(8)谈恋爱更能给双方带来精神上的激励。大学生正值青春年少,恋爱时双方都焕发出热情,有利于克服生活上的消极和颓废。

2.大学生恋爱的弊

(1)误导人生目标。应该以学业为主的大学生往往会整日卿卿我我而耽误学习,虚掷光阴,这些在大学里都是很常见的。

(2)片面地看待爱情。把爱情当游戏,违反道德规范,不仅伤害对方,而且伤害自己。只重视过程,不重视后果。

(3)功利化地看待恋爱。现在很多大学生都只片面地追求外在的形象,或者只看重经济条件,再或者就是只把爱情看成是摆脱孤寂的方式。

(4)因为恋爱而脱离集体,把双方都禁锢在两个人的世界中,脱离集体,疏远同学,妨碍自身的全面发展与进步。

(5)很多在校大学生为了爱情忘记了自己的大爱。人不仅有恋人之爱,还有父母兄弟姐妹之爱,更有对社会的爱。

(6)错误的爱情观,奉行爱情至上主义,不能正确地处理感情问题。因为失恋或者求爱不成,从而情绪和行为失控,甚至产生悲观厌世的情绪,导致严重的后果。

(7)很多恋人在公共场所忘记他人的存在,在言谈举止上有失大学生的风范,对他人和社会都造成了不良影响。

(8)太过迷信文艺作品中的虚幻爱情,不现实地追求梦幻中的感情。

四、培养健康的恋爱心理与行为

(一)树立正确的恋爱观

1.提倡志同道合的爱情

在恋人的选择上最重要的条件应该是志同道合,思想品德、事业理想和生活情趣等大体一致,应该是理想、道德、义务、事业和性爱的有机结合。

一般情况下,异性感情的发展是沿着熟人—朋友—好朋友—知己—恋人这一线索发展的,当一个男性成为一个女生心中任何人都不能代替的角色时,爱情就可能降临。在分享快乐和痛苦、共同成长的过程中,爱情就会产生和发展。

2.摆正爱情与学业的关系

大学生应该把学业放在首位,摆正爱情与学业的关系,不能把宝贵的时间都用于谈情说爱而放松了学习。因为学业是大学生价值感的主要支柱。当女大学生把爱情视为生命的唯一时,爱情就是一株温室中的花朵,娇弱美丽却经不起任何的打击。当爱情成为女性唯一的存在价值时,她本人就会失去人格的独立和魅力,也很容易失去被爱的理由。

3. 懂得爱情是相互理解、相互信任,是一份责任和奉献

理解对方是为个人和对方营造一种轻松和快乐的氛围,没有人追逐爱情只是为了被约束;相互信任是自信的表现,自己都不相信自己是值得别人去爱的人,别人会全心全意爱他吗?责任和奉献则意味着个人道德的修养,它是获得崇高的爱情的基础。

(二)发展健康的恋爱行为

1. 恋爱言谈要文雅,讲究语言美

交谈中要诚恳、坦率、自然,不要为了显示自己而装腔作势、矫揉造作;不能出言不逊,污言秽语,举止粗鲁;相互了解,不要无休止地盘问对方,使对方自尊心受损。否则,只会使人厌恶,伤害感情。

2. 恋爱行为要大方

一般来说,男女双方初次恋爱,在开始时常感到羞涩与紧张,随着交往的增加会逐渐自然与大方。这个时期要注意行为举止的检点。有的人感情冲动,过早地做出亲昵动作,使对方反感,影响感情的正常发展。

3. 亲昵动作要高雅,避免粗俗化

高雅的亲昵动作发挥爱情的愉悦感和心理效应,而粗俗的亲昵动作往往引起情感分离的消极心理效果,有损于爱情的纯洁与尊严,有损大学生的形象,同时对旁人也是一种不良的心理刺激。

4. 恋爱过程中要平等相待,相敬如宾

不要拿自身的优点去比较对方的不足,以此炫耀、抬高自己,戏弄、贬低对方,也不宜想方设法考验对方或摆架子,这些都可能挫伤对方的自尊心,影响双方的感情。

5. 善于控制感情,理智行事

恋爱中引起的冲动,一方面要注意克制和调节,另一方面要注意转移和升华。参加各种文娱活动,与恋人多谈谈学习和工作,把恋爱行为限制在社会规范内,不致越轨,要使爱情沿着健康的道路发展。

(三)培养爱的能力与责任

爱的能力是指和他人建立亲密关系的能力,它对人的一生发展有着重要的意义。具备了爱的能力,会引导一个人去真正地爱他人,也真正地爱自己,能真正体验到爱给人带来的快乐和幸福。恋爱的过程也是培养爱的能力的过程。

心理学家弗洛姆认为:"爱是人的一种主动的能力,一个突破把人和其他同伴分离之围墙的能力,一种使人和他人相联合的能力;爱使人克服了孤独和分离的感觉,但他允许他成为他自己,允许他保持他的完整性。"①

爱的能力,首先看内心储存了多少爱可以给予,如果一个人内心是干枯的,没有爱可以付出,也就缺乏爱的能力的基础。你自己的储爱槽里有多少爱呢?当一个人爱他人之

① [美]艾·弗洛姆著,李健鸣译:《爱的艺术》,上海译文出版社 2008 年版,第 126 页。

前，首先要学会的是爱自己——自爱。

1.迎接爱的能力

迎接爱的能力包括施爱的能力和接受爱的能力。一个人心中有了爱，在理智分析之后，要敢于表达、善于表达，这是一种爱的能力。没有爱心的人是自私自利的人。一个人面对别人的施爱，能及时准确地对爱作出判断，并作出接受、谢绝或再观察的选择，这也是一种爱的能力。缺乏这种能力的人，或是匆忙行事，或是无从把握。大学生要具有迎接爱的能力，就应懂得爱是什么，有健康的恋爱价值观，知道自己喜欢什么、需要什么、适合什么；就应对自己、对他人、对万事保持敏感和热情，主动关心他人，爱护他人。当别人向你表达爱时，能及时准确地对爱的信息作出判断，坦然地作出选择。能承受求爱拒绝或拒绝求爱所引起的心理扰乱。

2.拒绝爱的能力

自己不愿或不值得接受的爱应有勇气加以拒绝。拒绝爱要注意两个方面：一是在并不希望得到的爱情到来时，要果断、勇敢地说“不”，因为爱情来不得半点勉强和将就。如果优柔寡断或屈服于对方的穷追不舍，发展下去对双方都是不利的。二是要掌握恰当的拒绝方式。虽然每个人都有拒绝爱的权利，但是珍重每一份真挚的感情是对他人的尊重，也是一种自珍，同时是对一个人道德情操的检验。不顾情面，处理方法简单轻率，甚至恶语相加，结果使对方的感情和自尊心受到伤害，这些做法是很不妥当的。

3.发展爱的能力

发展爱的能力，并不是非要具体到对某一异性的爱，可以是更广泛意义上的爱。我们的亲人、同学、朋友、祖国和人民，都值得我们去热爱。发展爱的能力，就是要培养无私的品格和奉献精神，要培养善于处理矛盾的能力，有效地化解、消除恋爱和家庭生活中的矛盾与纠纷，为恋人负责，为社会负责，才能创造出幸福美满的婚恋。

4.提高恋爱挫折的承受能力

很多文人才子在事业上取得了举世公认的成就，但是他们的爱情很多都是残缺不美的。如歌德是天才，在其《少年维特之烦恼》面世之前，曾四次恋爱，“恋爱最好的办法，就是从女人身边逃跑”，拿破仑很欣赏此名言。歌德是个情种，一生却没有得到真正的爱情。歌德确实是“烂透了的时代”里的最伟大的德意志人、“真正的奥林匹亚神山上的宙斯”(恩格斯语)，他并没有因为女人毁了自己的事业与前途。或许对于歌德来讲，他的最终憧憬和最完美的理想永远都只存在于艺术之中，存在于诗与美的永恒之中。托尔斯泰直到37岁才考虑结婚，有两姐妹都爱上了他。最后他选择与妹妹结婚，开始两人感情很好，后来出现了很多矛盾。托尔斯泰要把全部精力放在事业上，而他的妻子不甘寂寞，找了一个音乐家做情夫，导致夫妻感情破裂。

泰戈尔实在是文学史上少见的幸运儿，家境殷实，不用担心柴盐油米，可以安心地写诗做梦；文途坦荡，未及花甲就获得诺贝尔奖，名动天下。南来北往巡回演讲，常以一袭长袍、长须飘拂的形象出现，仿若一位仙风道骨的世外高人。但是再超凡脱俗的人也免不了情海翻沉，泰戈尔心里的那根刺叫安娜。他把那根刺狠狠插进胸口，和着自己的血写下了最美的诗篇：

世界上最远的距离，不是生与死的距离；

而是我站在你面前，你却不知道我爱你。①

大学生的恋爱受多种因素的制约，因而在追求爱情的过程中遇到各种波折是在所难免的。前面所提到的单相思、爱情错觉、失恋等恋爱心理挫折对大学生的心理承受能力就是一种考验。如果承受能力较强，就能较好地应付挫折；否则，就有可能造成不良后果。因此，提高恋爱挫折承受能力对大学生的心理健康是非常重要的。

当爱情受挫后，应用理智来驾驭感情，通过增强理智，分析原因，总结经验教训，寻找解决问题的方法和途径，在新的追求中确认和实现自己的价值，从而提高自己的心理承受能力和思想水平。通过适当的情绪调节、宣泄和转移，来减轻痛苦。

一个人对失恋的应对方式反映了其心理成熟水平和恋爱观。一个人能够理智地从失恋中解脱出来，往往会使自己变得成熟起来。

五、正确处理爱情与事业的关系

有的大学生因为谈恋爱而荒废学业，信奉爱情至上，这种思想是极端幼稚、错误的。

爱情与事业，是人的一生中密切相关的两个重要方面。爱情给人以美好的生活，事业给人以前途和光明。

爱情只有同事业联系起来，才能释放出夺目的光彩。爱情的真谛绝不是花前月下的卿卿我我，绝不是双双漫步于林间小路上的温馨浪漫，更主要的是，在共同理想、共同事业的道路上携手并肩。也只有建立在事业上的爱情才是牢固的。

真正的爱情能够催人奋进。只有当一个人觉得爱情能使他更加热情地投入到工作与学习中去时，他才会体会到爱情的幸福。由此可见，“爱情第一”会导致人生迷航，爱情是人生的重要组成部分，但不是全部。

在现代社会，事业与爱情对于女人来说，地位同等重要，只有求得两者的平衡，才能实现真正的幸福。

无论是“淑女”美，还是“酷女”美，美都附在真实的“自我”基础上。21 世纪的女性绝不像藤蔓东攀西附，她们会依靠自己、信赖自己、把持自己，摆脱世俗的束缚，想干就干，敢爱敢恨，确信事业与婚姻之间的关系应该是相辅相成的。

结婚不是“闭关锁国”的开始，而是二人世界里一对车轮的并驾齐驱。21 世纪的女性有对婚姻的负责态度，但绝不打算自己困守“围城”。如果婚姻变成“牢笼”，她们宁可选择放弃，即便与孤独为伴。家庭的存在并不妨碍女性单独行动的权利，而这样的女性才能从根本上获得男人的尊重。

二十几岁的女人，有独特的性别优势，具有亲和、感性、细致、机敏和善于折中与回旋的特质，通过历练，也尽可以一展峥嵘，跻身时代的前列。新时代的女性，就应该这样，做到事业与爱情两不误，并尽可能求得“双丰收”。

【结语】 如果把人生比做搏击风浪的航行，那么事业则是船只，爱情则是船上的帆，二者将合力把我们推向成功的彼岸。作为女人，在事业与爱情中，只有求得平衡，才能做到事业、爱情两不误、“双丰收”。

（闫杰）

---

① ［印］泰戈尔著，徐翰林译：《泰戈尔诗集：世界上最遥远的距离》，中国华侨出版社 2012 年版，第 2 页。

第 2 章　爱国主义情感培养

1840 年以来的中国历史，就其主流和本质来说，是中国一代又一代的仁人志士和人民群众为救亡图存和实现中华民族的伟大复兴而英勇奋斗、艰苦探索的历史；尤其是全国各族人民在中国共产党的领导下，进行伟大的艰苦的斗争，经过新民主主义革命，赢得民族独立和人民解放的历史；是经过社会主义革命、建设和改革，把一个极度贫弱的旧中国逐步变成一个初步繁荣昌盛、充满生机和活力的社会主义新中国的历史。

本章通过对《中国近现代史纲要》教材的内容解读，从近现代历史发展的基本脉络入手，揭示近现代中国社会发展之艰难，并以此为基础培养大学生的 10 种情感，使他们能够自觉地继承和发扬近代以来中国人民的爱国主义传统和革命传统，进一步增强实现中华民族伟大复兴的责任感和使命感。

2.1　懂得愤怒

【教案视角】

1. 资本—帝国主义列强为什么要侵掠中国(90 分钟)
2. 资本—帝国主义列强为什么能够侵略中国(90 分钟)
3. 中国被资本—帝国主义列强侵略的惨状(90 分钟)
4. 评述“西方侵略给中国送来了近代文明”观点(90 分钟)
5. 资本—帝国主义列强对世界各地实施殖民侵略惨状比较(90 分钟)
6. 新旧殖民主义比较分析(90 分钟)

【本讲视角】　第 3 视角

【教学目的】　通过本专题教学，帮助大学生了解资本—帝国主义的军事侵略、经济掠夺、政治控制、文化奴役给近代中国带来的严重危害，认清资本—帝国主义的侵略是造成近代中国贫穷落后的根本原因。同时，对大学生进行国耻教育，使他们从沉痛的历史教训中懂得国荣我荣、国耻我耻，唤起忧患意识，增强其实现中华民族伟大复兴的责任感和使命感。

【本讲内容】

中国被资本—帝国主义列强侵略的惨状

资本—帝国主义列强对中国的侵略，采取了军事、经济、政治、文化等方式，其中，最直接和主要的方式是军事侵略。他们依仗先进的武器和军事技术，或进行武力威胁，或发动侵略战争，或武装干涉中国内政。这些侵略给中国人民带来了深重的灾难，使中国的经济和社会发展受到了严重阻碍。

一、军事侵略

1919 年前，资本—帝国主义列强对中国发动的规模较大的侵略战争主要有：1840～1842 年的第一次鸦片战争；1856～1860 年的第二次鸦片战争；19 世纪 70 年代英、俄对西藏的侵略；1883～1885 年的中法战争；1894 年的甲午战争；1900 年的八国联军侵华战争。通过这些战争，西方“文明人”对中国做了些什么呢？

(一)战争中对中国人民的屠杀

在军事侵略中国的过程中，西方殖民主义者对中国人民进行了残忍的屠杀。

1894 年 11 月，日军攻陷旅顺，制造了旅顺大屠杀惨案，四天之内有 2 万多中国居民被杀害。当时的美国驻华武官欧伯连说：“我亲眼看见许多杀人的事情，这些被杀者……是根本没有武装的。我还看见许多尸体，他们的手是缚在背后的。我曾经看到许多伤痕累累，显然是被刺刀杀死的尸体，而且我可以断定，他们是在无抵抗的情况下被害的。我之所以看见这些事情，并非因为存心到各处去寻找恐怖的景象，而是在对这次战役作一般观察时……看到的。”[①]在世界舆论的一致谴责之下，日本外务大臣陆奥宗光也不得不承认，“在旅顺没有必要地杀害了过多的中国士兵”[②]。

八国联军攻陷北京后，于 1900 年 8 月，仅在庄王府一处，就烧死和杀死义和团团民和平民 1700 人。翰林院编修叶昌炽记载，北京“城破之日，洋兵杀人无算”，“但闻枪炮轰击声，妇稚呼救声。街上尸骸枕藉”，甚至很久以后，有些空屋里由于尸体腐烂，“蛆出户外”。[③] 英国人记载，联军攻占北京以后，北京“成了真正的坟场……到处是死人，无人掩埋，任凭野狗啃食躺着的尸体”[④]。

1900 年，沙皇俄国在东北制造了江东六十四屯惨案。他们把中国人居住的村庄烧光，把数千居民枪杀，或驱入黑龙江活活淹死。

如此罪行，罄竹难书。

(二)侵占中国领土，划分势力范围

每一次战争之后，西方列强都迫使中国签订不平等条约，通过这些条约，割占中国大片领土，强占中国租界，强租中国港湾，并且在中国划分各自的势力范围。

英国通过 1842 年的中英《南京条约》强行割占香港岛，通过 1860 年的中英《北京条

---

① Foreign Relations of the United States 1894, Appendix I. p. 89。

② Foreign Relations of the United States 1894, Appendix I. p. 85.

③ 叶昌炽：《缘督庐日记》，《义和团》，神州国光社 1953 年版，第 470～471 页。

④ H. C. Thomson. *China and Poweres, A Narrative of the Outbreak of* 1900. London, 1902. p. 125.

约》割走九龙半岛南端和昂川州，又于1898年通过中英《展拓香港界址专条》强行租借九龙半岛界限街以北、深圳河以南及附近岛屿（新界），从而实现了对整个香港地区的控制。直到1997年中国才恢复对香港的主权。（延伸：香港问题的解决）此外，英国还强租山东的威海卫，并把长江流域划为其势力范围。

葡萄牙于1849年以武力强占澳门。1887年，又胁迫清政府订立《中葡和好通商条约》，取得葡萄牙"永居管理澳门"的权力，从而实现了对澳门的控制。直到1999年，中国政府才恢复对澳门的管辖。（延伸：澳门问题的解决）

俄国通过1858年的《瑷珲条约》，割去黑龙江以北60万平方公里领土；通过1860年的《北京条约》，割去乌苏里江以东40万平方公里领土；通过1864年的《勘分西北界约记》，割走中国西北44万平方公里的领土；通过1881年的《改订伊犁条约》和5个勘界议订书，割走中国西北7万多平方公里领土。总括起来，在晚清时期，俄国割走了中国150多万平方公里领土。此外，沙皇俄国还强租辽东半岛的旅顺口、大连湾及其附近海面，并把长城以北划为其势力范围。

日本于1895年强迫清政府签订《马关条约》，强行割去中国台湾全岛及所有附属岛屿和澎湖列岛。直到1945年中国才收回上述领土。它还把福建划为自己的势力范围。

德国于1898年强租山东的胶州湾，并把山东划为其势力范围。

法国于1899年强租广州湾及其附近水面，并把广东、广西、云南划为其势力范围。

西方列强还运用武力或欺诈手段，霸占中国通商口岸内的土地，设立完全由外国直接控制或统治的租界。租界里的一切都由外国殖民者管理，中国的法律在这里不发生效力，俨然是"国中之国"。租界成了外国侵略中国的据点。

在外国侵略者的压迫和蹂躏下，中国几乎没有独立的领土主权可言。"四万万人齐泪下，天涯何处是神州？"这是当时爱国志士发出的悲愤呐喊。

（三）勒索赔款，抢掠财富

帝国主义列强发动侵略战争，屠杀中国人民，却要中国人民加倍地承担其战争费用。他们向中国勒索巨额战争赔款，还公开抢掠中国财富。

1. 勒索赔款

晚清政府主要对外赔款统计：第一次鸦片战争赔偿英国2100万银元；第二次鸦片战争赔偿英国、法国1670万两白银；1881年新疆伊犁事件赔款俄国900万卢布，合库平银600万两；1895年甲午战争赔偿日本23150万两白银（据日本外务卿井上馨说："在这笔赔款以前，日本财政部根本料想不到会有好几亿的日元。全部收入只有八千万日元。所以，一想到现在有三亿五千万日元滚滚而来，无论政府或私人都顿觉无比地富裕。"[①]）；1901年庚子赔款赔偿英、美、俄等国46600余万两白银；1906年拉萨事件赔偿英国250万银卢比。如果再加上利息，赔款总额超过13亿两白银。

应该说，甲午战争前，赔款数额尚在国家财政可以承受的范围内；甲午战争后，巨额的战争赔款使国家财政状况持续恶化。甲午战争后，国家财政收入规模大增。光绪二十五年（1899），清政府的岁入突破1亿两；光绪三十四年（1908），又突破2亿两关口。然而，甲

---

① 《帝国主义侵华史》第1册，人民出版社1973年版，第369页。

午战争后，支出规模膨胀更为迅速。庚子赔款前夕，清政府的岁出约为 10112 万两。光绪二十九年(1903)岁出为 13492 万两，三十四年(1908)岁出为 23695 万两，而宣统二年(1910)所制定的次年财政预算支出竟达 33865 万两。

中日甲午战争爆发后，出于战时军费支出及战后赔款的需要，清政府不得不大量举借外债，致使偿还外债成为清廷沉重的负担。庚子以前，清政府每年的偿还外债支出达到 2400 万两左右，占到了岁出总额的 25%左右。庚子以后，外债与赔款与日俱增，每年的外债与赔款支出达到 5164 万两。

2. 抢掠财富

帝国主义者在侵华战争中还公开抢劫中国的财富，肆意破坏中国的文物和古迹。1860 年 10 月，英法联军攻进北京城前，首先抢劫和焚烧了清朝皇帝的离宫——圆明园。圆明园是由圆明园、长春园、绮春园(万春园)组成的。三园紧相毗连，通称圆明园，共占地约 350 公顷。它是清代封建帝王在 150 余年间所创建和经营的一座大型皇家宫苑。圆明园是一座珍宝馆，里面藏有名人字画、秘府典籍、钟鼎宝器、金银珠宝等稀世文物，集中了古代文化的精华。圆明园也是一座异木奇花之园，名贵花木多达数百万株。完整目睹过圆明园的西方人把她称为“万园之园”。

英法联军进入圆明园，首先抢劫了金银珠宝、瓷器绸缎、文物古籍，拿不了的就加以毁坏，最后还放火焚烧了圆明园的殿阁建筑。参加抢劫的英国人戈登承认：“我们就这样以最野蛮的方式摧毁了世界上最宝贵的财富。”1860 年英军从圆明园劫掠的文物现存大英博物馆，计 700 万件。其中陶瓷 2000 余件，玉器 1200 余件，青铜器 800 余件。

1900 年，八国联军攻入北京后，抢掠了皇宫、北海、中南海、颐和园。圆明园也遭到第二次洗劫。八国联军总司令、德国元帅瓦德西承认：“所有中国此次所受损毁及抢劫之损失，其详数将永远不能查出，但为数必极重大无疑。”这些自称“西方文明传播者”在中国的所作所为，充分暴露了其践踏人类文明的野蛮本性。

八国联军洗劫北京城基本统计：

(1)三海、皇史城、颐和园、天坛损失祭器 1148 件，社稷坛损失祭器 168 件。

(2)嵩祝寺丢失镀金佛 3000 余尊、铜佛 50 余尊、磁佛 13 尊、瓷瓶 12 对、镀金器物 40 件、银器 7 件、铜器 4300 余件、锡器 58 堂件、幢幡 70 堂首、锦缎绣品 1400 余件、竹木器 110 余堂份、墨刻珍品 1600 余轴、乐器 100 余件。

(3)六部九卿等各衙署俱被各国军队占为营房，疯狂洗劫。銮驾库丢失辇乘 21 乘、銮驾 1373 件、车轿 12 件、玉宝 2 件、皇妃仪仗 282 件、皇嫔彩仗 84 件、新旧云盘伞各 1 件、锦缎旗面 133 件、象牙 9 只、象鞍 2 盘、战鼓 2 面、更钟 2 架、静鞭 2 件以及随什物若干。

(4)翰林院丢失数万册经史典籍，《永乐大典》又失去 307 册，钱法堂的数万串新铸铜钱、太常寺的金刚祭器、光禄寺的金银餐具，均被洗劫一空。

(5)日军从户部银库抢走 300 万两银子和无数绫罗锦缎，从内务府抢走 32 万石仓米和全部银两。各处库款所失约计银 6000 万两，其他典章文物、国宝奇珍的价值难以估算。

(6)南池子大街的皇史宬里的《永乐大典》，被 1900 年八国联军大肆损毁丢弃，甚至用于修建工事之用，迄今只剩 200 余册。

(7)八国联军抢走北京各衙署存款约 6000 万两白银，其中日军劫掠户部库存白银

2914856两，并立即放火烧房，掩盖罪证。鼓楼的更鼓，被日军用刺刀刺破。

(8)宋版书籍于1860年火烧圆明园时被毁掉大部，1900年庚子事变，八国联军把北京最好的藏书全部烧毁，大风吹卷着《永乐大典》的残页漫天飞舞，《四库全书》被八国联军毁掉数万册。

(9)法国皇帝拿破仑三世的欧也妮王后，为了存放英国人斯坦因、法国人伯希从敦煌掠夺的珍贵古籍文书和八国联军抢来的圆明园文物，扩建了丹枫中国馆。目前，丹枫中国馆藏有中国历代名画、金银首饰、瓷器、香炉、编钟、宝石和金银器逾3万件。

二、政治控制

资本—帝国主义对中国政治侵略的主要方式是控制中国政府，操纵中国的内政和外交，把中国当权者变成其代理人和驯服工具。

(一)控制中国的内政和外交

1. 控制各级政府

第一次鸦片战争期间，外国侵略者还只是通过中国内部的妥协派、贵族大臣如琦善、耆英、伊里布等人，来对清政府施加压力和影响。直到第二次鸦片战争期间，西方列强通过《天津条约》，达到了外国公使进驻北京的目的。外国公使在北京可以直接向中国政府发号施令，成为清政府的“太上皇”。美国公使田贝说过，他们经常教训清政府的大臣，什么事要做，什么事一定不许做。

1861年“辛酉政变”，奕䜣和慈禧太后掌握政权，他们受到侵略者的赏识。英国公使普鲁斯向政府报告说：“其表现最可能和外国人维持友好关系的那些政治家掌握政权了。”“在北京建立了令人满意的关系，在某种程度上(我们)已成为这个政府的顾问。”

2. 享有领事裁判权

领事裁判权是外国侵略者强迫中国缔结的不平等条约中所规定的一种非法特权。主要内容为：凡在中国享有领事裁判权的国家，其在中国的侨民不受中国法律的管辖，不论其发生任何违背中国法律的违法犯罪行为，或成为民事诉讼或刑事诉讼的当事人时，中国司法机关无权裁判，只能由该国的领事等人员或设在中国的司法机构据其本国法律裁判。这种非法特权，是对一个主权国家属地优越权的侵犯，更是对一国独立司法主权的剥夺，是公然违背国家主权和国家之间权利对等的国际法基本准则的。

曾经在中国享有领事裁判权的国家有20余国，即英、法、美、俄、德、日、奥匈、意、比、西、葡、丹、挪、荷、秘、墨、智、瑞典、瑞士、巴西等。

第一次世界大战后，十月革命胜利后的苏联，战败国德、奥、匈，以及1928年比利时和1929年墨西哥，先后放弃了在华领事裁判权。1929年，中国政府曾宣布从1930年起废除所有国家在中国的领事裁判权，但因帝国主义国家的抵制，未能实现。

第二次世界大战期间及战后，通过一系列条约，中国恢复了对在中国境内的美国(1943)、英国(1943)、挪威(1943)、巴西(1943)、加拿大(1944)、瑞典(1945)、荷兰(1945)、瑞士(1946)、法国(1946)、丹麦(1946)、意大利(1947)、葡萄牙(1947)等国国民的司法管辖权。中华人民共和国建立，中国人民终于彻底摆脱了包括领事裁判权在内的帝国主义的一切特权的羁绊。

3.把持海关,控制中国的外交事务

把持中国海关,是外国侵略者控制中国政治的重要手段之一。近代中国海关的职权范围,除了征收进出口关税外,还管理港口,主办邮政,涉及外交事务。中国海关的高级职员全部由外国人充任。海关总税务司俨然成了清朝中央政府的最高顾问,而各通商口岸的海关税务司则成了各级地方政府的高级顾问。他们比外交官所起的作用还要大。据1885年海关《新关提名统计》,当年41名税务司全部是外国人,其中英国人占了31名。而英国人赫德自1863年继李泰国任总税务司开始,直到1908年回国,掌握中国海关大权达40余年。

(二)镇压中国人民的反抗

西方列强还勾结清政府镇压人民的反帝反封建斗争。为了镇压太平天国农民起义,他们不但向清政府供应军火、船只,而且派外国军官组织"洋枪队",甚至直接动用陆海军,对太平军作战。当一些"教案"发生时,外国侵略者便迫使清政府屠杀中国人民,惩办对人民镇压不力的地方官员。1899年义和团运动兴起后,美国公使康格公开要求清政府派"强有力"的人物袁世凯到山东进行镇压。由于袁世凯采取血腥手段屠杀人民运动,他被山东人民唾称为"鬼子巡抚"。1901年《辛丑条约》中,帝国主义列强迫使清政府做出永远禁止中国人民成立或加入任何反帝组织的承诺,并规定清政府各级官员如对人民反帝斗争"弹压惩办"不力,"即行革职,永不叙用"。列强还在北京等地攫取驻兵权,以便随时动用武力干涉清政府和镇压中国革命。

(三)扶植、收买代理人

为了加强对中国的政治控制,西方列强还特别注意在中国政府中扶植、收买自己的代理人。

第二次鸦片战争后,支持奕䜣、文祥等满族贵族掌握总理各国事务衙门。在镇压太平天国过程中,扶植曾国藩、李鸿章等湘系、淮系军阀,帮其购买、制造洋枪、洋炮和练兵。慈禧太后在《辛丑条约》签订前夕,表示要"量中华之物力,结与国之欢心",从而得到列强的肯定。清末,帝国主义列强又扶植袁世凯建立北洋军阀政权。袁世凯死后,又分别扶植段祺瑞、冯国璋、张作霖等作为自己的代理人。

三、经济掠夺

(一)控制中国的通商口岸

鸦片战争前,清政府实行"闭关政策",只允许外国商人在广州一地贸易,而且必须经过官方指定的公行,即"十三行"进行。《南京条约》开放5个通商口岸,标志着中国的大门从此被打开。此后,1858年《天津条约》开放10个通商口岸,1860年《北京条约》开放天津口岸。陆路方面,向俄国开放伊犁、喀什噶尔等陆路商埠。在这些通商口岸里,外国人依仗不平等条约,控制当地的工商、金融,甚至设立租界,实行殖民统治。这些通商口岸大多成了资本—帝国主义列强在中国进行经济侵略的基地。

(二)剥夺中国的关税自主权

鸦片战争以前,中国享有完全的关税自主权。鸦片战争后,中国开始丧失关税自主权。

《南京条约》规定:英国商人"应纳进口出口货税饷费,均宜秉公议定则例"。这项规定，开了协定关税的恶例。道光二十四年(1844)，中美《望厦条约》进一步加强协定关税权，规定"中国日后欲将税例更变，须与合众国领事等官议允"。同年，中法《黄埔条约》亦规定："如将来改变则例，应与佛兰西会同议允后，方可酌改。"1858年，中英《天津条约》确定"值百抽五"低关税税率，实行子口税制度，凡洋货进口后运往内地，除缴纳"值百抽五"的低税率关税外，可向海关再纳一"子口税"，即可"遍运天下"，不再缴纳常关税和厘金等内地税。根据这些不平等条约和片面最惠国待遇规定，中国从此失去了自主调整税率的权利。

(三)操纵中国的经济命脉

1. 在中国开办工厂，形成了对中国近代工业的垄断，使中国民族工业难以独立发展。

2. 迫使清政府以关税、盐税担保，举借外债，偿还赔款。这两项为清政府的重要财政来源，列强通过控制这两项税收，扼住了中国财政的咽喉。

3. 在中国设立银行，使之成为对华输出资本的枢纽。这些银行及其分支机构操纵中国外汇、经办对华贷款、投资开设厂矿、发行纸币，形成在中国金融系统中的垄断地位，成为列强对华经济侵略的中心。

4. 控制中国近代的交通运输业。铁路成为列强控制中国、扩大势力范围、获取政治经济利益的工具；沿海和内河航运业大都被外资公司所控制。

5. 给中国的农业经济造成了严重的破坏。外商低价收购中国农副产品作为其工业生产原料，并向中国大量倾销工业品，利用剪刀差进行剥削，加速了中国传统农业的萎缩和衰败。

总之，资本—帝国主义列强的入侵，使中国在经济上也丧失了独立性，沦为西方大国的经济附庸。

四、文化渗透

(一)披着宗教外衣，进行侵略活动

西方列强的文化渗透活动，有许多是披着宗教外衣，在传教的名义下进行的。一部分西方传教士积极参与了对中国的侵略活动。如德国传教士郭士力(立)曾受英国东印度公司派遣，以传教为掩护，在中国沿海进行过长达几个月的间谍活动，刺探搜集大量军事情报，并竭力鼓吹对中国发动侵略战争。19世纪60年代后，外国传教士逼迫中国公民信仰基督教，强迫中国教民抛弃中国传统礼俗，甚至公开干涉中国内政。美国驻华公使田贝说过："这些先锋队(指美国传教士)所搜集的有关民族、语言、地理、历史、商业，以至一般的文化情报，将其送回国内，对于美国的贡献是很大的。"

(二)为侵略中国制造舆论

外国教会中的某些势力还利用宣传宗教和西学的名义，为帝国主义侵略制造舆论。它们在中国办报纸、杂志，翻译、出版各种书刊。较早的外文期刊是《中国丛报》和《北华捷报》(后改为《字林西报》)。基督教在中国设立的最大的出版机构是广学会。其指导思想是"争取中国士大夫中有势力的集团，启开皇帝和政治家们的思想"，以影响中国的政治方向。《万国公报》主编、美国传教士林乐知发表《印度隶英十二益说》，鼓吹英国统治印度使印度获得12条好处，主张把英国的殖民统治制度搬到中国来。李提摩太也常常美化帝国主义侵略，他在《泰西新史揽要》的序言中说："泰西各国素以爱民为治国之本，不得不藉兵力以定商情”;“然闭关开衅之端则在中国,故每有边警,偿银割地,天实为之”。炮制“种族优劣论”,攻击诬蔑中华民族是愚昧落后的“劣等民族”,应该接受“优等民族”白种人的开导和奴役。

19 世纪末,欧美帝国主义者炮制了所谓“黄祸论”,即中国威胁论,德国皇帝威廉二世甚至亲自构思了一幅《黄祸图》,西方还出现了一批关于“黄祸论”的文章和专著。有的黄祸论鼓吹者说:“一旦中国人民意识到自己的力量时,将给西方文明带来灾难和毁灭。”他们宣扬中国等黄色人种对西方白色人种构成威胁,企图以此论证西方列强侵略、压迫中国有理。

【结语】 总的来看,鸦片战争前的中国社会是主权独立、领土完整的封建社会。鸦片战争后,随着外国资本—帝国主义列强的入侵,中国社会发生了根本性变化:其一,独立的中国逐步变成半殖民地的中国;其二,封建的中国逐步变成半封建的中国。

(张高臣)

2.2 学会感慨

【教案视角】

1. 农民阶级寻求中国出路的努力(太平天国运动)(90 分钟)
2. 洋务派对中国出路的探索(洋务运动)(90 分钟)
3. 资产阶级维新派的救亡探索(戊戌维新运动)(90 分钟)
4. 资产阶级革命派的救亡探索(辛亥革命)(90 分钟)
5. 五四运动前近代中国向西方学习的艰难历程(90 分钟)
6. 19 世纪东亚各国对外意识之比较(90 分钟)

【本讲视角】 第 5 视角

【教学目的】 本讲教学的目的,一方面使学生通过对近代救亡历程的了解,感慨近代救亡之难;另一方面,使学生懂得,近代中国仁人志士的救亡探索虽然均以失败而告终,但失败中孕育着成功,怀疑中孕育着新的追求,他们的探索为中国人民最终找到一条实现国家独立富强的道路,提供了宝贵的经验和教训。

【本讲内容】

五四运动前近代中国向西方学习的艰难历程[①]

自 1840 年鸦片战争开始,随着外国资本主义的入侵,中华民族面临着日趋严重的民族危机。列强发动的侵华战争以及中国反侵略战争的失败,从反面教育了中国人民,极大地促进了中国人的思考、探索和奋起。从 1840 年至 1919 年五四运动前,大批先进的中国知识分子掀起一轮又一轮的了解西方、学习西方的热潮。他们冀望通过学习西方而达到

① 本文关于近代救亡历程的叙述,借鉴了詹德全、李汉汀《浅论五四运动前近代中国向西方学习的探索与反思》一文(《赣南医学院学报》2007 年第 5 期)的研究成果。

救亡图存，振兴中华之目的。八十年的坎坷历程，大体经历了五个阶段，这些阶段构成了一个逐步演进、环环相扣、不断纠错的过程。

一、第一阶段：少数精英分子的“师夷长技以制夷”

受到鸦片战争失败的强烈刺激，中国官吏和知识分子中的少数有识之士，开始注意了解国际形势，研究外国史地，总结失败教训，寻求救国的道路和御敌的方法。他们通过收集、翻译传入的外国报刊、书籍、地图以及战争中审问英军俘虏和向外国商人、传教士直接询问等方式，来获取世界知识。林则徐、魏源就是其中的杰出代表，他们发出了向西方学习，以谋求国家富强的呼声。

林则徐是近代中国睁眼看世界的第一人。他在广东查禁鸦片和此后的抗英斗争中，敏锐地注意到西方列强与传统观念中的“蛮夷”不同。林则徐广泛搜集西方出版的报刊，组织翻译了英国人慕瑞的《地理大全》，编成《四洲志》一书。书中叙述了世界五大洲30多个国家的地理和历史。基于对西方社会的认识，林则徐坚决反对“闭关锁国”政策，主张用“以夷制夷”的政策来维护国家的主权和利益。

魏源是第一个明确提出向西方学习的人。1841年6月，已被革职的林则徐在镇江与魏源见面，两人“万感苍茫”，彻夜长谈。林则徐将自己组织人手翻译的《四洲志》、《澳门月报》和《粤东奏稿》等资料交给魏源，让他编纂《海国图志》，以唤醒国人，放开眼界，了解世情，挽救危亡。1843年1月，魏源编成《海国图志》这部巨著。在《海国图志》中，他提出了近代中国向西方学习的第一个完整口号——“师以长技以制夷”。《海国图志》内容非常丰富，大致可以分为六个部分。第一部分为《筹海》四篇。魏源从议守、议战、论款三个方面，总结了鸦片战争失败的经验教训；提出了战败之后所应该采取的防患于未然的措施；系统论述了“师夷长技以制夷”的战略对策；并且对严禁鸦片、广开贸易、大办工厂等问题，提出了自己崭新的见解。第二部分为世界地图及各国分地图，完全突破了“中国是天下的中心”的陈腐观念。第三部分为世界各国的地理位置、历史沿革、政治制度、物产矿藏、宗教信仰、风土人情、中西历法、中西纪年对照通表，等等。第四部分为鸦片战争的有关档案材料及林则徐组织翻译的国外情报资料。第五部分为船、炮、枪、水雷等武器的制造图样和西洋技艺、望远镜做法资料、用炮测量方法及测量工具，等等。第六部分为地球天文合论，系统介绍了地球形状、运行规律和哥白尼“太阳中心说”等近代自然科学知识。这部书对拓展国人视野、启发民智产生了深远的影响，并在一定程度上带动了周边国家，特别是日本的维新运动。

尽管林则徐、魏源的建议和设想并没有改变清代统治者闭关自守、不思改革的顽固立场，但是他们打破了传统的夷夏之辨的文化价值观，摒弃了九州八荒、天圆地方、天朝中心的史地观念，树立了五大洲、四大洋的新的世界史地知识，传播了近代自然科学知识以及别种文化样式、社会制度、风土人情，拓宽了国人的视野，开辟了近代中国向西方学习的时代新风气。

二、第二阶段：农民阶级的“天国”理想和中国第一个近代化纲领——《资政新篇》

1843年，洪秀全撷取西方基督教教义中反映下层民众要求的平等思想和某些宗教仪式，从农民斗争的需要出发，加以改造，创立了拜上帝教，并利用它发动和组织群众。1853年定都天京以后，太平天国颁布了《天朝田亩制度》。这是一个以解决土地问题为中心的社会改革方案,是最能体现太平天国社会理想的纲领性文件。太平天国的领导者们希望通过施行这个方案,建立“有田同耕,有饭同食,有衣同穿,有钱同使,无处不均匀,无人不饱暖”的理想社会。

《天朝田亩制度》的主张,从根本上否定了封建地主阶级的土地所有制,具有进步意义。然而,它没有超出农民小生产者的狭隘眼界,它所描述的绝对平均的理想社会,具有不切实际的空想性质。

真正站在时代的高度,明察世界近代化的趋势,并把救国救民与推动中国社会进步结合起来的是洪仁玕。1859 年,洪仁玕总理朝政后,看到太平天国政涣人散的严重局面,决心通过改革挽救危局,从而创造一个“太平一统江山万万年”的“新天、新地、新人、新世界”。为此,他提出了一个改革内政和建设国家的新方案——《资政新篇》。

《资政新篇》是先进的中国人最早提出的在中国发展资本主义的方案,或者说是中国第一个近代化纲领。其主要内容包括:政治上,主张“禁朋党之弊”,加强中央集权,并学习西方,制定法律、制度。经济上,主张发展近代工矿、交通、邮政、银行等事业,奖励科技发明和机器制造,尤其是提出“准富者请人雇工”,对穷人“宜令作工,以受所值”,这就把向西方的学习从生产力领域扩展到生产关系领域,即开始提倡资本主义的雇佣劳动制了。在思想文化领域,建议建立新闻官、新闻馆,破除陈规陋俗,提倡兴办学校、医院和社会福利事业。外交方面,主张同外国平等交往、自由通商,“与番人并雄”,但严禁鸦片。这些主张集中反映了当时先进的中国人向西方寻找真理和探索救国救民道路的迫切愿望。但由于没有付诸实施的客观环境和条件,对太平天国革命的发展未产生显著作用。

三、第三阶段:洋务派的“中学为体,西学为用”与早期改良派的维新主张

在外国入侵带来的资本主义生产方式的影响下,在镇压太平天国革命运动的过程中,19 世纪 60 年代,从清朝统治集团中分化出一个新的政治派别——洋务派。其代表人物包括奕䜣、曾国藩、李鸿章、左宗棠、张之洞等。他们以“中学为体,西学为用”为指导思想(即强调以中国封建伦理纲常所维护的统治秩序为主体,用西方的近代工业和技术为辅助,并以前者来支配后者),以“借法自强”、“富国强兵”为目的,掀起了一个引进、仿造西方的武器装备和学习西方的科学技术,创办近代企业,兴办洋务的热潮。洋务运动标志着近代学习西方实践阶段的开始。洋务运动引进了大量西方 18 世纪以后的科学技术成果,引入翻译了大量各类西方著作文献,培养了第一批留学童生,打开了西学之门;学习近现代公司体制兴建了一大批工业及化学企业,开启了日后中国的工业发展和现代化之路;伴随着资本主义生产方式的出现,传统的“重本抑末”观念受到冲击,工商业者的地位上升。然而,洋务运动本身的封建性、洋务运动过程中的对外高度依赖性和洋务企业管理的腐朽性,致使持续 30 多年的这场改良运动最终以失败而告终,它既没有使近代中国“自强”,也没有“致富”。尽管其存在严重缺陷,但我们不能否认洋务派在学习西方,使中国尽快地走上近代化道路的开拓作用。

19 世纪 70 年代,在洋务运动方兴未艾之际,从洋务派中分化出来一批进步人士,这就是早期的资产阶级改良派。其代表有冯桂芬、薛福成、王韬、马建忠、郑观应等。他们不仅主张学习西方的科学技术,同时也要求吸纳西方的政治、经济学说。总体来看,早期维新思想的内容有:第一,主张抵御外国资本—帝国主义侵略,维护国家主权和民族独立。

早期维新派具有爱国思想，他们“愤彼族之要求，惜中朝之失策”[①]，对外国资本主义的侵略和清政府的媚外卖国表示愤慨和抗议。第二，要求发展民族资本主义工商业。他们主张中国不仅要讲求武备，以对付西方资本主义的“有形之战”——“兵战”。而且应当发展民族工商业，同西方资本主义国家进行“无形之战”——“商战”。第三，主张革新政治，实行君主立宪制度。他们指出：随着社会的不断向前发展，一个国家的政治制度也必须随之发生变化，要使中国变贫弱为富强，非改封建专制制不可。他们介绍了英国资产阶级议会中的两党制，评价了西方资产阶级“三权分立”的政治学说。在他们看来，让资产阶级参加政权，建立起“君民共主”制，就能合“四万万之众如一人”，“张国威，御外侮”。他们的这种要求和主张，反映了新兴民族资产阶级要求参与政权的愿望，表明早期维新派具有一定的反封建专制的民主思想。

早期维新思想是鸦片战争时期以林则徐、龚自珍、魏源为代表的地主阶级改革派变法维新、抵御外侮思想的继续和发展，同时又是后来康有为所领导的变法维新运动的思想的前驱。

四、第四阶段：资产阶级维新派的变法维新与君主立宪

甲午战争后，中国面临的民族危机空前严重，正如康有为所说：“俄北瞰，英西睒，法南瞵，日东耽，处四强邻之中而为中国，岌岌哉！况磨牙涎舌，思分其余者尚有十余国。”“吾中国四万万人，无贵无贱，当今日在覆屋之下，漏舟之中，薪火之上，如笼中之鸟，釜底之鱼，牢中之囚，为奴隶，为牛马，为犬羊，听人驱使，听人宰割，此四千年中二十朝未有之奇变。”[②]亡国灭种的气氛，在中国知识界中造成了巨大的思想动荡，人们苦思冥想，为什么长达 30 年的洋务运动并没有使中国走上富强之路？仅仅学习西方技术而不触及政治体制改革行不行？在内忧外患的冲击和中西文化的碰撞过程中，人们逐步形成一个共识：要救国，只有维新；要维新，只有学外国。

梁启超说：“法者天下之公器也，变者天下之公理也”，“能变则全，不变则亡，全变则强，小变仍亡”，“大势相近，非可阏制”。为此，康有为、梁启超、严复等著书立说，组织团体，创办报刊，成立学会，介绍世界形势，批判顽固守旧势力。他们运用西方资产阶级的政治学说，对封建君主专制制度进行批判。谭嗣同指出：“君末也；民本也。”严复认为，国家是“敏、民之共产”。维新派认为“欲兴民权，宜先兴绅权”，即首先要为正在向资产阶级转化的士绅争取政治地位；只有君主立宪制度才是当时中国理想的整治方案，兴民权、开议院，实行君主立宪，才是“治国之大经”。康有为多次上书光绪帝，恳请他仿照西方三权分立的政治原则，变君主专制为君主立宪，并指出，清政府如果不立宪就有可能引起革命，就缺乏统治的合法性。他认为，中国要屹立于世界民族之林，只有“取三权鼎立之义，立行宪政”。维新派痛斥八股取士的科举制度是统治者“牢笼天下”的愚民政策，强调要救中国，就必须废八股、改科举、办学堂、兴西学。

在维新派的推动和策划下，以 1898 年 6 月 11 日“明定国是”谕旨的发布为标志，变法运动正式开始。其内容广泛，主要有：政治方面，改革行政机构，裁撤闲散、重叠机构；裁汰

① 《郑观应集》上册，上海人民出版社 1982 年版，第 233 页。

② 中国史学会编：《戊戌变法》(四)，上海人民出版社 1957 年版，第 384～385、407 页。

冗员，澄清吏治，提倡廉政；提倡向皇帝上书言事；准许旗人自谋生计，取消其享受国家供养的特权。经济方面，保护、奖励农工商业和交通采矿业，中央设立农工商总局与铁路矿务总局，各省设立商务局；提倡开办实业，奖励发明创造；注重农业发展，提倡西法垦殖，建立新式农场；广办邮政，修筑铁路；开办商学、商报，设立商会等各类组织；改革财政，编制国家预决算。军事方面，裁减旧式绿营兵，改练新式陆军；采用西洋兵制，练洋操，习洋枪等。文化教育方面，创设京师大学堂，各省书院改为高等学堂，在各地设立中小学堂；提倡西学，废除八股，改试策论，开经济特科；设立译书局，翻译外国书籍，派人出国留学；奖励新著，奖励创办报刊，准许自由组织学会。

变法期间颁布的各项政令，旨在开放一定程度的言论、出版、结社自由，使资产阶级享受一定程度的政治权利，促进资本主义工商业的发展，因此，它是一场资产阶级性质的改良运动。但这些政令和措施并未触及封建制度的根本，因而，这是一场十分温和的不彻底的改革方案。尽管如此，变法运动仍然遭到了封建守旧势力的激烈反对。守旧势力聚集在慈禧太后周围，于 1898 年 9 月 21 日发动政变，导致戊戌维新运动失败。

从整个维新运动来看，维新派学习西方不可谓不努力，变法救国的热情不可谓不高，但他们自身存在的不敢否定封建主义、对帝国主义抱有幻想、惧怕人民群众的局限性和当时的国内外形势，致使这场政治改良运动很快宣告失败。但维新派的主张顺应了中国近代化的潮流，突破了洋务派“中体西用”的思维定式，把改革由经济层面推进到了政治层面，较为全面地提出了近代化的纲领及措施，客观上促进了中国民族资本主义的发展。

五、第五阶段：资产阶级革命派的民主主义思想与共和国方案

20 世纪初，帝国主义列强在迫使中国签订《辛丑条约》以后，加强了对清政府的控制，多方扩展在华经济势力。中国面临的民族危机更加严重。19 世纪末，戊戌维新运动的失败，说明资产阶级改良主义的道路在中国是行不通的。救国救民的新道路到底在哪里？在这样的历史背景下，以孙中山为代表的资产阶级革命派兴起。资产阶级革命派的骨干是一批资产阶级、小资产阶级知识分子。这个知识分子群体的出现与戊戌维新运动及 20 世纪清政府兴学堂、派留学生的措施有关。这些青年学生接触到近代西方资本主义的思想文化，对世界大势和国内民族危机有敏锐的认识。他们在考虑救国救民新道路的过程中，认识到“恃今日之政府官吏图存”是不可能实现的幻想，“欲免瓜分，非先倒满洲政府，别无挽救之法也”[①]。他们强调“欲立新国乎，则必自亡旧始”[②]。1904 年，孙中山发表《中国问题的真解决》一文，指出只有推翻清政府的统治，“以一个新的、开明的、进步的政府来代替旧政府，”“把过时的满清君主政体改变为‘中华民国’”，才能真正解决中国问题。

资产阶级革命派用西方天赋人权、自由平等的学说，作为自己进行革命斗争的思想武器。以孙中山、黄兴为代表的资产阶级革命派，成立了中国第一个资产阶级革命政党——同盟会，提出了一个“驱除鞑虏，恢复中华，创立民国，平均地权”这个比较完整的资产阶级民主革命纲领，后又在此基础上进一步阐发为民族、民权、民生的三民主义。他们对康有为所谓“中国必先君主立宪而后成民主立宪”的论调，进行了揭露和批判，强调民主共和是

① 《孙中山全集》第 1 卷，中华书局 1981 年版，第 234 页。

② 《辛亥革命前十年间时论选集》第 1 卷上册，三联书店 1977 年版，第 92 页。

大势所趋，人心所向，只有“兴民权改民主”，才是中国的唯一出路。三民主义的主张适应了当时发展的趋势，表达了民族资产阶级政治经济等方面的要求，也反映了中国人民争取民族解放和民主权利的愿望，使革命运动有了一个统一的领导核心，从此“革命风潮一日千丈”。近代知识分子对西方的学习和探索此时从维新变法阶段发展到了民主革命阶段。

在孙中山领导下，资产阶级革命派发动了一次又一次的武装起义。1911 年武昌起义爆发，不久中华民国成立，孙中山就职临时大总统。南京临时政府建立后不久，颁布了《中华民国临时约法》，规定“中华民国之主权属于国民全体”，而“以参议院、临时大总统、国务员、法院行使其统治权”。规定参议院行使立法权，参议员由各省选派。临时大总统代表临时政府总揽政务。国务总理及各部总长称国务员，辅佐临时大总统负其责任。法院行使司法权。参议院有权弹劾大总统和国务员，从而确立了立法、司法、行政“三权分立”的政治体制。《临时约法》还规定，中华民国国民一律平等，享有人身、财产、集会、结社、出版、言论等自由，享有请愿、陈诉、考试、选举与被选举等民主权利。这样，《临时约法》就以根本大法的形式废除了两千多年的封建君主专制制度，确认了资产阶级共和国的政治制度。

不过，资产阶级革命派没有提出彻底的反帝反封建的民主革命纲领，不能充分发动和依靠人民群众，没有建立起一个坚强有力的革命政党作为领导核心。一句话，由于资产阶级革命派的软弱性和妥协性，最终使辛亥革命的成果被袁世凯所窃取，资产阶级共和国方案宣告破产。

【结语】 辛亥革命的失败表明，中国人民在迎接黎明之前，还不得不经历一段黑暗的岁月，中国的先进分子仍然需要继续进行救国救民新道路的探索。

（张高臣）

2.3 走出困惑

【教案视角】

1. 选择马克思主义旗帜之难（90 分钟）
2. 中国先进分子的激情、烦恼与选择（90 分钟）
3. 中国先进分子为什么和怎样选择了中国共产党？（90 分钟）
4. 怎样理解中国共产党的成立是开天辟地大事变？（90 分钟）
5. 从国际大背景看中共的成立（90 分钟）

【本讲视角】 第 2 视角

【教学目的】 引导学生正确认识从辛亥革命失败到中共成立前国情、世情的重大变化；深刻理解这一时期中国先进分子在探索救国之路中思想轨迹的重大转变，即由学西方到学俄国；掌握中国先进分子选择马克思主义旗帜之历史必然性；增强学生对坚持马列主义指导思想的理解和坚定信念。

【本讲内容】

中国先进分子的激情、烦恼与选择

旗帜问题是至关重要的，旗帜引领前进方向，旗帜凝聚奋斗力量。正确地解决旗帜问题，对于无产阶级政党来说，关乎前途命运和兴衰存亡。早在中国共产党成立之前，中国先进分子就选择了马克思列宁主义作为解决中国革命的指导思想，1921 年中国共产党成立就把这一旗帜树立起来。1945 年，在党的七大上树立起了毛泽东思想的旗帜。今天，我们党又树立起中国特色社会主义的伟大旗帜。举什么样的旗，走什么样的路。中国共产党在马克思列宁主义、毛泽东思想、中国特色的社会主义理论旗帜的指引下，开辟了中国革命的道路和中国特色的社会主义道路，并取得了革命、建设和改革的伟大胜利。

在这里，可能有些同学存在着这样的思想困惑：为什么诞生于欧洲的马克思列宁主义能够在经济文化落后的中国产生这么重大的影响？为什么 1840 年近代以来中国的仁人志士从向西方寻求真理到向俄国寻找真理，转向了对马克思主义的信仰？20 世纪八九十年代，由于苏联东欧的演变，世界社会主义遭受重大曲折，中国社会主义改革也遭遇挫折，于是，人们对当年先进分子选择马克思主义又产生了种种怀疑。有人认为，中国选择马克思主义是几个知识分子一时的感情冲动，不是历史的必然；我们选择的马克思主义不是真正的马克思主义，是从苏俄接受的教条主义，如今苏联东欧演变了，中国的社会主义也就没有存在的必要了。

要回答这些疑问，必须回到历史的时空，去探寻先进的中国人面对当时的国情、世情，是怎样历尽千辛万苦找到马克思主义这一思想武器的。

一、曾经的期望与选择：面向西方寻求真理

从 1840 年的第一次鸦片战争到 1901 年《辛丑条约》的签订，西方殖民者通过发动大规模的侵华战争和一系列不平等条约，把中国由一个主权独立的封建社会变为半封建半殖民地社会。面对近代以来“数千年之奇变”，无论是清朝统治者还是社会精英、各阶层民众，都在思索着救中国的出路。第一次鸦片战争后，地主阶级的思想家林则徐、魏源提出了向西方学习，“师夷长技以制夷”的思想；农民领袖洪秀全把西方基督理论进行改造，糅合中国传统文化中“大同”、“均贫”、“下凡”等思想，创立了拜上帝教，把宗教和反清结合起来，动员农民起来推翻清政府统治，试图建立一个“无人不饱暖，无处不均匀”的理想社会。地主阶级的改革派李鸿章等，面对内忧外患的国情，采用“中体西用”模式，以求强求富为目的，向西方学习，举办了一系列洋务事业。但经过甲午战争的检验，经营 30 多年的洋务运动失败。甲午战争失败后，资产阶级改良派康有为、梁启超等企图效仿日本，实行君主立宪制，走上资本主义的发展道路，但经历了 103 天的维新变法最终失败。以孙中山为代表的资产阶级革命派以实现三民主义和民主共和制为目标，进行了辛亥革命，推翻了两千多年的封建帝制，建立了中华民国。但辛亥革命仍没有改变中国半封建半殖民地的社会性质，袁世凯篡夺政权后，中国又沦为北洋军阀的专制统治下。

从上述中国各阶层的探索看，先进的中国人从 1840 年起，一直面向西方寻找救国救民的真理，即以西方的思想、理论、制度为武器，探求走向民族独立和富强的道路，但都没有成功。它的失败证明了“中体西用”和资产阶级共和国的方案都在中国行不通。

二、另辟蹊径：继续探寻中国的出路

(一)失望与彷徨：北洋军阀统治下中国的出路

袁世凯篡夺辛亥革命胜利成果后，中国社会就进入了北洋军阀统治时期。为了取得帝国主义对其独裁统治和复辟帝制的支持，袁世凯不惜出卖国家主权和民族利益，签订《中俄声明》，接受了日本提出的旨在灭亡中国的“二十一条”。袁世凯死后，帝国主义为了维护并扩大自己在华特权和利益，各自寻找和扶持一派军阀，充当自己的工具。在它们的操纵和支持下，北洋军阀公开分裂成几个派系，中国出现了军阀纷争的混乱局面。经济上，军阀横征暴敛，疯狂掠夺。为进行战争和镇压人民反抗，拼命扩军备战。1914 年全国陆军 47.5 万人，1918 年增加到 85 万人，1919 年初达 138 万人。在北洋军阀的财政支出中，军费约占 70%，地方军阀军费有的竟占财政支出的 90%。为筹措庞大的军费，军阀除保留清政府的全部捐税外，又巧立名目，增设各种苛捐杂税，人民不堪重负。北洋军阀统治时期，民族危机日益严重，人民生活在水深火热之中。

中国的出路是什么？这个问题再一次被提到了中国人民的面前。辛亥革命的失败和北洋军阀统治的建立，使一些先进分子陷入了深深的绝望、苦闷和彷徨之中。“无量头颅无量血，可怜购得假共和”。对此，李大钊感慨道：“共和自共和，幸福何有于吾民也?”鲁迅也倍感失望：“见过辛亥革命、见过二次革命、见过袁世凯称帝、张勋复辟，看来看去，就怀疑起来，于是失望、颓唐得很了。”瞿秋白也表达对现实的苦闷：“残酷的社会，好像严厉的算术教授给了我一极难的天文算题，闷闷的不能解决。”他们在努力探求改变现状的出路。

(二)满怀激情，另辟蹊径：新文化运动的启蒙

中国的先进分子痛心于军阀统治下的混乱与黑暗，他们从辛亥革命失败的教训中认识到，要防止君主复辟，实现名副其实的民主共和国，必须发动一场反封建的思想启蒙运动，来唤起大多数人民的民主主义觉悟，扫除人们头脑中的封建愚昧思想。这样，新文化运动应运而生。

1915 年 9 月，陈独秀在上海创办《青年杂志》(从第 2 卷第 1 号改名为《新青年》)，标志着新文化运动的开始。新文化运动的主将们高举“民主(Democracy)”与“科学(Science)”两面大旗，向封建专制、封建礼教、封建思想猛烈开火，要“救治中国政治上、道德上、学术上、思想上一切的黑暗”。他在《新青年》创刊号上刊发《敬告青年》一文，明确提出：“国人而欲脱蒙昧时代，羞为浅化之民也，则急起直追，当以科学与人权并重。”

新文化运动的主将们不仅揭露了国民中存在的“劣根性”，诸如“安贫乐道”、“知足常乐”、“退缩苟安”、“雌退礼让”、“逆来顺受”、“唯命是从”、“唯上是听”、“听天由命”等等，而且还提出了“现代人”所必须具有的品格，那就是：自主的而非奴隶的；进步的而非保守的；进取的而非退隐的；世界的而非锁国的；实利的而非虚文的；科学的而非想象的。

新文化运动为中国打开了一个崭新的世界。它打破了长期以来禁锢在人们头脑中的封建思想枷锁，极大地震动了中国思想界。中国的先进分子受到了民主与科学的洗礼，尤其是青年学生从封建思想的束缚中解放出来，深刻认识西方文化和西方的变化。这一时期国外各种新思想涌入，先进分子从中寻求着救国方案。新文化运动揭示了文化变革的新主题，为马克思主义在中国的广泛传播准备了良好的思想条件。

三、从醉心西学到怀疑西方文明:欧战对先进中国人的影响与冲击

新文化运动勃起之时,正值第一次世界大战爆发之际,在此期间俄国的十月革命又取得了成功。这一世情的重大变化导致了西方的分裂:一战以前的西方是一个整体的西方,中国人眼中的"西方"是把欧美、俄国、日本视为一个整体。而一战后的西方则发生了分裂,俄国从中分裂出来,成为新的国家——苏俄,日本借欧洲大战时机,出兵山东,后又与袁世凯秘密签订"二十一条",成为中国人民最仇恨的敌人。所以,一战后的西方实际上分裂为三个部分,即欧美、苏俄和日本。这一世界局势的重大变化对中国先进分子在选择什么样的思想武器问题上产生了极大的影响。

中国先进分子由醉心西学到怀疑西学。他们认为"西方"不再是一个整体的"美好新世界",而是一个复合体,西方的模式有好有坏,良莠并存。原因有二:一是民国后中国人在尝试了西方议会民主制后感到失望,民初国会的无效率和腐化皆不差于晚清政治,"民国政治反不如清"成为包括孙中山在内的大量士人的共同认识,于是他们对西方的民主制度产生怀疑,至少认为有不适合中国的地方。二是欧战的战火把西方倡导的"自由、平等、正义"撕了个粉碎。长达四年之久的世界大战,给欧洲大陆留下的是满目疮痍,是令人震惊的灾难和混乱,社会危机、经济和政治危机不断,工厂倒闭,工人失业。战争的空前残酷和战后社会的极度混乱等诸多现象,使中国以新文化运动主将为代表的先进分子,由醉心西学转而开始怀疑西方文明的价值,不断批判西方资本主义制度的种种缺陷和弊端。李大钊说,欧战以来,"弹烟血雨","战祸洪流",造成"举世滔天之祸,全欧陆沉之忧","此次战争,使欧洲文明之权威大生疑念。欧洲人自己亦对于其文明之真价不得不加以反省"。[①]

《西方文明史》的主编马文·佩里指出:毫无疑问,任何能允许毫无意义的大屠杀持续四年之久的文明,都已经表明了它的弊端丛生,正走向衰败。所以,大战之后,欧洲人对他们自己和他们的文明有了另外一种看法,即不再自信西方文化是首善的了。

在此种新认识中,最为深刻、也最具勇气的见解是德国的斯宾格勒在1918年7月写的《西方的没落》。他明确反对"西方中心论",承认世界文明的多元发展。他断言:西方文明正面临着没落的命运,"浮士德文化正走向死亡"。这本书当时在西方轰动一时。

战后访问过中国的罗素曾提到,访华期间有不少人对他说,1914年前自己对于西方文化不甚怀疑,但及欧战起,却不能不相信它必有自己的缺陷。《东方杂志》的主编杜亚泉在欧战初期发表文章认为:欧战将激起国人的"爱国心"和"自觉心",西方文化在战争中已尽显弊端,这绝非是个人的偏见。继杜亚泉后,中国老资格的思想家梁启超发表了更有分量的批评西方文化的意见。欧战结束,梁启超与蒋百里、张君劢等7人赴欧,先后考察了英、法、比、荷、瑞、意、德诸国。旅途中,梁启超随录自己的观感《欧游心影录》,生动地描绘了战后欧洲哀鸿遍野、凄楚悲凉的情景,指出西方"科学万能"的迷梦已告破产。

这种对西方文明的怀疑,促使人们开始破除对西方文明的迷信和盲从,从而为他们以后接受马克思主义准备了适合的土壤。

四、转向对马克思主义的信仰:苏俄的平等友好与西方列强的背信弃义

---

① 《李大钊全集》第2卷,人民出版社2006年版,第218页。

(一)导入

引导学生思考、讨论,提出问题:中国传统文化能否解决中国的问题?

总结:以儒学为代表的中国传统文化,尽管其中包含着一些优秀的成果,但实践证明,它解决不了近代中国人民迫切需要解决的民族独立和人民解放问题。

(二)激情燃烧:重新思考自己的问题

俄国十月革命的胜利给正在黑暗中探索的中国人民指明了方向。十月革命帮助中国的知识分子重新考虑自己的问题。他们认识到:在中国按照资产阶级国家的办法长期不能解决的问题(如维新变法、资产阶级共和国方案),在俄国经过十月革命已获得迅速、彻底的解决;社会主义既然能解决俄国的问题,是不是也能解决中国的问题?他们经过比较两国的国情,感到确有相似之处:第一,两国都是地大人多;第二,经济文化都相对落后;第三,都长期受封建专制统治,政治腐败。俄国革命是在马克思主义指导下取得胜利的,中国人在欢呼十月革命胜利时,自然不会忘却十月革命的指导思想——马克思主义。战后强权主义有增无减的现实,尤其是俄国革命的感召力,使以李大钊为代表的新文化运动的左翼,开始转向以俄为师,接受马克思主义的路向。

早在1918年,李大钊在《法俄革命之比较观》一文中,即已感悟到“桐叶落而天下惊秋”,法兰西文明已成为昨日黄花,俄国革命则若春天的惊雷,预示人类文明的发展正经历“绝大之变动”。其后他又连续发表了《庶民的胜利》、《布尔什维克主义的胜利》、《我的马克思主义观》等重要文章,更进一步地指明了欧战是“资本家的政府”之间的不义战争,而俄国十月革命的胜利则开辟了世界历史的新纪元。同时,他第一次将马克思主义的唯物史观、政治经济学和科学社会主义向国人作了全面的介绍。李大钊在1919年转变为马克思主义者,陈独秀、毛泽东在1920年夏实现向马克思主义的转变。在李大钊等人的影响和带动下,宣传马克思主义的刊物和社会主义的团体像雨后春笋般在全国各地纷纷涌现出来。当时有人这样写道:“一年以来,社会主义的思潮在中国可以算得风起云涌了。报章杂志的上面,东也是研究马克思主义,西也是讨论鲍尔希维主义;这里是阐明社会主义的理论,那里是叙述劳动运动的历史,蓬蓬勃勃,一唱百和,社会主义在今日的中国,仿佛有雄鸡一唱天下晓的情景。”尽管当时许多人对社会主义的理解尚属幼稚,但李大钊等人的实践毕竟表明,十月革命后,尤其是五四运动后,新文化运动已超越了自身,成为宣传马克思主义的运动了。

促使中国先进分子转向对马克思主义信仰的另一影响因素是俄国政府的两次对华宣言。1919年7月、1920年9月,俄国政府分别发表两次对华宣言。第一次对华宣言提出废除19世纪末至十月革命前夕沙皇政府单独与中国政府订立的中俄密约(1896年)、辛丑条约(1901年)和俄日签订的侵华条约。第二次对华宣言称“以前俄国历届政府同中国订立的一切条约全部无效,放弃以前夺取中国的一切领土”。这些声明,反映了俄国对帝国主义的态度和援助被压迫民族的外交政策,表现出对中国人民的平等友好态度。当时《新青年》杂志刊登的中国舆论界对苏俄第一次对华宣言的反映中,就有人这样说:这个宣言体现了新俄国宪法的“要铲除资本主义侵略主义的精神”,我们应当由此前进一步,去“研究俄国劳农政府的主义”,赞同“俄国劳农政府所根据的真理”。长期饱受资本主义列强欺凌的中国人民在得知宣言的内容之后,感到“无比欢喜”,全国有13个民众团体致电称赞，认为俄国工人、农民、士兵是世界上"最可爱的人类"。苏俄以新的形象和新的平等外交政策展现在中国人面前，大大提高了马克思主义的影响和信誉，对中国先进分子选择马克思主义产生了巨大的影响。

与此同时，巴黎和会上西方列强的背信弃义使中国先进分子的幻想与迷梦破灭了。第一次世界大战结束后，1919 年 1 月，战胜国在法国巴黎的凡尔赛宫举行"和平会议"，即"巴黎和会"。中国以战胜国的身份派代表参加会议，并向和会提出了三条正当要求：①取消列强在华的七项特权。②废除"二十一条"。③归还大战期间被日本夺去的德国在山东的各项权利。会议在英、美等帝国主义操纵下，无视中国的权利，对中国代表提出的①、②两项要求，以不在会议议题范围之内，拒绝讨论。在讨论山东问题时，反而明文规定将德国在山东的特权全部让给日本。中国在巴黎和会上的外交完全失败。社会主义的俄国与西方列强对中国的不同的外交政策和态度，立即在中国引起了完全相反的强烈反响。中国人本来希望在巴黎和会上能够实现公理战胜强权，但最终还是强权战胜了公理，这一结果惊醒了中国的先进分子，使他们的幻想与迷梦破灭。他们认为现在的世界是个"强盗的世界"，西方所崇尚的自由平等、民主法治固然很先进，但他们连基本的公理都不讲，甚至连尊重别国的主权都做不到，怎么会推动中国社会的发展？

巴黎和会上西方列强的背信弃义对中国先进分子产生了怎样的影响呢？（引导学生分析思考）

第一，对帝国主义的幻想与迷梦破灭了，认为这个世界是"强盗的世界"。1919 年 5 月 4 日，陈独秀在《每周评论》上说："巴黎和会，各国都重在本国的权利，什么公理，什么永久和平，什么威尔逊总统的十四条和平宣言，都成了一文不值的空话。"李大钊也愤怒地指出："人道"、"和平"这些名词，都是强盗政府的假招牌，"我们且看巴黎和会所议决的事，哪一件有一丝一毫人道、正义、和平、光明的影子"①。他愤怒地抨击这个世界是相杀的世界、黑暗的世界、压迫的世界、兽行的世界、强权的世界，认为中国人对列强的种种幻想是我们的大罪。

第二，明白了"为什么先生总是侵略学生"。正如瞿秋白所说："中国民族几十年受剥削，到今日才感受殖民地的况味。帝国主义压迫的切骨的痛苦，触醒了空泛的民主主义的噩梦。……工业先进国的现代问题是资本主义，在殖民地上就是帝国主义，所以学生运动倏然一变而倾向社会主义。"②

另外，1919 年 3 月共产国际建立后，苏俄和共产国际又逐渐加强与中国的联系，派代表来中国帮助建立共产党组织，直接带来了马克思列宁主义，促进了马克思主义在中国的传播。

五、从信仰到旗帜的选择：传播、分析、比较、推求、论辩

1919 年 5 月，五四爱国运动爆发。它是中国近代史上第一次由学生、工人和其他群众掀起的反对帝国主义、反对军阀卖国的全国规模的革命斗争。在五四爱国运动中，涌现出一大批为追求民族独立和国家富强而积极探求救国救民真理的新的先进分子。这些先

---

① 《李大钊全集》(修订本)第 2 卷，人民出版社 2013 年版，第 457 页。

② 《瞿秋白文集・文学编》第 1 卷，人民文学出版社 1985 年版，第 26 页。

进分子以改造社会为己任，重新考虑中国的前途，探求改造中国的新方案。他们纷纷撰写文章，创办刊物或成立社团，以介绍、传播和研究国外的各种新思潮。当时鼓吹新思潮的刊物先后出现400多种。“五四”时期被中国人当作新思潮传播的社会主义学说十分庞杂，除了马克思主义的科学社会主义外，还有各种各样被称为“社会主义”的资产阶级和小资产阶级的思想流派，如无政府主义、无政府工团主义、互助主义、新村主义、合作主义、托尔斯泰的泛劳动主义、基尔特社会主义、伯恩施坦主义等。当时，绝大多数进步青年对社会主义只是抱着一种朦胧的向往。他们对各种社会主义学说的了解，如同“隔着纱窗看晓雾”，并不十分清晰。他们正在分析、比较和选择。

为什么在诸多学说流派争鸣斗胜的形势下，越来越多的青年选择了马克思主义学说呢？

一是五四运动后，以李大钊、陈独秀、李达、李汉俊、毛泽东、蔡和森、周恩来等为代表的先进知识分子首先从各种社会主义思潮的迷雾中冲出来，接受马克思主义并大力传播马克思主义。

二是马克思主义本身具有与众不同的思想特质。一方面，马克思主义理论本身具有鲜明的阶级性、先进性及博大、切实的思想特征，和实用主义等各种当时风行于国内的理论相比，马克思主义对未来社会的设计最完整、最先进，而且最具理想性。其睿智的思想、广阔的视野、深邃的眼光所展示出的无穷魅力，对于追求进步新知的青年人具有极大的吸引力。另一方面，马克思主义具有鲜明的反对帝国主义侵略，抨击资本主义政治、经济秩序的思想特征。其革命精神极强，这对于饱受列强侵略之痛，又经过“五四”洗礼的相当一部分中国人来说，极易引起共鸣。一战后资本主义社会所暴露的危机及马克思主义对资本主义社会弊端有预见的揭露，更加深了人们对马克思主义的信赖。

三是中国的先进分子经过学习研究、实践比较和批判斗争，才认识真正的马克思主义，接受马克思主义，最终确立了马克思主义的信仰。

1919年至1920年间围绕着马克思主义的传播，思想界展开了三次大的论争，即关于“问题与主义”的论争，关于社会主义与资本主义的论争，关于马克思主义与无政府主义的论争。经过这三次论争，马克思主义在五四运动后焕发出更加旺盛的生命力，大批激进青年弄清了马克思主义与无政府主义的界限，从而走上了马克思主义的道路，有些原为无政府主义的信仰者也由此转向马克思主义。

【结语】 从辛亥革命失败到中国共产党成立前(1912～1921)近十年的时间里，中国先进分子面对国情、世情的重大变化，从失望中燃起激情，又从激情中破灭梦想，他们历经艰辛，不断探索，最终顺应时代潮流，选择马克思主义作为改造中国社会的思想武器。这是历史的必然，是对现实的回应，是经过学习研究、反复比较后的理性选择。

（毛玉美）

2.4　养成佩服

【教案视角】

1. 大革命失败后中国革命的艰难处境(90 分钟)

2. 中国共产党人对中国革命新道路的艰苦探索(90 分钟)

3. 解析 1927～1935 年间中国共产党内的"左"倾错误(90 分钟)

【本讲视角】　第 2 视角

【教学目的】　通过本讲内容，一方面使学生了解"农村包围城市，武装夺取政权"革命新道路确立的艰难过程，懂得中国革命的胜利来之不易；另一方面加强大学生求实创新意识的培养。

【本讲内容】

中国共产党人对中国革命新道路的艰苦探索

在马克思主义的指导下，在列宁和共产国际的帮助下，1921 年 7 月，中国共产党诞生了。这是一个"开天辟地的大事变"，它给灾难深重的中国人民带来了光明和希望。然而，中国共产主义运动兴起之初，即引起一切反动势力的深深恐慌，它被斥为"过激主义"，被视为"洪水猛兽"而遭到中外反动派的联合压迫。

1925 年 1 月，中共四大在上海举行，大会适应当时革命形势发展的要求，明确提出了无产阶级在民主革命中的领导权问题和工农联盟问题，强调在全国建立和加强党的组织，并制定开展工农运动的计划。在中国共产党的努力推动下，第一次大革命走向高潮，工农运动蓬勃发展，中国共产党的力量相应获得迅速增长。所有这些使反动势力大为震惊。于是，以"四一二"政变、"七一五"政变为代表的一系列反革命政变接踵爆发，白色恐怖笼罩全国城乡。共产党被宣布为"非法"，加入共产党成为最大的犯罪，共产党的组织不断遭到破坏，许多共产党员和党的领导干部被捕、被杀。据中共六大不完全统计：从 1927 年 3 月到 1928 年上半年，被杀害的共产党员和革命群众达 31 万多人，其中共产党员 26000 多人。一批党的重要活动家先后牺牲。在白色恐怖局面下，共产党内不少人在思想上、政治上陷入混乱状态，存在着严重的消极、悲观情绪。一些不坚定分子纷纷声明脱离共产党、共青团；有的甚至公开忏悔，攻击共产主义和共产党，出卖党的组织和共产党员。据 1927 年 11 月不完全统计，全党党员人数由 1927 年 5 月时的 57900 多人锐减到 10000 多人。

敢不敢继续坚持革命？这是摆在中国共产党人面前的一个亟须回答的问题。在严峻的考验面前，真正的共产党人没有屈服。他们从地下爬起来，揩干净身上的血迹，掩埋好同伴的尸首，又继续投入战斗了。一批追求进步、向往真理的人士，如徐特立、郭沫若、贺龙、彭德怀等，就在这革命的危急关头加入了中国共产党。受尽压迫的工农群众，重新在中国共产党周围逐步聚集起来。当反动派把郭亮的头颅悬挂在长沙城门口示众时，鲁迅先生说："革命被头挂退的事是很少有的。""不是正因为黑暗，正因为没有出路，所以要革命的么?”[1]面对着反动派要将革命者斩尽杀绝的屠杀政策,中国共产党只剩下唯一的选择:高举起革命的大旗,进行武装抵抗。不这样做,就无异于坐以待毙,听任整个中国变成黑暗的中国。

然而,怎样坚持革命,即坚持革命应当走什么道路?中国共产党人为此展开了长时间的艰苦探索。

针对当时的白色恐怖局面,中国共产党展开了强有力的回应。1927年7月中旬,中共中央临时政治局常委会决定干三件大事:将党所掌握和影响的部队向南昌集中,准备发动南昌起义;组织湘、鄂、赣、粤四省的农民,举行秋收季节暴动;召集中央会议,讨论和决定新时期的方针和政策。

1927年8月7日,中国共产党在汉口召开“八七”会议,确定了土地革命和武装反抗国民党反动派的总方针。这是一个正确的方针,是党在付出了大量血的代价后得出的正确结论。出席这次会议的毛泽东在发言中突出地强调:“以后要非常注意军事,须知政权是由枪杆子中取得的。”然而,由于党的指导思想还是“城市中心论”,他们忽略了统治阶级占据着中心城市,敌我力量对比过于悬殊这个事实,最终企图通过城市武装暴动或攻占大城市来夺取革命胜利的愿望落空。尽管他们发动了南昌起义、秋收起义、广州起义等近百次武装起义,但大多数很快归于失败,革命力量遭到严重削弱。

一系列起义失败的事实说明,“城市中心论”不适合中国革命。中国革命要取得成功,必须寻找新的道路。

“八七”会议以后的中共中央依据“寻找新的道路”的要求,在领导各地武装起义的过程中,也初步提出了相机占领某个县或几个县,建立革命政权,实行武装割据的思想。1928年6月召开的党的六大,在继续把城市工作复兴视为革命高潮到来的决定条件的同时,也肯定了农村根据地和红军是决定革命新高潮的更大的发展基础和重要力量。1929年6月,党的六届二中全会进一步指出:中国革命要胜利,必须要有红军,必须要有广大苏维埃区域的帮助。同年9月,中共中央给红四军前委的指示信也指出:先有农村红军,后有城市政权,这是中国革命的特征,这是中国经济基础的产物。1930年5月,中共中央机关刊物《红旗》明确提出共产党应当以大部分力量甚至全部力量去发展乡村工作;认为革命势力占据了广大农村之后,即可以联合起来包围城市、封锁城市、用广大的农村革命势力向城市进攻,这样,革命必然可以得到胜利。

毛泽东在实践中首次把革命的进攻方向指向了农村。1927年9月9日,毛泽东领导的湘赣边界秋收起义爆发。在攻打长沙的计划受挫后,毛泽东率领起义部队南下,向敌人控制比较薄弱的农村转移,开始了创建井冈山农村革命根据地的斗争。

在开辟农村革命根据地的过程中,毛泽东也从理论上阐明了武装斗争的极端重要性和农村应当成为党的工作中心的思想。1928年10月和11月,毛泽东写了《中国的红色政权为什么能够存在?》和《井冈山的斗争》两篇文章,明确指出以农业为主要经济的中国革命,以军事发展暴动是一种特征;同时还科学地阐述了共产党领导的土地革命、武装斗争与根据地建设这三者之间的辩证统一关系,强调工农武装割据思想,从而为农村包围城

① 《鲁迅全集》第4卷,人民文学出版社1981年版,第106页。

市理论的创立奠定了初步的基础。1930 年 1 月，毛泽东在《星星之火，可以燎原》中进一步指出：红军、游击队和红色区域的建立和发展，是半殖民地中国在无产阶级领导之下的农民斗争的最高形式和半殖民地农民斗争发展的必然结果，并且毫无疑义的是促进全国革命高潮的最重要因素，从而明确提出了中国革命应当以乡村为中心的思想，标志着中国革命新道路理论基本形成。1930 年 5 月，毛泽东在《反对本本主义》一文中，阐明了坚持辩证唯物主义的思想路线即坚持理论与实际相结合的原则的极端重要性，为中国革命新道路理论的发展和成熟奠定了理论基础。农村包围城市、武装夺取政权理论的提出，是中国共产党人坚持实事求是原则，把马克思主义基本原理同中国革命的实际相结合的产物，是马克思主义中国化的重要成果和光辉典范，标志着中国化的马克思主义即毛泽东思想的初步形成。这是马克思主义在中国的创造性的运用和发展。

以毛泽东为代表的中国共产党人立足中国国情，逐步探索出了适合中国特点的农村包围城市、武装夺取政权的革命新道路。沿着这条道路，土地革命战争胜利发展，农村根据地不断扩大。到 1930 年初，共产党领导人民群众建立了十几块农村根据地，红军发展到 7 万人。

然而，革命的发展并不是一帆风顺的。一方面，红军和根据地的存在和发展，使国民党统治当局感到震惊和恐慌。于是，蒋介石调集重兵，不断对红军实施“围剿”。另一方面，由于“八七”会议以后，党内一直存在着浓厚的近乎拼命的冲动，这种“左”倾情绪始终没有得到认真的清理；由于全党的马克思主义理论准备不足，理论素养不高，实践经验也很缺乏，同时对于中国的历史状况和社会状况、中国革命的特点、中国革命的规律不了解，从而不能把马克思列宁主义理论和中国实际全面地、正确地结合起来；由于共产国际对中国共产党内部事务的错误干预和瞎指挥：这些因素促成了 20 世纪 20 年代后期和 30 年代前中期，中国共产党内出现了严重的“左”倾错误，给中国共产党领导的新民主主义革命造成了严重危害。

从 1927 年 7 月大革命失败到 1935 年 1 月遵义会议召开之前，“左”倾错误先后三次在党中央领导机关取得了统治地位：第一次是 1927 年 11 月至 1928 年 4 月以瞿秋白为代表的“左”倾盲动错误，认为革命形势在不断高涨，盲目要求“创造总暴动的局面”。第二次是 1930 年 6 月至 9 月以李立三为代表的“左”倾冒险主义，错误地认为中国革命乃至世界革命进入高潮，盲目要求举行全国暴动和集中红军力量攻打武汉等中心城市。第三次是 1931 年 1 月至 1835 年 1 月以王明为代表的“左”倾教条主义错误，其主要表现在：在革命性质和统一战线问题上，混淆民主革命和社会主义革命的界限；在革命道路问题上，顽固坚持城市中心论；在土地革命问题上，强调坚决打击富农和“地主不分田，富农分坏田”；在军事斗争问题上，实行进攻中的冒险主义、防御中的保守主义、退却中的逃跑主义；在党内斗争和组织问题上，推行宗派主义和“残酷斗争，无情打击”的方针。

对于上述“左”倾错误，毛泽东等人进行过坚决的抵制和斗争，但由于“左”倾领导人破坏党的民主集中制、压制党内民主，对坚持正确意见的或不对他们随声附和的同志展开无情打击，致使以毛泽东为代表的大批领导同志被剥夺了对红军的领导权。三次“左”倾错误，尤其是王明等人的“左”倾教条主义错误，对中国革命造成了极其严重的危害。其最大的恶果，就是红军在第五次反“围剿”中失败，不得不实行战略大转移——长征。这次错误，使红军和根据地损失了 90%，国民党统治区党的力量几乎损失了 100%。

在1927年到1935年遵义会议以前的这段时间里，毛泽东为中国革命新道路的开辟呕心沥血，他跳出了西方革命和十月革命“城市中心论”的革命模式，从中国实际出发，创造性地提出了走农村包围城市、武装夺取政权的革命道路。尽管在毛泽东等人的领导下，土地革命战争胜利发展，农村根据地不断扩大，根据地政权建设也呈现出勃勃生机。然而，毛泽东却遭到“左”倾错误领导人的屡次批判。

1927年，毛泽东在“八七”会议上当选为中共中央临时政治局候补委员。在随后的湘赣边界秋收起义中，他从敌强我弱的客观形势出发，果断改变中共中央原定的攻打长沙的计划，率领部队向农村进军，开辟了井冈山革命根据地。这一开创中国革命新道路的壮举，不仅没有得到应有的肯定和支持，反而遭到了瞿秋白主持的中共中央的批评。1927年11月召开的中共中央临时政治局扩大会议作出决定，撤销了毛泽东的政治局候补委员和湖南省委委员的职务。这一决定在井冈山传达时，又被误传为“开除党籍”，结果他一度成为“党外人士”，不能担任前委书记和党代表，只能担任工农革命军第一师师长。

在1929年6月召开的红军第四军第七次党代表大会上，他关于加强党对红军绝对领导的正确意见没有得到当时大多数人的理解和支持，没有继续当选为红四军前委书记，被迫离开了红四军的领导岗位。

1931年11月的赣南会议，毛泽东被批犯了“狭隘经验论”、“富农路线”、“右”倾等错误。会议撤销了毛泽东苏区中央局代理书记职务。会议确定成立中央革命军事委员会，朱德任主席，王稼祥、彭德怀任副主席，毛泽东仅保留了委员，同时又取消了红一方面军总司令、总政委的名义，毛泽东的红军总政委也被取消了。毛泽东在党内、军内的职务全部被无端剥夺了。

毛泽东受到的最大一次挫折，是在以王明为代表的“左”倾冒险主义者统治中央期间遭到错误的批判，并被剥夺对红军的军事指挥权。1932年10月，中共苏区中央局在江西宁都县召开会议，对他正确的军事方针进行了批评和指责。会议停止了他对红一方面军的军事指挥。会后不久，又任命周恩来担任红一方面军总政治委员，实际上撤销了毛泽东的军事领导职务。从此，他离开红军的军事领导岗位长达两年多，在中央和红军的重要决策上都失去了发言权，直到1935年1月召开的遵义会议上才重新进入中共的领导核心。

在遭受“左”倾错误领导人打击和排挤期间，毛泽东处境艰难。他受到孤立，被“搞得臭得很”，许多人不敢与他接近，“不但一个人也不上门，连一个鬼也不上门”①。他的亲属也因受株连而遭到打击。妻子贺子珍由管文件改为收发文件；弟弟毛泽覃受到批判并被撤职；贺子珍的哥哥贺敏学被免去红二十四师代理师长的职务；贺子珍的妹妹贺怡被撤销瑞金县委组织部副部长的职务，并遭到批判。

这些打击在常人看来恐怕是忍受不了的。毛泽东却不然，他不仅没有消沉下去，反而以更加顽强的毅力和乐观精神与错误路线进行斗争，始终不渝地坚持自己的正确主张。正是这种坚韧的抗挫折能力，支撑着他度过了那段革命生涯。

【结语】 1935年遵义会议上，毛泽东的正确主张得到承认。从此以后，中国革命沿着“农村包围城市，武装夺取政权”的道路一步步走下去，并取得了最终的胜利。

（张高臣）

---

① 金冲及主编：《毛泽东传(1893～1949)》，中央文献出版社1996年版，第323页。

2.5 敢于征服

【教案视角】

1.红军为什么要进行长征(90分钟)

2.红军长征过程之难(90分钟)

3.遵义会议的历史意义(90分钟)

4.红军长征胜利之伟大意义(90分钟)

5.长征精神(90分钟)

【本讲视角】 第3视角

【教学目的】 通过本讲教学,一方面使学生了解遵义会议召开于红军长征命悬一线之际,感受红军长征之艰难曲折;另一方面通过对遵义会议伟大历史意义的分析,使学生明白革命的政党、革命的人民,总要反复地经过正反两方面的教育,经过比较和对照,才能够锻炼得成熟起来,才有赢得胜利的保证。

【本讲内容】

遵义会议的历史意义

由于第五次反"围剿"的失败,1934年10月中旬,中共中央机关和中央红军(又称红一方面军)8.6万人不得不撤离根据地,向西突围转移,开始长征。长征初期,中共中央领导人博古依靠与共产国际有关系的军事顾问——德国人李德进行军事指挥,结果犯了逃跑主义错误。在强渡湘江之后,红军和中央机关人员锐减到3万多人。严酷的事实教育了广大的共产党员和红军指战员,他们开始产生对错误领导的怀疑、不满。一些支持过"左"倾错误的中央领导人如张闻天、王稼祥等,也逐渐改变态度,转而支持毛泽东的正确主张。这样,当中央红军根据毛泽东的提议,改向敌人力量薄弱的贵州挺进,并在占领黔北重镇遵义以后,中共中央政治局于1935年1月15日至17日在这里召开了扩大会议,史称"遵义会议"。出席会议的,有政治局成员博古、周恩来、张闻天、毛泽东、朱德、陈云、王稼祥、刘少奇、邓发、凯丰;军队负责人刘伯承、李富春、林彪、聂荣臻、彭德怀、杨尚昆、李卓然;还有中央秘书长邓小平。李德和翻译伍修权列席会议。

会议讨论了"在反五次'围剿'与西征中军事指挥上的经验与教训",即人们所说的清算"左"倾路线在第五次反"围剿"和中央红军突围进行战略转移在军事指挥上的错误。张闻天根据与会多数人特别是毛泽东的发言,起草了《中央关于反对敌人五次"围剿"的总结的决议》,充分肯定毛泽东等指挥红军多次取得反"围剿"胜利采取的战略战术的基本原则,明确指出博古、李德在军事上的错误路线是不能战胜敌人的主要原因。

遵义会议最重要的成果是改组了中央领导机构。尽管这不是会议之初的议程,但由于中央错误领导使中央苏区和中央红军遭到严重危害,博古继续负主要军事领导责任既不合适、也不可能了,在高级干部中要改变最高指挥的呼声已很强烈。会议选举毛泽东为中央政治局常委;取消在长征前成立的"三人团",仍由最高军事首长朱德、周恩来为军事指挥者,并由周恩来为受政治局委托对于指挥军事下最后决心的负责人。会后,中央常委又分工,以"泽东同志为恩来同志的军事指挥上的帮助者"。这就撤消了博古、李德最高的军事指挥权,将他们"轰"下了台。这样重大的决定,不是经过共产国际提出,而是由中国共产党自己作出,在党的历史上是第一次。中央最高领导层的改组,虽然才仅仅是开始,但它为确立毛泽东在全党全军的领袖地位迈出了具有决定意义的一步。

遵义会议的成功召开,具有重大的历史意义,它实现了党的历史的伟大转折。

1981 年"历史决议"指出:遵义会议"在党的历史上是一个生死攸关的转折点"。怎样解读这个评价?中共党史专家石仲泉先生在《遵义会议的伟大历史转折和毛泽东的神奇用兵》一文中分析指出,主要是以下四个方面的改变,具有伟大的转折意义。

第一,党中央领导核心改变了。遵义会议是在红军长征途中召开的。此前的中央领导核心是六届五中全会形成的,毛泽东的许多正确思想主张不仅没被中央采纳,而且遭到批判。他在六届五中全会上当选为中央政治局委员,但没有进入中央书记处,不参与中央决策。从长征开始,他就是"跟着走"。尽管如此,他还是不时地提出建议,以改变长征过程中的被动局面。在湘江战役中央红军受到重创之后,周恩来主持召开的通道会议、黎平会议和猴场会议,都采纳了他的意见,实际上他参与了中央决策。这可视为他在遵义会议上进入中央常委的前奏。遵义会议改组中央领导,毛泽东成为中央常委,尽管在当时的党中央和红军领导机构中,他都不是第一把手,但他在党内、军内的崇高威望、实际的军事谋略和指挥才能,已使他实际上处于核心地位。

第二,党的思想路线改变了。从 20 世纪 20 年代后期始,中国共产党内就盛行把马克思主义教条化、把共产国际决议和苏联经验神圣化的倾向。按照陈云的说法,就是唯书、唯上、不唯实。在博古负总责的临时中央到苏区以后,党的思想路线的这个错误更加突出。在 1934 年 1 月召开中共六届五中全会时,国民党军已对中央苏区发动了第五次"围剿",由于对福建事变的错误处理,一时出现的有利局面完全丧失,中央红军的反"围剿"陷入非常困难境地。但是,五中全会全然不见这个困难形势,仍在夸夸其谈。博古代表中央作《目前形势与党的任务》报告和总结,"一国际,二国内,三任务",背书似地照搬共产国际十二次全会对于世界形势的分析,表示五中全会毫无保留地接受共产国际的"有历史意义的基本论点",责成全党为它的实现努力奋斗。对于国内形势的分析,不承认中国革命遭到严重挫折,硬说"反对中外资本家的空前未有的伟大的罢工却时常爆发起来","农民自己将土地革命旗帜非常明显地高举起来",国民党部队的"兵变与暴动不断产生",因而中国革命的"胜利与成功,它的力量一天比一天更加坚强与雄大","蒋介石第五次'围剿'的原有计划是失败了"。关于任务,提出"我们在尽可能的短时间内,实现创造一百万铁的红军的口号",要"反对主要危险的右倾机会主义和反对右倾机会主义的调和态度","必须在理论上与实际上揭露右倾机会主义的面目,揭露两面派的右倾机会主义的实质,保证共产国际路线的彻底实现"。这是唯上不唯实的思想路线的生动写照。别的不说,六届五中全会召开时,中央苏区已丢失了许多区域,还要"扩红"100 万,显然是不可能的。最后红军长征时只有 8.6 万人。遵义会议后改变了这个状况,是不唯上、不唯书、只唯实的思想路线。黎平会议在否定李德坚持去湘西的计划后,决定到川黔边建立新的苏区。所以,遵义会议的第一个议题不是讨论第五次反"围剿"的路线问题,而是审查黎平会议到川黔边的决定。从黎平会议到遵义会议召开,时间虽不到一个月,但敌情有变化,到川黔边建立苏区已不可能，根据刘伯承、聂荣臻的提议，决定红军北渡长江，到川西去建立新的根据地。随后，北渡长江也不行了，这才有四渡赤水出奇兵。这就是一切从实际出发的马克思主义思想路线。遵义会议否定了唯书、唯上、不唯实的思想路线，战争局面完全改观，蒋介石的几十万大军被红军牵着牛鼻子走，红军掌握了战争的主动权。因此，遵义会议挽救了红军，挽救了党。

第三，党的军事路线改变了。临时中央到达中央苏区时，第四次反"围剿"战争已经展开。这时的博古还有自知之明，对军事问题不敢妄作决定，同意给周恩来、朱德以机动处置权。这样，取得了第四次反"围剿"的胜利。但在李德到达中央苏区后，博古就一切听从李德的，不仅让他参与战略战术的制定，而且还让他发号施令，直接指挥前方军事，广昌决战就是这样遭致失败的。遵义会议决议指出：在反对敌人的五次"围剿"中，"我们的战略路线应该是决战防御(攻势防御)，集中优势兵力，选择敌人的弱点，在运动战中，有把握地去消灭敌人的一部或大部，以各个击破敌人，彻底粉碎敌人的'围剿'。然而在反对五次'围剿'战争中，却以单纯防御路线(专守防御)代替了决战防御，以阵地战、堡垒战代替了运动战，并以所谓'短促突击'的战术原则来支持这种单纯防御的战略路线"。这就使敌人的堡垒战术达到了目的，"使我们的主力红军受到部分损失，并离开了中央苏区根据地"。遵义会议后取消博古、李德领导的"三人团"，改由周恩来为党内委托的对于指挥军事上下最后决心的负责者，毛泽东为周恩来军事指挥上的帮助者。周恩来很注意听取和尊重毛泽东的意见，这样党的军事路线就完全改变了。中央红军在周恩来、朱德和毛泽东的正确指挥下，不仅二渡赤水后抢占娄山关、重进遵义城，取得了长征以来久盼的第一个大胜利，而且南渡乌江、佯攻贵阳、威逼昆明、巧渡金沙江，改变了国民党军队前堵后追的局面，实现了红军由被动到主动的战略转变。

第四，党的发展局面改变了。从党领导民主革命28年的历史看，以遵义会议为转折，正好是前后各14年。正确地认识遵义会议前后两个14年的关系，可以从宏观上认识遵义会议实现党的历史的转折的伟大意义。先看遵义会议前的14年对其后14年的影响。这至少可以论列五点：一是遵义会议前的14年对中国革命的基本问题已有初步认识，为后14年进一步认识中国革命的规律和特点奠定了思想基础。二是遵义会议前的14年对中国特色的革命道路进行了艰辛开拓，为后14年概括中国革命道路的理论奠定了实践基础。三是遵义会议前的14年建立广大苏区的革命实践和在苏区开始的政治、经济、文化和社会等方面的草创建设，为后14年在抗日民主根据地和解放区的新民主主义建设提供了初步经验。四是遵义会议前的14年对党的建设和人民军队建设的可贵探索所积累的丰富经验，为后14年总结中国革命胜利的三大法宝和决定党的性质的三大优良作风奠定了认识基础。五是遵义会议前的14年培养和造就了一大批优秀领导干部，为后14年形成党的第一代成熟的领导核心和骨干力量，领导全党和全国人民夺取抗日战争和解放战争的胜利作了干部准备。因此，说遵义会议是伟大的历史转折，开始形成以毛泽东为实际核心的中央领导集体，并不是否定遵义会议前14年党的历史。讲所谓"第一代"，也不是说党的历史从遵义会议才开始，此前的都不是。如果有这样的理解，那是对讲遵义会议是伟大的历史转折的误读。讲党的领袖第几代，是在特殊历史条件下的一种说法，是一个时期的政治需要，属于政治概念，不是说要长期这样讲下去的，它不具有普适性。

再看遵义会议后的14年与此前的14年的关系。应当说，这后14年对前14年有拨乱反正、历史延续和创新性发展三个层面的关系。即在拨乱反正、纠正错误之后，继承前14年正确的和比较正确的实践经验和思想理论成果，总结新的历史经验，实现了马克思主义中国化的历史性飞跃，指引中国革命取得了伟大胜利。具体地说：一是实现了中央高层领导的改组，在确立以毛泽东为实际核心的正确领导后，逐渐形成成熟的中央领导集体。从此，党领导的革命战争从胜利走向胜利。二是实现了由军事路线到政治路线的转变。在红军到达陕北后，召开瓦窑堡会议，改变政治路线，抓住和平解决西安事变的有利时机，倡导第二次国共合作，建立抗日民族统一战线，开辟了中国革命的新局面。三是在总结井冈山时期和苏区时期开辟的中国特色革命道路丰富实践经验的基础上，提出中国革命道路理论，进一步深化了对中国革命规律和特点的认识与把握，创立了新民主主义理论。四是在遵义会议时，由于与共产国际的联系中断，中国共产党独立自主地决定了自己的组织领导和方针政策等重大问题。如果说当时是不得已而为之，那么在恢复与共产国际的联系后，中国共产党开始改变过去唯共产国际之命是从的盲目性，逐渐确立了中国革命的独立自主原则，并成为中国革命取得胜利的一个重要原因。五是通过延安整风，在总结遵义会议前党领导革命两次胜利和两次失败的经验教训的基础上，批判"左"倾错误，确立马克思主义基本原理一定要与中国革命具体实际相结合的指导原则，创立了毛泽东思想，从而开启了党的指导思想有属于自己的中国化马克思主义理论的先河。这样辩证地、历史地从前后两个方面来认识以遵义会议为界的民主革命历程的两个14年，更有助于科学地把握遵义会议的历史转折作用。①

总的来说，遵义会议开始确立以毛泽东为代表的马克思主义的正确路线在中共中央的领导地位，从而在极其危急的情况下挽救了中国共产党、挽救了中国工农红军、挽救了中国革命，成为中国共产党历史上一个生死攸关的转折点。

遵义会议表明：作为一个严肃的、对人民负责的马克思主义政党，中国共产党是敢于正视自己的错误，并注意从自己所犯的错误中学习并汲取教训的。在领导中国革命全过程的某一个时期内，由于经验不足以及其他原因，党和党的领导人难免会犯这样那样的错误甚至严重的错误。但是，错误具有两重性。它一方面损害党，损害人民；另一方面又很好地教育了党，教育了人民。在大革命失败以后的这个时期内，中国共产党正是通过总结成功的经验和错误的教训，一方面反对"右"倾机会主义，另一方面反对"左"倾机会主义，使自己从两条战线的斗争中巩固和壮大起来，从而把党领导的革命事业坚持下来并推向前进的。

【结语】 遵义会议以后，在毛泽东等的领导下，中央红军采取灵活机动的战略战术，四渡赤水河，巧渡金沙江，强渡大渡河，翻越夹金山，成功摆脱了数十万国民党军队的围追堵截，最终于1935年10月到达陕北，中国共产党所领导的革命力量有了新的落脚点和战略基地。至此，中央红军长征结束。1936年10月，红军三大主力在甘肃会宁、静宁会师。整体性的红军长征胜利结束。长征一结束，中国革命的新局面就开始了。

（张高臣）

---

① 上述四方面意义的分析均引自石仲泉：《遵义会议的伟大历史转折和毛泽东的神奇用兵》，《毛泽东思想研究》2003年第1期。

2.6 弘扬尊严

【教案视角】

1. 日本帝国主义灭亡中国的原因、进程及危害(90 分钟)

2. 中国抗日战争的进程(90 分钟)

3. 国民党与共产党在抗日战争中的作用(90 分钟)

4. 抗日战争与中国国际地位的提升(90 分钟)

【本讲视角】 第 4 视角

【教学目的】 通过本专题教学,帮助大学生了解抗日战争胜利的标志,理解抗日战争在世界反法西斯战争中的重要地位,认识到中国人民的民族觉醒、空前的民族团结和英勇的民族抗战是中国人民抗日战争胜利的决定性因素,理解抗日战争胜利的伟大意义和基本经验。本专题落脚点在于抗日战争是如何提升中国的国际地位的。中国大国的崛起之路始于 1945 年的中国抗日战争。同时,对大学生进行民族精神教育,培养他们的民族尊严,认识到国家的兴衰与个人的命运息息相关。

【本讲内容】

抗日战争与中国国际地位的提升

抗日战争是中国国际地位提高的里程碑。自 1840 年以来,中国进行了数以百次的反侵略战争,但都以失败而告终。抗日战争改变了中国的面貌,中国第一次和侵略过中国的帝国主义合作,共同反抗法西斯。抗日战争是近代以来中国取得的反侵略战争的第一次完全胜利。

一、抗日战争胜利的基本进程

1945 年上半年,世界反法西斯战争进入最后胜利阶段。4 月,联合国制宪会议在美国旧金山举行,包括中国解放区代表董必武在内的中国代表团出席了会议。中国成为联合国的创始国和五个常任理事国之一。5 月 2 日,苏联红军攻克柏林;5 月 8 日,德国法西斯战败投降。

在中国战场,共产党领导人民军队发动夏季攻势作战,对日军占领的点线包围得越来越紧,打通了许多解放区之间的联系,在行动上取得主动地位,逐步实现由游击战向运动战的转变,为转入全面反攻创造了重要条件。沦陷区城市党组织积极开展瓦解日、伪军工作,组织地下军,准备发动武装起义,里应外合,配合反攻。

1945 年 7 月 26 日,中、美、英三国发表《波茨坦公告》,促令日本投降。8 月 6 日和 9 日,美国先后在日本的广岛和长崎各投下一枚原子弹。8 月 8 日,苏联发表对日作战宣言。8 月 9 日,苏军进入中国东北,向日本关东军大举进攻。在极为有利的国际形势下,中国抗日战争进入全面反攻阶段。

此时,国民党军队主要集中在西南、西北地区,而日军在华北、华中和华南占领的大部分城镇、交通要道都处在共产党领导的敌后军民的包围中,对日全面反攻的任务,也就主要由敌后抗日根据地的人民军队来进行。1945 年 8 月 9 日，毛泽东发表《对日寇的最后一战》的声明。根据延安总部的指示和命令，各抗日根据地军民向日、伪军发起猛烈的全面反攻，很快解放县以上城市 150 余座。

1945 年 8 月 15 日，日本天皇宣布无条件投降。9 月 2 日，日本代表在向同盟国的投降书上签字。日本军队 128 万人向中国投降。至此，中国抗日战争胜利结束，世界反法西斯战争也胜利结束。

中华民族为赢得抗日战争的胜利做出了巨大的牺牲。中国军民伤亡 3500 万，直接经济损失 1000 亿美元，间接经济损失 5000 亿美元。

二、抗日战争提升了中国的战略价值

鸦片战争是中国近代史的开端，自此之后，中国逐渐陷入半殖民地半封建社会。受苦受难的中国长期处在国际社会的边缘地带。对于西方列强来说，中国只是劳动力来源地、原料产地与商品销售市场，毫无战略地位而言。正如美国著名史学家迈克尔·沙勒所说，20 世纪 30 年代，中国给一般美国人的影响只不过是异国情调的餐馆、街头巷尾的洗衣铺或淡泊寡欲的农民。抗日战争改变了美英对中国战略地位的认识。日本对中国的侵略不仅威胁到中国的生存，而且对既有的世界秩序，也就是英、美、法主导的世界秩序提出了严重了挑战。中国勇敢而持久的抵抗便具有了遏制日本的侵略与扩张、维护国际秩序的国际意义。随着抗日战争的进行，美英对中国的战略地位的认识逐渐加深。只是被当作原料产地和产品市场的中国越来越被赋予了伟大的战略意义。正如美国亚洲舰队司令亚内尔海军上将所说：中国的命运事关亚洲的未来，如果允许日本征服中国，就等于放弃亚洲大陆，放弃对太平洋的控制权。由于中国的抵抗挡住了日本军团，它们才没有向加利福尼亚进军。英美等国终于意识到，中国是抵抗日本侵略的前哨，是极具战略价值的远东地区抵抗侵略的堡垒。因此，支持中国抗日极为重要。基于此，美、英等国逐渐放弃消极无为的中立政策，在太平洋战争前便已走上了援助中国、遏制日本侵略与扩张的道路。①

三、抗日战争的胜利为中国国际地位的提高奠定了基础

中国人民的抗日战争是近代以来中华民族反抗外敌入侵动员最广、规模最大、坚持最久，并且第一次取得完全胜利的民族解放战争，是 20 世纪中国和世界历史上的重大事件。

中国人民抗日战争的胜利，彻底打败了日本侵略者，捍卫了中国的国家主权和领土完整，使中华民族避免了遭受殖民奴役的厄运。中国领土与主权完整是中国国际地位提高的基本前提。抗日战争保证了中国版图的完整，保留了中国崛起为大国的政治与经济空间。反之，若抗日战争失败，中国就会成为日本的殖民地或者被日本肢解；中国就会失去自己的版图，更不用说国际地位了。所以，从这个意义来说，抗日战争的伟大意义怎么评估也不过分。

中国人民抗日战争的胜利，促进了中华民族的大团结，弘扬了中华民族的伟大精神。中国人民抗日战争的胜利，促进了中华民族的觉醒，使中国人民在精神上、组织上的进步达到了前所未有的高度。中国人一改过去的萎靡不振，意识到自己的力量，精神上与组织上的进步前所未有。这是中国国际地位提高的主观条件。

---

① 王建朗：《大国之路的起点：抗日战争与中国国际地位的变迁》，2010 年 8 月 31 日《光明日报》。

中国人民抗日战争的胜利，对世界各国夺取反法西斯战争的胜利、维护世界和平的伟大事业产生了巨大影响。这是中国对国际社会的巨大贡献，也说明中国国际地位的提高不是上天的恩赐，而是中国自己奋斗的结果。

抗日战争不仅提高了中国的国际地位，而且对于国际形势的发展起了重大的推动作用。首先，抗日战争是弱国战胜强国的光辉典范，为殖民地半殖民地人民争取民族独立解放树立了榜样。三种不同性质的斗争始终交织在第二次世界大战之中：一是帝国主义国家之间的斗争；二是民主国家与法西斯国家的斗争；三是殖民地半殖民争取民族解放与国家独立的斗争。抗日战争的胜利证明，在军事上、经济上和组织力量对比较为落后的国家里，"战争的伟大之最深厚的根源，存在于民众之中"，"只要动员全国的老百姓，就造成了陷敌于灭顶之灾的汪洋大海，造成了弥补武器等等缺陷的补救条件，造成了克服一切战争困难的前提"。[①] 抗日战争是半殖民地半封建社会的中国进行的反对强国日本的战争。它引起国际社会的广泛关注，为弱国争取国家独立树立了榜样。

其次，抗日战争为维护世界和平做出了巨大的贡献。毛泽东指出："中国人民的奋斗，不但对东方抗日战争及全世界的反法西斯战争做了贡献，而且对保障战后巩固和持久和平亦将起极大的作用。"[②]战后世界形势发展表明，法西斯侵略势力注定要失败，帝国主义恢复殖民地体系的企图是不可能实现的。抗日战争使中国走向进步，也使世界走向和平，这个总趋势是任何人不能阻挡的。正如毛泽东同志在《论持久战》中所言，"这次战争是在第一次世界大战所已开始的世界资本主义总危机发展的基础上发生的，由于这种总危机，逼使各资本主义国家进入新的战争，首先逼使各法西斯国家从事于新战争的冒险"。但是，由于世界人民觉悟的提高，"这次战争中无疑将出现伟大革命战争，用以反对反革命的战争，而使这次战争带有永久和平而战的性质"。"中日两国之间的战争，在这个战争中将占着重要的地位，中华民族的解放战争将从这个战争中得来，被解放的新中国，是将来被解放了的新世界不能分离的。"[③]

最后，抗日战争深刻地推动世界的历史进程。毛泽东指出："抗日战争的中华民族，是属于世界革命营垒中的一个组成部分，一个重要有力的组成部分。四万万五千人民的民族解放战争，一定在全世界改造过程中起着伟大的作用。"[④]抗战胜利后，全世界的进步力量快速发展，亚洲的殖民体系开始瓦解，进一步改变了国际力量与格局的对比。这表明，中国的抗日战争加快了世界历史的发展进程。

四、抗日战争的胜利与中国国际地位的提升

(一)抗日战争是近代中国反抗外来侵略的历史上第一次取得完全胜利的民族解放战争

中国古代文明灿烂辉煌，但在近代，中国大大落后于世界强国。1840 年的鸦片战争打开了中国大门，中国一步一步地沦为半殖民地半封建社会，备受奴役和压迫。中国所受的剥削与不自由程度举世罕见。为了国家独立和民族解放，中华民族进行了一次一次反

---

① 《毛泽东选集》第 2 卷，人民出版社 1991 年版，第 511、480 页。

② 《毛泽东选集》第 3 卷，人民出版社 1991 年版，第 1033 页。

③ 《毛泽东选集》第 2 卷，人民出版社 1991 年版，第 475 页。

④ 《毛泽东军事文集》第 2 卷，军事科学出版社 1993 年版，第 478 页。

对外来侵略的斗争，屡败屡战，屡战屡败，都以被迫签订屈辱条约而告终，中国一步一步地陷入半殖民地半封建社会的深渊。正如毛泽东所言："我国从19世纪40年代起到20世纪40年代中期共计105年时间，全世界几乎一切大中小帝国主义国家都侵略过我国，都打过我们，除了最后一次，即抗日战争，由于国内外原因以日本帝国主义投降告终外，没有一次战争不是以我国失败，签订丧权辱国条约而告终。"①所以，中国能否取得反侵略战争的胜利就成为中华民族能否独立与解放的关键。

日本帝国主义发动的侵华战争使中华民族面临着亡国灭种的危机，但也提供了新的机遇：胜兴败亡。幸运的是，中国抓住了这次机遇，首次获得全胜。

日本发动侵华战争的目的是通过征服中国来征服世界。随着日本法西斯在中国侵略范围的不断扩大，国际社会的最主要矛盾是世界上法西斯侵略势力与反法西斯民主力量之间的矛盾。历史赋予世界各国人民的共同使命是根除法西斯。

中国抗日战争是世界反法西斯战争的重要组成部分。法西斯威胁到各种类型的国家安全。中国与世界开始同呼吸，共命运。中国所处的国际环境发生了重大变化：由共国侵略中国演变成中国与西方列强成为反法西斯的盟友。中国面对的敌人只剩下一个日本，而不是所有的西方列强。更重要的是，中国与西方列强结盟，加上社会主义国家苏联的援助，成为中国战胜日本法西斯重要的国际条件。

中国共产党与国民党组成的抗日民族统一战线是战胜日本帝国主义重要的组织条件。国民党与共产党在正面战场与敌后战场上，共同抗击日本帝国主义的侵略。日本帝国主义深深地陷入中国人民战争的汪洋大海之中。抗日战争是中国第一次取得完全胜利的反侵略战争，是中华民族由失败到胜利、由衰弱到强盛的转折点。

(二)抗日战争为中国提高国际地位提供了历史契机

抗日战争是一场改变中国面貌的正义的反侵略战争。抗日战争是中国争取国家独立和民族解放的正义战争。中国抗日战争的目的是打倒入侵中国的日本帝国主义。取胜，中国则存；失败，中国则亡。抗日战争与中国的国际地位紧密联系在一起。打不倒日本帝国主义，中国就没有国际地位可言。中国国民党与中国共产党都认识到这一点。国民党认为："抗战之目的，在于求民族之生存独立，必须民族争回生存独立，然后此民族所建立之国家，始有自由平等之可望。"②抗战爆发前夕，中国共产党起草了《国共合作宣言》，指出："争取中华民族之独立自由与解放。首先必须切实地迅速地准备与发动民族革命抗战，以收复失地和恢复领土主权之完整。"③抗战后期，中共认为，要在"彻底打倒日本侵略者，保持世界和平，互相尊重国家的独立与平等地位，互相增进国家和人民的利益及友谊的基础上，同各国建立并巩固邦交，解决一切相互关系问题"④。总之，国共两党都把抗日

---

① 这是毛泽东主席在审阅《关于工业发展问题(初稿)》时加写的一段文字。这段文字后来并没有形成正式文件。(参见毛泽东：《把我国建设成为社会主义现代化强国》，《毛泽东文集》第8卷，人民出版社1999年版，第340页)

② 中国人民大学中共党史系：《中国国民党历史教学参考资料》(第三册)，中国人民大学出版社1986年版，第69页。

③ 中国人民解放军政治学院党史教研室：《中共共产党为公布国共合作宣言》，《中共党史教学参考资料》，人民出版社，1979年版，第23页。

④ 《毛泽东选集》第3卷，人民出版社1991年版，第1084～1085页。

战争与中华民族的复兴联系起来。抗战不仅能够挽救中国的命运，而且还能够提高中国的国际地位。

抗日战争也使中国的弱国地位更加突出。与日本相比，中国的综合国力是非常弱小的。这也是日本敢于侵略中国的根本原因。中国不惧强敌，敢于以弱胜强，赢得了国际社会特别是英美大国的尊重。

抗日战争虽然给中国成为大国提供了机会，但还存在着能否把握住这次机会的疑问。中国历史上在反侵略的进程中失去过太多的机会。中国终于把握住了这次宝贵的机会。究其原因，一是中国经过100多年的反侵略战争的挫折与磨炼，中华民族意识空前觉醒，反抗精神空前强烈；二是中国共产党及其领导的军队成为了历史的进步因素；三是国民政府总体上是一个抗战的政府，国共两党团结合作，共同抗日。

(三)抗日战争为中国国际地位的提高提供了极大的可能性

中国抗战所显示的大国力量主要靠对日本的持久作战。持久抗战充分显示了中国作为大国的抗战力量。这个大国，首先指的是中国幅员辽阔，以空间换时间。其次，也指中国军队的数量绝对超过日本。最后，最重要的是指中国日益觉醒的民众力量。正是中国的努力抗争以及取得的辉煌战果，一扫中国过去屡战屡败、积弱积贫的形象，赢得了英美国家的同情与支持，让国际社会对中国刮目相看。

经过八年艰苦的斗争，中国付出了重大的民族牺牲和财产损失，为世界反法西斯战争做出了重大贡献。抗日战争在世界反法西斯战争中的重要地位，是中国国际地位提高的重要因素。

首先，从中国战场看，中国战场是东方反法西斯战争的主战场。1938年10月武汉会战结束时，日本陆军总兵力为34个师团，其中，中国关内24个，中国东北8个，朝鲜1个，日本本土1个，仅在中国关内作战的日军就占日本陆军总兵力的70.5%，如果再加在中国东北的日军，则占94%。太平洋战争爆发时，日本陆军总兵力为51个师团，其中，中国关内2个，中国东北13个，朝鲜2个，东南亚10个，日本本土4个，在中国关内作战的日军占日本陆军总兵力的43%，如果再加上在中国东北的日军，则占69%，而用于太平洋战场的兵力仅占19.6%。太平洋战争结束时，日本在中国战场和太平洋战场的陆军总兵力为2053483人，其中侵华日军为1049700人，占51%，在太平洋战场的日军为1003753，占49%。可见，即使在太平洋战争后期，中国战场抗击的日本陆军仍多于太平洋战场。由此我们不难看出，中国是世界上最早起来同法西斯战斗的国家，是世界上开辟最早、持续时间最长的反法西斯战场，也是东方乃至世界反法西斯战争的主要战场之一。抗日战争成为世界反法西斯战争的重要组成部分，中国是亚洲反法西斯战争的主要战场。

其次，从日本对外战略调整看，抗日战争打破了日本“速战速决”的战略计划，进入相持阶段后，日本不得不调整对华的政策，即由原来的武力征服改变为“以华制华”。中国战场不仅支援美英盟军在太平洋战场和东南亚战场的作战，也使苏联避免东西两线同时作战的危险。事实说明，中国人民的浴血奋战，将日本陆军紧紧牵制在中国战场，从而打破了日本法西斯全球战略计划的实现。而日本的政策“完全取决于中日战争的情势”。中国战场对世界反法西斯战争起到举足轻重的作用。

最后，从国际社会对于抗日战争给予的评价看，中国的抗战一方面维护了国家领土和主权的完整，另一方面也得到世界舆论的赞同与支持。1945 年 1 月，美国总统罗斯福深有感触地说："我们也忘不了中国人民 7 年多的长时间里怎样顶住了日本人的野蛮进攻和在亚洲大陆广大地区牵制住了大量敌军。"他高度赞扬了中国抗日战争对世界反法西斯战争的影响。

"在第二次世界大战中，衡量一个国家在世界上的地位，决定的因素是它对世界反法西斯战争所作的贡献。战前，中国是一个半殖民地的贫穷落后国，在国际上处于任人宰割的地位。中国所进行的抗日战争以其在世界反法西斯战争中的巨大贡献为世人所瞩目，中国也就赢得了世界各国和人民的尊敬。"[①]这些卓越的贡献，极大地提高了中国的国际地位。

(四)美国的策略与战略也有利于中国国际地位的提高

美国策略的目标支持中国的抗日战争，不能让日本打败中国。20 世纪 30 年代后期，美日矛盾在远东已经非常尖锐。美国就把中国作为对付日本的"第一线"，主要采取经济上援助中国和政治上提高中国的国际地位。这既可以推动中国继续抗战，又可以改善美国在中国的良好的形象。当然，美国的策略是为战略服务的。美国的战略是通过控制中国而控制世界，以平衡苏联在远东的扩张。美国总统罗斯福似乎也看到美苏在战后的对抗，而在中国下了先手棋。罗斯福之所以把中国作为其控制远东的棋子，主要是因为他看中中国潜在的综合国力不可限量，阻止苏联填补日本留下了的"权力真空"。

经过中国艰苦的抗战，中国的国际地位连续提升了三次。第一次提升的标志是 1942 年 1 月 1 日发表的《联合国家宣言》。该宣言是国际反法西斯战线正式形成的标志性文献，由美、英、苏、中四国领衔，有 26 个国家签署。这是中国历史上第一次领衔签署如此重要的国际宣言。在近代以来的国际活动中，中国基本上是在别人拟定的双边或多边国际条约上签字，有时甚至不得不在有损自身利益的条约上签字，而今以领衔国的身份签署如此重要的国际文件，这是近代以来前所未有之事。第二次提升的标志是 1943 年 10 月参与签署《莫斯科宣言》及稍后举行的开罗会议。中国与美、英、苏共同签署的《关于普遍安全的宣言》向世界宣告，为了保证由战争迅速而有秩序地过渡到和平，并建立与维持战后的国际和平与安全，中国与美、英、苏一起对战时和战后问题负起重大责任。莫斯科宣言的发表，使中国的大国身份有了更为明确的文本依据。它确认了中国作为盟国"四强"之一的地位。第三次提升的标志是联合国的成立及中国成为安理会常任理事国。此前的"四强"之说，如果说尚是一种认知表述的话，那么，中国成为安理会常任理事国则是一个制度化的认定。它从组织架构上确认中国已进入大国行列，在战后的世界里将要承担起它被赋予的巨大责任及权利。这一责任，全世界只有五国享有，其他任何国家不可企及。至此，中国在新的国际体系中拥有了一个实实在在的大国席位。联合国的成立是人类历史上的一件大事，它为此后的各国外交提供了一个新的机制和活动舞台，将长久地影响着国际政治生活。这一体制性的安排对中国的国际地位、对中国于国际事务的发言权，影响深远。我们至今仍在受惠于这一历史性的遗产。[②]

---

① 胡德坤：《抗日战争是一场改变中国面貌的正义战争》，《抗日战争研究》1995 年第 3 期。

② 参见王建朗：《大国之路的起点：抗日战争与中国国际地位的变迁》，2010 年 8 月 31 日《光明日报》。

五、准确理解抗战时期中国的大国地位

抗战期间，中国国际地位的提高具有明显的两重性：一方面，中国的国际地位的提高有现实性；另一方面，中国的国际地位的提高有虚幻性。

(一)中国国际地位的提高的现实性

“1942 年 1 月 1 日，世界反法西斯盟国签署《联合国家宣言》时，中国排在美英苏之后，成为公认的世界反法西斯四大国之一，这在中国近现代史上是破天荒的第一次。中国国际地位的提高，不是出于别国的恩赐，而是以巨大的民族牺牲为世界反法西斯战争做出巨大贡献而获得的报偿。由此，我们完全可以自豪地说，抗日战争是中华民族走向世界的里程碑。”[①]所以，中国的国际地位在抗战时期确实提高了，这是一个历史事实。

1. 中国战区的设立

中国人一扫世人对中国的“东亚病夫”的印象，大大改善了中国的国际形象。世界大国的主流媒体都对中国的抗战做了积极肯定的报道，都从不同角度对中国抗战作了赞扬性的或肯定性的报道。太平洋战争爆发后，在罗斯福的建议下，设立中国战区，除中国本土外，还包括泰国和越南。在中国战区作战的部队既有中国军队，又有盟国军队。中国战区以蒋介石为最高统帅，以美国史迪威为参谋长。

2. 中国通过不平等条约的废除，获得了法理上的平等地位

废除一系列不平等条约是中国取得平等地位的基本前提。1943 年，中国分别与美、英签订废除领事裁判权等特权的条约，依照新约废除了英国与美国的在华特权：第一，治外法权；第二，使馆界及驻兵权；第三，租界权；第四，特别法庭权；第五，外籍人引水权；第六，军舰驶入中国领水权；第七，沿海贸易及内河航行权。在这一示范效应下，西方其他国家也纷纷与中国签订平等新约。这在中国近代史上是从来没有出现过的。

3. 以大国身份，中国参与解决许多国际事务

随着国际威望和影响力的日益增长，中国也参与解决一些国际事务。例如在开罗会议上，罗斯福与蒋介石进行了广泛交流，在不少地方赞成蒋介石的意见。特别值得一提的是，在蒋介石的提议下，开罗会议将韩国独立问题列入议程，为韩国的独立奠定了基础。在组建联合国方面，中国也发挥了重要作用。

4. 中国对外交往的活跃

抗战时期，作为国民政府陪都的重庆有苏、美、英等 30 多个反法西斯国家的使馆，还有 40 多个国家在此建有各种外交机构，驻重庆外交人员达 1000 多人。

5. 海外华侨待遇得到改善

1940 年，菲律宾议会通过新移民法案，不再歧视华人。1943 年，美国罗斯福总统主张废除限制华人法。之后哥斯达黎加、洪都拉斯也取消了对中国移民的限制。此外，澳大利亚、纽西兰、南非等国的华侨待遇在抗战期间也获得较大改善。

(二)中国国际地位的提高的虚幻性

英、苏、美等国家首脑并没有把中国当作真正的大国。如英国首相丘吉尔并不认为中国是一个大国，认为不能“把重庆政府看作代表一个世界大国”。斯大林同样也不同意把

---

① 胡德坤：《抗日战争是一场改变中国面貌的正义战争》，《抗日战争研究》1995 年第 3 期。

中国作为大国来看待，“无论如何，他不认为中国在战争结束时会是非常强大的”。罗斯福是力主提高中国的大国地位的，但罗斯福这一政策也有着虚假性的一面，其实是为他设想的战后亚洲战略服务。

【结语】 中国抗日战争的胜利是中国由衰败走向振兴的重大转折点。中国的抗日战争唤起了中华民族的伟大觉醒，洗涮了中国的百年雪耻，废除了一批强加给中国的不平等条约，收回了中国被日本侵占的国土，促使中国成为联合国安理会常任理事国，中国的国际地位空前提高。但由于中国综合国力的孱弱，中国的国际地位有某种虚幻性。历史和现实给我们的启示是：一个国家具备强大的综合实力是其提高国际地位的重要基础，是衡量一个国家参与国际事务的能力、发挥的作用和影响力的重要尺度，也是维护国家利益，实现国家战略发展目标的基本条件。中国近百年来屡屡成为列强瓜分的对象，任人宰割欺凌，毫无国际地位可言，最深之根源是国力衰落，积贫积弱。抗日战争为中国争取民族解放、自主自强提供了一个重要的历史契机。全中国人民浴血奋战，以自己的生命和鲜血赢得世人的尊敬，提高了国际声望和地位，但要真正成为屹立于世界民族之林的强国，还有很长的路要走。[①] 综合国力因素决定着国家地位。抗战时期，中国的综合国力与西方发达国家和日本相比都有较大差距。中国抗战期间获得的国际地位既有一定的偶然性，又有其必然性。中国大国地位的获得是中国人民艰苦奋斗抗争的结果，是中国把握历史机遇的结果，绝不是别人的施舍。虽然中国的大国地位具有现实性与虚幻性双重特征，但却开启了中国的大国之路。中华人民共和国的成立，为中国的大国地位奠定了制度基础。经过三十多年的改革开发，中国的大国地位越来越得到国际社会的承认。

（李国选）

2.7 体谅纠结

【教案视角】

1. 中国共产党争取和平民主的努力（90 分钟）
2. 解放战争的历史进程（90 分钟）
3. 国民党政权迅速垮台的原因（90 分钟）
4. 中国共产党与各民主党派的合作（90 分钟）
5. 新中国的建立（90 分钟）

【本讲视角】 第 3 视角

【教学目的】 通过本专题教学，帮助大学生了解抗战胜利后国民党政权在美国的支持下假和平、真内战，假民主、真专制的本质，认清国民党政权败亡的根本原因，深化对“历史和人民选择中国共产党”这一论断的认识。

---

① 参见王国红：《抗日战争与中国国际地位的提高》，《咸阳师范学院学报》2005 年第 3 期。

【本讲内容】

国民党政权迅速垮台的原因

1946 年 6 月至 1950 年 5 月，国共两大阵营在军事、政治、经济各战线之间进行殊死较量，在中国这方舞台上演绎出一幕波澜壮阔、充满传奇的历史大剧。短短三年时间，国民党军队兵败如山倒，国民党在大陆的政权土崩瓦解，其原因是什么？一般认为，国民党的失败归因于“历史的合力作用”，是政治、经济、军事等多种因素交互作用的结果。

一、领导无方，指挥失误

蒋介石的军事素养跟毛泽东相比有着天壤之别，从纯军事的角度看，蒋介石的领导无方、指挥失策确是国民党军事失利的重要原因。

(一)战略误判，骄傲轻敌

二战结束后，国共双方实力对比十分悬殊，国民党占绝对优势。1945 年底，国民党军队有 450 万，共产党军队只有 127 万。在武器装备方面，国民党军队多为美式，又接收日本和伪军武器，明显优于中共。据国民党航委会主任周至柔报告，政府军有可起飞的飞机 344 架，并有海军船舰 240 多艘。[①] 在获得外援方面，美国向国民党方面提供了总额达 59 亿美元的贷款和物资，而苏联在东北虽然也给中共不少援助，但总量上远少于美国对蒋介石的援助。

由于国共力量对比悬殊，蒋介石轻视共产党军队的思想非常严重。1945 年 9 月 23 日，蒋介石说：“长江以南各重要都市接受投降大体完毕，陇海路亦已接收过半，共匪祸患已除其半矣。”而实际上共产党军队集中在长江以北，实力俱在。国民党中宣部部长彭学沛说，共产党军队只是“毫无训练的老百姓”。[②] 1946 年 5 月，四平战役国民党获胜后，蒋介石更不把中共放在眼里，他说“中共除一部分外，本属乌合之众，经此次打击，势必瓦解无疑”，“共果不就范，一年期可削平之”。[③] 6 月 17 日，蒋介石还说，“共产党的战术和江西时代一样，并无多少进步……他们在东北虽然得了不少日本的武器，但并不知道运用”。“我们有空军，有海军，而且有重武器和特种兵”，“如果配合得好，运用灵活……就一定能速战速决，把奸匪消灭”。[④]

国民党地方实力派也对战胜共产党军队持乐观态度。傅作义等在 1946 年公开批评毛泽东与中共，以此表明他的政治立场：“中国人民经过八年苦战之后，一致渴望和平，而毛泽东的路线，却是全面掀起战争，号召人民参战参军，长期战争”，“一年以来，国家就在商谈不断而战乱无已的情况下，胜利的光彩退色了，国际地位降落了，全国人民陷于求生不得求死不能的绝境！这个罪恶的责任，谁应该担负呢？”[⑤]

国民党的骄傲轻敌是导致其全面失败的重要原因。经过八年抗战，共产党的实力早已今非昔比。但国民党以往的成功使其犯了经验主义的错误，尤其是 1934 年江西剿共成

---

① 参见林桶法：《战后中国的变局：以国民政府为中心的探讨》，台湾商务印书馆 2003 年版，第 103 页。

② 参见林桶法：《战后中国的变局：以国民政府为中心的探讨》，台湾商务印书馆 2003 年版，第 109～110 页。

③ 高华：《革命年代》，广东人民出版社 2010 年版，第 352 页。

④ 杨奎松：《国民党的联共与反共》，社会科学文献出版社 2008 年版，第 645 页。

⑤ 杨奎松：《国民党的联共与反共》，社会科学文献出版社 2008 年版，第 650 页。

功的经验严重误导了国民党军队的中高级将领，使之严重轻敌。其实，国民党历史上的几次成功有其特殊背景：1934年逼迫红军向西突围，那是因为国民党军队占了绝对优势，国民党又处于上升时期。抗战期间国军打日军取得许多胜利，那是因为民族主义激发了国民党军队的抗日斗志。1946年春，国民党在东北挟抗战胜利之势，加之由著名军事将领白崇禧督兵，致使林彪败退四平街，一直退到哈尔滨。但是1947年后局势逆转，蒋介石政权所面临的内外矛盾进一步加剧。正如金冲及所说，1947年中国发生了历史性的转折，国民党从强者变成弱者。

(二)军事战略方针有重大缺陷

蒋介石以"保城守地"为中心的军事战略方针，成为套在国民党脖子上的一根绳索，严重制约了国民党军队的战略机动性。蒋介石过于在乎一城一地之得失及国际观感。1947年后，他进一步明确以争城夺地及确保城镇和土地为作战目标。在蒋介石看来，国民政府作为执政当局，就要承担所谓"守土保民"的责任。可是，国民党军队的战线拉得太长，导致顾此失彼，兵力不足，被解放军各个击破。蒋介石为此深为忧虑，他感叹"防不胜防，此剿彼窜，颇难为计"。国民党于是就四处"抓壮丁"，又造成民怨沸腾，影响了国民党执政的合法性。

而共产党正相反，在军事战略上，解放军以消灭国民党军队有生力量为最高原则，无所谓一城一地之得失，大踏步前进，大踏步后退，根本不在乎国内和国际舆论。而经过土改，解放军兵源充足，又接收一些投诚的伪军，扩充了兵力。黄克诚说，几个月时间，开往东北的十万部队就扩大为30余万，其中许多为前伪军。共产党在用人之际，没有教条主义，只要有用，都吸收，以后再改造。相比之下，陈诚就显得十分迂阔，他在东北就拒绝吸纳前伪军，说如此会打击"民族正气"。

即使有时蒋介石的战略眼光是正确的，但当遇到部下反对时，他却不能坚持。1948年2月，蒋介石多次要卫立煌撤主力至锦州，卫立煌不听，蒋介石也就听之任之。蒋介石要傅作义撤军南下，傅作义不舍离开察、绥老地盘，说出的理由是：坚守华北是全局，退守江南是偏安。蒋介石也同意了。

(三)越级指挥，错误连连

蒋介石对国民党军队的指挥也有严重的问题，他一向喜欢越级直接指挥。在蒋介石身边负责作战事务的国防部三厅厅长郭汝瑰几十年后写道：由于当时通信不发达，战场情况千变万化，蒋介石虽是根据前方的报告作指示，下达命令，可是命令下来，情况已经变化，而军师长因怕受军法审判，有时明知蒋介石的指令有错也执行。[①] 比如四平战役，林彪向北撤退，原想一鼓作气打到哈尔滨的杜聿明被蒋介石突然下了停战命令，把准备调往东北的两个军调到山东战区。多年以后，国民党将领一提起内战，都慨叹当年没有乘胜追击林彪将其彻底消灭，以致最终使国民党的政权自东北开始倾覆。

白崇禧曾就此批评道：蒋介石"远离前方，情报不确，判断往往错误"[②]，认为国民党军队的失利为蒋介石军事干预的结果。何应钦则批评部队用人制度，团长以上皆由蒋介石

① 参见《郭汝瑰回忆录》，四川人民出版社1987年版，第416页。

② 《徐永昌日记》第8册，中央研究院近代史研究所1991年版，第462～463页。

亲自决定，完全不经国防部评判会议审定，故而造成军事失利。

对于白崇禧等人的上述批评，蒋介石完全拒绝接受。1948 年 8 月 7 日，蒋介石在日记中加以辩驳："近日何、白之言行态度，谓一切军事失利由于余直接指挥部队所致，而归咎于余一人，试问余曾否以正式命令指挥某一部队作战，唯因前方将领径电请示，余身为统帅不得不批露督导责任。"蒋介石并大骂何应钦："此人推过争功之技术，机巧已极，而其宣传方法完全学习共匪所为，可谓投机取巧尽其能事者矣，惜乎心劳日拙，毫无所得耳，培养二十余年，仍不能成材自立，始终为人利用而毫不自觉，无骨气，无人格，诚枉费我一生之心血。"①

(四)军事教条主义非常严重

内战初，蒋介石制定"速战速决"的战略方针，还细定了具体的战术守则："在共军主力未溃之前，各路行军纵队仍应严守战术原则，每纵队应以一旅兵力为基准，每日行程以二十公里为度，至多不得超过二十五公里，其行军序列亦应照旧日战术分尖兵、前兵、前卫、与本队及后卫、侧卫等部署。"②这样的指令犹如旧时普鲁士、日本士官学校的战役学教程，难以应付瞬息万变的战场形势。

蒋介石还制定了一些很具体的战术指导，诸如："口袋战术"、"坚壁清野"、"主动出击"、"防中有攻"、"攻中有防"等等，皆为教科书式的语言，机械搬用，前线指挥官不能随机应变，毫无战术思想可言。相比之下，解放军将领则是从战场上总结出战术原则。如林彪的"一点两面"战术，所有解放军各级指挥官都能了解和奉行，形成一整套体系。因此，解放军的战术思想相对统一且较为灵活，能够适应战场形势的变化并取得胜利。

(五)用人不当

蒋介石之用人，较为注重派系出身和服从。胡宗南能力平平，难堪大任，却被蒋介石当作统帅使用。而白崇禧虽为国民党军中少见的统帅型的将领，因并非蒋系人马，聪明才智难以发挥。胡琏在 1944 年就已经是国民党五大主力之一的十八军军长。在解放战争与华野和中野的多次交锋中，或胜或平，保持不败记录，就是这样一位国军中难得的人才，在 1948 年以 18 军为基础组建十二兵团时，居然没有被任命为兵团司令，只当了副司令。他一气之下，回家探亲。十二兵团被中野和华野团团围住时，蒋介石才想起用胡琏，把他空投到十二兵团，但此时再优秀的将领也无力回天了。陈明仁在三战四平时，以区区两万军队抵挡东野主力进攻一个月居然没有失守，最后由于援兵赶到，迫使东野不得不退出战斗。即便优秀如陈明仁者，也难以得到蒋介石的重用而很快去职。

与蒋介石手中有人才却不懂得使用相比，毛泽东用人却不循定式，其所用四大野战军的指挥者——一野彭德怀、二野刘伯承、三野粟裕、四野林彪，都是共产党当时最为优秀的四位军事家。其中粟裕资历虽浅，但毛泽东破格提拔。1947 年 1 月，粟裕升任华野副司令员，具体作战由其负责。后来索性让陈毅去中野，以便粟裕更好地行使指挥权。

在东北，蒋介石临阵换将，先杜聿明，继陈诚，再卫立煌等，都不堪重用。在淮海战役这样的重要战役中，蒋介石仍然没有章法，他重用的几个人都不行。毛泽东也在东北换

---

① 林桶法：《战后中国的变局：以国民政府为中心的探讨》，台湾商务印书馆 2003 年 11 月版，第 280 页、281 页。

② 林桶法：《战后中国的变局：以国民政府为中心的探讨》，台湾商务印书馆 2003 年版，第 280 页。

将，但都是为了减少矛盾，以求高度统一。林彪等与东北局其他领导存在矛盾，1946 年 6 月 16 日，毛任命林彪为东北最高军政首长，在东北的政治局委员、中央委员都归林彪节制。

(六)“谍影”重重，防间不力

在 20 世纪 40 年代后期内战的环境下，国民党的情报失败在很大程度上决定了其在战场上的失利。中央情报人员深入到国民党的机密决策指导机关内，及时准确地向党中央和军委提供重要军事情报，为党中央和毛主席研究战局、制定解放战争的战略方针提供了主要依据，使我军在解放战争中知己知彼，始终掌握着战争的主动权。

1938～1939 年，由周恩来、董必武、叶剑英、李克农等操盘和布局，张露苹、熊向晖、王超北等一批情报人员，打入到国民党党政军系统，长期潜伏下来。蒋介石及高级将领身边“谍影”重重。胡宗南机要秘书熊向晖、隐形将军韩练成、国防部作战厅厅长郭汝瑰和刘斐等都是中共的谍报人员。正是因为有他们潜伏在国民党核心部门，才能为中共提供重要的情报。长期潜伏在国民党军中的何基沣、张克侠、廖运周等，都是带兵的重要将领，他们和解放军里应外合，一到关键时刻，或阵前起义，或诱使国民党军队进入解放军的包围圈，蒋介石怎能不败？

二、经济崩溃，民不聊生

国民党政府在美国的援助下，违背中国人民的利益和愿望，悍然发动全面内战，其结果不但军事上连遭挫败，而且其统治区的经济状况也急剧恶化，危机不断加深。

(一)官僚资本控制整个社会的经济命脉

抗战胜利后，中国官僚资本逐渐控制整个社会的经济命脉，使民族工商业日趋凋敝。在金融业方面，由官僚资本直接或间接控制的官营银行，其数量和存款额已分别占国民党统治区全部银行的 2/3 以上和 90%。

在商业方面，官僚资本所控制的官式商业机构及其直接经营的各种贸易公司，垄断了矿产原料、土特产品、手工艺品的对外输出和工业品、日用品等的对内输入，垄断了食盐、糖、棉纱、棉布等生活必需品的购销。

在工业方面，1947 年，官僚资本已占中国全部工业资本的 2/3，占全国工矿、交通运输业固定资产的 80%，操纵了国民经济命脉。官僚资本的急剧膨胀，使民族工业、商业及金融业受到严重摧残，整个国民经济处于严重萎缩状态。

(二)军费开支猛增

蒋介石发动内战，军费急剧上升，财政入不敷出。国民政府大量发行纸币弥补赤字，先滥发法币，后滥发金圆券，导致金融破产，经济崩溃，纸币贬值，物价飞涨，老百姓深受其苦。1947 年，国民党政府财政总收入约 14 万亿元(法币，下同)，总支出为 43 万亿元，财政赤字占总支出的近 70%，只得依靠发行货币来弥补巨额赤字。国民党政府 1947 年的法币发行量达 30 多万亿元，为 1946 年法币发行量的 10 倍，比 1945 年抗战结束时增加 25 倍。上海等地的印钞厂全力赶印仍不敷供应，以至于要到美国、英国去印刷钞票。这样做的结果，导致恶性通货膨胀，物价飞涨，人民生活水平急剧下降。

如以抗战前夕的物价为标准，到 1947 年 7 月已上涨 6 万倍。上海的米价，1947 年 6 月比 1 月上涨 8.3 倍。北平物价在半年之内上涨约 10 倍。1947 年 7 月 24 日美联社电讯发表一则材料，说明法币100元可买的物品：1937年为2头牛，1938年为1头牛，1941年为1口猪，1943年为1只鸡，1945年为1条鱼，1946年为1个鸡蛋，1947年则为1/3盒火柴了。[①] 这种恶性通货膨胀，实际上是对广大人民的普遍掠夺。

(三)民族工商业大批倒闭，农业生产大幅度下降

在这种情况下，民族工商业大批倒闭，农业生产大幅度下降。从1946年10月到1947年2月，上海、武汉、广州等20个城市的工厂、商店倒闭的达2.7万家。1947年，国民党统治区工业产量较1936年减少30%以上。失业人数陡增。广大工人、市民乃至中小资产阶级濒临无法生存的境地。公教人员和学生的生活陷入极度的困境。农村经济急剧衰退，1946年的农业产量与1936年相比，减少8%～12%；1947年更减少33%～40%。广大农村饥民遍地，饿殍载道。1947年，各地饥民达1亿人以上。

(四)苛捐杂税多如牛毛

国民党政府还加强了对各阶层人民的层层盘剥。苛捐杂税多如牛毛，难以计数。在农业方面，仅征粮、征借和征购、地方公粮等项目加给农民的实物和金钱负担，就超过1936年的4～5倍，有些地方甚至超过20倍。这种情形下，国统区老百姓叫国民党为"刮民党"。

除苛捐杂税外，国民党各级政府官吏和军队还以各种方式对广大人民进行横征暴敛，包括抓兵、拉夫等，强使人民负担沉重的徭役。国民党统治集团对人民的巧取豪夺，给国民党统治区的工农业生产和商业流通造成严重破坏。

面对严重的经济危机，国民党政府不得不加紧对经济的统治。1947年2月16日，颁布经济紧急措施法令。这个紧急措施实施后，一些官僚垄断资本企业乘机囤积物资，抢购黄金，投机商人也大做黑市交易，使物价继续暴涨，美元比值大幅度上升，黄金价格以更大幅度上涨。其结果，不仅加重了人民的负担，而且使国民党政府损失了大量的黄金和外汇，从而形成了国民党统治区的社会大震荡。

三、专制独裁，贪污腐化

(一)专制独裁，自掘坟墓

以孙中山的三民主义为指导思想和理论基础的国民党，其领导国民革命的目的，就是要为众人谋幸福。孙中山因不愿少数满族统治阶级的专制，故要实行民主革命；因不愿封建君主一人专制，故要实行政治革命；因不愿少数富人专制，故要实行社会革命。

蒋介石背弃孙中山的三民主义：他的民众观，以维护大地主、大资产阶级的利益为法度；他的民族观，以国民党的利益高于民族利益为准则；他的民权观，以国民党一党专政和领袖独裁为根本。

蒋介石为加强独裁统治，一方面提倡四维八德(礼义廉耻，忠孝仁爱信义和平)，用封建伦理道德作为国民党党员的行为准则；另一方面鼓吹法西斯主义，建立以CC系和黄埔系分子为骨干的中统和军统两支特务势力，对异见人士频频使用暴力。1946年7月，国民党特务在昆明暗杀爱国人士李公朴、闻一多，这种暴行引发民众动荡和反抗。

---

① 参见中共中央党史研究室：《中国共产党历史(1921—1949)》第1卷(下)，中共党史出版社2002年版，第941页。

国民党的独裁和专制统治，使得人民民主运动不断发展。1947 年间，全国 20 多个大、中城市中，先后有 120 万工人举行罢工，“抢米”风潮席卷 40 多个大中城镇。在农村，农民不断掀起反抗国民党抓壮丁、征粮、征税的浪潮。1947 年 1 月，民变地区扩展到 300 多个县。中共地方组织还在广东、湖北等一些地方农村中恢复和发展人民武装，建立游击根据地。1947 年 2 月 28 日，台湾人民爆发大规模的示威游行，抗议反动军警屠杀市民，台湾各族人民纷起响应，举行起义。国民党派兵镇压，“二二八”起义失败。

(二)贪污腐败，大发胜利财

在内战爆发之前，国民党已经腐败堕落，“前方吃紧，后方紧吃”，但是在抗战八年中，由于民族危亡上升到了矛盾的第一位，国民党内部的腐化堕落的风气得到了某种遏制。一旦抗日战争结束，国民党有重新掌权的感觉，于是党内的贪污腐化之风迅速地蔓延。

国民党政府由于专制独裁统治和官员们的贪污腐败、大发国难财，抗战后期在大后方便已严重丧失人心。在抗战胜利时曾对它抱有很大期望的原沦陷区人民，也很快对它感到极端失望。国民党政府派出的官员到原沦陷区接收时，把接收变成“劫收”，大发胜利财。国民党政府派往各地的“接收”大员，竞相抢掠黄金、洋房、汽车、衣料、美女(百姓称之为“五子登科”)。如海军总司令部派至天津的接收大员刘乃沂上校，不到半年成为巨富，“有大小别墅五六处，姨太太五六个，汽车数辆，金条数百，珍珠数百。成为当时接收中的一大丑闻”[①]。国民党上海党部主任委员吴绍澍私吞房舍 1000 余栋、汽车八九百辆、黄金万余条，还有珠宝无数。这样的接收在一片胜利声中早已埋下了一颗失败的定时炸弹。

“接收”使人民对国民党的期望变成了失望。在老百姓中流传着“盼中央、望中央，中央来了更遭殃，天上来、地下来，就是老百姓活不来”的民谣。连一名国民党接收官员也向蒋介石进言：“像这样下去，我们虽已收复了国土，但我们将丧失了民心。”[②]陈诚在回忆录中写道：“因为事先一无准备，临时又调度失宜，再加上用人的失当，所以接收变成了‘劫搜’，只弄得天怒人怨，为中外所不齿。”“可怜八年浴血抗战的结果，最后却带来一场‘胜利灾难’。这些话听起来当然使人扫兴，然而却不能不承认这是眼睁睁的事实。”[③]

蒋介石在丧失政权之后，曾经说过这样一句话：“我们的失败，就是失败于接收。”[④]对于国民党的腐败，抗战时担任中国战区参谋长的美国人魏德迈看得很清楚，在临走的欢送宴会，魏德迈的讲话出人意料，他说：“据我的调查，我发现不少政府官员将他们的兄弟子侄安珞于政府，任职于国营和私营公司之中，利用职权不顾国家与人民的福利而谋取巨利。”这些高级官吏和军事指挥员完全沉醉于个人的发财致富，因此他断言，“中央政府不能以武力击败中国共产党”。

中国共产党及其领导的解放区则完全是另一番景象。从毛泽东到一般共产党员都能够严格要求自己，发扬艰苦奋斗的精神，努力实践全心全意为人民服务的宗旨。解放区基本上没有贪污腐败现象。早在抗战时期就盛传革命圣地延安“十没有”：一没有贪官污吏，

① 陆仰渊、方庆秋主编：《民国社会经济史》，中国经济出版社 1991 年版，第 743 页。

② 金冲及：《二十世纪中国史纲简本》(上)，社会科学文献出版社 2012 年版，第 383 页。

③ 《陈诚回忆录：抗日战争》(上)，东方出版社 2009 年版，第 224 页。

④ 刘强伦：《蒋介石的废都岁月》，团结出版社 2010 年版，第 47 页。

二没有土豪劣绅,三没有赌博,四没有娼妓,五没有小老婆,六没有叫花子,七没有结党营私之徒,八没有萎靡不振之风,九没有人吃摩擦饭,十没有人发国难财。[①] "解放区的天是明朗的天,解放区的人民好喜欢",这是对共产党领导的解放区的真实写照,这与国民党统治区的严重贪污腐败现象形成了鲜明的对照。

四、派系纷争,离心离德

蒋介石在大陆时期,从没有实现真正统一。不同派系间存在着尖锐的矛盾,在局势危急时,内部冲突更加剧烈。国民党内有CC系、政学系、复兴社、桂系、改组派、宋子文系、孔祥熙系、何应钦系、孙科系等,各派之间争权夺利。

蒋介石一向私心自用,嫡系与非嫡系,划得很清楚。在蒋系内部也是矛盾重重,战场上的拥兵自重、见死不救,已是常态。1948年7月,第五军军长邱清泉看着第七十五师师长沈澄华被共军包围也不救,致其被共军消灭,使蒋介石大为愤怒。蒋介石在日记中写道:"此全由于邱清泉违令不进之所致。中原战局从此万分严重,将领自私自保,不能团结互助,而又怕战,毫无出击精神,至此能不叹军事前途之惨暗淡乎?"[②]即便如此违抗军令,但因邱清泉为蒋介石的嫡系,并未被追究责任。淮海战役时邱清泉又故伎重演,黄伯韬兵团被共军包围,向他求援,邱清泉还是按兵不动,就连参谋总长顾祝同亲飞徐州,请他出兵也被拒。

孟良崮战役中,张灵甫的整编七十四师被困,但国民党的援军迟迟不到。与张灵甫素有矛盾的八十三师师长李天霞受命救援,却故意拖延,导致整编七十四师被全歼。孟良崮战役的最后时刻,张灵甫在自杀前发的一封电报上说:"以国军表现于战场者,勇者任其自进,怯懦者听其裹足,牺牲者牺牲而已,偷巧者自为得志,赏难尽明,罚每失当,彼此多存观望,难得合作,各自为谋、同床异梦,匪能进退飘乎,来去自如,我则一进一退,俱多事制,匪诚无可畏,可畏者我将领意志不能统一。"[③]诸如此类的事情在桂系与蒋介石之间更为明显。淮海战役时,解放军围攻国民党徐州的集团的部队,双方百万大军战略决战,而国民党武汉集团白崇禧却按兵不动,任凭蒋介石怒火冲天也视若无睹。内讧不仅是国民党政治上的一种痼疾,也是其失去政权的一大原因。

国民党军统头目毛人凤总结辽沈战役国军失败的原因就提到:高级军政长官往往擅离职守,当共军未及抵沈阳时,就先逃跑了。此等情况在解放军渡江后更加严重,蒋介石愤然道:"无论上海、厦门、广州,每一次撤退,高级将领总是先部下而退,置部下的生死存亡而不顾。"所以说,国民党军队既非"党军",更非"国军",而是将领们拥兵自重的"私军",这样的军队怎能不败?

【结语】 总之,国民党的失败是"历史的合力作用",是政治、经济、军事等多种因素交互作用的结果。

(王利文)

---

① 刘金田主编:《红色精神》,湖南教育出版社2011年版,第207~208页。

② 林桶法:《战后中国的变局:以国民政府为中心的探讨》,台湾商务印书馆2003年版,第282页。

③ 转引自汪朝光:《1945-1949国共政争与中国命运》,社会科学文献出版社2010年版,第259页。

2.8 理性赞美

【教案视角】

1. 历史和人民为什么会选择社会主义道路(90 分钟)

2. 社会主义制度的优越性是什么(90 分钟)

3. 如何看待有中国特点的社会主义改造道路(90 分钟)

4. 如何认识"社会主义改造超越了生产力的发展"的观点(90 分钟)

5. 中国走向社会主义的内外环境是什么(90 分钟)

【本讲视角】 第 1 视角

【教学目的】 通过本专题的教学,让学生了解中国特点的社会主义改造道路,认识社会主义改造是中国历史上最伟大、最深刻的社会变革,懂得社会主义制度在中国的确立是历史和人民的选择,并让学生认识到社会主义制度的确立为当代中国一切发展进步奠定了根本政治前提和制度基础,从而使学生热爱社会主义祖国,坚定拥护中国共产党的领导。

【本讲内容】

历史和人民为什么会选择社会主义道路

1949 年,中华人民共和国成立了,但是这并不意味着社会主义制度也建立起来了。中国共产党领导的革命,包括新民主主义革命和社会主义革命两个阶段。党领导人民进行新民主主义革命的目的是"建立以中国无产阶级为首领的中国各个革命阶级联合专政的新民主主义的社会","然后,再使之发展到第二阶段,以建立中国社会主义的社会"。[①]

一、从新民主主义向社会主义过渡的开始

中国的新民主主义社会,经历了两个发展阶段。在新中国成立前,新民主主义社会只在各个解放区存在,属于局部性的,并且民主革命的任务也没有完全完成,因此,此时的新民主主义社会还不具备向社会主义过渡的条件。新中国成立后,新民主主义革命的任务已经基本完成,社会主义革命阶段开始,也就是说,此时的新民主主义社会,就已经是一个"属于社会主义体系的和逐步过渡到社会主义社会去的过渡性质的社会"了。

新中国成立后,党领导人民开始按照七届二中全会的精神和《共同纲领》的要求,认真践行新民主主义社会的构想。此时的新民主主义社会,从政治上来看,1949 年 9 月 21 日,中国人民政治协商会议第一届会议通过的具有临时宪法作用的《共同纲领》对国家性质、政权机构、人民的基本权利和义务等都做了明确的规定。规定国家的性质是:中华人民共和国以新民主主义即人民民主主义为建国的政治基础,实行工人阶级领导的以工农联盟为基础的人民民主专政,是工人阶级、小资产阶级、民族资产阶级及其他的爱国民主分子的人民民主统一战线的政权。从经济上来看,社会主义性质的国营经济、半社会主义性质的合作社经济以及私人资本主义经济、个体经济、国家资本主义经济,这五种经济成

---

① 《毛泽东选集》第 2 卷,人民出版社 1991 年版,第 672 页。

分构成了新民主主义的经济形态。并且,《共同纲领》又进一步规定了"各种经济成分在国营经济的领导下,分工合作,各得其所,以促进整个社会经济的发展",从而奠定了新民主主义时期经济制度的基本框架。从文化教育上来看,新民主主义社会实行马克思主义指导下的新民主主义文化,即民族的、科学的、大众的文化。教育上,加强革命教育,提倡文艺为工农兵服务,为人民服务。

从如上分析可见,新民主主义社会中,既有社会主义因素,也有非社会主义因素,是一个特殊的社会。新民主主义社会不是一个独立的社会形态,它属于社会主义体系。在这个社会中,社会主义和非社会主义两种因素不断进行着斗争。但社会主义因素在政治上、经济上和文化上都处于领导地位,起着决定性的作用。这些社会主义因素不断增强和壮大,资本主义因素不断被削弱、被限制,内在地规定着新民主主义社会在具备了一定条件后必然向社会主义社会社会转变。所以,新民主主义社会是一个具有过渡性质的社会。中国经过新民主主义社会向社会主义社会转变,是近代中国历史发展的客观规律所决定的。

理论上来说,新民主主义社会要向社会主义过渡,可是,怎样实现这个过渡呢?就是要进行生产资料私有制的社会主义改造,使公有制经济在国民经济中居于主体地位。但新中国成立后的最初三年,即1949～1952年期间,着重要完成民主革命的遗留任务和恢复国民经济的工作,没有明确提出社会主义改造的任务。由于新民主主义社会不是一个凝固不变的、独立的社会形态,它本身具有过渡性,自其一产生,就处于深刻的变动之中。因此,向社会主义过渡的任务实际上也已开始进行。这包括:没收官僚资本,确立社会主义性质的国营经济的领导地位;通过国家资本主义的形式,将资本主义工商业纳入国家建设计划的轨道;引导个体农民在土地改革后逐步走上互助合作的道路。

【课堂讨论】 如何认识"巩固新民主主义秩序"的观点?

由于新民主主义社会具有社会主义和资本主义两种因素,有人曾经提出过"巩固新民主主义秩序"的观点,那么,如何认识这种观点呢?毛泽东对"巩固新民主主义秩序"的提法提出过批评。他认为,过渡时期每天都在变动,每天都在发生社会主义因素。所谓"新民主主义社会秩序"要确立是很难的。"过渡时期充满着矛盾和斗争,是变动很剧烈很深刻的时期。""'确立新民主主义社会秩序'的想法,是不符合实际斗争情况的,是妨碍社会主义事业的发展的。"①

1954年9月15日,刘少奇在《关于中华人民共和国宪法草案的报告》中对新民主主义社会的过渡性再次作了深入的论证。他说:"我国正处在建设社会主义社会的过渡时期。在我国,这个时期也叫作新民主主义时期,这个时期在经济上的特点,就是既有社会主义,又有资本主义。""最近几年,我们还常常听到'巩固新民主主义秩序'这样一种说法,这种说法反映了维持现状的思想,这究竟是否可能呢?社会主义和资本主义两种相反的生产关系,在一个国家里面互不干扰地平行发展,是不可能的。中国不变成社会主义国家,就要变成资本主义国家,要它不变,就是要使事物停止不动,这是绝对不可能的。"②所

---

① 《毛泽东文集》第5卷,人民出版社1996年版,第81～82页。

② 《刘少奇选集》下卷,人民出版社1985年版,第143～144页。

以我国只有社会主义这条唯一的光明大道可走，而且不能不走，因为这是我国历史发展的必然规律。

总之，“巩固新民主主义秩序”的观点没有搞清楚“新民主主义社会”的概念，不懂得新民主主义社会不是一个固定独立的社会形态，不懂得新民主主义社会的主要矛盾是工人阶级与资产阶级、社会主义道路同资本主义道路之间的矛盾，不懂得新民主主义社会是向社会主义过渡性质的社会。“巩固论”既不切合当时社会的实际，对中国社会的发展也是不妥当的。

二、走向社会主义道路的必然性

（一）过渡时期总路线的提出

对于如何实现从新民主主义向社会主义的过渡，毛泽东曾有两种不同的设想，被称为“将来突变论”和“现在渐变论”。建国之初的设想是：先不急于向社会主义过渡，应该先经过一段比较长的时间的发展，至少10年，多则15～20年的时间，再采取“严重的社会主义的步骤”，一举进入社会主义。但是，形势是不断发展变化的，一方面，随着民主革命遗留任务的完成，国内的阶级关系和主要矛盾发生了深刻的变化，民族资产阶级不再是中间阶级了；另一方面，随着国民经济的恢复和发展，中国社会的经济成分发生了重要的变化，社会主义成分的比重在增加，国营经济的领导地位在增强，1949年到1952年，国营经济所占比重从33.9%上升到了50%，国民经济已经恢复并超过历史最好水平。因此，中共中央改变了关于如何向社会主义过渡的步骤的认识，1952年9月，提出要在“十年到十五年基本上完成社会主义，不是十年以后才过渡到社会主义”，应该“从现在逐步过渡到社会主义去”。党在过渡时期的总路线由此酝酿并于1953年公布。其内容是：“党在这个过渡时期的总路线和总任务，是要在一个相当长的时期内，逐步实现国家的社会主义工业化，并逐步实现国家对农业、对手工业和对资本主义工商业的社会主义改造。”总路线的内容简称为“一化三改造”，其中：“一化”是总路线的主体，“三改造”是其两翼。这也就是说，党和国家在新时期的主要任务是实现工业化，而为了实现工业化，就必须进行社会主义改造，确立社会主义的基本制度。

这表明过渡时期总路线是顺应了生产关系要适应生产力发展性质的客观规律，是完全正确的。过渡时期总路线公布后，出现了大规模的社会主义改造热潮，社会主义的前景更加明朗地呈现在中国人民的面前。

（二）中国工业化道路必须选择社会主义

在人类文明发展过程中，古老的中国曾经在农耕文明时期走在世界的前列，但是，进入到工业文明时期，中国被英国、法国、德国、美国等工业先进民族超越，沉睡在农业社会中的中国生产力发展缓慢，在从鸦片战争起的整整一百年里吃尽了“落后就要挨打”的苦头。中国共产党领导人民，努力去实现近代中国面临的两大历史任务，即实现民族独立、人民解放和国家的繁荣富强，而国家的繁荣富强不可能建立在落后的农业国的基础上。1945年，在贫瘠落后的陕北延安召开的中国共产党第七次全国代表大会，毛泽东在政治报告中坚定地宣示：“在新民主主义的政治条件获得之后，中国人民及其政府必须采取切实的步骤，在若干年内逐步地建立重工业和轻工业，使中国由农业国变为工业国。”①实现中国的工业化，这是近代以来中国无数仁人志士梦寐以求的理想，是中国共产党人对历史的庄严承诺，也是中华民族重新走到世界前列的必由之路。

如何实现工业化，世界上的经验有两种，即资本主义工业化道路和社会主义工业化道路。资本主义工业化道路，是通过长期的、残酷的资本原始积累实现的，对内剥削、对外掠夺成为最常运用的方法。圈地运动让大量农奴失去土地，发生了“羊吃人”的血泪箴言；大西洋上的黑奴买卖为资本主义发展积累了资本与劳动力；对殖民地和半殖民地国家资源和财产的残酷掠夺为资本主义的发展带来了物质基础，包括中国，在被侵略的过程中也被迫付出了十几亿的赔款的代价。欧美资本主义工业化道路就是这样通过几百年的残酷积累才实现的，这是一个漫长的过程，也是一个伴随着两极分化的痛苦的过程。显然，在 20 世纪 50 年代，中国工业化已经失去了走资本主义工业化道路的条件，也不能再去获得这样的条件，更不能走这条道路。因为，如果中国的工业化继续走这种道路，就很难改变对西方垄断资本的依赖性，极有可能成为西方资本的附庸，这对于人口众多、国土辽阔的中国来说是非常危险的，它不仅难以使中华民族重新走到世界前列，甚至还可能再次失去民族独立的地位。

显然，新中国不能走资本主义工业化的道路。从世界范围来看，除了资本主义工业化道路外，还有社会主义的工业化道路，这就是苏俄走过的路。十月革命后，俄国在共产党的领导下，依托社会主义公有制经济，集中全国的力量，用两个五年计划的时间，使苏联从一个欧洲落后国家转变成欧洲第一、世界第二的工业强国。这为中国的工业化道路指明了新的方向。俄国工业化的成功经验显示出了公有制经济的突出优势：把分散的零星的财力、物力、人力集中起来，就可聚少成多，集腋成裘，集中力量办大事。当时中国有 5 亿人口，如果每人拿出 1 元钱，集中起来就是非常可观的 5 亿元，这样就可以兴办国家急需的工业化项目。也是在这样的情况下，中国的汽车工厂、拖拉机工厂、手表工厂、电视机工厂等逐渐建立起来，这些都是在我国的“一五”计划时期完成的。另外，中国还有了第一架飞机、第一条万吨远洋轮船、第一台电子计算机等等，中国的一件件工业产品空白被不断填补。到 20 世纪 60 年代，又在导弹、原子弹、氢弹、人造地球卫星等世界科技尖端领域占有一席之地。新中国仅仅用了十多年的时间，就已经建立起独立自主、门类齐全的工业体系和国民经济体系，这被国际上赞誉为“中国奇迹”。中国改革开放，走有中国特色的社会主义道路，取得了举世瞩目的成绩，也是一个奇迹。

很显然，新中国工业化取得的巨大的成就是同选择社会主义道路紧密相连的，离开社会主义工业化道路，就不可能会有这样的成绩。

另外，共同富裕作为共产党追求的目标，也需要社会主义公有制来保障。一方面，社会主义公有制经济消除了个人靠垄断生产资料剥削他人的条件，人们共同劳动，互帮互助，社会财富可以实行较为公平的分配，使全体人民的基本生活需要得到保证。另一方面，相对于个体小农经济来说，社会主义公有制经济更有利于推动农业生产力的发展。例如兴修水利等大规模农田建设，靠单个人的力量难以完成，只有在社会主义国家的领导

① 《毛泽东选集》第 3 卷，人民出版社 1991 年版，第 1081 页。

下，统筹规划，大量投入，才能实现。社会主义公有制是这些任务实现的最有力保证。我国1956年一年兴修的农田水利工程的灌溉面积即达1.5亿亩，这等于解放前全国所有水利设施的灌溉面积的一半，社会主义公有制的优越性由此可见一斑。

（三）选择社会主义道路具备了相应条件

20世纪50年代中期，中国走向社会主义道路绝不是凭着一厢情愿，而是具备了一定的基础与条件。

1.社会主义性质的国营经济力量相对强大，是实现国家工业化的主要基础

发展工业，一方面是要充分利用原有的工业，另一方面是要建设新的工业。

国营工业产值在全国工业总产值中所占的比重，1949年为34.2%，1952年为56%。与私营工业相比，国营工业规模大，技术设备先进，不仅有轻工业，而且有重工业。在劳动生产率等方面，国营企业也优于私营企业。在这种情况下，所谓充分利用原有的工业，首先和主要的就是要办好原有的国营工业，并依据需要和可能改建、扩建这些工业。

建设新的工业，首先和主要的也是要发展国营工业。因为在中国，私人是没有能力投资兴建新的、足以为国家的工业化奠定基础的那种大型工业企业的。只有国家才有能力来做这件事。中国的经济虽然落后，但它是一个大国，全国财政经济统一后，国家掌握了一笔相当可观的资金，可以用来投资搞建设。

2.资本主义经济力量弱小，发展困难，不可能成为中国工业起飞的基础

资本主义经济对国家和国营经济有很大的依赖性，不可避免地要向国家资本主义的方向发展。中国的民族资本主要是商业资本和金融资本。工业资本只占1/5。民族资本主义工业主要是轻纺工业和食品工业，缺少重工业的基础。这些工业，大多规模小，技术设备落后，劳动生产率很低。在这个基础上，中国不可能成为先进的工业国。

3.对个体农业进行改造，是保证工业发展、实现国家工业化的必要条件

我国土改后农业的发展，实行的是个体经营，因为个体农户耕地很少，生产工具严重不足，资金十分短缺，生产发展受到很大限制。这时候要改变这种状况，必须引导个体农民走组织起来的道路，才能增产粮食和其他农产品，以满足日益增长的人民生活和工业发展的需要。

4.当时的国际环境也促使中国选择社会主义

新中国成立以后，长期受到美国等西方资本主义国家经济上、外交上和军事上的严密封锁和遏制。当时只有苏联能够援助中国。这种国际环境，也是中国选择社会主义的基本因素之一。

总之，中国经济在20世纪50年代的最重要事件就是选择了社会主义。这是必要的、正确的历史性选择。中国的社会主义不是强加的，不是偶然的，而是具备了各种主、客观条件后亿万中国人民自觉选择的结果。

三、社会主义基本制度在中国的确立

按照过渡时期总路线的要求，我国展开了社会主义改造与社会主义建设同时并举的努力和工作。到1956年，随着社会主义改造的基本完成，社会主义的基本经济制度在中国全面建立起来。这是中国进入社会主义社会的最主要的标志。社会主义改造引起了社会各个方面的巨变：生产关系、社会经济结构和社会阶级关系上的巨大变化，创造了社会

主义改造的伟大成果。

1.奠定了社会主义工业化的基础

1953～1957年，全国工业总产值平均每年递增19.6%。

2.确立了社会主义经济制度

到1956年底，中国各种经济成分在国民经济中所占比重的情况发生了根本性的变化：国营经济33%，合作社经济56%，公私合营经济8%，个体经济3%，资本主义经济0.1%。也就是说，社会主义公有制经济在国民经济中占据了主体地位，形成了社会主义的基本经济制度，这是中国进入社会主义社会的最主要的标志，表明中国实现了从新民主主义到社会主义的转变。

3.确立了社会主义政治制度

伴随着社会主义经济制度和政治制度的建立，我国社会的阶级关系、主要矛盾也发生了变化。剥削阶级和剥削制度逐渐消灭，资本家变成了自食其力的劳动者，民族资产阶级被消灭，此时社会的主要矛盾变成了人民对于经济文化迅速发展的需要同当前经济文化不能满足人民需要的状况之间的矛盾。

进入社会主义后，社会发生了翻天覆地的变化，不仅经济制度变了，人们之间的关系也发生了根本变化，劳动人民成了社会的主人，每个人的社会地位都是平等的。相对于旧社会来说，这是一个新世界，是一个巨大的历史进步。

1953年7月至1954年5月举行中国历史上第一次普选；1954年9月召开第一届全国人民代表大会，颁布了《中华人民共和国宪法》。宪法及其所确定的人民民主专政的国家制度和人民代表大会的政治制度，成为中国逐步过渡到社会主义社会的法律和政治保证，也从此成为中国社会主义的根本政治制度；在民族问题上确立了民族区域自治制度；在思想文化领域，确立了马克思主义的指导地位。这些表明社会主义制度已经在中国全面确立起来。

社会主义制度解放了劳动人民，解放了社会生产力，促进了生产力的巨大进步，为推进中国的工业化、现代化事业，为中国以后一切的进步和发展，奠定了坚实的基础。共和国半个多世纪的辉煌业绩，深深打上了社会主义制度的烙印。正如党的十七大报告中所指出的："新民主主义革命的胜利，社会主义基本制度的建立，为当代中国一切发展进步奠定了根本政治前提和制度基础。"①

中国在20世纪50年代选择社会主义道路是正确的，是符合中国国情、有利于中国发展的，但是同时也应当看到，中国的社会主义制度是在经济文化落后的半殖民地半封建社会的废墟上建立起来的，是在没有实现工业化的基础上进入社会主义的，这就决定了中国的社会主义制度不可能一开始就是成熟完善的，必然带有许多和经济文化不发达相联系的特点。也就是说，1956年中国进入的社会主义是一个不成熟、不完善的社会主义，中国必须进行长期的、坚持不懈的、持之以恒的艰苦奋斗和努力建设，才能建成社会主义的现代化的中国。

---

① 胡锦涛：《高举中国特色社会主义伟大旗帜 为夺取全面建设小康社会新胜利而奋斗——在中国共产党第十七次全国代表大会上的报告》，人民出版社2007年版，第7页。

【结语】 总之，中国在20世纪50年代选择社会主义制度，是符合中国国情的。社会主义改造让中国社会发生了深刻的变革，社会主义制度在中国的确立是历史和人民的选择。正是有了社会主义制度的前提和基础，才有了当代中国的发展和进步。离开社会主义道路，中国革命和建设取得的成果终将会失去。

（徐莹）

2.9 避免折腾

【教案视角】

1.社会主义早期探索的积极成果（90分钟）

2.“三面红旗”运动（90分钟）

3.“文化大革命”（90分钟）

【本讲视角】 第3视角

【教学目的】 通过本专题教学，使学生了解毛泽东领导时期中国社会主义建设在探索中曲折前进的历史，掌握“文化大革命”的起因及教训，正确看待和分析毛泽东晚年的错误，树立正确的历史观。同时，使学生能够以史为鉴，坚定沿着中国特色社会主义道路前进的信念。

【本讲内容】

“文化大革命”

《关于建国以来党的若干历史问题的决议》中强调：1966年5月至1976年10月的“文化大革命”，使党、国家和人民遭到建国以来最严重的挫折和损失。这场“文化大革命”是毛泽东同志发动和领导的。历史已经判明，“文化大革命”是一场由领导者错误发动，被反革命集团利用，给党、国家和各族人民带来严重灾难的内乱。实践证明，“文化大革命”不是也不可能是任何意义上的革命或社会进步。它根本不是“乱了敌人”，而只是乱了自己，因而始终没有也不可能由“天下大乱”达到“天下大治”。

在“文化大革命”中，我们党没有被摧毁并且还能维持统一，国务院和人民解放军还能进行许多必要的工作，由各族各界代表人物出席的第四届全国人民代表大会还能召开并且确定了以周恩来、邓小平同志为领导核心的国务院人选，我国社会主义制度的根基仍然保存着，社会主义经济建设还在进行，我们的国家仍然保持统一并且在国际上发挥着重要影响。这些重要事实都同毛泽东同志的巨大作用分不开。党和人民在“文化大革命”中同“左”倾错误和林彪、江青反革命集团的斗争是艰难曲折的，是一直没有停止的。

一、“文化大革命”的起因

中共十一届六中全会通过的《关于建国以来党的若干历史问题的决议》明确指出：毛泽东同志在关于社会主义社会阶级斗争的理论和实践上的错误发展得越来越严重，他的个人专断作风逐步损害党的民主集中制，个人崇拜现象逐步发展。党中央未能及时纠正这些错误。林彪、江青、康生这些野心家又别有用心地利用和助长了这些错误。这就导致了“文化大革命”的发动。

(一)“文化大革命”是“左”倾阶级斗争理论和实践恶性循环的产物

“文化大革命”是阶级斗争扩大化错误不断发展的恶果，从“左”倾错误发展的角度来讲，“文化大革命”的发生具有必然性。毛泽东在社会主义社会阶级斗争问题上错误的发生和发展有一个过程，大致可以分为五步：第一步，1957年，反右派斗争严重扩大化，由此产生了政治上、理论上的一系列严重失误，从而奠定了阶级斗争扩大化的理论基础。第二步，1959年，庐山会议上错误地批判彭德怀和随后进行的“反右倾”，把阶级斗争扩大化的错误引入到党内，使阶级斗争迷雾深入党内，在阶级斗争理论和实践上的错误又前进了一步。第三步，1962年，八届十中全会突出强调阶级斗争，进一步断言，在整个社会主义历史阶段资产阶级都将存在和企图复辟，并成为党内产生修正主义的根源，使阶级斗争扩大化、绝对化的错误进一步系统化、理论化，并通过倾盆大雨式的宣传教育，使越来越多的人接受了这一套“左”的理论，使之具有广泛的群众基础，形成社会思潮。第四步，提出“中央要出修正主义”的问题，把阶级斗争的重点转移到党内，斗争的矛头直指党中央领导人。第五步，《五·一六通知》和《十六条》的通过，使毛泽东关于阶级斗争扩大化的理论进一步系统化和完备化，并被最终概括为“无产阶级专政下继续革命的理论”。在这一错误理论的指导下，终于造成了全国长达十年之久的内乱。

(二)毛泽东个人专断作风日益严重，并凌驾于党中央之上，使党的集体领导原则和民主集中制原则不断受到削弱以致破坏

邓小平指出：“从一九五八年批评反冒进、一九五九年‘反右倾’以来，党和国家的民主生活逐渐不正常，一言堂、个人决定重大问题、个人崇拜、个人凌驾于组织之上一类家长制现象，不断滋长。”[①]权力过分集中于个人，党失去了约束自己领袖的能力，是“文化大革命”发生的一个重要原因。1943年，中央政治局规定“主席有最后决定之权”。但在相当长的时间里，毛泽东是很谦虚、很谨慎的，并没有动用“最后决定之权”。但1957年“反右”斗争以后，他的错误就越来越多。因为“党在面临着工作重心转向社会主义建设这一新的任务因而需要特别谨慎的时候，毛泽东同志的威望也达到高峰。他逐渐骄傲起来，逐渐脱离实际和脱离群众，主观主义和个人专断作风日益严重”[②]。

由于毛泽东滋长了骄傲自满情绪，他对自己曾一惯主张和坚持的“反对个人崇拜”的正确原则也产生了偏差。1958年3月的成都会议上，毛泽东提出有两种个人崇拜：一种是正确的，即崇拜马恩列斯正确的东西，因为真理在他们手里；另一种是不正确的个人崇拜，即不加分析，盲目服从。这就把崇拜真理同崇拜个人混淆起来，因为崇拜真理不能解释成为正确的个人崇拜。而毛泽东上面的话，就为“正确的个人崇拜”的错误观点开了绿灯。于是在成都会议期间就有人提出“相信毛主席要相信到迷信的程度，服从毛主席要服从到盲从的程度”。这种违反马克思主义原理的话，非但没有受到批驳，而且得到与会的一些领导人的默许和欣赏。1959年，康生则别有用心地说，“毛泽东思想是马列主义的最高标准，最后标准”。到1966年初，野心家林彪鼓吹，“毛主席的话，句句是真理，一句顶一

① 《邓小平文选》第2卷，人民出版社1994年版，第330页。

② 《十一届三中全会以来重要文献选读》(上)，人民出版社1987年版，第324页。

万句”。而林彪、康生这些人，由于在党内身居高位，掌握着某一方面的权力，又披着“学得最好”、“理论权威”等足以吓唬人的外衣，因而颇能起煽动蛊惑作用。

随着革命和建设取得的巨大胜利，毛泽东逐渐不谨慎了，主观主义和个人专断作风日益严重，日益凌驾于党中央之上，使党和国家政治生活中的集体领导原则与民主集中制不断受到削弱以致破坏。权力是崇拜的基础，也是产生封建专制主义的温床。党的领袖掌握着巨大的不受限制的权力，又存在着事实上的终身制，再加上领袖个人的欣赏和中国封建社会历史悠久，存在对毛泽东进行个人崇拜的社会基础，对毛泽东的个人崇拜很快盛行起来。这样，党内个人专断同个人崇拜交互作用，把领袖个人推到凌驾于群众和中央领导集体之上的权威地位，具有主宰一切、决定一切的大权。在这样的条件下，对于党和国家重大事务的处理是否得当，很大程度上取决于领袖一个人。“党内民主集中制没有了，集体领导没有了，这是‘文化大革命’发生的一个根本原因。”[①]

（三）“文化大革命”的发动是毛泽东晚年政治思考的结果

1965年底～1966年春，毛泽东对当时的国内形势作了极其严重的错误估计。毛泽东认为，一大批资产阶级代表人物已经混进党里、政府里、军队里和各种文化界里，赫鲁晓夫那样的人物现在睡在我们身旁。他们是一批反革命的修正主义分子，一旦时机成熟，就会要夺取政权，由无产阶级专政变为资产阶级专政。党内、国内形势如此岌岌可危，因此，发动一场旨在反修防修的“文化大革命”，在“大破”中建立起一个纯洁的、完美的理想社会就是势在必行、刻不容缓的了。20世纪50年代末，美国国务卿杜勒斯提出了对社会主义国家推行“和平演变”的战略，并把“和平演变”的希望寄托在中国的第三代或第四代身上。为了使帝国主义的预言彻底破产，在这期间，毛泽东对青年人的教育问题，对无产阶级革命事业接班人的问题，进行了深入的思考。1964年6月，毛泽东提出了无产阶级革命事业接班人的五个条件，并且指出：无产阶级革命事业的接班人，是在群众斗争中产生的，是在革命大风大浪的锻炼中成长的。为此，他不惜冒“天下大乱”的风险，亲自发动和领导一场阶级斗争的大风雨、让青年人去经风雨，见世面。1966年6月，毛泽东一次同胡志明谈话时说：“我们都是七十岁以上的人了，总有一天被马克思请去。接班人究竟是谁，是伯恩斯坦、考茨基，还是赫鲁晓夫，不得而知。要准备，还来得及。”[②]这说明，对更换接班人的急迫考虑，确实是毛泽东下决心发动“文化大革命”的原因之一。

国内外都有“文化大革命”是中国共产党最高领导层权力斗争的说法，甚至有人说毛泽东发动“文化大革命”的目的就是为了打倒刘少奇，等等。这种说法未免太肤浅了。就毛泽东本人来说，如果他想达到的目的只是排除中央领导层中的某些同志，那么根据他当时在国内的地位和威望，并不需要兴师动众地发动“文化大革命”。例如国家主席刘少奇和中央总书记邓小平，不就是被《炮打司令部——我的一张大字报》搞下去了吗？而刘少奇、邓小平被搞下去之后，“文化大革命”还进行了10年，这又如何解释呢？对于操有“最后决定权”的毛泽东，要撤换几个中央领导人，总是能够找到理由按“法定的”手续去实现的，并不需要搞“文化大革命”。显然，毛泽东发动“文化大革命”要破除的是他所看到的弥

① 《陈云文选》，人民出版社1995年版，第274页。

② 逄先知、金冲及主编：《毛泽东传(1949－1976)》(下)，中央文献出版社2003年版，第1418页。

漫中国大地的“修正主义政治路线和组织路线”。

(四)林彪、江青集团利用和助长了毛泽东的错误

林彪、江青一伙野心家别有用心地利用和助长了毛泽东和党中央的错误，也是导致“文化大革命”得以发生的一个重要原因。新中国成立以后频繁的、过火的政治批判运动以及毛泽东个人专断作风的日益严重，为一些野心家、阴谋家施展其反革命伎俩提供了条件。林彪、江青一伙以整人为天职，渴望着动乱，以便在乱中窃取党和国家的权力。为了达到篡党夺权的目的，他们奉承拍马，极力制造个人崇拜；他们拉帮结伙，制造大量冤假错案；他们制造舆论，把毛泽东的错误理论推向极端。他们的阴谋活动给党和人民造成了巨大灾难，犯下了滔天罪行。1959 年庐山会议上，林彪因为批判彭德怀立下了“汗马功劳”，当上国防部长。此后，由于批判彭、罗、陆、杨，打倒刘少奇、邓小平，诬陷迫害老干部，从而赢得了毛泽东的信任。中共九大当上了副统帅、副主席、接班人。从 20 世纪 60 年代初期开始，毛泽东在一系列问题上出现了失误，江青便开始打着毛主席指示的旗号，肆意批判诬陷文艺界知名人士，窃取别人的艺术成果，搞起了所谓的样板戏。60 年代中期以后，秘密策划了批判吴晗《海瑞罢官》的戏，拉开了“文化大革命”的帷幕。江青写过一首歪诗反映她的心情：“江上有奇峰，锁在云雾中。寻常看不见，偶尔露峥嵘。”“文化大革命”期间，江青是中央“文化大革命”小组的核心人物，而中央“文化大革命”小组是毛泽东发动“文化大革命”的重要工具，所以没有中央“文化大革命”小组就没有“文化大革命”，从这个意义上讲，没有江青也就没有“文化大革命”。

二、“文化大革命”的历史教训

“文化大革命”不是也不可能是任何意义上的革命和社会进步，而是一场由领导者错误发动，被反革命集团利用，给党、国家和各族人民带来严重灾难的内乱。“文化大革命”以尖锐的形式，相当充分地暴露出党和国家在工作体制等方面的缺陷，给后人留下了许多深刻的经验教训。

(一)在建立了社会主义制度、消灭了剥削阶级以后，必须把党和国家的工作重心转移到以经济建设为中心的社会主义现代化建设上来

社会主义的根本任务是解放和发展社会生产力，不断提高人民的生活水平。这就要求无产阶级夺取国家政权以后，必须坚定不移地把党和国家的工作重点转移到以经济建设为中心的轨道上来，决不能因为出现这样或那样的干扰而偏离这个中心。“文化大革命”十年犯“左”倾错误的一个重要的思想根源，就在于背离了实事求是的思想路线，背离了中国国情和社会发展阶段，忽视经济发展，而时时处处“以阶级斗争为纲”，这在理论和实践上都是一个重大失误，给党和国家造成了不可估量的损失。

(二)必须正确认识和处理社会主义社会的阶级斗争和其他社会矛盾

必须正确认识和处理社会主义条件下的阶级斗争，正确区分人民内部矛盾和敌我矛盾这两类不同性质的矛盾，采取正确的处理方法，不能搞阶级斗争扩大化。中国社会主义改造基本完成后，阶级斗争作为一种社会现象在一定范围内还将长期存在，但已不是社会的主要矛盾。“文化大革命”十年的实践证明，在社会主义制度下无限制地夸大阶级斗争，人为地制造阶级斗争，搞所谓的“无产阶级专政下继续革命”，有百害而无一益，是完全错误的。

（三）必须坚持集体领导原则，禁止任何形式的个人崇拜

马克思主义的历史唯物主义认为，历史是由人民群众创造的，无产阶级革命领袖只是在群众斗争中自然产生的。任何领导人都不是万能的主宰者，他们自身不可能没有缺点和错误，所以不应当将其神化。对待革命领袖，一方面要维护他的个人权威；另一方面又要防止任何形式的个人崇拜、个人迷信。因此，必须树立由从群众中产生的领袖们实行集体领导的原则，禁止任何形式的个人崇拜，决不允许任何人凌驾于党组织之上。只有这样，才能保证党少犯错误，正确地领导国家建设事业又好又快地发展。除此之外，还必须加强党内制度建设，从源头上遏制个人专断、个人崇拜的发生。

（四）要健全社会主义法制，切实保障全体人民的民主权利，使社会主义民主制度化、法律化

社会主义民主和社会主义法制是不可分的。社会主义国家的宪法和法律是保障人民的民主权利的。破坏了宪法和法律，也就不可能有真正的社会主义民主。“文化大革命”时期，人民代表大会和行政机构受到严重破坏，国家宪法和各项法律遭到践踏，个人专断作风、极端民主化和无政府主义泛滥，整个社会局面极度混乱。这表明，民主和法制建设关系到社会主义优越性的发挥和社会主义的兴衰成败，是极其重要的理论和现实问题。唯有高度的民主和健全的法制，才能保证党和国家沿着正确的道路健康发展。

三、正确看待毛泽东晚年的错误

（一）主观动机与客观效果的关系

毛泽东发动“文化大革命”的主观愿望是想为抵御帝国主义“和平演变”中国的图谋、消除社会主义社会中出现的干部严重脱离群众等问题，防止国内资本主义复辟找到一条途径。有关理论及其实践严重地背离了客观实际，明显地脱离了毛泽东思想的轨道，并被林彪、江青、康生等人所利用。

（二）伟大的无产阶级革命家犯错误同极少数野心家阴谋家的罪行有本质的不同

毛泽东发动“文化大革命”运动出发点是好的，只是片面化了。“文化大革命”被林彪、江青两个反革命集团利用，他们出于不可告人的目的使这场运动大大超出了毛泽东的预计与控制，使之持续十年之久。毛泽东也制止和纠正了一些具体错误，他领导粉碎了林彪反革命集团的斗争，也没有让江青、张春桥等夺取最高领导权的野心得逞。

（三）要严格区分“文化大革命”与“文化大革命”时期

“文化大革命”是一场由领导者错误发动，被反革命集团利用，给党、国家和各族人民带来严重灾难的内乱。必须要全盘否定。

“文化大革命”时期则不能全盘否定。这一时期我们在某些领域取得了重大成绩，比如外交领域。

（四）要科学地看待党犯错误的问题

这些错误是探索中的错误，而不是由社会主义制度本身造成的。

尽管犯了严重错误，但是中国共产党能够紧紧依靠广大党员、干部和人民群众发现错误，正视并勇于改正错误。中国共产党和毛泽东在指导思想上犯错误的同时，也制止和纠正过一些具体错误。

【结语】 错误和挫折并没有摧毁中国共产党，并且中国共产党依靠自身的力量彻底

纠正了这些错误,使党和国家的工作重新回到正确的轨道。

(赵付科、于艳艳)

2.10　展现自豪

【教案视角】

1.近现代中国为什么需要改革(90 分钟)

2.中国的改革经历了哪些曲折历程和艰难探索(90 分钟)

3.中国改革开放前后的社会现状发生了哪些翻天覆地的变化(90 分钟)

4.评述“中国改革开放的历史环境”(90 分钟)

5.中国应该朝着哪个方向深化改革之路(90 分钟)

6.中国改革开放既是自上而下又是自下而上的双向对流(90 分钟)

【本讲视角】　第 2 视角

【教学目的】　通过本专题教学,帮助大学生了解中国走向改革开放之路时所面对的严峻国内形势与复杂国际环境,进而理解中国为什么必须对外开放、对内改革的历史必然性。同时,使大学生从复杂的历史转折、转型期的演变及推进过程中认识到中华民族是一个自古勇敢、智慧的伟大民族,能够用伟大的改革创举彻底扭转鸦片战争后落后挨打的被动局面,树立起当代大学生实现中华民族伟大复兴的自信心和自豪感。

【本讲内容】

中国的改革经历了哪些曲折历程和艰难探索

一、中国为什么需要改革?

哲学常识告诉我们,世界上唯一不变的就是“变”。

(一)社会主义现代化探索道路中的困惑

1949 年中华人民共和国建立后,中共领导阶层宣布废除列强强加给中国的一切不平等条约,以英美为主导的西方资本主义势力被迅速清除出中国大陆。中国对外执行与苏联结盟的“一边倒”的外交方针。百年中国社会近代化的推进步入毛泽东时代。由于英美等西方资本主义阵营对新生中国采取政治上不承认、经济技术严格封锁的方针,从延安、西柏坡走来的中国共产党人只能以苏联和东欧社会主义国家的现代化为摹本,推进中国社会的现代化。

面对意识形态的苏维埃化与高技术人才教育的英美化的榫枘不合,毛泽东企图用臆想中的新型民主模式化解两者之间的矛盾,携手推进国家现代化建设。但事与愿违。最后,理想中的“百花齐放”迅速转身为反右派运动,成千上万受过现代化教育的知识分子因超出“百家争鸣”的范围而被打倒。这样,中国社会的现代化建设逐渐过渡到官方一元主导时代。毛泽东以无人挑战的领袖身份傲然挺立,并利用他的优势地位,发动了“大跃进”运动。中共高层领导人彭德怀因批评“大跃进”,结果引言获罪,1959 年 8 月连同张闻天、黄克诚、周小舟等人遭到毛泽东的严厉批判,在一次次检讨后被调离原工作岗位。于是,

"一平二调"的共产风再次刮起。国民经济比例严重失调，轻工业急剧下降，农业陷入绝境。中共八大确定的现代化建设思路和决策被抛弃。

国内"大跃进"跃出经济一团糟，民生凋敝，国际环境也风云突变，对外交涉棘手问题不断。1959年，达赖喇嘛逃亡印度，中印矛盾开始激化，并引发地区军事冲突。此后中苏两党、两国关系因军港主权之争趋向紧张，并最终闹僵，1960年7月16日，苏联政府单方面决定召回其来华专家，并撕毁经济援助合同，停止重要设备的供应，实施经济压迫，刚刚起步的现代工业化之路停顿下来，国民经济雪上加霜。中国的现代化之路进入瓶颈期，只能在艰难曲折中摸索推进。公开的中共党史史料显示，中国工农业"大跃进"运动因违背自然规律和经济规律引发了空前大饥荒。1960年，全国总人口减少1000万。中国现代化建设环境再度恶化，孤立无援的新中国只好选择在自力更生的话语环境中谋求发展。

"大跃进"造成的经济困难和国际生态环境的恶化迫使中共全党上下一度清醒，1960年11月，党中央开始着手落实"调整、巩固、充实、提高"的国民经济八字方针。1962年1月11日至2月7日，"七千人会议"在京召开，会上全党逐渐统一了认识，八字方针得到具体落实。1961年，粮食总产量2950亿斤，1962年即增至3200亿斤，1965年达到3890亿斤，差不多达到建国后的最高年产量。"七千人会议"除着手调整经济工作外，也试图扭转党内外民主生活方式。会议上，毛泽东指出：光在党内实行民主还不够，在人民群众中必须要有充分的民主。刘少奇在会议上提出一个新观点：党内民主固然重要，但党内民主不能代替6亿人的民主，只有真正实行民主，这样才能有真正的国家的人民民主制度。陈云说，发扬民主，经常开展批评与自我批评，都是中国共产党的老传统，现在要把它恢复起来。

就会议气氛而言，"七千人会议"应该是新中国建设史上的重要转折点。但是，作为制度层面，民主制度的构建绝不是几次领导人的讲话和几次党内会议所能完成的。"七千人会议"不仅没有构建起国家层面的民主制度，而且党内主要领导人之间的关系也发生了微妙变化。刘少奇将"大跃进"造成的困难归结为"三分天灾，七分人祸"的结论在当时党内高层中是比较刺耳的，从而也就留下了后来党内斗争的阴影。此后不久，民主集中制不仅没有在党内得到落实，而且首先在高层遭到破坏。

中苏决裂后，中国高层出于对外敌军事打击的战略防御设计，着手调整工业布局，全国上下推行"三线"建设，将部分重要工业引入内地和山区。这无形中滞碍了中国社会现代化的进程。1966年，史无前例的"文化大革命"因发展思路和意识形态上的差异爆发。"文革"理念不仅使文化教育、民主法治遭到极为严重的破坏，将中国的国民经济推向了崩溃的边缘，也进一步恶化了原本就紧张的国际生态环境。1968年3月，中苏珍宝岛军事冲突后，中国高层领导人开始向各地疏散，苏联向中苏边界调兵，中国北部百万军队压境，对新生政权构成严重威胁。不仅如此，美国对越南的军事占领也被中共中央解读为从南部围堵和封锁中国。1975年4月，西贡陷落后，中越两党、两国矛盾迅速激化。此外，中印边界之争后，两国紧张的关系长时间未缓解。1974年，一代伟人毛泽东病情逐步加重。党内围绕最高权力的斗争逐渐显露出来。"四人帮"反党集团加紧抢班夺权工作。全国上下一片混乱。

1949～1969年的中国现代化建设是在相对封闭的环境中艰难探索推进的。鼓足干劲、力争上游、自力更生的建设理念与世界经济技术一体化是违背的，因为随着科学技术的发展，国家与国家之间的分工越来越细。原本就落在后面的中国更不能自立于世界民族之林之外。史实很清楚，在中共领导人领导新生的国家摸索现代化道路的同时，以英美为首的西方资本主义国家经历了一场持续发展的二十年，其间新技术、新能源发生了质的革命，经济发展突飞猛进。中外对比，形势极为紧迫。中国绝不能长期保持孤立，必须尽早融入国际社会，才能获得自身经济技术的发展，国家才能真正实现长治久安！因此，结束"抓革命、促生产"的"文革"思维，对外开放、对内改革就成为历史发展的必然趋势。这一点为越来越多务实派官员所接受。

中国共产党探索社会主义现代化建设是与广大群众一同经历的。中央的决策和政策在落实过程中，必然会落实和影响到老百姓的日常生活。"春江水暖、水寒鸭都先知"。"大跃进"、"文革"对中国社会下层百姓的消极影响自不待言。"穷则思变"，正是那些衣食无着、寝食难安的普通群众和基层党员，率先发出了求变图存的改革愿望。1962 年 5 月，陕西户县的杨伟名、赵振离和贾生财三位农村党员联合写作了《当前形势怀感》一文，向上级反映农村面临的实际苦难及解救措施。他们建议政府允许农户单干，放松对生产、流通的计划管制，对一般中小工商业者采取节制而不是取缔的方法，发挥其积极的一面。此外，还对新中国成立以来的社会主义建设的某些做法提出了质疑。文章说："我们的国家是个'一穷二白'的国家，在这个既穷又白的薄弱基础上，由 1949 年解放起到 1955 年合作化为止，仅只有六年左右的时间，我们的新民主主义建设任务就真的完成了吗？答复是否定的。""按说新民主主义建设需要二三十年，由新民主主义逐步向社会主义过渡是一个长期的转化过程，又需要二三十年，由此看来，像我们过去所做的显然是拔苗助长，违反了自然规律。"[①]文章观点得到了中共中央西北局、陕西省委、咸阳地委、户县县委许多领导的认可与支持。但是，文章传到中央后，遭到毛泽东的批判。他认定这篇文章是一个"明目张胆、比较系统的要求资本主义复辟的反动纲领"。杨伟名三人遭到批评。从此，杨伟名这位"农民思想家"、"乡村哲人"不再写文章了。[②] 这样，处于萌芽状态的"星星之火"就被浇灭，没有吹起中华大地经济改革的一片春风。"文革"爆发后，杨伟名被打成"刘杨现行反革命小集团"，受尽凌辱，1968 年 5 月喊冤自杀。

发自中国底层社会的变革呼声暂时沉寂下去了。但是，禁锢社会发展的矛盾和病痛并没有解除，一旦病因积累到一定的程度，还是要在一些薄弱的环节爆发。十五年后，安徽省凤阳县小岗村农民再次步杨伟名等人后尘，冒死签下包产单干的生死文书。所不同的是，他们选择是在基层农村悄无声息地干，不再是向上级党委请愿、呼吁！幸运的是，此时中国政坛已经发生了深刻的转变。邓小平等政治家对小岗村的农政变革给予大力支持。中国改革春风率先在农村刮起来了。

二、是开放促成改革，还是改革需要开放？

西方中国问题专家费正清有一个著名的史学观点：冲击—反应论。即中国洋务、维新及新政现代化之路是在外部力量的冲击下开启的。这种观点后来受到孔菲利中国中心论

---

① 胡德平：《"一叶知秋"的万言书——中国为什么要改革》，《耀邦研究》2009 年第 26 期。

② 陈大斌：《杨伟名和他的一叶知秋》，《炎黄春秋》2012 年第 7 期。

的挑战。20 世纪 70 年代末，邓小平推动改革有着鲜明的时代背景和国际环境。提到改革，人们常与开放连在一起，称之为“对内改革，对外开放”。究竟是改革导致了开放，还是开放引发了改革？仔细研究新中国前三十年的历史，答案并不难发现。

20 世纪 50 年代，中共以苏联为摹本，在中国推行了近十年的高度集中的计划经济，结果引发全国范围内的大饥荒，国民经济几近彻底崩溃。60 年代，中苏两党关系破裂，并逐渐走向两国的军事对立。由于英美等西方资本主义国家联合起来对大陆实施经济、技术封锁，中共领导高层只能在倡导自力更生、勤俭建国的氛围中摸索现代化的可行道路。主要领导对现代化观念、模式认识的差异最终引发党内残酷斗争，进而将中国推向持续动乱的深渊！与此同时，中苏关系持续恶化，并引发军事冲突。苏联在中国北方陈兵百万。“大兵压境的战略态势几乎将新中国逼到绝路之上”①，中共高层不得不认真思考切实可行的破解之策，以打破僵局。东西冷战、美苏全球争霸的国际形势使毛泽东等人意识到中美具有打破坚冰，联手遏制苏联、古巴全球扩张的战略可能。于是，开始重启中美两国间的外交接触。结果由小球转动了大球，最终在 1972 年促成了尼克松秘密访华。红色中国开始向美国实施开放，尽管这种开放“并不意味着意识形态分歧的终结”②。

周恩来、龚彭、乔冠华等共产党内著名人物二十几年前曾经与尼克松、福特时代的美国智库人士有过接触。这些人给美国精英阶层留存的印象也还不错。据费正清回忆，驻重庆的中共党员在抗战期间，“进行着与美国人交往的出色工作……。我们对他们的印象是极好的，因为这里的这群人是由燕京、清华的大学生组成的，他们能说极好的英语，并理解西方思想”。1946 年初，美国驻华新闻处代表还与郭沫若等中国左翼知识分子因杨潮事件共同发起过抗议国民党暴行的抗议示威。③ 不仅如此，负责与美方接触的中共干部的做事方针是尽可能地像现代美国自由主义的民主主义者那样去行事。所以，美国决策当局对抗战前后的中共印象不错。尼克松访华后，中共再度与美方开始接触，周恩来、邓小平等务实主义者在与“四人帮”极左路线的抗争中明显意识到必须将与美国的合作坚持下去。这是因为中国只有结束孤立，真正成为国际秩序中的一员，才能真正实现国家的振兴。1975 年 1 月，病入膏肓的周恩来在全国人大会上作报告时，先是重复“文革”语境，而后话锋一改“文革”论调，为中国指出了一个全新的发展方向，说中国应该在四个关键领域——农业、工业、国防和科学技术方面“全面现代化”，劝勉国人要在 20 世纪末实现四个现代化。此后，邓小平接替周恩来全面主持国务院的工作。再次步入中国领导高层的邓小平十分重视与美国维持密切的关系。与毛泽东不同的是，有过海外游学及出访经历的周恩来、邓小平等人不认为中国单凭意志力和意识形态信念就能发挥其独特的潜力，只有致力于内部改革，才能让中国与全球经济和政治趋势接轨。

邓小平推动中国走向世界、尽早实现现代化的愿望是真诚的。早在 1973 年，他就对澳大利亚科学代表团坦率地说：“中国是穷国，需要与澳大利亚这样先进的国家进行科学

---

① [美]亨利·基辛格著，胡利平等译：《论中国》，中信出版社 2012 年版，第 306 页。

② [美]亨利·基辛格著，胡利平等译：《论中国》，中信出版社 2012 年版，第 307 页。

③ 保罗·埃文斯：《费正清看中国》，上海人民出版社 1995 年版，第 104 页。

交流，向他们学习。”这种表态在中国高层还是第一次。[①] 1974 年，邓小平就着手在“文化大革命”的废墟上设计使中国富强起来的现代化之路。次年 9 月 26 日，他在一篇题为《科研工作要走在前面》的讲话中指出，就目前中国在国际社会上所处的地位而言，人才培养更应该强调“专”而不是“红”。因为单纯强调“红”、强调意识形态没有现实意义，不能推动社会发展。所以，政府应对在专业领域有所成就者予以奖励。这就“从根本上改变了过去数十年来政府干部和工作单位全权掌管个人教育、事业和生活每一细节的做法”[②]。他直言不讳地说，目前中国国各个方面都需要整顿、调整。“农业要整顿，工业要整顿，文艺要整顿，政策要调整，调整其实也是整顿。要通过整顿，解决农村问题，解决工厂问题，解决科学技术方面的问题，解决各方面的问题。我在政治局讲了几个方面的整顿，向毛泽东同志报告了，毛泽东同志赞成。”[③]在当时的话语系统之下，邓小平强调的所谓的“整顿”、“调整”与 1977 年后的改革实有异曲同工之处。

后来，邓小平受到“四人帮”打击，再度失去权力。“文革”中的“改革”只好束之高阁。“四人帮”被打倒、邓小平第三次复出后，在军队、党内均有着巨大声望的邓小平领导全党、全国人民迅速突破了两个“凡是”的禁锢，将中国引向实事求是谋发展的现代化之路。他语重心长地说，“我们已经错过多次了”，“这一次（改革）我们一定要做对”，应该比日本 19 世纪大刀阔斧的现代化运动“干得好”。[④] 因此，中国要对外开放、对内改革，要进入现代化，要派几万学生到英、美、日等国家去留学，要永远结束“文化大革命”。

综合上述观点，不难发现正是 20 世纪六七十年代中国国际生态环境的恶化迫使中国走向了向美国开放的道路。中美在构筑战略联盟的过程中，中方核心领导人逐步坚定了对内结束“文革”、实施全面改革的决心。从这种意义上讲，对美开放促进了中国改革之路的启动。正如 1979 年邓小平访美时所说的那样：“历史上和美国站在一起的国家都成功了，不和美国站在一起的都失败了，我们要和美国站在一起。”[⑤]回顾十一届三中全会前十年、前二十年的历史可以清楚地看出，中国这场改革有着自上而下和自下往上两种趋势。杨伟名等人的《当前形势怀感》、杨俊昌等 18 个人的红手印反映的是下层民众对变革现实的强烈愿望。周恩来、邓小平“文革”中的“促生产”、“要整顿、要调整”的呼声是上层改革思潮的一种折射。毛泽东去世、“四人帮”垮台后，中华大地出现改革春风就是以前历史延续和发展的必然。

1989 年“北京学潮”后，中美关系再度紧张，两国间的经济技术文化交流停滞不前。不久，苏联、东欧社会主义阵营国家相继解体，中共高层在邓小平的领导下，继续其艰难的改革之路，独自摸索有中国特色社会主义建设道路。1992 年邓小平南巡讲话后，中国领导层的政治观点逐渐弥合，现代化建设徘徊不前的状态很快结束，改革继续向前推进。

三、中国继续深化改革之路怎么走?

建国后，毛泽东等人曾用暴力调整手段实现均富，推行计划经济，大搞平均主义、吃大

---

① 参见[美]亨利·基辛格著，胡利平等译：《论中国》，中信出版社 2012 年版，第 316、318 页。

② [美]亨利·基辛格著，胡利平等译：《论中国》，中信出版社 2012 年版，第 321 页。

③ 《邓小平文选》第 2 卷，人民出版社 1994 年版，第 47 页。

④ [美]亨利·基辛格著，胡利平等译：《论中国》，中信出版社 2012 年版，第 326、328 页。

⑤ 梁亚滨：《太平洋战争与中美关系国际研讨会综述》，《新远见》2012 年第 2 期。

锅饭，结果导致社会生产效率低下，严重挫伤了群众的创新意识，社会发展滞后。这种发展超越了既定的历史，违背了自然规律，不符合现阶段中国的具体国情。经过拨乱反正、深化改革，市场经济最终确立与完善，三十年后中国社会已经发生了翻天地覆的变化。人民群众的物质生活水平有了显著的提高，电脑、汽车已经进入寻常百姓家，居民居住环境大大改善。但毋庸讳言，几十年的改革开放，在积累社会财富的同时，也积累了不少社会问题和矛盾。譬如，社会成员间贫富差距大，收入分配不公；再如，我国机器制造业历经一百多年仍未赶上西方国家。信息产业、硬件芯片和软件程序设计与发达国家还有二三十年的差距。不仅如此，快速经济发展也导致自然环境、自然资源遭到严重破坏，食品安全频频闪现红灯，道德底线不断遭到挑战。在国外专家看来，发展环境并不理想，整个“中国社会为利益所驱动，(是)当前中国政府难以在聚焦于经济发展的同时教育民众、促进社会公德”[①]。国家和谐发展不易推进。

为什么会出现上述社会病症呢？原因大致有如下三点：

其一，王朝时代留存的封建意识仍不同程度地存在。1949 年中华人民共和国成立的时候，毛泽东曾说：“打扫完屋子再请客！”曾经侵略、掠夺过中国的殖民者在短时间内被彻底清除出大陆。但是，几千年沉寂下来的封建意识并没有被完全扫除。任何人要为古老的中国绘制一幅美丽的现代化建设蓝图，必须将黑板上的不良信息擦干净才行。可是，我们 20 世纪 70 年代启动的改革开放是在“文革”遗留的废墟上向前推进的。愚民文化中走出来的多数民众公共意识淡泊，对现代化建设也一片茫然。驱逐殖民主义者容易，斩断封建主义的传统愚民老根却很难。因此，加快社会主义精神文明建设、培育新一代的国家公民就显得尤为必要！

其二，发展和完善改革思维的模式有挑战。青少年时期就出国留洋的邓小平在西欧和苏联并未全面接受西方学院的学术训练。因为他走的是勤工俭学之路，这就限定了其对西方社会现代化之路理解的深度。邓小平自称自己是“土包子”，而且坦承“语言太难学了，我在法国求学的时候就没学会法语”[②]。在改革开放之初，邓小平就说改革开放之路前无古人，鼓励各级领导干部摸着石头过河。因为改革之路必须大胆地试、大胆地闯。这些观点对鼓舞干部和群众树立改革决心与信心是十分必要的，但这显然缺少理性思辨的特征。譬如，他在 1980 年代初就曾说中国足球要冲出亚洲、走向世界，必须从娃娃抓起。现如今，当年的娃娃已经 40 岁开外，中国足球的水平与世界先进国家的差距反而拉大了。再如，邓小平执政初期，曾严格推行一对夫妻只生一个孩子的计划生育政策。真正被这项法规约束住的主要是工薪阶层，这些人是社会的主体，也是孕育新一代公民的主要人群。一胎化政策之下，家庭没有了兄弟姐妹之间的竞争，社会上的竞争又演绎成“拼爹”。80 后、90 后的中国新生代站在前任的臂膀上，其综合素质本应该更为优秀，但现时却不是这样。仍以足球为例，截至目前，中国足球的最好战绩是 1995 年广岛亚运会中国足球客场击败日本队，最终获总决赛亚军。以后再无此辉煌战绩。当时的主力队员范志毅、郝海东等人都是 1970 年前后出生的人。他们这些人不像 1960 年前后出生的人儿童时代经历物

① 门洪华主编：《关键时刻美国精英眼中的中国、美国与世界》，北京大学出版社 2012 年版，第 14 页。

② [美]亨利・基辛格著，胡利平等译：《论中国》，中信出版社 2012 年版，第 320 页。

质苦难，也不像 1980 年后独生子女那样娇气。就每平方公里人口密度大小而言，中国远在日本之后，日本通过发展教育，开拓海外贸易、海外牧场的方式克服了人口过多的压力。袁隆平院士的巨大贡献也能在一定程度上缓解吃饭问题。邓小平登上中共权力最高峰时已经是 70 岁开外的老人，他所面临的问题空前复杂，因此，后人对改革开放起步阶段所留存的问题和设计的缺陷不能也不应该过于苛求。后继者所应做的主要事情是如何通过深化改革，来缓解三十多年来新出现的社会矛盾和社会问题。

邓小平主政晚年曾反复说，改革开放最大的失误就是教育。后人已经很难猜测邓小平所说的教育失误真实的意思是指什么，或许是指基础教育，或许是指公民教育，或许是指计划生育背景下的家庭教育。我们知道，一个国家在国际经济政治秩序中保有优势战略地位的基本因素有两个：一是足够多的高素质、高境界人口；二是高质量、高性能的用于国际贸易的商品。人口素质决定商品质量。教育发展滞后势必导致中国改革开放及社会发展后劲不足。“上下交皆言论利益，其国不足畏。”如何做到市场经济的发展与国民道德素质特别是公共道德的提升协同共进，就成为深化改革的大课题。

其三，社会阶层壁垒初见端倪。邓小平主导的改革之所以一开始就深得人心还有一层重要因素，那就是他从教育改革入手，果断地恢复了中断十年的高考，允许地富反坏右分子的子女以社会平等一员的身份接受祖国的挑选，社会各阶层间交流、对流的壁垒被打破，社会活力立刻显现出来。这是改革顺利推进的关键，因为绝大多数社会成员能从邓小平新政中看到人生希望。毋庸讳言，三十几年改革开放造就了一批富人。但是，越来越多的富人要么转移资产到国外，要么借助于手中财富结交官员，垄断社会资源，“房姐”、“房叔”等现象层出不尽。社会财富横向流动的滞碍直接催生了“富二代”、“官二代”群体。经济学家茅于轼说：“承认一定的贫富差距，反对任何地位的不公，是唯一正确的争取平等的道路。除此之外没有别的可行办法。”[①]贫富差距自古就有，但是，借助于社会财富构筑社会阶层壁垒对国家的长远发展极为有害。因此，打破官商勾结，阻止社会利益为少数人垄断，防止社会阶层固化，就成为深化改革的重要任务。开征房产税、遗产税，鼓励社会捐赠等国际通行惯例及早引入中国就显得十分迫切。不然改革开放的成功很难为绝大多数社会成员所共享，社会矛盾就会越积越多！

【结语】 中国社会现代化之路是在存续两千多年的封建社会土壤上构建出来的。改革的顶层设计和基层推进，都需要一批批拥有公共精神的知识精英参与其中。三十多年改革开放的史实证明，侧重物质财富的发展难以全面提升中国的综合国力。因为国民的人品与国家的商品既是奠定国家和谐发展、科学发展的基本前提，也是改革最终走向成功的必由之路。进一步深化改革，就要在倾力打造民族国货品牌的同时着力培育现代国民意识方面的教育，造就一批具有服务社会、理性思辨的新型社会成员，彻底割断那条与封建母体若即若离的脐带。历史辩证法告诉我们，在全球一体化的今天，国家的商品品质实质上是由国民人品的品格所决定的。否则，单纯注重个体成员的积极性，忽视群体成员间的协调性的发展模式，难以迎接全球一体化带来的挑战。

（谷永清）

---

① 茅于轼：《中国人的焦虑从哪里来》，群众出版社 2013 年版，第 102 页。

第3章　马克思主义理论思维培养

马克思主义是我们认识世界的理论武器，更是我们改造客观世界和主观世界的行动指南。通过马克思主义基本原理的学习，培养大学生的马克思主义理论思维，引导他们自觉树立马克思主义的科学世界观、人生观和价值观，学会运用马克思主义的立场、观点、方法，认真地总结过去，客观地分析现实，科学地思考未来，在改造客观世界的同时，努力改造自己的主观世界，不断提高理论水平和实际工作能力。这既是大学生个人成长和长远发展的客观需要，也是中华民族伟大复兴梦实现的客观要求。

本章通过对《马克思主义基本原理概论》教材内容的解读，确定应从九个方面对大学生进行马克思主义理论思维的培养。

3.1　理论思维

【教案视角】　从整体上理解马克思主义(90分钟)

【本讲视角】　从整体上理解马克思主义

【教学目的】　通过比较、讨论，引导学生思考在今天还需不需要学习马克思主义，进而帮助学生从总体上理解和把握什么是马克思主义，什么是马克思主义基本原理，马克思主义的鲜明特征或基本内容是什么，怎样学习和掌握马克思主义基本原理。

【本讲内容】

从整体上理解马克思主义

一、今天还要不要学习马克思主义

【资料之一】

在1999年英国广播公司(BBC)“千年思想家”的网上民意测验中，卡尔·马克思被评为“千年思想家”，得票率高居榜首，高于名列第二、第三和第四的相对论的创立者爱因斯坦、万有引力的发现者牛顿和进化论的提出者达尔文。

1999年，英国剑桥大学文理学院的教授们也曾在校内进行征询、推选，试图找出谁是人类纪元第二个千年的“千年第一学人”。马克思在投票结果中位居第一，被习惯认为第一的爱因斯坦居第二。随后，BBC又以同一命题，在全球互联网上公开征询投票一个月。投票结果仍然是马克思第一，爱因斯坦第二。

【资料之二】

2002年，英国路透社邀请34名来自各国政界、商界、艺术界和学术界的专家名人进行"千年人物"评选，马克思以一分之差名列第二，名列第一的是爱因斯坦。与马克思并列第二的是印度的国父"圣雄"甘地，牛顿和英国前首相丘吉尔并列第四。

【资料之三】

2005年6月，英国广播公司(BBC)《我们的时代》广播节目评选"最伟大的哲学家"，马克思以27.93%的得票率荣登榜首。排在第二、第三的分别是休谟和维特根斯坦，得票率分别为12.67%和6.8%。柏拉图、康德、苏格拉底、亚里士多德、黑格尔等远远落在其后。

【资料之四】

2003年9月，德国德意志电视二台进行了一项为期三个月、名为"最伟大的德国人"的调查，11月28日公布的最终投票结果是：西德战后第一位总理康拉德·阿登纳位居第一；1517年欧洲宗教改革运动的发起者、德国基督教新教创始人马丁·路德位居第二；位居第三的是共产主义理论的奠基人、《共产党宣言》的作者卡尔·马克思。

2005年德国评选"最伟大的人物"，德国第二电视台公布评选结果，马克思被评为德国"最伟大的人物"。

【资料之五】

共产主义运动先驱马克思长眠的海格特公墓，位于伦敦北部一座树木葱茏的小山丘上。每一次走上通往山丘的林阴小道，人们都会肃然起敬；每一次拜谒马克思墓，都有无名者默默献上鲜花，无论秋冬，还是春夏。

进入海格特公墓东园，前行不远就可看到马克思墓。花岗岩墓碑顶上是前英国皇家雕刻学会主席劳伦斯·布莱德肖雕刻的马克思铜质头像，昂然向前，目光如炬，表现着革命者追求真理的坚强意志。墓碑正面镏金的英文是《共产党宣言》中的名句"全世界无产者联合起来"和《关于费尔巴哈的提纲》中的结束语："哲学家们只是用不同的方式解释世界，而问题在于改变世界。"墓园的管理员说，这里安葬着16万人，拜谒马克思墓的人最多，来自世界各地，包括很多中国人。

自世纪之交以来，在有人宣扬马克思主义"过时论"、社会主义"终结论"的情势下，为什么在西方媒体多次举行的"千年思想家"、"最伟大的哲学家"等的评选中，马克思总是名列前茅，当仁不让地被评为"千年思想家"、"最伟大的哲学家"？以上现象说明了什么？为什么一种被其敌人长期攻击、挖苦的学说能如此深刻地影响公众的思想及社会发展的进程？

马克思及其理论之所以能够得到西方知识界、思想界的推崇，不仅在于其历史意义，更在于其现实意义。剑桥大学政治学教授加里斯特·琼斯曾经感慨："《共产党宣言》虽然出版于1848年，但我们现在经常谈到的全球化、裁员、跨国公司、世界经济朝这个或那个方向发展，所有这些内容在书中都能找到，它有令人惊讶的现实意义，任何其他文献都没有这个力量。”[①]

伦敦经济学院等英国不少名校一直有研究马克思主义的课程。马克思的著作曾对英国许多政治家产生过深刻影响。英国著名社会学家、第三条道路的设计师吉登斯认为，马克思依旧是不可超越的思想家。他说：“也许不再时髦，但我仍看重马克思。”

2006年6月，英国媒体披露现任首相布莱尔24年前写给工党领袖的一封信，显示他最初走入政坛时受到了马克思著作的深刻影响。29岁的布莱尔在信中说：“我不厌其烦地拜读了马克思的著作，他在很多地方让我茅塞顿开，尤其是彻底地改变了我对人民和社会的关系的认识。”

一位哲人说：“真理是时间的孩子，不是权威的孩子。”马克思生前无权、无钱，且过着颠沛流离、贫困交加的生活。他之所以能长留人们心中被称为“千年伟人”，就是因为他所揭示的真理的力量，以及“为人类工作”、为真理献身的人格魅力。正如马克思所言：“最好是把真理比作燧石——它受到的敲打越厉害，迸发出的火花就越灿烂。”[②]

通过以上材料，我们不难发现马克思主义在今天仍然具有巨大而持久的影响力，那么，到底什么是马克思主义？你怎样认识马克思主义？什么是马克思主义基本原理？它包括哪些主要内容？

二、马克思主义与马克思主义基本原理

(一)什么是马克思主义

我们先来看看马克思主义经典作家对马克思主义的理解：

恩格斯在《致威·桑巴特》(1895.3.11)中指出：“马克思的整个世界观不是教义，而是方法。它提供的不是现成的教条，而是进一步研究的出发点和供这种研究使用的方法。”[③]

列宁在《马克思学说的历史命运》、《马克思主义的三个来源和三个组成部分》、1914年《卡尔·马克思》中多次提到：“马克思主义是马克思的观点和学说的体系。”

斯大林指出，马克思主义是关于自然、社会发展的科学，是关于工人运动的科学，是关于无产阶级运动和共产主义社会建设的科学。

由上所述，关于什么是马克思主义，从不同的角度，我们可以做出不同的回答。

从创造者、继承者的角度，马克思主义是指由马克思、恩格斯创立的，而由其后各个时代、各个民族的马克思主义者不断丰富、发展的观点和学说的体系。

从阶级属性上看，马克思主义是无产阶级争取自身解放和整个人类解放的科学理论，是关于无产阶级斗争的性质、目的和解放条件的学说。

从它的研究对象和内容上看，马克思主义是无产阶级的科学世界观和方法论，是关于自然、社会和思维发展的普遍规律的学说，是关于资本主义发展和转变为社会主义以及社会主义和共产主义发展的普遍规律的学说。

从狭义上说，马克思主义是马克思、恩格斯创立的基本理论、基本观点和学说的体系。

---

① 中宣部理论局编：《马克思主义理论研究和建设工程参考资料选编》，学习出版社2007年版，第8页。

② 上述资料均转引自史晓慧：《鲜花献给马克思》，2006年6月29日《人民日报》。

③ 《马克思恩格斯选集》第4卷，人民出版社1995年版，第742～743页。

从广义上说，马克思主义不仅指马克思、恩格斯创立的基本理论、基本观点和学说的体系，也包括继承者对它的发展，即在实践中不断发展着的马克思主义。

综上所述，马克思主义是由马克思、恩格斯创立的，为他们的后继者所发展的，以反对资本主义、建设社会主义和实现共产主义为目标的科学理论体系，是关于无产阶级和人类解放的科学。

马克思主义是一个科学而完备的科学理论体系。它是由一系列的基本理论、基本观点和基本方法构成的科学体系，是一个完整的整体。对马克思主义必须从整体上来理解。其中，马克思主义哲学、马克思主义政治经济学和科学社会主义，是马克思主义的三个主要的不可分割的整体，但马克思主义又不是三个部分的简单相加。其中，马克思主义哲学是马克思主义的理论基础，揭示了马克思主义的世界观和方法论，是马克思主义的主要特征；马克思主义政治经济学是马克思主义的主要内容，是马克思主义世界观和方法论的最深刻、详细的运用；科学社会主义则是马克思主义体系的核心，揭示了马克思主义的最崇高的社会理想。其中，马克思主义的立场、观点和方法是马克思主义科学思想体系的精髓。

作为中国共产党和社会主义事业指导思想的马克思主义，是从广义上理解的马克思主义。它既包括由马克思、恩格斯创立和列宁等发展了的马克思主义，也包括中国共产党人将其与中国具体实际相结合形成的马克思主义中国化理论成果。

马克思主义理论体系是一个整体，犹如一整块钢铁，是肢解不了的。谁想去掉它的任何一个基本前提、任何一个重要组成部分，谁就必然离开客观真理。

马克思主义的立场、观点和方法是马克思主义科学理论体系的精髓。

(二)什么是马克思主义基本原理

马克思主义基本原理是马克思主义理论体系中最基本、最核心的内容，是马克思主义的基本立场、基本观点和基本方法的集中概括。它体现马克思主义的根本性质和整体特征，体现马克思主义科学性和革命性的统一。相对于特定历史条件下所作的个别理论判断和具体结论，基本原理具有长期、普遍和根本的指导意义。

马克思主义的基本立场是马克思主义观察、分析和解决问题的根本立足点和出发点。这就是始终站在人民大众的立场上，一切为了人民，一切相信人民，一切依靠人民，诚心诚意为人民谋利益。

马克思主义的基本观点，是关于自然、社会和人类思维规律的科学认识，是对人类思想成果和社会实践经验的科学总结。主要包括：关于客观世界的本质和规律的观点；关于人的实践和认识活动的本质和规律的观点；关于社会形态和社会基本矛盾运动规律的观点；关于人民群众的历史主体作用的观点；关于人的全面发展和社会全面进步的观点；关于商品经济和社会化大生产一般规律的观点；关于劳动价值论、剩余价值论和资本主义生产方式本质的观点；关于社会主义必然代替资本主义的观点；关于社会主义革命和无产阶级专政的观点；关于无产阶级政党建设的观点；关于社会主义本质特征和建设规律的观点；关于共产主义社会基本特征的观点，等等。

三、马克思主义的产生和发展

马克思主义作为至今依然有着强大生命力和持久影响力的科学理论，它也有自己产生和发展的历史。

(一)马克思主义的产生

1.马克思主义是时代的产物

首先,资本主义经济的发展(生产方式内部矛盾尖锐化)为马克思主义的产生提供了经济、社会历史条件。

马克思和恩格斯生活的年代,即19世纪上半叶,世界资本主义经济的发展已有了300多年的历史;资本主义生产方式已经在西欧一些国家占据了统治地位,欧洲几个先进国家如英国、法国、德国、西班牙等都先后进入了资本主义发达的工业生产阶段。资本主义以大机器生产代替了封建社会分散的小生产,使社会生产力获得了巨大的发展。马克思和恩格斯曾经提出:“资产阶级在它的不到一百年的阶级统治中所创造的生产力,比过去一切世代创造的全部生产力还要多,还要大。自然力的征服,机器的采用,化学在工业和农业中的应用,轮船的行驶,铁路的通行,电报的使用,整个大陆的开垦,河川的通航,仿佛用法术从地下呼唤出来的大量人口——过去哪一个世纪料想到在社会劳动里蕴藏有这样的生产力呢?”①

但是,随着资本主义的进一步发展,一系列严重的社会问题也就随之暴露出来,其中最突出的是经济危机。1825年7月,英国爆发了第一次全国性生产过剩危机。1836年和1847年,又先后发生了影响整个欧洲各国的经济危机。从此以后,资本主义经济危机就以一定的周期循环往复地发生。它犹如社会瘟疫,使千百万无产者遭到严重的灾难,使社会生产力受到极大的破坏。这表明资本主义制度所固有的生产社会化同生产资料资本家私人占有之间的矛盾已经成为这种制度难以克服的痼疾。

其次,无产阶级反对资产阶级的斗争日趋激化,对科学理论的指导提出了强烈的需求。

资本主义社会存在的另一严重的问题是工人阶级同资产阶级的对立。资产阶级从它产生的时候起,就背负着自己的对立物——雇佣工作。没有雇佣工作,资本家就不能生存。恩格斯说产业革命在创造了一个大工业资本家阶级的同时,也创造了一个人数远远超过前者的产业工人阶级。

随着无产阶级和资产阶级矛盾的日趋尖锐,到19世纪30～40年代,西欧资本主义社会先后爆发了三大工人运动,标志着工人阶级作为独立的政治力量登上了历史舞台。

2.马克思主义产生的理论来源

欧洲的文艺复兴运动拉开了西方近代史的序幕。中世纪那至高无上的上帝、神圣的宗教在人们心目中的地位在动摇,人类自身的理性、欲望和价值受到了讴歌和肯定。从那以后,在欧洲,人文主义思想成了近代思想文化的主流。在政治上表现为民主化,在思想上表现为要求肯定人、讴歌人,在科学上强调对自然的征服。马克思主义正是诞生在这样一个文化氛围中。

(1)德国古典哲学——包括黑格尔的辩证法的“合理内核”和费尔巴哈唯物主义的“基本内核”。

(2)英国古典政治经济学——代表人物:亚当·斯密、大卫·李嘉图。

---

① 《马克思恩格斯选集》第1卷,人民出版社1995年版,第277页。

(3)英法空想社会主义——代表人物:法国的圣西门、傅立叶,英国的欧文。

3. 自然科学三大发现:能量守恒定律的发现、达尔文的进化论和细胞学说

细胞学说说明世界上各种各样的生物体都是由细胞构成的,一个生物体的成长发育,是通过细胞的分裂、增殖和分化来完成的。由于细胞本身具有变化的能力,从而出现有机体由简单到复杂、由低级到高级的不断发展。随着细胞的发现,机体的产生、成长和构造的秘密便被揭开了;从前不可理解的奇迹,现在已经表现为一个过程,这个过程是依据一切多细胞的机体本质上所共同的规律进行的。这样,动植物之间的联系、生物与非生物之间的联系也被揭示出来了。

能量守恒和转化定律揭示了这样的事实:“自然界中所有无数起作用的原因,过去一直被看作一种神秘和不可解释的存在物,称作所谓力——机械力、热、放射(光和辐射热)、电、磁、化学化合力和分解力,现在全都被证明是同一种能(即运动)的各种特殊形式即存在方式。”[①]这就是说,自然界中的一切运动,都可以表现为一种形式向另一种形式的转化的过程,而运动的总能量保持不变。这一能量守恒和转化定律使得“上帝的第一推动”的说法成为谬误。

18世纪中叶以来,德国、法国等都出现了各种不同形式的生物进化学说。它指出一切物种都是可变的,都是在漫长的时间里由古老的物种演化而来的,同样,人类也是以自然的方式通过变异由类人猿这种哺乳动物演化而来的。这个学说从根本上否定了上帝创造说,特别是上帝造人说。

总之,以上科学的三大发现对马克思主义产生的影响在于:否定了神学,消除了上帝,坚定了马克思恩格斯的辩证法立场。

4. 马克思主义创立的个人主观条件

马克思、恩格斯个人所具有的创造性品格、革命精神、兼有学者和革命家的品质,为马克思主义的诞生奠定了主观条件。

(二)马克思主义在实践中不断发展

马克思主义是在实践中产生的,并在实践中不断丰富和发展。这种丰富和发展,既包括马克思、恩格斯根据实践的发展对自己创立的理论的不断充实和完善,也包括其继承者在实践中根据本国的国情和世界局势的发展对马克思主义理论的丰富和发展。

1. 马克思、恩格斯根据实践的发展对自己创立的理论的不断充实和完善

马克思、恩格斯一向强调:“我们的理论是发展着的理论,而不是必须背得烂熟并机械地加以重复的教条。”[②]他们总是根据新的实践和新的研究补充、修正、丰富和发展自己的理论。例如:从强调“两个必然”到“两个决不会”;从强调暴力革命到提出夺取政权的两种方式,从对未来新社会的原则性构想到形成未来新社会两个发展阶段的理论;从论述资本主义的私人资本到论述资本主义的社会资本;从“至今一切社会的历史都是阶级斗争的历史”到“有文字记载以来的历史都是阶级斗争的历史”……正是这种与时俱进,使马克思主义不断丰富和完善。

---

① 《马克思恩格斯选集》第4卷,人民出版社1995年,第304页。

② 《马克思恩格斯选集》第4卷,人民出版社1995年版,第681页。

2. 列宁对马克思主义的发展

列宁一向对马克思主义采取科学的态度，指出："我们决不把马克思的理论看作某种一成不变的和神圣不可侵犯的东西；恰恰相反，我们深信：它只是给一种科学奠定了基础，社会党人如果不愿落后于实际生活，就应当在各方面把这门科学推向前进。"[①]他在帝国主义和无产阶级革命时代这个新的历史条件下，在指导俄国革命的实践中，坚持马克思主义，又以一系列新的思想、观点丰富和发展了马克思主义。例如：从《资本论》到《帝国主义论》；从"共同胜利论"到"一国、数国首先胜利论"；从"全世界无产者联合起来"到"全世界无产者和被压迫民族联合起来"；从"议会民主共和国"到"苏维埃政权"；从主张消灭商品生产到主张利用商品货币发展社会主义经济……使马克思主义达到新境界，形成了列宁主义。

3. 毛泽东思想、中国特色社会主义理论体系

这是马克思主义与中国具体实际相结合而产生的理论成果，是中国化的马克思主义。

四、马克思主义的鲜明特征

实践基础上科学性与革命性的统一，是马克思主义的基本特征，也是马克思主义的鲜明特征。

（一）马克思主义是实践基础上科学性与革命性的统一

1. 马克思主义具有科学性

马克思主义具有科学性，是指对客观世界特别是人类社会本质和规律的正确反映。表现在：坚持世界的物质性和真理的客观性，力求按照世界的本来面目如实地认识世界；力求全面地认识客观事物，并透过现象深刻地揭示事物的本质和规律；自觉接受实践的检验，并在实践中不断丰富和发展。

2. 马克思主义具有革命性

马克思主义具有革命性，是指马克思主义是无产阶级和广大人民群众推翻旧世界、建设新世界的理论。表现在：坚持唯物辩证法，具有彻底的批判精神；具有鲜明的政治立场，公然声明为无产阶级和人民大众的利益服务。

3. 马克思主义具有实践性

马克思主义具有实践性。实践性是马克思主义区别于其他一切理论的最主要、最显著的特点。

（二）马克思主义的鲜明特征的集中体现

1. 科学的世界观和方法论——辩证唯物主义和历史唯物主义

首先，辩证唯物主义和历史唯物主义是无产阶级的科学世界观和方法论。其次，辩证唯物主义和历史唯物主义是马克思主义理论科学体系的哲学基础。

2. 鲜明的政治立场——马克思主义政党的一切理论和奋斗都应致力于实现最广大人民的根本利益

首先，这是由马克思主义的理论本性决定的。马克思主义的根本特性是阶级性和实践性。其次，这是由无产阶级的历史使命决定的。无产阶级的历史使命是解放全人类，进而解放自己。最后，是否始终站在最广大人民的立场上，是唯物史观与唯心史观的分水

---

① 《列宁选集》第1卷，人民出版社1995年版，第274页。

岭，也是判断马克思主义政党的试金石。

3. 重要的理论品质——坚持一切从实际出发，理论联系实际，实事求是，在实践中检验真理和发展真理，即与时俱进

首先，这种品质是马克思主义理论本质的反映。马克思主义理论的本质属性是彻底的科学性、坚定的革命性和自觉的实践性。其中，彻底的科学性是最根本的。其次，这种品质是人类认识发展规律的具体体现。坚持一切从实际出发，理论联系实际，实事求是，在实践中检验真理和发展真理，这是人类认识发展规律的基本要求。所以，与时俱进就是要把握规律性。最后，这种品质是理论创新的内在要求。创新就要求不断解放思想、实事求是、与时俱进。

4. 崇高的社会理想——实现物质财富极大丰富、人民精神境界极大提高、每个人自由而全面发展的共产主义社会

以上四个方面，包括了马克思主义的最基本的内容，体现了马克思主义的基本立场、基本观点和基本方法，是从整体上领会和把握马克思主义。

五、努力学习和自觉运用马克思主义

(一)在理论和实际结合中学习和掌握马克思主义

毛泽东说过："读书是学习，使用也是学习，而且是更重要的学习"[①]。当代大学生要发扬理论联系实际的优良传统和学风，在努力掌握马克思主义基本原理的基础上，学以致用，自觉树立马克思主义的科学世界观、人生观和价值观。

首先，努力掌握马克思主义基本原理的科学体系、基本内容及其精神实质，掌握马克思主义的立场、观点和方法并用以指导实践。其次，坚持并发扬理论联系实际的学风，防止和反对教条主义、形式主义和实用主义态度。最后，以科学的态度对待马克思主义——既坚持又发展。

(二)把马克思主义作为行动的指南

第一，在思想上自觉地坚持以马克思主义为指导，确立马克思主义的坚定信念，树立坚定的共产主义远大理想。

第二，不断提高运用马克思主义的立场、观点和方法分析、解决问题的能力，自觉辨别和抵制各种不良思想文化的影响。

第三，不断增强服务社会的本领，自觉投身到中国特色社会主义实践。

【结语】 马克思主义是由马克思、恩格斯创立的，为他们的后继者所发展的，以反对资本主义、建设社会主义和实现共产主义为目标的科学理论体系，是关于无产阶级和人类解放的科学。时至今日，马克思主义在世界范围内仍然具有强大的生命力，其根源在于它的以实践为基础的科学性与革命性的统一，集中体现于它的哲学基础、政治立场、理论品质和社会理想四个方面。作为当代的大学生，必须从整体上领会和把握马克思主义，掌握马克思主义科学理论体系的精髓，学会运用马克思主义的立场、观点和方法观察、分析、解决现实问题。

（蔺淑英）

---

① 《毛泽东选集》第 1 卷，人民出版社 1991 年版，第 181 页。

3.2 求实思维

【教案视角】

1. 思维与存在:世界观与哲学基本问题(90 分钟)

2. 物质与运动:物质世界及其存在方式(90 分钟)

【本讲视角】 第 2 视角

【教学目的】 本讲是马克思主义哲学理论体系的基石与起点,通过教学,使学生了解世界的物质根源性,着重掌握马克思主义的物质观、时空观、运动观以及意识的起源、本质和作用及其对物质的反作用,全面深刻掌握世界的物质统一性原理,并能够自觉运用这些观点观察自然,认识社会。

【本讲内容】

物质与运动:物质世界及其存在方式

在马克思主义理论体系中,马克思主义哲学即辩证唯物主义和历史唯物主义是基础;而马克思主义唯物论与辩证法又是马克思主义哲学的基础。物质观是马克思主义哲学理论体系的逻辑起点,也是辩证唯物主义和历史唯物主义的奠基石。认识世界的本质,首先要从认识世界的物质根源性开始。今天我们先学习马克思主义的物质观基本观点,学习掌握世界的物质统一性原理。

一、辩证唯物主义物质观

通过 PPT 向学生出示几幅画面,引导学生从生活实际出发思考世界的本质问题。

物质范畴是唯物主义哲学的基石。所有的唯物主义都主张世界是物质的,但对“物质”究竟是什么,理解各不相同。

(一)物质观的历史发展

在历史上,唯物主义哲学的发展经历了三个历史形态:古代朴素唯物主义、近代机械(形而上学)唯物主义与现代辩证唯物主义。相应地,物质观的发展也分为三个阶段。

1. 古代朴素唯物主义的物质观

古代朴素唯物主义大多凭直观或“天才的直觉”猜测世界本原的物质性,认为物质就是某种或几种具体的物质形态,如:水、火等。古希腊的哲学家泰勒斯认为水是世界的本原,赫拉克利特则认为万物的始基是火,德谟克利特认为原子是世界的本原,等等。在东方,中国古代有“五行说”(水、木、金、火、土)、“阴阳说”和“八卦说”,印度古代的唯物主义者则认为地、水、火、风是组成世界的原始物质。

总的来讲,古代朴素唯物主义从自然本身去探究世界的本原,把世界看成是物质的而不是由神或某种精神创造的,把物质归结为某种具体的物质形态,基本方向是正确的,具有一定的科学性与合理性。但是前面我们也已经讲过,由于当时的社会生产力和科学发展的水平都很低,人类的认识尚处于低级阶段,古代朴素唯物主义具有猜测性,把世界万物归结为一种或几种具体的物质形态,无法科学地揭示物质的真正本质是什么,更不能解释物质世界的无限多样性。

2. 近代形而上学唯物主义的物质观

近代形而上学唯物主义在总结了近代自然科学成就的基础上，丰富和发展了唯物主义，在物质观上克服了古代朴素唯物主义物质观的直观性和猜测性，把“物质”理解为当时所发现的物质结构的最小层次——原子，一切物体都是由原子在粒子间力的作用下，按力学规律组合形成的，因而也具有原子的基本性质。一个物体的质量就是它所包含的原子的质量的总和，由于原子的质量是不变的，所以物体的质量不随物体运动状态的改变而改变。这种原子论的物质观是经典力学世界观的理论基础。

总之，形而上学的物质观以确切的科学材料为根据，反对封建迷信和唯心主义，对物质世界的认识有所深化，比古代朴素的唯物主义明显前进了一大步。但是由于受当时科学发展水平的限制，再加上缺乏辩证思维和实践的观点，近代形而上学的物质观仍然存在很大的缺陷。第一，把原子的个性与物质的共性混淆了。把原子这一物质的具体形态、结构看作一切物质的属性，将原子的广延性理解为物质的最根本规定，并把某些不具有形体的自然现象如能量等排除在物质之外。第二，不了解认识的发展过程，误把人们对物质某一层次的认识当成对物质的最终层次的认识。

3. 辩证唯物主义的物质观

马克思主义以前的唯物主义，尽管认识到物质是世界的本原，但是由于其历史的局限性，没有也不可能概括出科学的物质范畴，因而不能真正把握世界的物质性，不能坚持彻底的唯物主义一元论。马克思主义哲学在总结唯物主义和科学发展成果的基础上，以科学的、完备的哲学物质范畴，建立起彻底的唯物主义一元论的科学世界观。

那马克思主义经典作家是怎样科学规定物质的含义的呢？

(二)物质的科学定义

1. 物质的概念

19 世纪 80 年代，恩格斯就对物质观作出了科学说明，指出：“实物、物质无非是各种实物的总和，而这个概念就是从这一总和中抽象出来的。”①

20 世纪初，列宁根据科学发展的新的成果，对物质作了全面而科学的定义，确定了辩证唯物主义的物质的经典概念：“物质是标志客观实在的哲学范畴，这种客观实在是人通过感觉感知的，它不依赖于我们的感觉而存在，为我们的感觉所复写、摄影、反映。”②

2. 物质的唯一特性

物质的唯一特性即它存在于人的意识之外，可以为人的意识所反映，具有客观实在性。

(1)理解：

①客观实在性。这是从许许多多具体的物质形态中抽象概括出来的共同性，是唯一特性，既体现了所有物质具体形态的共性，又与所有意识相区别。

②客观性。物质存在于人的意识之外，它不依赖于意识存在而可以独立存在；

① 《马克思恩格斯文集》第 9 卷，人民出版社 2009 年版，第 500 页。

② 《列宁全集》第 18 卷，人民出版社 1988 年版，第 130 页。

③可知性。人通过感觉感知为我们的感觉所复写、摄影、反映。物质可以为人的意识所反映。物质要充分地被意识反映需要借助科技的手段和工具,并且需要相当的智慧和文明的发展。

(2)物质的判断标准:

①是否具有客观实在性。

②能否独立地存在于人的意识之外。

③在文明、科技条件足够的条件下,在人脑机能充分挖掘和发挥后,能否有反映。

3.理论意义

马克思主义的物质观具有丰富而深刻的理论意义。

第一,坚持了物质的客观实在性原则,坚持了唯物主义一元论,从根本上反击了唯心主义一元论和二元论。一元论,即世界只有一个本原。二元论,即世界有两个本原。列宁的物质定义从与意识的对立统一关系中去把握物质、规定物质,是马克思主义关于物质世界本质的观点的根本特点。列宁对物质作出了最本质的规定,指明了物质对于意识的独立性、根源性,意识对于物质的依赖性、派生性。

第二,坚持了能动的反映论和可知论,有力地批判了不可知论。它指出物质"是通过感觉感知的",人的认识可以反映客观实在,从而彻底坚持了唯物主义的反映论和可知论。由于科学技术条件的限制,目前还有很多事物未被人类认识,但这并不意味着它们不可认识。随着实践和科学的发展,人们对未知世界的探索和认识将会不断扩展和深化。

第三,体现了唯物论和辩证法的统一。客观实在性是一切物质的共性,既肯定了哲学物质范畴同自然科学物质结构理论的联系,又把它们区别开来,从而克服了形而上学唯物主义的缺陷。从个性中看到共性,从相对中找到绝对,从暂时中发现永恒,这是马克思主义物质观体现的唯物辩证法。

第四,体现了唯物主义自然观与唯物主义历史观的统一,为彻底的唯物主义奠定了基础。马克思主义的物质观揭示了自然和社会的物质性,在此基础上建立起统一的说明自然过程和历史过程的唯物主义原则,实现了唯物主义自然观和历史观的统一。

为了更好地理解物质范畴,正确认识世界,我们还必须进一步研究它的对立面——人的精神世界,即人的意识。

(三)意识的起源和本质

关于意识及其与物质的关系问题,长期以来,是科学和哲学的一大难题。马克思主义以彻底唯物的、辩证的与实践的观点,对意识的起源、本质与作用做出了科学的解释,并且已经得到了自然科学和社会科学的充分证明。

1.意识的起源

马克思主义哲学认为,意识既是自然界长期发展的产物,又是社会历史的产物。

(1)意识是自然界长期发展的产物:

意识不是自然界从来就有的,而是自然界长期发展的产物。考古发现,人是在500万年以前才诞生的,有了人,才有了人的意识。

视频:生物的起源与进化。

意识作为一种反应形式,是自然界物质普遍具有的反应特性长期进化的结果,它的形成经历了三个发展阶段：

①从一切物质所具有的反应特性到低等生物的刺激感应性。

世界上所有的物质在受到来自内部或者外部的某种作用时，都会以各自特有的方式发生变化，来反映出所受的作用，这就是一切物质的反应特性。如："水滴石穿"、岩石风化、铁器生锈等等，其特点是改变自身的存在状态或转化为其他物质。这种物质普遍具有的反映特性虽然不是意识，但却是意识产生的基础和前提。

随着自然界的物质演化，出现了植物和原生动物等低等生物，便产生了生物体特有的反应形式：刺激感应性，即生物对外界环境的变化和作用的应答能力。例如：葵花向阳、叶子向光、变形虫游近食物而避开酸碱等等。刺激感应性是生物为了维持其生存而进行的有选择的趋利避害的反应，已经包含了感觉的萌芽。

②从低等生物的刺激感应性到高等动物的感觉和心理。

随着生物的进化，其反应能力和形式也不断从低级向高级、从简单向复杂发展。低等生物没有专门的反应器官，只能以自身的整体或局部对外界作用进行直接反应。多细胞动物的细胞开始有明显分工；腔肠动物开始分化出神经细胞；从扁形动物（扁虫）的梯状神经系统发展到环节动物的链状神经系统，初步有了中枢调节机构；蚯蚓开始有了暂时的神经联系机制，既有非条件反射，还可以通过条件反射对信号刺激进行反应，标志着感觉的产生。

脊椎动物已经有神经管；两栖动物有较发达的听觉、嗅觉、视觉器官；爬行动物出现了大脑皮层；哺乳动物大脑出现了沟回，产生了感觉；高级哺乳动物已经发展到了动物心理的水平，可以产生感觉、直觉、表象、记忆和情感，并具有初步的分析综合能力。灵长目的类人猿则达到了动物反应能力的最高水平，如大猩猩就能够对事物形成清晰的表象。

视频：动物心理。

当然这还不是真正的意识，不能认识事物的本质，只是意识的萌芽。

③从高等动物心理到人的意识。

意识是跟人和人类社会一同出现的。猿进化到人，猿脑变成了人脑，人脑的出现是自然物质演化史上的伟大飞跃，人所独具的高级反应形式——人类意识随之产生。

人的意识与动物心理有着本质的区别。首先是物质基础不同：动物心理是动物脑的属性、机能，人的意识是人脑的属性、机能。其次是反应形式不同：动物只是以感觉、知觉以具体形象的感性形式反映外部世界，不需要语言，是直接的；而人的意识主要的是以抽象概念的形式——理性的形式反映外部世界，是间接的，离不开语言。最后是反映的内容不同：动物反映外部世界是出自本能，是适应周围环境的结果，它的感性直观的形式只反映事物的表面现象，贫乏、肤浅、没有预见性；而人类反映客观世界出自改造世界的实践需要，它的理性反映形式能深入到事物的内在规律和本质，具有丰富、深刻、有预见性等特性。为了使人的反应形式与其他物质的反应形式区别开来，我们把人的反应形式称为"反映"。

人类意识产生的由低级到高级、由简单到复杂的历史演化过程和趋势，有力地说明了人的意识的产生和人类的产生一样，是自然界合乎规律的长期演化发展的结果，是物质的最高产物，决不是同自然界的演化毫无关系、从自然界之外发生和突然降临的现象。

(2)意识是社会劳动的产物：

【案例】 狼孩

狼孩的事实说明了什么？仅仅依靠自然界的物质演化，纯粹的动物心理并不会自发地产生意识，可以说，自然界的长期进化，仅仅为意识的产生提供了可能性；社会劳动则把这种意识可能性变为现实。所以意识不仅是自然界长期发展的产物，而且是社会劳动的产物。

首先，劳动为意识的产生和发展提供了客观的需要和可能。人类的劳动在人和人脑的形成与意识的产生过程中起到了决定性的作用。劳动促使人脑的形状和结构日益复杂，分工日趋精细。同时，劳动要求更精确地反映客观事物，深入认识事物的本质和规律，更好协调身体的各个部分。这就必然促进人脑的组织结构的完善和机能的加强，有了抽象思维能力。

其次，在劳动实践过程中产生了语言，这是意识形成的关键一步。人的劳动与生活必须相互交往，彼此协作，传递信息，交流思想，表达情感；同时直立行走和劳动实践也促进身体的各个器官特别是头、口、鼻与呼吸系统发生重大改变，能够发出不同的音节，语言的生理基础也具备了。有了语言，人就能用观念和符号形式来反映外部世界，最终形成了人所独有的反映机制——意识。

最后，劳动丰富了意识内容，推动了意识的发展。

人的劳动和社会实践不断改变着社会物质、文化生活和条件，促进着人们的社会交往，进而使人的思维能力不断得到发展，使意识的内容不断丰富，意识的形式不断多样化。

可见，人的意识不是脱离物质而独立存在的现象，它既是自然界物质反应特性长期演化的结果，又是人类特殊的生存方式，劳动和实践发展的必然产物。

2.意识的本质

从意识的生理基础看，意识是特殊的物质——人脑的机能；从意识的对象和内容看，意识是物质世界的主观印象。意识是客观内容和主观形式的统一。

(1)意识是人脑的机能和属性。

视频：大脑的结构。

人脑是意识的器官，人脑之所以产生意识，与其特殊结构有关，人脑的反射活动是意识的生理基础。

(2)意识是客观物质世界的主观映象。

首先，意识的内容来自客观世界。

讨论：人类的神话和幻想从何而来？

人脑是意识的器官，但它本身并不产生意识，意识的产生是人脑对外部客观世界反映的结果。没有反映者，就没有反映。只有客观事物作用于感觉器官，并反映到人脑之后，才会在头脑中形成关于它们的意识，所以，人脑是意识的物质基础，而外界事物才是意识的源泉。正如马克思所说："观念的东西不外是移入人的头脑并在人的头脑中改造过的物质的东西而已。"[1]

---

[1] 《马克思恩格斯文集》第5卷，人民出版社2009年版，第22页。

其次，意识的形式是主观的。

物质世界是意识的源泉，但意识并非只是人脑对外界信息进行的机械反映，而是用主观的形式对其进行能动的创造与加工。因此，意识作为人脑的反映，在形式上是主观的，是主观和客观的统一。

意识形式的主观性表现在：

第一，感性与理性形式的区别。人类意识从形式角度来说，有感性形式和理性形式。前者包括感觉、知觉和表象，后者包括概念、判断和推理。人们可以以感性或者理性的方式反映世界。例如，面对同一个资本主义社会，巴尔扎克写出了《人间喜剧》，马克思却写出了《资本论》。

第二，不同主体间的意识具有差别性。由于不同的人所具有的不同的先天素质以及不同的后天社会实践、社会关系、社会地位等，不同的人对同一对象会有不同的反映。如鲁迅说："一部《红楼梦》，经学家看见《易》，道学家看见淫，才子看见缠绵，革命家看见排满，流言家看见宫闱秘事。"①

第三，意识具有主观特征。意识的主观性不仅表现在它对客观实在近似真实的摹写，而且它还可超越现实，进行加工创造，得出看似和现实毫不相干甚至是相互对立的观念。对日地关系和自由落体的规律，托勒密与哥白尼、亚里士多德与伽利略作了完全不同的表述。科学史已经证明，托勒密和亚里士多德的观点是不正确的，而哥白尼和伽利略的思想是符合自然界真实情况的。可见，无论是正确的观念还是错误的观念都是对客观存在的反映，只不过前者是正确的反映，后者是歪曲的、颠倒的反映。

马克思主义通过对意识的起源、本质等问题的分析，进一步证明了物质对意识的独立性、根源性和意识对物质的依赖性、能动性。它表明，意识是物质的反映，是物质的最高产物。

（四）物质与意识的关系

马克思主义认为，物质决定意识，意识反作用于物质，具体而言：

一方面，物质决定意识。物质是不依赖于人的意识而又能为意识所反映的客观实在。意识是物质世界长期发展的产物，是人脑对物质世界的主观反映，而且意识能动性的发挥也要受客观物质条件的制约。

另一方面，意识反作用于物质。意识能够能动地反映客观世界，形成一定的思想观念，并使人们在这种思想观念的指导下进行实践活动，改造客观世界。

二、世界的物质统一性

（一）世界的统一性

世界的统一性是指世界万事万物有没有一个共同的本质或本原的问题。关于这个问题，在哲学史上产生过三种有代表性的观点：一元论、二元论和多元论。

马克思主义哲学是一元论，认为世界的真正统一性在于它的物质性。

（二）世界的物质统一性的基本内容

马克思主义的世界物质统一性原理包括三层意思：

① 《鲁迅全集》第 8 卷，人民文学出版社 2005 年版，第 179 页。

1. 世界的本原只有一个，这就是物质

这一观点坚持了一元论，否定了二元论和多元论。

2. 世界的统一性在于它的物质性

在这里，物质世界包括自然界和人类社会。

自然界具有物质性：现代科学把整个宇宙划分为三个基本层次：微观世界、宏观世界和宇观世界。微观世界是指分子水平以下的各种微观客体，包括分子、原子、原子核、基本粒子等层次，其运动遵循量子力学规律；宏观世界是由从多分子化合物到太阳系之内的天体系统这样的宏观客体组成，运动主要服从牛顿经典力学的规律；宇观世界是由上述宏观客体水平以上的宇观客体组成(目前人类的观测所及是200亿光年)，其中包括星系、星系团、总星系等物质层次，其运动规律主要服从广义相对论的规律。物质世界的这三个基本层次各自又都包含若干层次，并且每一基本层次的物体又有着特定的运动规律。此外，最重要的生命世界也是物质的，包括人在内的所有生物无非是由核酸、蛋白质、脂类、糖类和一些无机盐类等物质组成的，也只是物质运动的特殊形式。

视频：大宇宙黑洞与暗物质、反物质。

人类社会物质性的表现：人类社会既是物质进化的产物，同时其本身也是物质性的存在。表现在：第一，人与人类社会依赖于自然界，是整个物质世界的组成部分；人从自然界分化出来并不意味着脱离了自然界，他们的生命形态仍然是物质自然界的一部分，人们赖以生存的物质生活资料也只能取之于物质的自然界，人类的社会实践活动还要以自然界为基础。第二，人们谋取物质生活资料的实践活动虽然有意识作指导，但仍然是以物质力量改造物质力量的活动，仍然是物质性的活动，仅仅停留在意识或思想的范围内，人类是无法获取物质生活资料的。第三，物质资料的生产方式是人类社会存在和发展的基础，集中体现着人类社会的物质性。如生产力的要素——劳动者、劳动对象和劳动资料，哪个不是物质的东西？生产关系是人们在物质生产过程中所形成的人与人之间物质利益关系，也是物质的东西。

3. 世界是多样性统一的物质世界

统一性是指物质形态的共同基础，多样性是指物质的具体形态多样。这样就从根本上克服了旧唯物主义在世界物质统一性问题上以个性代替共性的缺陷。

总之，马克思主义哲学把自然界和人类社会都看作是物质系统，它们共同构成了统一的物质世界。这一观点，从根本上与唯心主义区别开来。

三、物质世界的存在方式：运动与时空

世界是物质的，而物质又是怎样的呢？马克思主义认为，物质是运动的。

(一)运动

1. 运动

运动是标志一切事物和现象的变化及其过程的哲学范畴，是物质的存在方式和根本属性。

2. 运动和物质的辩证关系

马克思主义认为，物质和运动是不可分割的：

一方面，物质离不开运动。因为运动是物质的存在方式和根本属性，物质是运动着的物质,没有离开运动的物质。凡物质,都是运动的。设想不运动的物质,就会导致形而上学的观点。

另一方面,运动也离不开物质。因为物质是一切运动变化和发展过程的实在基础和承担者,世界上没有离开物质的运动。凡运动,都是物质的运动。设想离开物质的运动,就会导致唯心主义。比如,黑格尔的“绝对观念”的运动。

【案例】　爱因斯坦相对论证明物质与运动不可分

3.静止

(1)静止是物质运动在一定条件下的稳定状态,包括空间位置和根本性质暂时未变这样两种运动的特殊状态。静止不是绝对的不运动,只是相对于一定的空间位置和事物的根本性质而言,没有发生质的变化。但是对其他的参照物,仍然是运动的。静止是物质运动的一种特殊的形式。

(2)运动与静止的辩证关系:从运动与静止的定义中,我们可以看出,运动是无条件的、绝对的,运动的绝对性体现了物质运动的变动性、无条件性;而静止则是有条件的、相对的。静止的相对性体现了物质运动的稳定性、有条件性。绝对的运动和相对的静止的关系是:相互依赖、相互渗透、相互包含,即“动中有静,静中有动”。无条件的绝对运动和有条件的相对静止构成了事物的矛盾运动。只有把握了运动和静止的辩证关系,才能正确理解物质世界及其运动形式的多样性,才能理解认识和改造世界的可能性。

(3)承认相对静止的意义:第一,静止是运动的量度,不了解静止,就无法了解运动。第二,不了解相对静止,就不可能理解物质的多样性。第三,只有承认事物的相对静止,才能认识和利用事物。

(4)割裂运动与静止的辩证统一会导致的错误:夸大相对静止而否定绝对运动,导致形而上学不变论;夸大绝对运动而否定相对静止,就会导致相对主义和诡辩论。两者都歪曲了事物的本来面目,都是片面的、错误的。我们只有把握了运动和静止的辩证关系,才能正确理解物质的多样性,才能理解认识和改造世界的可能性。

(二)时间和空间

物质世界是运动的,那么物质运动存在的方式是什么呢?在马克思主义认为,物质运动存在的方式是时间和空间。关于时间、空间的观点,统称为时空观。

1.时间和空间

(1)时间是指物质运动的持续性、顺序性。所谓持续性,是指任何一个物体的运动都要经历一个或长或短的过程。所谓顺序性,是指不同事物之间运动过程的出现有一个先后顺序关系。特点是一维性,即一去不复返,有两层含义:对于时间的量度只需要一个数量;时间只有一个方向,具有不可逆性。

(2)空间是指运动的物质广延性、伸张性。特点是三维性,有两种情形:一是表现为一定的体积,二是表现为一定的位置。

2.时空和物质运动的关系

一方面,物质运动离不开时间和空间。因为时间和空间是物质运动的存在方式,物质运动总是在一定的时间和空间中进行的,那种认为离开时间和空间的物质运动是形而上学的错误观点。

另一方面，时间和空间也离不开物质运动。物质运动是时间空间的载体，没有离开物质运动的“纯粹”时间和空间。离开物质运动的时间和空间是唯心主义的观点。

3.时间、空间的无限性与有限性

(1)概念：

视频：银河系和宇宙膨胀。

时间和空间的无限性是指整个宇宙的持续性是无始无终、广延性是无边无际的。

时间和空间的有限性是指每一具体事物的发展过程是有始有终、有边有际的。

(2)时间空间的有限性与无限性的辩证关系：

无限由有限组成，并通过有限而存在。宇宙中的每一个具体事物在时间和空间上都是有限的，但是，各种具体事物的数量是无限的，它们的转化、发展也是无穷的。正是无数有限的具体事物，构成了无限的物质世界。

有限包含着无限，无限通过有限来体现。每一个有限的事物，通过自身的运动变化，打破自己存在的界限，不断地转化为他事物，在这种不断的转化过程中，事物就由有限进入了无限。

可见，有限与无限紧密联系，不可分割，并在一定条件下相互转化。

4.时间和空间的绝对性和相对性

(1)时间和空间的绝对性是指时间和空间作为运动着的物质的存在方式的客观实在性，它是客观的，是不以人的意志为转移的。唯心主义否认物质的客观实在性，也否认时空的客观性。如：康德认为，时间和空间是人头脑中固有的“先天形式”，人通过这种“先天形式”去感知事物，才使事物具有了时间性和空间性。

(2)时间和空间的相对性是指时间和空间作为运动着的物质的存在方式的客观具体性，它因物质具体形态和运动形式的不同而不同，其具体特性又是可变的和有条件的，因而又是相对的。

时间和空间随着物质形态的不同而不同。如：欧几里德几何学、罗巴切夫斯基几何学和黎曼几何学，它们分别反映了不同范围、不同层次物质形态的空间特性。

时间和空间随着物质运动速度的变化而变化。如：尺缩钟慢效应。

时间和空间随着物质形态的不同而不同。如：爱因斯坦广义相对论认为，重力场的时间空间特性是依赖于物质的质量分布的，物质的质量愈大、分布愈密、重力场愈强，则空间的“曲率”就愈大、时间的流逝就愈慢。

5.方法论意义

马克思主义的时空观原理告诉我们，在认识世界和改造世界时，要特别注意：一切以时间、地点、条件为转移，具体问题具体分析，这是马克思主义的活的灵魂。

四、马克思主义世界物质统一性原理的意义

马克思主义关于世界的物质统一性原理，具有重大理论意义和实践意义。

(一)理论意义

世界的物质统一性原理是马克思主义哲学大厦的理论基石，是建立科学的、完整的世界观和方法论的起点，马克思主义的一系列基本原理、观点，就是以它为根据、为前提，并在它的基础上产生和发展起来的。列宁说：“马克思和恩格斯是唯物主义者。他们用唯物主义观点观察世界和人类，看出自然界中一切现象都有物质原因作基础，同样，人类社会的发展也是由物质力量即生产力的发展所决定的。"[①]这一原理从根本上反击了唯心主义一元论和二元论，彻底坚持了唯物主义的反映论和可知论，克服了形而上学唯物主义的缺陷，最终实现了唯物主义自然观和历史观的统一。马克思主义正是以此为基础和起点进一步建立起的科学完整的体系。

(二)实践意义

世界的物质统一性原理，揭示出一切事物和现象都最终根源于物质。所以，我们在实际工作中，必须坚持一切从实际出发。按照事物的本来面貌去认识事物，而不能从原则和本本出发，更不能从主观想象出发。求实原则是马克思主义哲学的世界物质统一性原理的根本要求，更是我们从事一切工作的出发点和立足点；解放思想、实事求是是我们做好各项工作必须遵循的基本原则，也是我们党的思想路线的精髓。

【结语】 综上所述，我们的世界的根源是物质，意识是物质的最高产物，是人脑对客观世界的主观映象。世界的物质统一性在于自然界和人类社会都具有客观实在性，自然界是构成人类社会客观现实性的自然基础，人类社会的存在和发展，反过来又影响和制约自然界。运动是物质的存在方式和根本属性，物质运动存在的方式是时间和空间。世界的物质统一性原理是马克思主义哲学大厦的理论基石，是建立科学的、完整的世界观和方法论的起点。因而我们在实际工作中必须坚持一切从实际出发，求实原则是马克思主义哲学的世界物质统一性原理的根本要求，更是我们从事一切工作的出发点和立足点。

（王洪春）

3.3　整体思维

【教案视角】

1. 唯物辩证法的理论体系(45 分钟)
2. 辩证法和形而上学(45 分钟)
3. 世界的普遍联系与发展(90 分钟)

【本讲视角】 第 3 视角

【教学目的】 通过本专题教学，帮助大学生了解自然界、人类社会和人类思维的宏观和微观联系，充分认识人与自然、人与社会以及人与人之间的密切关系，学会用系统的、联系的观点看待问题、分析问题和解决问题，学会用联系和发展的观点来认识和分析当前社会发展中的各种现象和问题，借以培养整体性思维方式，避免片面地看问题。

【本讲内容】

世界的普遍联系与发展

【案例】 美国次贷危机

---

① 《列宁选集》第 1 卷，人民出版社 1995 年版，第 91 页。

2007年底，由美国次级债危机导致的金融危机漫及全球，对我们国家甚至我们每个人的生活都产生了影响。由此说明整个世界是如此紧密地联系在一起的，而且这种联系随着社会历史的进程会越来越紧密。

事实上我们每个人在成长的过程中，都会感觉到许多事情是相互联系的，有些事情的发生与我们直接相关，有些是间接相关，我们不是孤家寡人，即便是鲁滨逊漂流记中的主人公也不是生活在真空中。我们也会感觉到我们周边的事物变化呈现出多种多样的形式，有些事物的变化是向好的或者说是向前发展的，有些事物的变化则原地踏步不前，甚至倒退。有些联系变化似乎我们能够控制、左右，有些联系变化我们又难于左右或根本左右不了。实际上当我们每天在进行这样的思考或者反思时，我们就是在思考带有哲学味道的问题了。

一、两种对立的发展观

(一)形而上学

形而上，指高于可见现象的不可见之物。不可见之物可以解释为规律，也可简称为“道”。研究高于可见的那不可见之物就是形而上学。

哲学史上经历了两个发展形态：一是指研究超感觉、超经验的有形体之外的对象的哲学；二是指与辩证法相对的，用孤立的、静止的、片面的观点观察事物的思维方式。

形而上学一般把事物看成是彼此孤立、绝对静止、固定不变的，看不到事物的相互联系，把变化仅仅归结为位置移动和单纯数量的增减，视为外力推动的结果。由于反感教条主义的只讲形式，不究实质，黑格尔把形而上学作为与辩证法相对立的一种机械教条的研究方法来批判，因此形而上学也可以表示教条主义。

(二)辩证法

“辩证法(dialectics)”一词源出希腊语“dialego”，是关于对立统一、斗争和运动、普遍联系和变化发展的学说，由日本人翻译为辩证法，近代传入中国，意为谈话、论战的技艺，指一种逻辑论证的形式。

辩证法在发展中经历了三种基本形式，即古代朴素辩证法、近代唯心主义辩证法、马克思主义现代唯物辩证法。

经典论述：理解马克思主义经典作家关于辩证法的解释。

1. 恩格斯关于辩证法的解释

1878年出版的《反杜林论》论联系：“当我们深思熟虑地考察自然界或人类历史或我们自己的精神活动的时候，首先呈现在我们眼前的，是一幅由种种联系和相互作用无穷无尽的交织起来的画面。”①

1888年单行本的《路德维希·费尔巴哈和德国古典哲学》中论主客观辩证法：“在黑格尔那里，辩证法是概念的自我发展……我们重新唯物地把我们头脑中的概念看作现实事物的反映，而不是把现实事物看作绝对概念的某一阶段的反映。这样，辩证法就归结为关于外部世界和人类思维的运动的一般规律的科学，这两个系列的规律在本质上是同一的，但在表现上是不同的……这样，概念的辩证法本身就变成只是现实世界的辩证运动的

① 《马克思恩格斯选集》第3卷，人民出版社1995年版，第359页。

自觉的反映,从而黑格尔的辩证法就被倒转过来了,或者宁可说,不是用头立地而是重新用脚立地了。"①

2.列宁关于辩证法的解释

列宁在 1913 年《马克思主义的三个来源和三个组成部分》中论发展:"这些成果中最重要的就是辩证法,即最完整深刻而无片面性弊病的关于发展的学说。"②

(三)唯物辩证法:马克思主义的辩证法

19 世纪中叶,自然科学的发展愈益揭露出自然界的辩证性质,无产阶级革命运动的兴起也使社会历史运动的辩证法更加显露出来。马克思、恩格斯在概括革命实践经验和自然科学新成果的基础上,批判地继承了黑格尔的唯心主义辩证法,创立了唯物辩证法。辩证法在历史发展中第一次取得了真正科学的形态。

马克思主义认为辩证法是关于自然、人类社会和思维发展的最一般规律的科学。恩格斯曾多次讲过辩证法是唯一正确的"思维方法"和"说明方法",是一个有着内在联系的严密的理论体系。唯物辩证法认为:"普遍联系"和"永恒发展"是世界存在的两个总的基本特征,从总体上揭示了世界的辩证性质;唯物辩证法的基本规律和各个范畴,从不同侧面揭示了这两个基本特征的内涵和外延;矛盾(即对立统一)的观点是唯物辩证法的核心。

二、唯物辩证法两大总特征:普遍联系与永恒发展

唯物辩证法认为,世界上的一切事物和现象都是普遍联系的。普遍联系和发展是物质世界中一切事物、现象的辩证本性。因此,联系的观点、发展的观点是唯物辩证法的基本观点和总特征。

(一)联系的观点

1.联系的含义

作为一个普遍的哲学范畴,联系是指事物内部各要素之间和事物之间相互影响、相互制约和相互作用的关系。

唯物辩证法认为,联系不是事物之间个别的、暂时的现象,而是事物之间普遍的和永恒的现象。可以说,联系是事物的根本属性和存在方式,是物质运动发展的根本原因。

2.联系的特点

(1)联系具有客观性。联系的客观性是指联系是事物本身所固有的客观本性,是不以人的意志为转移的。

事物的联系是事物本身所固有的,不是主观臆想的。世界上没有孤立存在的事物,每一种事物都是和其他事物联系着而存在的,这是一切事物的客观本性。承认并强调联系的客观性有着重要的意义。

首先,承认联系的客观性是批判唯心主义、反对封建迷信的基本要求。唯物辩证法强调联系的客观性,就是要同唯心主义划清界限。

其次,承认联系的客观性,是实事求是的内在要求。坚持联系的客观性,要求我们要从客观事物本身固有的联系出发,坚持联系的客观性,就是在联系的观点上坚持唯物论。

---

① 《马克思恩格斯选集》第 4 卷,人民出版社 1995 年版,第 241～244 页。

② 《列宁选集》第 2 卷,人民出版社 1972 年版,第 424 页。

也就是说，必须坚持实事求是的思想路线和工作路线。

科学的真正任务就是揭示事物和现象之间所固有的联系。爱因斯坦说："要是不相信我们的理论构造能掌握实在，要是不相信我们世界的内在和谐，那就不可能有科学。"①

再次，承认联系的客观性，也是指导人们合理建立各种联系的客观要求和实践原则。

说到底，人不能凭空创造，也不能无中生有。人为事物的联系说到底是自在事物的潜在属性和潜在联系的显化和实现。从这种意义上说，人类的实践活动就是变潜在联系为现实联系的能动转化过程。

(2)联系具有普遍性。唯物辩证法认为，联系是普遍的，世界是一个由无穷无尽的各种事物和现象构成的普遍联系的整体。普遍联系是世界物质统一性的内在体现。

事物联系的普遍性有三层含义：第一，任何事物内部的不同部分和要素是相互联系的，也就是说，任何事物都具有内在的结构性。第二，任何事物都不能孤立存在，都同其他事物处于一定的相互联系之中。第三，整个世界是相互联系的统一整体。从无机界到有机界，从自然界到人类社会，任何事物都处在普遍联系、交互作用中，不存在完全孤立的东西。

实践作为人的生命活动和社会存在的本质形式，实质上是人类所特有的联系形式，即人类社会与自然界、社会中人与人的一切现实联系的基本方式和途径。这已为人类的实践经验和科学发展所证明。恩格斯指出："当我们深思熟虑地考察自然界或人类历史或我们自己的精神活动的时候，首先呈现在我们眼前的，是一幅由种种联系和相互作用无穷无尽地交织起来的画面，其中没有任何东西是不动的和不变的，而是一切都在运动、变化、生成和消逝。整个世界是一个相互联系的统一整体；任何事物都是统一的联系之网上一个网结，并通过它体现出联系的普遍性。"②

(3)联系具有多样性。联系不仅是普遍的，而且是多样的。所谓联系的多样性是指事物、现象和过程的联系方式是极其复杂的和多种多样的。联系的主要方式有：直接联系与间接联系，内部联系与外部联系，本质联系与非本质联系，必然联系与偶然联系等。不同的联系，不仅因物质主体的不同而不同，而且对事物存在和发展所起的作用也不同。不同的联系构成事物内部和事物之间的存在状态和发展趋势。

【案例】 美国黄石公园"引狼入园"

2004年8月一个下午，俄勒冈州立大学植物学教授 William J. Ripple 站在黄石国家公园拉马尔谷中一棵3.7米高的三角叶杨树旁激动不已。"我们可以看到这些顶芽的瘢痕"，"可以看出，马鹿今年没有啃吃这棵树，去年也没有。实际上，自1998年以来，这棵树就一直没有被采食过"。生长在山谷底部那些壮观的树树龄都在70～100岁，但举目看不到一棵后继的新树。山坡上，欧洲山杨的情况也大致相同。为什么树林下层没有茁壮成长的树苗呢？

Ripple 于1997年听说黄石公园的欧洲山杨数量在减少，而没有人知道为什么，就来到这里试图揭开其中的秘密。"在1900年代早期，幼小的欧洲山杨和柳树还很多，到

① 《爱因斯坦文集》第3卷，商务印务馆2009年版，第379页。

② 《马克思恩格斯选集》第3卷，人民出版社1995年版，第359页。

1930 年代，这些树停止了繁殖，再也没有幼树了。”他以 98 株欧洲山杨为核心样本进行研究，发现 1920 年代以后仅有两棵新树生长，大约在那时最后的狼群被猎杀或驱逐干净。这两棵树正处在马鹿经常犹豫不前，害怕捕食者攻击的地方。Ripple 找到了大树和小树，却没有中间过渡年龄的树，因为从 1930 年代到 1990 年代没有新树生长。这是“狼效应”的第一个有力证据。

“狼效应”理论认为，狼会使马鹿的数量保持在一定水平，防止它们狼吞虎咽地把所有从地面探出头来的欧洲山杨树和柳树吃光。当公园里的狼被当作威胁而斩尽杀绝时，马鹿数量激增，鹿群消耗着植被，使拉马尔谷变得光秃秃的，因而赶走了许多其他物种。举例来说，山上没有了幼树，河狸就几乎没有食物了。雪橇给黄石国家公园运来 14 只来自加拿大的北美灰狼。自 20 世纪早期黄石公园中的狼被猎杀殆尽之后，这是它们第一次以此为家。一年以后，又引进了 17 只加拿大狼。

重新引狼入园后，研究者发现，不仅马鹿种群数量下降，其行为也发生了改变。这种高大优雅的红褐色动物在河谷底的时间减少了，而大多数时间待在能够看到捕食者狼的地方。Ripple 和他的同事——俄勒冈州立大学的森林学家 Robert B. Beschta 发现，在黄石公园里树木已经随着狼数量的增多而增加。

随着拉马尔沿岸植被的恢复，各种变化也接踵而至。就在上游，有一个小型河狸水坝，这是 50 年来在这条河上第一次记录到的三个河狸水坝之一。拉马尔溪的支流，斯劳溪上有 6 个河狸水坝。由于植被的恢复，河狸又有东西吃了。Smith 说：“它们的粮仓装满了柳条。”除此之外，其他的变化也将随之而来。拉马尔谷中会生长更多的木本植物，会加固堤坝，避免一些侵蚀。Ripple 预言，植被的增加将给溪流遮阴降温。这就意味着，更多碎树枝掉入拉马尔河中，会降低水流速，使溪水形成池塘，这就改善了鳟鱼的生存环境，使它们的数量增多，个头增大。

尽管到目前为止科学研究还仅仅局限于植被，但是，似乎狼群对于公园里食物链的其他环节也有惊人的影响。影响最显著的是土狼。黄石国家公园生态学研究中心的首席科学家 Robert Urabtree 和他的妻子收集了狼重新引入公园之前三年的基本资料发现，为了给更大的狼让出空间，土狼已经做出了很大的牺牲。公园中土狼的数量已经下降了 50%，在狼分布的核心区域甚至下降了 90%。雄性土狼的体形比引进狼以前小了，Crabtree 说：“可能是因为体形大的个体更有攻击性，向狼挑战而丧生了。”由于土狼的减少，它们的猎物——田鼠、老鼠和其他一些啮齿动物的数量增加了，这对红狐和猛禽有利。但是，红狐也捕食鸣禽，因此，红狐增多则意味着更多鸟类的损失。

狼也使得黄石公园“肉食市场”的大门洞开。灰熊和美洲狮很少攻击成年马鹿，尽管它们也吃小鹿，或以冬天冻死的动物尸体为食。与它们不同，狼却什么时候都会捕食成年马鹿，吃饱之后，它们会溜达到一边去，在酒足饭饱的满足中进入梦乡，或者，它们会被灰熊从猎物旁赶开。狼的存在，意味着在地上可以找到更多现成的肉食，所有食腐动物都以吃动物尸体为生。从灰熊到鹊类等数量的增加，反映公园里新出现的肉食之丰富。在狼猎杀物上曾经记录到 135 只渡鸦。“我们在狼猎杀的动物中，看见秃鹰、金雕、土狼、渡鸦、鹊，”Smith 说，“我不知道在狼出现之前，这些动物做什么么”。

案例有力地证明了生物链上各种动植物之间彼此相连的生物链条情况。在这个链条上，每一个环节的中断都会直接影响其他环节的存在。狼是美国黄石国家公园生物链上的重要环节，狼的消失导致马鹿种群数量大增，使整个拉马尔谷的树木和其他植被遭到严重破坏，影响到河狸。没有河狸的小型水坝，直接破坏了鳟鱼的生存环境，使它们的数量锐减。由于北美灰狼的引进，影响了当地土狼的存在。土狼数量的减少，田鼠、老鼠和其他一些啮齿动物的数量增加，这对红狐和猛禽有利。由于狼的存在，地上就可以找到更多现成的肉食，食腐动物随着增加。总之，由于狼的介入使得整个拉马尔谷重新变得生机勃勃。案例直观地说明了自然界中的普遍联系。[①]

3. 普遍联系与系统整体性思维

联系的普遍性和客观性使世界具有整体性。系统科学深入揭示了事物联系的系统性和整体性，促使唯物辩证法关于事物联系的普遍性原理和世界整体性的思想进一步深化和具体化。

系统思想源远流长，作为一门科学，最早由美籍奥地利理论生物学家 L. V. 贝塔朗菲在 1932 年提出。但是这一理论到 1948 年才得到学术界的重视。通常把系统定义为：由若干要素以一定结构形式联结构成的具有某种功能的有机整体。在这个定义中包括了系统、要素、结构、功能四个概念，表明了要素与要素、要素与系统、系统与环境三方面的关系。

(1)系统的含义：现代系统科学认为，任何事物都是以系统的方式存在的。所谓系统，就是由一定数量的相互联系的要素所组成的、具有特定功能的有机整体。

(2)系统的两大特点：系统最显著的特点之一是整体性。系统论的核心思想是系统的整体观念。系统的性质和功能不是其构成要素的性质和功能的简单相加，而是由系统的整体结构决定的新的性质和功能。贝塔朗菲强调，任何系统都是一个有机的整体，它不是各个部分的机械组合或简单相加，系统的整体功能是各要素在孤立状态下所没有的性质。他用亚里斯多德的“整体大于部分之和”的名言来说明系统的整体性，反对那种认为要素性能好，整体性能一定好，以局部说明整体的机械论的观点。同时认为，系统中各要素不是孤立地存在着，每个要素在系统中都处于一定的位置上，起着特定的作用。要素之间相互关联，构成了一个不可分割的整体。

系统的另一个特点是层次性。系统作为整体又不是绝对的，在一个层次上作为整体，在更高的层次上就成了部分；每一个部分，相对于更低的层次而言，它自身又是一个整体。所以，系统观念内在地包含有层次的观点。

系统论的基本思想方法，就是把所研究和处理的对象，当作一个系统，分析系统的结构和功能，研究系统、要素、环境三者的相互关系和变动的规律性，并优化系统观点看问题，世界上任何事物都可以看成是一个系统，系统是普遍存在的。大至渺茫的宇宙，小至微观的原子，一粒种子、一群蜜蜂、一台机器、一个工厂、一个学会团体……都是系统，整个世界就是系统的集合。

系统论的出现，使人类的思维方式发生了深刻的变化。以往研究问题，一般是把事物分解成若干部分，抽象出最简单的因素来，然后再以部分的性质去说明复杂事物。这是笛

---

① 转引自洪晓楠等：《“马克思主义基本原理概论”课教学案例解析》，高等教育出版社 2008 年版，第 72～74 页。

卡尔奠定理论基础的分析方法，着眼点在局部或要素，遵循的是单项因果决定论。但是它不能如实地说明事物的整体性，不能反映事物之间的联系和相互作用，它只适应认识较为简单的事物，而不胜任于对复杂问题的研究。在现代科学的整体化和高度综合化发展的趋势下，在人类面临许多规模巨大、关系复杂、参数众多的复杂问题面前，就显得无能为力了。这时，系统分析方法却能高屋建瓴，综观全局从而为现代复杂问题提供有效的思维方式。

系统论反映了现代科学发展的趋势，反映了现代社会化大生产的特点，反映了现代社会生活的复杂性，所以它的理论和方法能够得到广泛的应用。系统论不仅为现代科学的发展提供了理论和方法，而且也为解决现代社会中的政治、经济、军事、科学、文化等等方面的各种复杂问题提供了方法论的基础，系统观念正渗透到每个领域。

4. 用联系的观点看问题，学会运用系统整体性思维方法分析问题、解决问题

懂得了唯物辩证法关于普遍联系的观点，我们在认识和实践中就要自觉地从联系的观点出发，在相互联系中把握事物。具体地说，用联系的观点看问题，必须注意以下几点：

(1)要坚持联系的普遍性，在事物的全面联系中完整地把握事物。黑格尔曾经生动地举例说：人的手只有作为人体的有机组成部分，与其他器官有机地联系在一起，才是真正的手。把手割下来，使之脱离开人体，它就不再是现实的手，而且很快会腐烂。我们考察事物，只有在联系和整体中，才能获得全面而深刻的认识。

(2)坚持用普遍联系的观点看问题，不仅是唯物辩证法的基本要求，也是我们认识世界、获得真理的科学方法。

(3)必须摒除形而上学的思维方式。形而上学就是用孤立的、静止的和片面的观点去看世界的世界观和方法论。

【案例】 差距

两个同龄的年轻人阿诺德和布鲁诺同时受雇于一家店铺，并且拿同样的薪水。

可是阿诺德很快青云直上，而布鲁诺却仍在原地踏步。对此他很不满意老板的不公正待遇。终于有一天他到老板那儿发牢骚了。老板一边耐心地听着他的抱怨，一边在心中盘算着怎样向他解释清楚他和阿诺德之间的差别。“布鲁诺先生，”老板开口说话了，“您到集市上去一下，看看今天早上集市上有什么卖的。”布鲁诺从集市上回来向老板汇报说，今早到现在集市上只有一个农民拉了一车土豆在卖。“有多少？”老板问。布鲁诺赶快戴上帽子又跑到集市上，然后回来告诉老板一共有40口袋土豆。“价格是多少？”布鲁诺第三次跑到集市上问来了价钱。“好吧，”老板对他说，“现在请您坐到这把椅子上一句话也不要说，看看别人是怎么做的。”老板让人叫来了阿诺德，也叫他去集市看看有什么卖的。阿诺德很快从市场上回来了，并汇报说到现在为止只有一个农民在卖土豆，一共40口袋，价钱是多少；土豆的质量很不错，他带回来一个让老板看看。这个农民一个钟头以后还会弄来几筐西红柿，据他看价格非常公道。昨天他们铺子的西红柿卖得很快，库存已经不多了。他想这么便宜的西红柿老板肯定会要进一些的，所以他不仅带回来一个西红柿做样品，而且把那个农民也带来了，他现在正在外面等着回话呢。

此时，老板转向了布鲁诺，说：“现在你肯定知道为什么阿诺德的薪水比你高了吧？”

马克思主义关于事物普遍联系的原理，要求人们要善于分析事物的具体联系，确立整

体性、开放性观念，从动态中考察事物的普遍联系。当代中国正在以科学发展观为指导构建社会主义和谐社会，这就要求人们正确认识和处理人与自然、人与人、人与社会的相互关系，促进经济社会的协调和持续的发展，促进人的全面发展。当今世界是开放的世界，各个国家、各个民族之间的相互联系日趋紧密，这就要求我们把握全球化进程中诸方面的相互联系，把对外开放作为基本国策，抓住机遇，努力发展自己。

（二）发展的观点

1.运动、变化和发展

事物的相互联系包含事物的相互作用，而相互作用必然导致事物的运动、变化和发展。事物之间相互作用的结果，使事物原有的状态和性质发生程度不同的变化。地球和太阳的相互作用构成地球绕太阳的运动，并引起地球上事物和现象的变化，比如沧海桑田、四季更迭、风云变幻等。一定形式的运动都意味着一定的变化：最简单的机械运动会引起物体位置的变化，物理运动是物质分子状态的变化，化学运动是物质化学成分的变化，生物运动是生物机体的变化，社会运动会引起社会有机体的变化，等等。总之，联系构成运动，运动引起变化，变化的基本趋势是发展。

发展是前进的上升的运动，发展的实质是新事物的产生和旧事物的灭亡。新事物是指合乎历史前进方向、具有远大前途的东西；旧事物是指丧失历史必然性、日趋灭亡的东西。新生事物是不可战胜的，因为：第一，就新生事物与环境的关系而言，新事物之所以新，是因为有新的结构和功能，它适应已经变化了的环境和条件；旧事物之所以旧，是因为它的各种要素和功能已不适应环境和客观条件的变化，走向灭亡就成为不可避免的。第二，就新事物与旧事物的关系而言，新事物是在旧事物的"母体"中孕育成熟的，它既否定了旧事物中消极腐朽的东西，又保留了旧事物中合理的、仍然适合新的条件的因素，并添加了旧事物所不能容纳的新内容。这两方面也就是新事物在本质上优越于旧事物，具有强大生命力的原因所在。在社会领域中，新事物战胜旧事物表现得特别明显，把握这一规律对于我们在现代化进程中创新、发展具有重要的意义。

2.事物的发展是一个过程

过程就是指事物自身发生、发展和灭亡的历史。一切事物，只有经过一定的过程，才能实现自身的发展。自然界、人类社会和思维领域中的一切现象都是作为一个过程而向前发展的。恩格斯指出："一个伟大的基本思想，即认为世界不是既成事物的集合体，而是过程的集合体，其中各个似乎稳定的事物同它们在我们头脑中的思想映象即概念一样都处在生成和灭亡的不断变化中，在这种变化中，尽管有种种表面的偶然性，尽管有种种暂时的倒退，前进的发展终究会实现。"①

事物发展的过程，从形式上看，是事物在时间上的持续性和空间上的广延性的交替；从内容上看，是事物在运动形式、形态、结构、功能和关系上的更新。现代科学凭借科学仪器所能观察到的一切事物，都有自己兴衰变化的过程。

人类社会的发展也是一个过程。从原始社会发展到奴隶社会，再从奴隶社会发展到封建社会、资本主义社会，有的国家已进入社会主义社会，表现出人类社会发展过程的总

① 《马克思恩格斯选集》第4卷，人民出版社1995年版，第244页。

趋势。从我国的现实看，我国正处于社会主义初级阶段。社会主义作为过程的集合体，它将经过自身的长期发展，向着共产主义迈进，这是不以人的意志为转移的历史潮流。

三、整体性思维的训练与巩固(小组讨论)

思考与探索生活中的普遍联系。

【文字资料】 食物之间的相生相克

犯忌食物：猪肉和菱角(胃肠)，牛肉和栗子(呕吐)，土豆和香蕉(长斑)，芋头和香蕉(腹胀)，豆腐和蜂蜜(伤眼)，花生和黄瓜(伤身)，兔肉和芹菜(脱发)，红糖皮蛋(中毒)，甘草鲤鱼(中毒)，狗肉绿豆(中毒)，白酒柿子(胸闷)……

某些食物可改变一些药品的化学结构或影响药物的吸收、代谢或排泄，从而发生不良反应：阿莫西林与芹菜、韭菜同食，药效降低；橘子、山楂、醋，酸性食物使磺胺类药物在尿中析出结晶，加重肾脏负担；皮质激素类药物(如：强的松)与动物内脏、鸡蛋、糖类同服可导致血糖升高等等。

【文字资料】蝴蝶效应与人生

蝴蝶效应指一件表面上看来毫无关系、非常微小的事情，可能带来巨大的改变。此效应说明，事物发展的结果，对初始条件具有极为敏感的依赖性，初始条件的极小偏差，将会引起结果的极大差异。美国气象学家爱德华·诺顿·罗伦兹 1963 年分析了这个效应。“一个气象学家提及，如果这个理论被证明正确，一个海鸥扇动翅膀足以永远改变天气变化。”对于这个效应最常见的阐述是：“一个蝴蝶在巴西轻拍翅膀，可以导致一个月后德克萨斯州的一场龙卷风。”

1998 年亚洲发生的金融危机和美国曾经发生的股市风暴实际上就是经济运作中的蝴蝶效应。

1998 年太平洋上出现的“厄尔尼诺”现象就是大气运动引起的蝴蝶效应。

【结语】 唯物辩证法是关于联系和发展的学说。唯物辩证法认为，世界上的一切事物和现象都是普遍联系着的，并且处于永恒的发展之中。普遍联系和永恒发展是物质世界的辩证本性，联系的观点、发展的观点是唯物辩证法的两大总特征。联系具有客观性、普遍性和多样性，发展的实质是新事物取代旧事物，发展是一个过程，我们必须学会用联系的观点和发展的观点认识事物、分析问题、解决问题，才能不断提高自身的辩证思维能力和处理问题的实际能力。

(刘天华)

3.4 辩证思维

【教案视角】

1. 对立统一思维(90 分钟)
2. 质量互变思维和否定之否定思维(90 分钟)
3. 辩证思维的基本环节(90 分钟)
4. 辩证思维的具体方法(90 分钟)

【本讲视角】 第1视角

【教学目的】 通过本教案的教学，使学生了解和掌握什么是辩证思维，怎样进行辩证思维。在辩证思维中，重点把握对立统一思维。要了解和掌握对立统一思维的地位和作用，掌握和运用对立统一思维的基本内容，切实把对立统一思维作为认识世界和改造世界的最根本、最科学的思维方法。

【本讲内容】

对立统一思维

首先，我给大家讲两个事例，请大家思考。

第一个是“照辩证法办事”。1957年1月，毛泽东在一次会议上提到：“要照辩证法办事，这是邓小平同志讲的。我看全党都要学习辩证法，提倡照辩证法办事。”①那么，怎样理解毛泽东这句“照辩证法办事”话的意思？

这个“照辩证法办事”的意思，就是要求人们用联系的、发展的、矛盾的观点去想问题、办事情，按辩证法的要求去做。从思维角度看，就是必须辩证思维才行。

第二个是“白马非马”。这个典故大家都熟悉。公孙龙是战国时期名家的著名代表人物。他提出了著名的“白马非马”的命题。我一提，大家就知道这个命题是错的，是诡辩，但是，公孙龙这个命题就完全是错的么？就没有合理的地方么？……

这个命题很有意思。它在一定程度上涉及个别和一般、个性和共性的辩证关系。个别和一般、个性和共性不同，但个别和一般、个性和共性又有内在联系：个别包含一般，共性寓于个性之中。在白马与马的关系上，白马是个别、个性，马是一般、共性。可以说，一方面，白马是马，马是白马的共性；另一方面，白马又不是马，白马是特殊的马。白马是马和非马的对立统一体。一般人看到的是，白马是马，公孙龙看到了“白马非马”。公孙龙先生的“白马非马”割裂了一般与个别的辩证关系，固然是错误的、诡辩的，但从另一方面看，公孙龙先生不正是把人们忽视的“白马非马”的那一面显示出来了么？从思维的角度看，公孙龙“白马非马”命题的价值，只有辩证思维才能认识。

上述两个事例，都涉及辩证思维。我们这部分内容，就是讲辩证思维的问题。主要涉及两个问题：一是什么是辩证思维，怎样才能辩证思维；二是辩证思维的实质、基础和最基本形式。

一、辩证思维

人生活在世界上，会从事各种各样的活动。人的活动有很多，但归结起来，无非两大类：一类是认识世界，一类是改造世界。认识世界，是人的主观反映客观；改造世界，是人的主观见之于客观。这两类活动，体现了人和世界的根本关系。在这种根本的关系中，物质世界是客体，人是主体。作为客体的物质世界，是既唯物又辩证的，这就要求作为认识、改造活动主体的人，必须具备既唯物又辩证的思维，才能使认识、改造活动取得成功。关于唯物思维，关于整体思维（联系和发展），前面我们已经讲了，在这里我们只讲辩证思维。

① 《毛泽东选集》第5卷，人民出版社1977年版，第361～362页。

(一)什么是辩证思维

辩证思维就是一种以辩证法为核心的思维方式。对于辩证思维,人类很早就开始认识了。哲学上的辩证法思想,就是人类对辩证思维认识的结晶。从哲学发展史看,辩证法思想经历了古代朴素辩证法、近代以黑格尔为代表的唯心辩证法和现代马克思主义的唯物辩证法三个发展阶段。三个阶段,段段有继承,段段有创新。恩格斯曾讲:"每一时代的理论思维,从而我们时代的理论思维,都是一种历史的产物,它在不同的时代具有非常不同的形式,并同时具有非常不同的内容。"[①]马克思主义的辩证法思想,是目前为止的辩证法思想发展的最高阶段、最高形态,它高度概括和总结了人类几千年来关于辩证思维思想的精华。对我们来讲,怎样进行辩证思维?如果用一句话来概括的话,那就是按辩证法进行思维,或者,更确切地讲,就是按马克思主义的辩证法进行思维。

(二)怎样实现辩证思维

人们按辩证法进行思维,不是一件容易的事情。人虽然有辩证思维的素质,但要形成辩证思维的能力,仅有这种素质是远远不够的。毕竟,辩证思维是和形而上学思维相对立的,是比形式逻辑思维更高级的一种思维。要实现辩证思维,就必须做到两点:一是学习。也就是掌握前人对辩证思维的科学认识。二是训练。也就是在学习的基础上,理论联系实际,通过对具体问题的思考,进行思维训练。对辩证思维的重要性以及怎样获得辩证思维的能力,恩格斯在《自然辩证法》中做过深刻的总结。他说:"一个民族想要站上科学的各个高峰,就一刻也不能没有理论思维。"[②]在这里,恩格斯讲的"理论思维",主要指的就是辩证思维。这是讲辩证思维的重要性的。恩格斯还讲:"理论思维仅仅作为一种能力才具有天生就有的性质。这种能力必须加以发展和训练,而为了给以这种训练,除了学习以往的哲学,直到现在还没有别的手段。"[③]这是讲怎样形成辩证思维的能力的。

可见,要辩证思维,光有天生的素质不行,还必须有后天的学习和训练。马克思主义辩证法是关于自然、人类社会和思维发展的最一般规律的科学,是唯一科学的思维方法和说明方法。因此,我们要形成辩证思维的能力,就必须认真学习和运用辩证法思想,特别是学习和运用马克思主义的辩证法思想。

(三)马克思主义辩证思维的基本内容

马克思主义哲学既是世界观又是方法论。作为马克思主义哲学重要组成部分的辩证法思想,其每一个观点,也都既是世界观又是方法论。实在讲,马克思主义辩证思维的内容,除了部分比较明确外,大多数蕴涵在马克思主义辩证法的基本观点和理论体系之中,需要我们仔细梳理、认真研究,并明确表述。

一般说来,马克思主义辩证法的基本思想主要包括:唯物辩证法的基本特征,唯物辩证法的基本规律,唯物辩证法的基本范畴,唯物辩证法的思维方法,等等。

上述马克思主义辩证法的基本思想,集中体现了马克思主义辩证思维的基本内容:

唯物辩证法的基本规律,从不同的角度揭示了辩证思维的基本形式。

---

① 恩格斯:《自然辩证法》,人民出版社1984年版,第45～46页。

② 恩格斯:《自然辩证法》,人民出版社1984年版,第47页。

③ 恩格斯:《自然辩证法》,人民出版社1984年版,第45页。

唯物辩证法的基本范畴,从不同角度揭示了辩证思维的基本环节。

唯物辩证法的思维方法,从不同角度揭示了辩证思维的基本方法。

下边,我们通过马克思主义对对立统一规律的分析,揭示马克思主义辩证思维的实质、基础和最基本的形式。

二、辩证思维的实质、基础和最基本形式

唯物辩证法有三大基本规律,即对立统一规律、质量互变规律和否定之否定规律。这三大规律,从不同的角度,不仅揭示了辩证思维的基本规律,而且体现了辩证思维的基本形式。

可以说,在唯物辩证法的三大规律中,最重要的是对立统一规律。对立统一规律不仅揭示了辩证思维的实质、核心、基本规律,而且还体现了辩证思维的最基础、最具有普适性的基本的形式——对立统一思维。

(一)对立统一思维是辩证思维的实质和核心

1. 对立统一思维是辩证思维的本质

恩格斯讲:"所谓客观辩证法是支配着整个自然界的,而所谓主观辩证法,即辩证的思维,不过是自然界中到处盛行的对立的运动反映而已。"[①]列宁发展了这个观点,更明确地讲:"辩证思维的本性……完全在于:在对立环节的统一中把握它们。"[②]毛泽东讲:"辩证法的宇宙观,主要的就是教导人们要善于去观察和分析各种事物的矛盾的运动,并根据这种分析,指出解决矛盾的方法。"[③]

马克思主义经典作家都是辩证法的大师。他们不仅对辩证法思想有深刻的研究,而且用辩证法指导研究、解决现实实践的重大课题,具有丰富的辩证思维经验,具有很高的辩证思维能力。上述论述,虽角度不同,但有两点我们要特别注意:

第一,辩证思维就是主观辩证法。马克思主义辩证法是客观辩证法和主观辩证法的统一。客观辩证法是客观事物自身存在的辩证本性,即客观事物自身的辩证运动和发展规律;主观辩证法是人类自身认识和思维运动的辩证法,即以概念为思维细胞的辩证运动和发展规律。客观辩证法和主观辩证法本质相同,但表现形式不同。客观辩证法是主观辩证法的基础,主观辩证法是客观辩证法的反映。

第二,对立统一思维是辩证思维的本质。马克思主义经典作家对辩证思维本质的理解是一致的,即辩证思维的本质是对立统一思维。这一点是非常重要的。

2. 对立统一思维是辩证思维的核心

对立统一思维是辩证思维的本质,也是贯穿整个辩证思维的中心线索,是理解辩证思维其他内容的"钥匙"。

列宁讲"可以把辩证法简要地确定为关于对立统一的学说,这样就会抓住辩证法的核心"[④]。毛泽东讲:"事物的矛盾法则,即对立统一的法则,是唯物辩证法的最根本的法则。

---

① 恩格斯:《自然辩证法》,人民出版社 1984 年版,第 83 页。

② 列宁:《哲学笔记》,人民出版社 1974 年版,第 35 页。

③ 《毛泽东选集》第 1 卷,人民出版社 1995 年版,第 304 页。

④ 《列宁选集》第 2 卷,人民出版社 1995 年版,第 412 页。

列宁说：'就本来的意义讲，辩证法是研究对象的本质自身中的矛盾。'列宁常称这个法则为辩证法的本质，又称之为辩证法的核心……如果我们将这些问题都弄清楚了，我们就在根本上懂得了唯物辩证法。"[①]对立统一思维是辩证思维的本质，对立统一思维是认识世界、改造世界的最普遍、最根本、最基本的思维形式。可以说，辩证思维的其他内容，如质量互变思维、否定之否定思维以及辩证思维的基本环节等等，虽各有自己特定的内容，但都贯穿着一个中心——对立统一思维。从一定意义上讲，它们是对立统一思维在不同方面的具体表现，离开了对立统一思维，连它们本身是什么，都无法理解。

(二)对立统一思维

黑格尔讲，矛盾即对立统一。因此，对立统一思维，也叫"矛盾思维"。要矛盾思维，就必须深刻地认识并把握矛盾。什么是矛盾呢?

1. 矛盾

矛盾有两种：一个是形式逻辑的矛盾，一个是辩证逻辑的矛盾，或称"辩证法的矛盾"。前者来源于《韩非子》的寓言故事。说楚国有个卖矛和盾的人拿着矛和盾在街上叫卖，他一会举起盾牌说："我这盾，坚固无比，无论怎样锋利的矛也刺不穿它。"一会儿，他又举起矛说："我这矛，锋利无比，无论怎样坚固的盾，它都刺得穿。"旁边的人听了，不禁发笑，就问他说："照这样说，就用你的矛枪来刺你的盾牌。结果会怎样呢?"这个商人窘得答不出话来了。《韩非子》的这个寓言故事，反映了形式逻辑的矛盾律。它指在同一思维过程中，对同一事物，不能同时既肯定又否定。它的表现形式是：是就是是，不是就是不是。形式逻辑的矛盾，只存在于人们意识中，是人们不正确的思维结果。

唯物辩证法的矛盾是辩证矛盾。唯物辩证法认为，矛盾是反映事物内部和事物之间对立统一关系的哲学范畴。矛盾的基本属性有两种：一是矛盾的同一性，二是矛盾的斗争性。

2. 矛盾的同一性和斗争性及其辩证关系

(1)矛盾的同一性和斗争性：矛盾的同一性是指矛盾双方相互依存、相互贯通的性质和趋势。它包括两方面：一是矛盾着的对立面相互依存、互为存在的前提，并共处于一个统一体中。如无产阶级和资产阶级，老师和学生等。二是矛盾着的对立面之间相互贯通，存在着由此达彼的桥梁，在一定条件下相互转化。如美与丑的转化，强和弱的转化，失败是成功之母等。

矛盾的斗争性是矛盾着的对立面之间相互排斥、相互分离的性质和趋势。矛盾的斗争性是一个广泛的哲学范畴。矛盾的斗争性从性质上看，可分为对抗性和非对抗性；从形式看，是多种多样的，如差别、对立、冲突等。

(2)辩证关系：矛盾的同一性和斗争性作为矛盾的两种根本属性，虽是两种相反的性质和趋势，但又相互联接、不可分割：一方面，同一性不能离开斗争性而存在。同一是以差别和对立为前提的，是包含差别和对立的同一，没有同一性也就没有斗争性，同一是对立中的同一。另一方面，斗争性也离不开同一性。斗争是以同一为前提的，是统一体内部的差异、对立和斗争。矛盾的同一性和矛盾的斗争性是相辅相成的，没有斗争性就没有同一

① 《毛泽东选集》第 1 卷，人民出版社 1995 年版，第 299 页。

性，斗争是同一中的斗争。

(3)矛盾的同一性和矛盾的斗争性在事物发展中的作用：矛盾是事物发展的动力和源泉。矛盾的同一性和矛盾的斗争性在事物发展中起着重要的作用。

矛盾的同一性的作用表现在：第一，同一性是事物存在和发展的前提。矛盾一方的存在以另一方的存在为前提、条件；一方的发展以另一方的发展为前提、条件。比如方位矛盾，我们常用的"上"和"下"：没有"上"，就无所谓"下"，没有"下"，也就无所谓"上"；"上"和"下"，总是相互存在的前提，互为发展的前提。第二，同一性是矛盾双方相互吸取有利于自身的因素，在相互作用中各自得到发展。比如，向竞争对手学习。第三，同一性规定着事物转化的可能和发展的趋势。事物之所以能够转化，是由于事物内部的矛盾双方具有相互贯通的关系。事物的发展方向、趋势不是随意的，而是有规律地向自己的对立面转化。

矛盾的斗争性的作用表现在：第一，矛盾双方的斗争促进矛盾双方力量的变化，竞长争高，此消彼长，造成双方力量发展的不平衡，为对立面的转化、事物的质变创造条件。第二，矛盾双方的斗争，是一种矛盾统一体向另一种矛盾统一体过渡的决定力量。矛盾的相互排斥、否定促成旧的矛盾统一体破裂和新的矛盾统一体产生，从而使事物由旧质发展为新质。

矛盾的同一性和矛盾的斗争性在事物发展过程中相互结合共同发挥作用。但在不同条件下，二者所处的地位不同，有时同一性是主要方面，有时斗争性是主要方面。矛盾的同一性是有条件的、相对的，矛盾的斗争性是无条件的、绝对的。有条件的、相对的同一性和无条件的、绝对的斗争性相结合，构成事物的矛盾运动，推动事物运动、变化、发展。

3.矛盾的普遍性和特殊性及其辩证关系

(1)矛盾的普遍性和特殊性。首先，关于矛盾普遍性，毛泽东讲："矛盾的普遍性或绝对性这个问题有两方面的意义。其一是说，矛盾存在于一切事物的发展过程中；其二是说，每一事物的发展过程中存在着自始至终的矛盾运动。"即事事有矛盾，处处有矛盾。矛盾就是事物，事物就是矛盾。矛盾的普遍性，可简明表述为：矛盾无处不在，矛盾无时不有。

其次，矛盾的特殊性。矛盾的特殊性是指，具体事物的矛盾以及矛盾的每一个侧面各有其特点。矛盾的特殊性大致有三种情形：一是矛盾性质的特殊性。事物都是复杂的矛盾体系，对于复杂的矛盾体系，要注意性质上的区别。二是矛盾地位的特殊性。在多种矛盾所构成的复杂的矛盾体系中，各种矛盾力量的发展是不平衡的，构成事物的诸多矛盾以及每一矛盾的不同方面各有不同的地位、作用和特点。三是矛盾解决方式的特殊性。大体说来，有四种类型："克服型"、"同归于尽型"、"融合型"、"相互促进型"。

(2)矛盾的普遍性与特殊性的辩证关系。矛盾的普遍性即矛盾的共性，矛盾的特殊性即矛盾的个性。矛盾的共性是无条件的、绝对的，矛盾的个性是有条件的、相对的。任何现实事物都是共性和个性的有机统一，共性寓于个性之中，没有离开个性的共性，也没有离开共性的个性。

(3)矛盾的共性和个性、绝对和相对关系是事物矛盾问题的精髓。毛泽东讲："矛盾的普遍性和特殊性的关系，就是矛盾的共性和个性的关系。……这一共性个性、绝对相对的道理，是关于事物矛盾的问题的精髓，不懂得它，就等于抛弃了辩证法。”[①]矛盾的普遍性和矛盾的特殊性的关系，是正确理解矛盾学说的关键，不懂得它，就不能真正掌握唯物辩证法。

矛盾的普遍性和特殊性的辩证关系的原理是马克思主义的普遍真理同各国具体实践相结合的哲学基础。在我国，它是建设中国特色社会主义的哲学基础。

【课后思考题】 下边是研究生考研政治用过的两则资料，我们把它们作为课后辩证思维训练的素材。

【资料 1】 小学老师雷夫·爱斯基斯在其所著的热门教育畅销书《第 56 号教室的奇迹》中讲过这样一个故事：

一位从事特殊教育的优秀教师获得一个宝贵的签名球，上面有美国著名棒球队——红袜队 1967 年全体队员的签名，这些球员都是他的偶像，对这样一个签名球，这位教师别提有多珍爱了。当年幼的儿子找他一起玩球时，他理所当然地警告儿子：绝对不能拿签名球来玩。儿子问他理由时，他觉得儿子还太小，对球和球员一无所知，说多了儿子也不会明白，于是，他没有解释原委，只对儿子说，不能用那颗球，是因为“球上写满了字”。

过了几天，儿子又找他一起玩球，当老爸再次提醒儿子不要拿写满字的球来玩时，小男孩满不在乎地说：我已经把问题解决了，爸爸问怎么回事，儿子说：我把球上所有的字都擦掉了。老爸气的想痛打儿子，但他转念一想，觉得儿子根本没有做错事。因为自己并没有告诉儿子上面的字有什么意义。从那天起，他无论去什么地方，都带着那颗空白的签名球。这颗球提醒他，不管是教导学生还是子女，一定要时时从孩子的角度去看事情。

（摘编自 2012 年 3 月 16 日《人民日报》）

【材料 2】 某大学一研究生凭借着设计“醒目药瓶”，摘得了素有“设计界奥斯卡”美誉的 2011 年度“国际红点奖”概念设计类奖。

在他提供的设计图上，常见的塑料瓶盖的顶上一圈变身为一块圆圆的玻璃。“这是一面凹凸镜，有放大的功能”他解释说，有了这个药瓶盖，老年人不需要带上老花镜来区别药的类别、服用量等。他的灵感来源于生活中对中老年人群体的关注。有一天，有位老人要吃药，可是药瓶上的字太小了，原本挂在脖子上的老花镜却不见了，急的这位老人团团转。就这样，该同学很长一段时间沉浸在老人世界中。突然有一天灵感迸发，想到“醒目药瓶”这个点子。

有了灵感后，从设计到写英文翻译说明，再到制作动画，一共才三天时间。也许有人要问，这样的设计看上去很简单，为什么能拿“国际红点奖”呢？他坦然，设计很简单，关键在于设计前把自己想象成老人，这一设计胜在实用。按照测算，不会给药品本身带来额外的成本，推广起来很容易，实用方便。“希望将来这款设计能推向市场，让更多人得到帮助。”

这位研究生说他没有想当名人的“野心”。只期望能从生活中的小处入手，用自己的设计改变生活，让生活更加美好。正如“红点”主席 PeterZec 博士在颁奖晚会上说的那样：从同学们优秀的设计中，他高兴地看到的是他们所描绘的未来更加美好的世界。

（摘编自 2012 年 3 月 17 日《扬子晚报》）

---

① 《毛泽东选集》第 1 卷，人民出版社 1995 年版，第 319～320 页。

请思考：上述两个事例，体现了怎样的辩证思维？结合个人实际，谈谈自己在认识世界、改造世界中怎样才能自觉地运用辩证思维。

【结语】 辩证思维就是按辩证法进行思维，特别是按马克思主义辩证法进行思维；对立统一思维即矛盾思维，是辩证思维的实质、核心和基础，是辩证思维的最基本的思维方式；在对立统一思维中，要特别注意用矛盾同一性和斗争性辩证关系进行思维，用矛盾普遍性和特殊性辩证关系进行思维；矛盾普遍性和特殊性的辩证关系，是矛盾思维的精髓。

（孙希良）

3.5 实干思维

【教案视角】

1. 人何以存在？（90分钟）
2. 人的存在方式（90分钟）
3. 马克思语境中关于对“人”的理解（90分钟）
4. 马克思主义哲学不同于以往任何旧哲学的原因（90分钟）
5. 马克思主义理论体系的基础（90分钟）

【本讲视角】 第1视角

【教学目的】 通过本专题教学，有利于培养大学生潜在的哲学运思方式。帮助大学生在如今纷繁复杂的物化社会中，能以实践的思维去分析和处理现实社会中诸多问题。树立正确的世界观，回到人本身，关注人本身，关注人与人，人与社会，人与自然，人与自我的哲学问题。

【本讲内容】

人何以存在？

一、开篇——从实践的角度提出问题：人何以存在？

关于生活，周国平曾经写过一则寓言，大致意思是：一群人参加一个葬礼，每个人手中都捧着逝者的照片，照片都是参加葬礼者本人。也就是说，一群人走在为自己而准备的葬礼的路上。由于人多、路窄，队伍行进十分缓慢，于是有不耐烦者跑到路边蹲了下来，有些妇女拿出针线织起了毛衣，有些男人凑在一起打起了牌，还有些人甚至躺下来晒起了太阳……

周国平的寓言很残忍，直接揭示了什么是生活。假设你仅仅关注生与死这条道路本身，那么就会陷入西方的存在主义。西方的存在主义为什么会成为彻头彻尾的悲观主义，就在于人的生存注定是不能永恒的，人的躯体、人的精神注定要消亡。用荒诞派代表人物《等待多戈》的作者贝克特说过的话：人生是片刻的存在，不苦不乐，不醒不睡，不死不活，没有躯体，没有灵魂。正因为生存的短暂性注定了意义的不可寻，于是悲由心生。但事实是，我们身边的大多数人并没有因每天都行走在自己死亡的道路上而丧失生活的勇气，正如加缪所说：“一个能用理性方法加以解释的世界，无论有多少毛病，总归是一个熟悉的世界，可是一旦宇宙间的幻觉和照明都消逝了，人便自己觉得是个陌生人，他成了一个无法召回的流浪者。"[①]为了让自己不那么痛苦，幻觉是必要的，也就是说意义是必要的。

何为存在？人何以存在？

这个世界上有两种存在：一种是无生命的存在，一种是有生命的存在。有生命的存在又分为两种：一种是生存的存在，一种是生活的存在。"生活"与"生存"的区别，是关于人与动物的根本区别，恩格斯也作过精辟的论述。他提出："动物仅仅利用外部自然界，单纯地以自己的存在来使自然界改变；而人则通过他所做出的改变来使自然界为自己的目的服务，来支配自然界。这便是人同动物的最后的本质的区别。"[②]换句话说，动物只有一个"物种的尺度"，即动物以自然所赋予的生命的本能去适应自然，而维持自身的生存。比如说，肉食类动物只能吃肉，草食类动物只能吃草；陆地上的动物只能生存于陆地，水里的动物只能生存于水中。而人不仅以生命活动方式存在，更重要的是根据自己的意志和意识进行生命活动，即人的"内在的尺度"。也就是说，人不仅只按照自己所属的"物种的尺度"去适应自然，而且把自己的目的性要求变成人所希望的现实性存在，让世界满足自己的需要。正因为如此，人的存在就不再是纯粹的适应自然以维持自身生存方式的存在，而是一种生活的存在，一种"合目的性"与"合规律性"统一起来的存在，一种"超越自然的存在"，也就是一种实践的存在。

二、实践概念贯穿马克思主义理论体系的内在逻辑性

科学的实践观的确立是马克思主义哲学诞生的标志，甚至可以说，整个马克思主义的理论大厦，就是以科学的实践观为基础建造起来的。实践观的确立让马克思主义哲学不同于以往任何象牙塔里的纯粹理论，从旧哲学中脱颖而出——以人的视角来探讨人的存在；以实践的方式来解决人类社会的问题。

纵观整个马克思主义理论体系，我们首先给予最为精准的定性：科学！什么科学？人类解放的科学！如何实现人类解放？无产阶级解放，继而解放全人类！这三者之间是存在递进关系的。

马克思主义哲学是关乎人的生存状态的哲学，因此，它的逻辑出发点源于实践，同样，逻辑归属点也归于实践。马克思立足于一百多年前的人类社会，认为当时的人类社会状况是存在异化的，其中异化最严重的就是无产阶级。因而整个社会无法实现人与人的平等及自由。故此我们先从异化最严重的无产阶级开始实践，给予其科学的指导，带领其通过社会革命实现解放。只有无产阶级解放，其余阶级才能实现解放，继而全人类才能实现解放。我们人类所历经的社会形态不完满，我们就通过实践的方式，以历史趋向性的角度，不断改进人的生存状态，从现实的社会不完满的对立面去找答案，以建立一个相对自由、相对平等、相对和谐的共产主义社会。整个过程，实践贯穿其中。

三、实践概念的历史线索

实践概念的形成和发展是一个由分到合的动态的过程，要理解马克思的实践概念，就要在这样一个发展过程中去理解，而不能孤立地、一成不变地去理解。实践哲学形成于亚

---

① [法]加谬著，杜小真译：《西西弗斯的神话》，三联书店1987年版，第71页。

② 《马克思恩格斯全集》第20卷，人民出版社1971年版，第672页。

里士多德之手，因此我们先从亚里士多德开始。

(一)亚里士多德的实践概念

在亚里士多德笔下，“实践”、“理论”、“创制”是并列的概念，三者一起构成整个人类的思想和行为。具体地说：实践是处理人与人之间的道德伦理和政治公正问题的行为，它的目的在于自身，是以追求“善”为目的的行动，是自由人才有资格拥有的行为；理论也是自由人的行为，是一种用沉思来获得对人和自然之间的不变普遍规律为目的的行为，即它的目的是“求知”，所以它也是目的在己的活动，又由于它的意义在于人超越自己有限的存在而锲合神性，因此在三者之中处于最高的位置；创制是以实践和理论为目的的，是实践和理论得以成为可能的手段，所以创制的目的不在于自身，他指生产和技艺活动，是奴隶所从事的、与人的肉体生存相关的活动，这一活动迫于自然生存的压迫，所以是不自由的活动。这三者之间的联系很明显：由于理论的意义在于人类获得普遍规律、以有限存在而锲合神性的方式存在，所以理论是处于最高位置上的；由于实践探讨的是有人的选择因素参与其中的情况下人的行为如何趋好的目标，缺少神性，其知识也达不到理论知识的普遍性程度，所以处于次要位置；而创制是非自由人所从事的、非自由的活动，所以处于最低层次上。因此，亚里士多德的实践哲学是由三块模板构成：理论模板、实践模板、创制模板。

亚里士多德的实践概念有着鲜明的特点：他认为理论活动是沉思而不是行动，是想不是做，所以，他把行动看作是与理论活动并列的目的性活动。这一创新的思想给后世的西方实践哲学带来重大影响。

(二)康德的实践概念

康德继承了亚里士多德的思想，但是他取消了创制模板的独立性，把它归并到理论模板，而且严格区分了理论模板和实践模板，认为理论模板是建立在实践模板之上的。

(三)马克思的实践概念

马克思继承了亚里士多德和康德关于实践概念的思想，通过劳动的实践化和实践的生产化，实现了人类活动三块模板的统一。当然，马克思对实践概念的表述也不是一蹴而就的，在其自身实践概念形成的过程中，受到黑格尔和费尔巴哈思想的影响。

马克思早年接受了黑格尔哲学，但他始终不是一个正统的黑格尔派，因为立足点是不同的。黑格尔的思辨哲学虽然包含着理性具有能动性的积极因素，但是他把实践看作是理论活动，认为通过哲学批判的实践就可以解决社会的矛盾，马克思认为这是站不住脚的。马克思在现实的社会生活中看到，单是思想的力量是不能解决社会的现实问题的，社会矛盾必须通过物质力量来解决。马克思以此为基本思想展开了对黑格尔的批判，阐发了自己的新观点。他认为，思想批判能超越旧社会的思想范围，但不能改变旧秩序，要改变旧世界，只有把思想批判和“实际斗争”结合起来，展开“肉搏的批判”，才能战胜敌人。他说：“批判的武器当然不能代替武器的批判，物质力量只能用物质力量来摧毁：但是理论一经掌握群众，也会变成物质力量。”[①]这表明马克思看到了物质力量对于改造世界的伟大作用，物质力量来自何处？就是来自广大人民群众。群众需要用先进的理论把他们武装起来，才能形成摧毁旧世界的巨大力量。

---

① 《马克思恩格斯全集》第1卷，人民出版社1971年版，第460页。

对于黑格尔唯心主义的不满使马克思转向了费尔巴哈的唯物主义。但是不久马克思就发现，费尔巴哈的哲学声称以人为中心却不了解现实的人，原因就是费尔巴哈不懂得实践活动的意义，只是直观地、抽象地了解人。马克思关心的是现实的人的命运，是解放全人类，这样的哲学当然不能解决人类解放的问题。他认为，我们的出发点应当是从事实际活动的人，而人的第一个历史活动就是为了维持生存不得不进行的物质生产活动。人的生产活动不可能孤立进行，人必须组织成社会才能从事生产劳动，才能通过劳动改造自然并创造自己和自己的生活。人在生产劳动的过程中，主体和客体才区别开来了，又通过主客体之间的物质变换，使二者统一起来。这样马克思就找到了解决一切哲学难题的关键，即处在一定社会关系中的、现实的人从事的有目的的感性的实践活动。

黑格尔把实践看成是理论的活动，费尔巴哈则把实践仅仅看作是自然人的吃饭、穿衣、男女之爱一类的活动，他们都没有看到人的社会性，都不知道认识社会关系的产物，他们看到的都不是现实的人。因此，他们的哲学都不能正确解决现实人的社会矛盾。马克思在吸取了历史上关于实践概念的合理因素之后，正确地了阐明了实践的本质及其在认识世界和改造世界中的作用，创立了科学的实践观。马克思主义认为：实践是人类能动地改造世界的客观物质性活动。

四、实践概念的文本理解

（一）实践的基本特征

实践具有物质性、自觉能动性和社会历史性三个基本特征。

1. 实践是物质性活动，具有直接现实性

（1）直接现实性体现在实践的三个要素上：实践的主体、实践的客体以及实践工具。实践主体也就是从事实践活动的人，人源于自然，依赖于自然，人也是自然的一部分，因此，从自然的角度，人的存在就是自然的存在，即物质的存在。在开篇中提到，人之所以区别于动物，就在于人不仅拥有同其他动物一样的“物种的尺度”，更重要的是人还拥有人的“内在的尺度”，这种“内在的尺度”使人们不会单纯地适应自然，人为了自身的生存和发展，会主动去认识世界，并目的性地改造世界，因此，必须有个对象性的存在，这个被我们认识并加以改造的对象性的存在就是认识的客体。认识的客体同样也是物质性的存在，它泛指自然界、人类社会、人类思维，都具有直接现实性。主体在实践活动中，为了更好地认识客体和改造客体，必然会借助一定的工具，这个充当主体与客体之间的中介或者说是桥梁作用的东西，我们就称为实践工具。（PPT 图示：农民农耕实践：实践主体——农民；实践客体——农田；实践工具——拖拉机）

（2）实践的客观现实性，并不是说人是客观独立的实体，自然界也是客观独立的实体，二者相互作用造成的实践，由于是两个客观独立的实体的结合，所以还是客观的，而是说实践本身就是本体意义上的一种客观实在，是物质的一种特殊的、最高级的运动形式，是一种统一的物质性的活动。人们的理解常常是先把人和自然孤立起来加以认定，然后再让二者发生关系，说明实践是什么样的，这样就不对了。这样好比为了说明人体结构，先把一个活人大卸八块，然后再把每一块拼在一起，指给人们看，人的头是在上面的，脚是在在下面的。然而，此时的头和脚已不再是活人的头和脚。科学认识的实践，应当是现实的，处在不断变化发展中的有机体系，这是实践本来的面目。

2. 实践是人类有意识的活动，体现自觉能动性

实践的自觉能动性，并不是说人在实践过程中对于外在于人的客观世界的改造，仅仅是有着某种目的的、有计划的、和动物适应环境不同的主动的改造。所有这一切，旧哲学也承认，马克思主义的实践观念是高于旧哲学的实践观念的，所以在自觉能动性的理解上也是不同的。马克思主义所理解的实践的自觉能性是在主体和客体相统一的基础上的能动性，是说在统一的实践过程中，主体能够把客体的内容映射于自身，又能根据这些内容把自己的目的贯彻到客体中去，也就是“物质变精神，精神变物质”。在这种不断发生着相互转变的过程中的实践活动，客观的规律性也不是绝对与人无关地存在着的，而是在人的参与下，即在主客体相互作用的统一性中呈现出来的。这种实践认为，绝对的、存在于人之外的、可以与人无涉自存的规律也是不存在的。人绝不是盲目地接收外在规律的摆布，如果那样就和动物无异了，人的能动性所表明的正是远离了动物，正是自觉地、有意识地参与了客观事变的过程。客观规律不是永恒不变的，它也像其他事物一样，在实践的过程中，在人的参与下，不断地发展。

3. 实践是社会的历史的活动，具有社会历史性的特点

实践的社会历史性，并不是把社会性和历史性截然分开，仅仅从主体便于和且能够与客体“相对抗”的角度去理解。在有些人看来，人不结合成一定的社会关系和接收前人的成果，就无力在和自然的对立中获胜，因此，人才要去建立社会性和历史性。这样理解问题，就是承认有一种超人智慧在启示着人，在告诉人应当怎么办，而这正是唯心主义的观念。他们认为，社会性就是个人只有在一定社会关系中结成统一的整体，形成超出个人以及个人力量总和的社会总体力量才能与自然力量相对抗，历史性就是主体实践的能力和力量、实践对象达到的深度和广度、实践活动的规模和方式都受历史条件的制约。诚然，人要结成一定的社会关系才能存在，人的活动要在前人的成果的基础上进行，但是决不能理解为这一切都是在实践之外，是在做好了这一切准备以后才去进行的，就如人必须买了汽车才能上路一样。实际上，这一切都是实践的内在因素，就像是喝酒吃菜都是吃饭的内在因素一样，谁也不会认为一个人酒肉饱腹以后他还没有吃饭，同样的，也不能认为人们结成了一定的社会关系，继承了前人创造的物质文化成果，他们却没有实践。没有实践，哪里来的人的社会性和历史性？马克思说：“人，就是人的世界。”人并不是站在世界之外，而是处在其中，通过积极的创造活动改变着世界，也同样改变着自身。人是环境的产物，同时人也在改变着环境，改变着人自身的生活条件。现有环境与人的活动关系“只能被看作是并合理地理解为革命的实践”。这种实践是处在一定社会关系中的现实的人的活动，所以只能是社会性的实践。因此，我们可以说，实践的本质是社会性的，从实践的社会性必然得出实践的历史性的结论。因为，社会性无非是人和人之间的联系，有空间的联系，有时间先后的联系，时间上先后的联系就是历史性。人们创造的所有的物质的和精神的成果，对于人类的发展来说，都是积极因素和消极因素的统一，或者说是进步性和保守性的统一。社会性的实践活动就是人们不断克服消极的、保守的因素，发扬积极的、进步的因素并创造出新的发展因素，这就是实践的历史性。正因为实践的这种历史性，所以才具有革命性，马克思才称之为“革命的实践”。

（二）实践的基本形式

随着社会的进步与发展，人类实践活动的具体形式也越来越多样化。从前我们说“三百六十行，行行出状元”，现在可能720行、1200行都不为过。人这个实践主体总是在愈加丰富的实践形式中求得自身的发展。（举例：新型实践形式——配装业）但不管有多少种具体的实践形式，归纳总结起来，无非都是这三种基本形式：物质生产劳动实践、处理社会关系的实践、科学实验。

物质生产劳动实践是人类最基本的实践活动，它是以自然为对象，运用人们自身的力量，借助于物质工具和手段，改造自然界，以获取人们生存和发展所需要的物质生活资料，改善人们的生活环境及条件的活动。

处理社会关系的实践是人们社会生活中的一个重要方面。在生产劳动基础上，人们形成了多种社会关系，调整和处理这些社会关系中的矛盾的活动，是人们在改造自然的同时所必须进行的实践活动。处理社会关系的实践，绝非仅仅指个人的社会关系，它小到你与我、我与他之间的人与人之间的关系，大到国家与国家、阶级与阶级、阶层与阶层之间的关系。（举例：郎咸平说《谁制造了气候危机》）

科学实验是指科学上为阐明某一现象，揭示其客观规律而创造特定条件，以便观察其变化和结果的过程。科学实验不仅包括自然科学的实验活动（举例：甲流疫苗），还包括人文社会科学的试验活动（举例：全国人口普查）。

值得注意的是：在实践的三种基本形式中，物质生产实践处于基础地位，对其他实践形式起着主导作用。人类的活动丰富多彩，除生产活动外，还包括政治活动、文化活动、娱乐活动、宗教活动等等，都是以物质生产活动为前提的，只有当物质资料生产有大量剩余时，从事其他活动的人才可以成为一种职业。

（三）实践是认识的基础

马克思主义认识论第一次把实践引入认识论，实现了人类认识史上的伟大变革。从根本上来讲，认识活动就是实践活动。

1. 实践与认识的结构

认识的结构包括认识的主体、认识的客体以及充当认识主、客体之间桥梁作用的认识的工具。认识的主体就是人，人是实践中的人，这个我们将在下一个问题——实践是人的存在方式中具体讲述。认识的客体无论是自然客体、社会客体还是精神客体，它们都具有社会历史性，换言之，都会随着社会历史条件的变化而变化；随着人类活动实践条件的变化，它的功能、属性、种类以及表现方式都会发生相应的改变。因此，客体也是在实践中客观存在着的。充当主、客体中介的认识工具也不例外。认识工具包括：物质工具、语言工具和观念的工具。在人类具体实践活动中，正是借助逐步先进的物质工具，认识结果才会不断深化，认识领域才会不断扩展（对比过去与现在的认识工具的不同，取得的认识结果无论在范围上还是在深度上都有所不同），当然语言工具和观念的工具也会随之不断更新。这一切的都是以实践为基础的。

2. 实践在认识中的决定作用

实践是认识的基础，它对认识的决定作用主要表现在以下四个方面：

（1）实践是认识的来源。通过实践，我们获得的认识分为两种：一种是直接经验——通过亲自实践获得的认识。第二种是间接经验——通过别人亲自实践得来的认识结果，这就是间接经验。由于我们每个人的生命有限、能力有限、精力有限，因此凡事亲历亲为是不大现实的，人这一生中绝大多数的认识都是源于间接经验。各位同学在求学的过程中，学到的知识都是来源于别人亲自实践的结果。虽然，间接经验的获得在我们的认识过程中占大多数，但我们仍然强调直接经验的重要性，所以，我们提倡大学生在学习间接经验的同时多参与社会实践。

【课堂讨论】 假设把用来读书的钱让你们自己做主，你是愿意环游世界呢，还是按部就班地读书呢？

视频：读书与环游世界。

(2)实践是认识发展的动力。在具体实践过程中，人们会遇到很多问题，解决问题的过程就是认识深化的过程。(举例：山东农业大学李清奇教授率领科研小组努力工作26年，研发出小麦新品种——矮孟牛，解决了具体实践中遇到四个问题：A. 抗倒伏；B. 高产；C. 抗病虫害；D. 抗旱。获得国家科技发明一等奖。)

(3)实践是检验真理的唯一标准。历史上存在许多检验真理的标准(主观标准论：我的意见，权威意见，多数人的意见。客观标准论：实用主义真理观)，为什么说实践是检验真理的唯一标准？这是由真理的本性以及实践的直接现实性所决定的。真理的本性就是正确，正确的认识结果就是真理，如何知道是正确的还是错误的，放入实践中一检验立刻见分晓，因为实践具有直接现实性。(举例：古代河北沧州的石狮打捞过程。)(举例：湘潭大学教授——苍南教授有关实践检验标准的论述。)

(4)实践是认识的最终目的。把辛辛苦苦通过实践获得来的正确的认识结果抱着睡大觉吗？没有任何意义。我们获得认识的最终目的还是要回到实践，去指导我们下一次的实践。这里就涉及改造世界的问题，包括改造客观世界和改造主观世界。

改造客观世界：正确的认识结果可以促进我们的实践，错误的认识结果则阻碍实践。(举例："文化大革命"就是在无产阶级专政下继续革命的错误理论指导下爆发的，严重阻碍了我国的经济、政治、文化发展。)

改造主观世界：提高人的素质、修养是现代化社会的必然要求，包括自然素质、社会素质、职业素质。(举例：中国传统知行观以及意义。)

五、实践是人的存在方式

人类的产生、生存和发展，都是以实践为基础和标志的。

(一)实践是人所独有的活动

人与动物生存于同一个物理自然世界之中，但是，人与动物对于世界的态度却是根本不同的。动物只是以其本能适应自然而维持自身的存在，因而它就是自然的存在，它只是生存于自然世界之中。人则是以实践的方式改变自然而维持和发展自身，从而使自身不仅是自然的存在，而且是超自然的存在——改造自然的存在。

(二)实践集中表现了人的本质的社会性

人的实践活动把世界分化为"自在的世界"与"自为的世界"、"自然的世界"、"属人的世界"。这种世界的分化或二重化，当然不是说把世界分裂为神的"彼岸的世界"与人的"此岸的世界"，而是说人的实践活动使"自然而然"的世界具有了二重性。具体说，人作为自然演化的产物，世界作为自在的世界，在"本原"的意义上永远是自然的存在；然而，人作为实践的主体，世界作为实践的客体，在人与世界主客体关系的意义上，人和世界又都是人自己实践活动的结果和产物，都属于人类自己创造的“属人的世界”。这就是人类的实践活动所造成的世界的二重化，也就是人类的实践活动“自然而然”的世界“二重化”为“自然的世界”和“属人的世界”。这本身就体现了人的本质的社会性。

(三)实践对物质世界的改造是对象性的活动

实践活动是一个双重化的过程：一方面，实践主体以“人的尺度”去要求实践客体，把自己的目的性要求变成现实性的存在，这就是所谓的主体客体化(客体变成主体所要求的客体)；另一方面，实践主体又以“物的尺度”去规范自己的思想与行为，按照客观规律去进行实践活动，这就是所谓的客体主体化(主体成为掌握客体规律的主体)。正是在这种主体客体化与客体主体化的对立统一中，人实现了改造世界与改造自身的对立统一。所以，体现了实践是对象性的活动，不仅包括物质世界，还包括人类自身。

六、从实践出发理解社会生活的本质

从实践出发理解社会生活的本质，要把握以下两个方面：

(一)实践是使物质世界分化为自然界与人类社会的历史前提，又是使自然界与人类社会统一起来的现实基础

人类自从跳脱出自然的那一刻起，便以主体的态度面对这个世界，有了自我意识和对象性意识，这是非动物性的存在，是超越自然的存在，即实践的存在。此时，简单的生存实践活动就已经把世界二重化了——分化为“自然的世界”和“属人的世界”。在人类社会很长的一段历史时期，人类只注重自身的发展，而忽视了自然“这个无机身体”的存在，也没有更好地认识到，我们人终究要回归自然，属于自然，我们是自然的一部分。基于此，人类的一切实践活动都在谋求属人世界的飞速发展，导致我们的“无机身体”千疮百孔，遍体鳞伤。当生态、环境、人口、资源等问题一一展现在我们人类面前时，我们突然意识到，人与自然的和谐是一切实践的前提和基础。因为我们人类终究要归复于自然。至此，人类的实践已经开始注重“和谐”二字——人与人的和谐，人与自然的和谐。

(二)实践是人类社会的基础，一切社会现象只有在社会实践中才能找到最后的根源，才能得到最终的科学说明

全部社会生活在本质上是实践的，构成社会的人是从事实践活动的人，推动社会运动的力量是千百万人的社会实践活动。社会生活的全部内容就是不断进行的社会实践，实践既是人的自觉能动性的表现，也是人的自觉能动性的根源，是人的生命表现和本质特征。所以，大学生要了解社会，了解周边一切的社会现象，就要去实践中了解，就去实践中找答案，因为实践是社会关系形成的基础，实践形成了社会生活的基本领域，实践构成了社会发展的动力。

【结语】 科学实践观的确立，是马克思立足于全人类对以往旧哲学进行清理的结果。实践作为人的存在方式，它蕴含着实践主体的自然性与超自然性、实践活动的合目的性与合规律性、实践过程的“人的尺度”和“物种的尺度”、实践结果的主体客体化与客体主体化等诸多矛盾。了解这些矛盾，了解实践本身，了解人的存在，了解社会的本质，对于正确理解马克思主义哲学具有重大意义。

(邢慧荣)

3.6 历史思维

【教案视角】

1. 社会基本矛盾及其运动规律(90 分钟)

2. 社会历史为什么能够向前发展(90 分钟)

3. 社会历史的创造者到底是谁(90 分钟)

【本讲视角】 第 1 视角

【教学目的】 帮助大学生切实掌握历史唯物主义的基本观点、立场和方法;培养大学生立足于社会物质生活,着眼于现实的人,尤其是广大人民群众的物质利益,着眼于人的自由全面发展,以科学发展观为指导,在尊重社会发展基本规律的基础上,学会运用经济分析、历史分析等方法,从整体上分析、把握和解决社会发展过程中出现的新情况、新问题。

【本讲内容】

社会基本矛盾及其运动规律

社会存在和社会意识是人类社会生活的两个基本方面。对社会存在与社会意识关系问题的不同看法和观点,反映了人们观察社会历史的出发点和立足点的不同,被称为社会历史观基本问题。而对社会存在、社会意识各自的构成要素以及各构成要素之间的关系进行考察和梳理,是理解社会存在和社会意识的辩证关系,进而理解社会基本矛盾及其规律的基本路径。

一、两种根本对立的历史观

(一)两种根本对立的历史观

运用哲学史上的案例讲解在人类社会如何产生问题上存在的两种根本对立的观点。在对待社会历史问题上,存在着两种对立的观点:一种是唯物史观,另一种是唯心史观。唯心史观认为社会意识第一性,社会存在第二性,社会意识决定社会存在。唯物史观认为社会存在第一性,社会意识第二性,社会存在决定社会意识。

(二)唯心史观的主要缺陷

一是考察了人们活动的思想动机,而没有进一步考究思想动机背后的物质动因和经济根源;二是从社会意识决定社会存在的前提出发,把社会历史看成是一部精神发展史,根本否认社会历史的客观规律,根本否认人民群众在社会历史的发展中的决定作用。

(三)唯物史观的基本原理

马克思在 1859 年总结自己的理论和实践活动时,提出并总结了唯物史观的基本思想。他明确提出:“人们在自己生活的社会生产中发生一定的、必然的、不以他们的意志为转移的关系,即同他们的物质生产力的一定发展阶段相适合的生产关系。这些生产关系的总和构成社会的经济结构,即有法律的和政治的上层建筑竖立其上并有一定的社会意识形式与之相适应的现实基础。物质生活的生产方式制约着整个社会生活、政治生活和精神生活的过程。不是人们的意识决定人们的存在,相反,是人们的社会存在决定人们的意识。社会的物质生产力发展到一定阶段，便同它们一直在其中运动的现存生产关系或财产关系（这只是生产关系的法律用语）发生矛盾。于是这些关系便由生产力的发展形式变成生产力的桎梏。那时社会革命的时代就到来了。随着经济基础的变更，全部庞大的上层建筑也或慢或快地发生变革。”“无论哪一个社会形态，在它所能容纳的全部生产力发挥出来以前，是决不会灭亡的；而新的更高的生产关系，在它的物质存在条件在旧社会的胎胞里成熟以前，是决不会出现的。”①

二、社会存在、社会意识及其辩证关系

（一）社会存在、社会意识及其构成

1. 社会存在

社会存在是社会生活的物质方面，主要是指物质生活资料的生产及生产方式，也包括地理环境和人口因素。其中物质资料的生产方式是社会历史发展的决定性力量。

知识拓展：运用案例如孟德斯鸠“地理环境决定论”、马尔萨斯的人口理论、可持续发展战略、科学发展观等，说明地理环境和人口因素在社会发展中的作用，使学生理解可持续发展战略以及科学发展观的理论和实践意义。

2. 社会意识

社会意识是社会生活的精神方面，是社会存在的反映。社会意识具有复杂的结构，从不同角度可以将社会意识划分为个人意识与群体意识、社会心理与社会意识形式、上层建筑的社会意识形式和非上层建筑的社会意识形式。上层建筑的社会意识形式又称为“社会意识形态”，主要包括政治法律思想、道德、艺术、宗教、哲学等。

（二）社会存在和社会意识的辩证关系

首先，社会存在决定社会意识，社会意识是社会存在的反映。这是社会存在与社会意识关系的基本关系，是历史唯物主义的基本原理。

播放歌曲《走进新时代》，让学生边欣赏歌曲边思考：歌曲中讴歌了哪三个不同的时代？当时的国情如何？中国人民在不同的国情下的奋斗目标分别是什么？

与学生一起分析得出如下结论：社会存在是社会意识内容的客观来源，社会意识是社会物质生活过程及其条件的主观反映。有什么样的社会存在就有什么样的社会意识与之相适应；社会存在的发展决定着社会意识的变化与发展。

其次，社会意识是以观念体系形式反映出来的社会存在，反映者必须依赖于被反映者，这是社会意识对社会存在的依赖性；与此同时，社会意识一旦形成，也具有相对独立性，即具有自己独特的发展形式和规律，有着与社会存在相背离、相脱离的性质和趋向。

社会意识的相对独立性具体表现为：

(1)社会意识与社会存在发展的不完全同步性。即社会意识对社会存在具有超前性和滞后性：先进的社会意识可以超越社会存在，对社会存在起着引导作用；落后的社会意识则滞后于社会存在，成为社会存在发展的阻力。

对此，马克思曾经以艺术为例加以说明：“关于艺术，大家知道，它的一定的繁盛时期决不是同社会的一般发展成比例的。”“在艺术本身的领域内，某些有重大意义的艺术形

① 《马克思恩格斯选集》第 2 卷，人民出版社 1995 年版，第 32～33 页。

式，”如希腊的神话和史诗，“只有在社会发展的不发达阶段上才是可能的。”它们仍然“能够给我们以艺术享受，而且就某方面说还是一种规范和高不可及的范本”，对人类产生着永久魅力。[①]

(2)社会意识同社会经济发展水平之间的不平衡性。恩格斯在1890年10月27日致康·施密特的信中曾经指出：“经济上落后的国家在哲学上仍然能够演奏第一小提琴。”[②]18世纪的法国对英国来说是如此，后来的德国对英法两国来说也是如此。这种不平衡情况的出现是同种种具体历史条件分不开的，包括社会意识形成和发展的社会政治背景、阶级斗争的形势、民族传统、特定的思想资料以及国际影响等。这说明社会意识反映经济的发展要受到政治的折光和其他条件的影响，而不是简单的照镜子式的反映。当然，恩格斯同时又强调：不论在法国还是在德国，哲学和那个时代的普遍的学术繁荣一样，也是经济高涨的结果。经济发展对这些领域也具有最终的至上权利。

(3)社会意识的发展具有历史继承性。社会意识一方面根源于社会存在，要从社会存在中获得内容；另一方面则有自己直接的思想来源，要从以往的社会意识中继承合理的思想观点。

(4)社会意识对社会存在具有能动的反作用，这是社会意识相对独立性的突出表现。

(三)社会存在和社会意识辩证关系原理的理论意义

它在人类思想史上第一次正确解决了社会历史观的基本问题，是社会历史观革命性变革的基础；唯物史观对历史观基本问题的科学回答，宣告了唯心史观的彻底破产。马克思主义经典作家从社会存在决定社会意识这一观察社会历史的基本观点出发，从社会生活的各种领域中划分出经济领域，从一切社会关系中划分出生产关系，并把它当作决定其余一切社会关系的基本的原始的关系，进而将一切社会关系归结于生产关系，将生产关系归结于生产力发展的高度，揭示出社会这一有机体各构成部分之间联系的内在机制，即生产力与生产关系、经济基础与上层建筑之间相互作用、相互制约，构成社会基本矛盾运动，支配着整个社会的发展进程。人类社会的发展是一个自然历史过程，破天荒地破解了“历史之谜”，揭示了人类社会发展的规律，为人们提供了一种以自然科学的眼光正确观察社会历史的科学方法。

【课堂讨论】 当代中国，在强调发展是硬道理，大力发展经济的同时，为什么强调要建设社会主义先进文化，增强国家的文化软实力？如何加强社会主义先进文化建设？

三、生产力与生产关系矛盾运动的规律

生产力与生产关系矛盾运动的规律，是人类社会发展的基本规律。

【案例】

一是安徽凤阳小岗村的包产到户发展历程；一是江苏华西村的发展历程。(略)

通过两个案例的完整展示，引导学生思考：小岗村是在什么背景下实行包产到户的，由大锅饭到包产到户，人与物之间的结合方式发生了什么变化？产生了什么效果？为什么？华西村的经济发展模式与小岗村相比有什么不同？华西村的发展给我们什么启示？

---

① 《马克思恩格斯选集》第2卷，人民出版社1995年版，第28页。

② 《马克思恩格斯选集》第4卷，人民出版社1995年版，第704页。

从两个案例中你有什么发现？

（一）生产力与生产关系

1.生产力

(1)含义及特点。生产力是人类在生产实践中形成的改造和影响自然使其适合社会需要的物质力量。它是人类社会生活和全部历史的基础。它具有客观现实性、社会历史性。

(2)生产力系统。生产力具有复杂的结构，主要包括实体性要素（基本构成要素）：劳动资料（其中生产工具是最基本的劳动资料，生产工具的性质和水平是衡量社会经济时代的标准）、劳动对象、劳动者（生产力中最活跃、最革命、起决定作用的要素）。非实体性要素：科学技术、管理、分工、教育等。

(3)科学技术是第一生产力。

2.生产关系

(1)含义：生产关系是人们在物质生产过程中形成的不以人的意志为转移的经济关系。

(2)生产关系的构成及各部分之间的关系：

从狭义上看，生产关系包括生产资料所有制关系、生产中人与人之间的关系、产品分配关系，其中生产资料所有制关系是生产关系中最基础的、起决定作用的关系，决定着生产关系的性质，进而决定生产关系中其他两方面的关系，而生产中人与人之间的关系以及产品分配关系则制约着生产资料所有制关系。

从社会再生产的角度看（广义），生产关系包括生产、交换、分配和消费四个相互联系、相互作用的环节。

（二）生产力与生产关系的矛盾运动规律

在物质资料生产方式内部，伴随着现实的人的物质需要的发展，生产力与生产关系作为满足人的需要的两种不同的形式，两者的矛盾运动形成一种内在的、本质的、必然的联系，即生产关系一定要适合生产力状况的规律。一方面，生产力决定生产关系。首先，生产力状况决定生产关系的性质。生产力状况是生产关系形成的客观前提和物质基础。其次，生产力的发展决定生产关系的变革（方向和形式）。另一方面，生产关系反作用于生产力。当生产关系适应生产力的状况时，对生产力发展起促进作用；反之，起阻碍作用。从过程上看，这一规律表现为生产关系对于生产力总是从基本相适合到基本不相适合，再到基本相适合的过程；与此相适应，生产关系也总是从相对稳定到新旧交替，再到相对稳定。生产力与生产关系的这种矛盾运动循环往复，不断推动社会生产发展，进而推动社会逐步向前发展。

生产力与生产关系矛盾运动规律在人类思想史上第一次彻底否定了以“道德说教”作为评判历史功过是非的思想体系，第一次科学地确立了生产力发展是社会进步的最高标准。正是基于此，马克思主义正确阐释了社会形态的演进过程及其历史正当性问题，为正确认识社会和历史提供了基本的观点和方法，为马克思主义政党制定正确的路线、方针和政策提供了重要依据。正是以此为指导，中国共产党人将解放生产力、发展生产力、不断扫除生产力发展的障碍作为自己制定路线、方针和政策的出发点，强调敏锐地把握社会先进生产力的发展趋势，代表先进生产力的发展要求，以经济建设为中心，继续深化改革，充分发挥市场的决定性作用，不断推进理论创新、制度创新和科学创新，将促进人和社会的全面发展作为自己的归宿，不断推进中国特色社会主义建设事业。

四、经济基础与上层建筑的矛盾运动

(一)经济基础与上层建筑

1. 经济基础

经济基础是指由社会一定发展阶段的生产力所决定的生产关系的总和。对经济基础的内涵应该把握两点：一是经济基础的实质是社会一定发展阶段上的基本经济制度，是制度化的物质社会关系。在一定社会内部存在着多种经济关系：前一社会残存的或其他社会的经济基础成分、未来社会的经济基础的萌芽。决定一个社会性质的是其占支配地位的经济基础。二是经济基础与经济体制具有内在联系。经济体制是社会基本经济制度所采取的组织形式和管理形式，是生产关系的具体实现形式。经济体制在实践中总是与社会的基本经济制度结合在一起，它与生产力发展的关系更为直接、更为具体。因此，经济体制选择是否得当，对于基本经济制度即生产关系的自我完善和生产力的发展起着极为重大的作用。

2. 上层建筑

上层建筑是建立在一定经济基础之上的意识形态以及相应的制度、组织和设施。上层建筑包括政治上层建筑(政治法律制度及设施和政治组织)和思想上层建筑(又称为"意识形态"、"观念上层建筑"，包括政治法律思想、道德、艺术、宗教、哲学等思想观点)两部分。其中，政治上层建筑作为统治阶级意志的体现，是在一定意识形态指导下建立起来的；政治上层建筑一旦形成，就成为一种现实的力量，影响并制约着人们的思想理论观点。政治上层建筑的核心是国家政权。

(二)经济基础与上层建筑的矛盾运动

经济基础与上层建筑是辩证统一的。

经济基础决定上层建筑。经济基础是上层建筑赖以产生、存在和发展的物质基础，上层建筑是经济基础得以确立统治地位并巩固和发展的不可缺少的政治、思想条件。经济基础的性质决定上层建筑的性质，有什么样的经济基础就有什么样的上层建筑；经济基础的变更必然引起上层建筑的变革，并决定着其变革的方向。

上层建筑对经济基础具有反作用。集中表现在：为自己的经济基础的形成和巩固服务，确立或维护其在社会中的统治地位。上层建筑的反作用有两种：当它为适合生产力发展要求的经济基础服务时，就成为推动社会发展的进步力量；反之，就成为阻碍社会发展的消极力量。

经济基础与上层建筑相互作用构成二者的矛盾运动，这种矛盾运动在实际运行中极为复杂：其一，在同一性质的经济基础与上层建筑的关系中，上层建筑的不完善部分、没有反映经济基础要求的部分都会同经济基础产生矛盾。其二，在不同性质的经济基础与上层建筑的关系中，矛盾更为复杂，主要表现在：占统治地位的经济基础同旧上层建筑的残余、未来上层建筑的萌芽之间的矛盾；新旧上层建筑之间、新旧经济基础之间的矛盾等。其三，当一种社会形态处于上升发展阶段时，上层建筑对于经济基础一般是适应的；当一种社会形态处于没落时期，上层建筑同经济基础变革的客观要求则是不适应的，其矛盾则变为对抗性的、全局性的矛盾。

经济基础与上层建筑的矛盾运动规律，就是上层建筑一定要适合经济基础状况的规律。

在当代中国，深入理解上层建筑一定要适合经济基础状况的规律，关键是理解经济基础与上层建筑矛盾运动过程中的利益关系。经济基础作为与一定生产力水平相适应的生产关系的总和，其实质是人们的物质利益关系。在社会主义条件下，上层建筑对经济基础的保护，从根本上说是为了保障最广大人民群众的物质利益。因此，在深化经济体制改革、完善社会主义经济基础、促进生产力发展的同时，要加快和深化上层建筑领域的改革，不断推进民主政治建设和民主法制建设，推进社会主义民主政治制度化、规范化、程序化，加快建设社会主义法治国家；进一步探索新时期公民思想道德建设的有效途径，切实保障广大群众获得切实的经济、政治、文化利益。

【课堂讨论】 为什么在中国特色社会主义建设过程中，强调以经济建设为中心，物质文明、精神文明、政治文明、社会文明和生态文明“五位一体”共同发展？为什么要强调加强社会主义核心价值体系建设和民主法制建设？

五、社会形态更替的一般规律及特殊形式

马克思、恩格斯揭示的生产力与生产关系的矛盾运动规律和经济基础与上层建筑的矛盾运动规律，是人类社会发展的一般规律，它们决定了人类社会形态的更替和历史发展的基本趋势。但是，由于社会发展的复杂性和曲折性，社会形态更替在遵循一般规律的同时，也表现出一些特殊的形式。

(一)社会形态的内涵

社会形态是关于社会运动的具体形式、发展阶段和不同质态的范畴，是同生产力发展阶段相适应的经济基础与上层建筑的统一体。它包括社会的经济形态、政治形态和意识形态。

(二)社会形态更替的统一性和多样性

五大社会形态依次更替，是社会历史运动的一般过程和一般规律，表现了社会形态更替的统一性。

但是在一些国家或民族的发展过程中，出现了超越一个或几个典型社会形态的情况，还有一些国家或民族出现了一个非典型的社会形态，这些都是社会形态发展过程中表现出的多样性。

(三)社会形态更替的必然性与人们的历史选择性

社会形态更替的客观必然性，主要是指社会形态依次更替的过程和规律是客观的，其发展的基本趋势是确定不移的。社会形态的更替归根结底是社会基本矛盾运动的结果。但是社会形态更替的规律也是人们的自己的社会行动规律，它并不否定人们历史活动的能动性。

(四)社会形态更替的前进性与曲折性

社会形态更替的前进性主要是指五种社会形态依次演进的基本趋势，但这一过程并不否认历史发展的曲折性和跨越性。一种新制度取代旧制度，往往并不是从旧社会制度发展较为充分的典型国家开始，而更易于在旧制度发展不很完善或者很不充分的地方突破，这既体现了社会形态更替过程的曲折性，又为社会形态更替的跨越性提供了条件和历史契机。

【结语】 在社会历史观基本问题上，马克思主义唯物史观坚持社会存在决定社会意识，社会意识是社会存在的反映，同时社会意识具有相对独立性，对社会存在具有能动的反作用。从社会存在决定社会意识的基本立场出发，唯物史观认为物质资料生产方式是社会发展的最终决定力量。生产力与生产关系、经济基础与上层建筑之间的矛盾构成人类社会的基本矛盾，生产力与生产关系、经济基础与上层建筑之间的矛盾运动规律是人类社会发展的一般规律，它们决定了人类社会形态的更替和历史发展的基本趋势。但是，由于社会发展的复杂性和曲折性，社会形态更替在遵循一般规律的同时，也表现出一些特殊的形式，如社会形态更替的多样性、曲折性和人们的历史选择性等。在人类社会发展过程中，作为劳动者的人，尤其是人与人之间的物质利益关系是制约或推动社会发展的关键因素。

（蔺淑英）

3.7 批判思维

【教案视角】

1. 商品与劳动价值论（90分钟）
2. 资本与剩余价值理论（90分钟）
3. 资本主义上层建筑的本质与局限（90分钟）
4. 资本主义的发展变化及其实质（90分钟）
5. 资本主义的历史地位和发展趋势（90分钟）

【本讲视角】 第3视角

【教学目的】 通过本讲教学，一方面使学生全面了解资本主义政治制度和意识形态的基本内容，深刻认识资本主义上层建筑的实质，是资产阶级进行政治统治和社会管理的方式和手段，是为资产阶级专政服务的，是资产阶级对民众进行政治统治的手段；另一方面培养大学生的批判思维。

【本讲内容】

资本主义上层建筑的本质与局限

通过美国总统大选案例提出问题：美国选民选出的总统真的代表美国人民吗？为什么？

我们将通过剖析资本主义的上层建筑，学习了解资本主义的政治制度和意识形态的基本内容及其实质，来找到问题的答案。

资本主义的上层建筑主要包括资本主义国家、政治制度及意识形态。

一、资本主义国家的职能与本质

要科学认识资本主义上层建筑，首先必须对上层建筑的核心——国家进行深入的分析。

(一)资本主义国家的职能

通过之前对马克思主义基本原理的唯物史观的学习，我们已经知道任何国家都有对内和对外两种职能，那么资本主义国家作为资产阶级进行政治统治的工具，同样具备对内、对外两种职能，对内实行政治统治和社会管理，对外进行国际交往并维护国家安全及利益。

对内职能主要有政治统治和公共管理职能。

首先，最重要的功能就是镇压无产阶级和劳动人民的政治统治职能。这是它主要的基本的政治职能。资产阶级作为统治阶级，为了巩固其在经济、政治、思想上的统治地位，维护资产阶级的整体利益不受侵犯，必须运用暴力的和社会强制的手段，如政府机构和军队、警察、法庭、监狱等国家机器，对被统治阶级进行压迫、控制，使社会生活保持在统治阶级所制定的秩序要求之内。当然，除了暴力的和强制的手段，有时也使用和平的"牧师式欺骗"的手段，通过思想影响和政治欺骗，麻痹人民的斗争意志，巩固自身的垄断统治。通常是两种手段互为补充，交替使用。

其次，资本主义国家还具有社会经济公共管理职能，这是资本主义国家必要的基本社会职能。由于作为资本主义上层建筑核心的资本主义国家是根据资本主义经济基础的要求建立起来的，因而，必然要保护资本主义经济基础不受破坏和伤害。为了保证社会生活的正常进行，资本主义国家运用各种权力和资源对经济、教育、科学、文化等领域进行管理，手段也日益多样化，例如："国有化"、"经济计划化"、财政、金融、信贷、税收以及其他行政、立法手段，等等，建立社会福利制度，建设社会公用工程，保护生态环境，促进经济社会发展。二战后随着资本主义国家经济政治形势的发展变化，资本主义国家的社会管理职能进一步加强，客观上推动了生产力的发展与社会进步，也改善了无产阶级的生存条件。但是从根本上讲，并没有改变资本主义国家性质。正如恩格斯所说："政治统治到处都是以执行某种社会职能为基础，而且政治统治只有在它执行了它的这种社会职能时才能持续下去。"①

资本主义国家的对外职能主要是指资本主义国家对外进行国际交往和维护国家安全与利益的职能。主要表现在防御和扩张两个方面：第一，保卫本国领土主权完整，防御外敌入侵与颠覆。这是资本主义国家首要的和固有的职能。第二，对外侵略、扩张和掠夺。资本主义国家为维护自己的既得利益、获取新的经济和政治利益，推行殖民主义、霸权主义和强权政治，控制别的国家和地区，建立自己的势力范围，对其他国家进行政治、经济、文化渗透。甚至不惜发动对他国或地区的战争，进行侵略。主要手段有赤裸裸的军事暴力争夺世界霸权、"新殖民主义"方式、对经济文化落后国家进行"经济兼并"等。

总之，资本主义国家的各种职能都是为资产阶级尤其是垄断资产阶级服务的，充分体现了资本主义国家的阶级本质。

---

① 《马克思恩格斯选集》第3卷，人民出版社1995年版，第523页。

(二)资本主义国家的本质

从历史唯物主义的观点看,资本主义国家是生产力和资本主义生产关系发展的必然结果,是在封建社会末期资产阶级通过革命推翻封建阶级的统治而建立起来的。因此,资本主义国家既有着历史进步性,同时在本质上也不可避免地有着其阶级局限性。

资本主义生产关系比封建制的生产关系更能适应生产力的发展,因此作为资本主义经济基础之上的上层建筑,资本主义国家提倡经济上等价交换、自由竞争的市场经济,大大推动了劳动生产力的提高;鼓吹政治上自由平等、民主正义,推翻了君主专制制度,建立了包括三权分立、议会制、选举制与政党制在内的民主制度,这比封建制度明显进了一大步。

但是资本主义国家的这种进步性并没有改变其阶级性质。国家是一个阶级统治另一个阶级的机器,是阶级专政的工具。资本主义的经济基础决定了资本主义国家在本质上是资产阶级的统治工具,是资产阶级压迫和剥削无产阶级和其他劳动人民的暴力机关,是以服务于资本主义制度和资产阶级利益为根本内容的。资产阶级鼓吹的民主平等只是形式上的,并没有消除人们在政治生活方面实际上的不自由、不平等、不民主、不公正的现象。所以,资本主义国家的建立只是以一种新的阶级剥削和压迫形式取代了以往旧的阶级剥削和压迫形式而已。恩格斯指出,资本主义国家,“不管它的形式如何,本质上都是资本主义的机器,资本家的国家,理想的总资本家。它越是把更多的生产力据为已有,就越是成为真正的总资本家,越是剥削更多的公民”[①]。

二、资本主义政治制度及其本质

首先必须区分“政治制度”的两个含义:节标题中的“政治制度”是广义的,指的是整个政治上层建筑;本问题标题中的“政治制度”实际上是狭义的,指的是各种具体政治制度的形式,两者有区别。上一个问题讲的是资本主义国家制度,是从国体的角度讲的;而本问题的政治制度则是从政体的角度讲的,是从国体与政体统一的角度阐述资本主义的政治上层建筑。

现代资本主义国家都采取民主共和国,民主制是最基本、最普遍的国家形式,是资产阶级国家制度的政体。资本主义的民主制度既是资产阶级国家的国体又是政体,是国体与政体的统一。

作为政体的资产阶级民主制主要包括三个方面的内容:

(一)资本主义政治制度的主要内容

1. 基本制度

资本主义民主政治制度包括资本主义的民主与法制、三权分立、选举制度、政党制度等。

(1)民主制度:资产阶级为反对封建专制主义,从根本上否定封建君主鼓吹的“君权神授”的权力来源的合法性,提出了符合自身利益和要求的“主权在民”、“天赋人权”、“分权制衡”、“社会契约论”、“自由、平等、博爱”等民主政治思想,推翻了封建专制制度,并建立起了资本主义民主制的国家。在不危及资本主义国家安全和资产阶级根本利益的前提

① 《马克思恩格斯选集》第3卷,人民出版社1995年版,第629页。

下,资本主义国家给予民众以一定的选举、言论、出版、集会、结社、游行示威、自由迁徙等权利和自由。

(2)法治制度:资本主义国家为了巩固反对封建专制的成果,普遍确立了依法治理的统治方式,都建立了较完备的法律制度。宪法是资本主义国家法律制度的核心,规定了国家基本的经济和政治制度、国家权力结构及国家权力运作的原则以及公民的权利与义务。资本主义国家法制制度遵循以下基本原则:私有制原则、"主权在民"的原则、分权与制衡原则、人权原则。

(3)分权制衡制度:三权分立与权力制衡是资本主义国家组织国家机关的基本原则。资产阶级把国家权力划分为立法、司法、和行政三种权力,分别由议会、政府和法院三个不同的机构所有并行使,三种权力之间各自独立、互相制约,彼此平衡。

(4)选举制度:这是资产阶级通过制定某种原则和法律程序,直接或间接选举产生议员和政府官员的一种政治机制。选举制的核心内容就是公民平等地享有选举权,在形式上是公民管理国事和监督政府的重要手段。同时普选制为公共权力机构的产生及运行提供了制度保障,是政府及执政者具有合法性的唯一根据,在实际上成为协调统治阶级内部利益关系和矛盾的重要措施。

(5)政党制度:政党制度是西方民主政治的核心,现代资本主义国家普遍实行政党制。政党是阶级和阶级斗争发展到一定历史阶段的产物,是代表一定阶级、阶层或集团的根本利益,为达到政治目的,特别是为了取得政权和保持政权而建立的一种政治组织。政党以一定的活动方式和组织形式,参加竞选、控制政府或议会、掌握或参与国家政权、干预政治的制度,就是所谓的政党制度。资本主义国家的政党制度主要有两党制、多党制和一党制等各种不同形式,其中以两党制影响较大。两党制是由阶级本质相同的两个主要的资产阶级政党轮流执政的制度,它表现为一党执政时,另一个党就成为反对党,自由地对执政党的行为进行批评和攻击,并在一定程度上对执政党起牵制和监督的作用。实行两党制的国家主要有英国、美国、加拿大、新西兰、澳大利亚等。多党制是指资本主义国家中由两个以上的政党轮流或联合执政的政党制度。法国、意大利、日本、德国、西班牙、瑞典等国家实行的都是多党制,当今世界上的资本主义国家大多实行的是多党制。

2.具体形式

由于各个资本主义国家的社会历史条件和国情存在差异性,因此各个资本主义国家政治制度的具体形式也是多种多样的,主要有君主立宪制、民主共和制和法西斯制等。

君主立宪是在保留君主制的前提下,通过立宪,树立人民主权、限制君主权力、实现事实上的共和政体。君主立宪制是由于资产阶级还不能完全战胜封建势力,是资产阶级与封建势力妥协并结成联盟的产物。虽然随着资本主义的发展,许多国家资产阶级的统治地位日益加强并得到最终确立,但为了避免政治制度发生剧烈变动和适应民族传统心理的要求,这些国家在形式上还保持君主作为国家元首的象征。但君主不掌握实权,权力一般分由议会和内阁行使。这种政体亦可称"议会内阁制"。英国、荷兰、瑞典等国较为典型,此外还有西班牙、比利时、丹麦、挪威、列支敦士登、卢森堡、摩纳哥。

民主共和制,即标榜主权在民,国家元首和国家权力机关由选举产生,并有一定任期的一种政权组织形式。国家元首根据宪法享有国家权力。实行这种政体的国家如美国、法国、德国、意大利等，其形式可分为议会共和制和总统共和制两种。

法西斯主义制度是垄断资产阶级公开实行专制独裁和恐怖统治的专政形式。第一次世界大战后由于某些资本主义国家的资产阶级力量削弱，旧的民主政治制度不能维持，只有用极权专政与恐怖手段才能保持政权，因此出现了法西斯专政。主要特征是：对内公开实行反动的独裁统治，取消资产阶级民主和自由，残暴镇压劳动人民，摧毁一切进步组织；对外推行沙文主义，发动侵略战争。第二次世界大战前夕和大战期间的意大利、德国就属于此种政体。

（二）资本主义政治制度的进步作用

资本主义政治制度的形成和发展是对封建专制制度的否定，是人类历史发展的巨大进步，对于人类社会历史的发展进程曾经起过积极的促进作用。主要体现为以下三点：

1.适应了社会生产力的发展

资本主义的政治制度作为上层建筑，是对封建专制制度的否定，是保护资本主义经济基础的最好方式。资本主义战胜了封建社会自给自足的小生产的生产方式，保护、促进和完善了资本主义生产方式，大大解放了社会生产力，促进了社会进步。

2.促进了人的发展，推动了人类的进步

资产阶级革命和资本主义政治制度的建立推翻了封建专制主义条件下的分封割据状态、等级压迫制，使人们摆脱了人身依附关系，给了无产阶级和劳动人民一定的民主权利和社会政治自由；在客观上和一定范围内，也为无产阶级的壮大提供了有利的条件。

3.积累了相当丰富的政治统治和社会管理的经验

资本主义民主制度在操作层面上，其相互制约的运行机制对于社会主义民主制度来说，也还是有一些值得研究和借鉴的地方；另外，资本主义民主制度在法律化方面比较完善，这都是有积极意义的。

（三）资本主义政治制度的历史和阶级的局限性

由于资本主义政治制度在本质上是资产阶级进行政治统治和社会管理的手段和方式，是为资产阶级专政服务的，因此它不可避免地有其历史的和阶级的局限性。

1.资本主义的民主是金钱操纵下的民主，实际是资产阶级精英统治下的民主

民主是具体的、相对的，而不是抽象的、绝对的。任何一种民主的本质、内容和形式，都是由特定的社会制度所决定的，并且都是随着经济文化的发展而发展的。资本主义民主制度是建立在资本主义私有制基础之上的，本质上是资产阶级进行政治统治和社会管理的手段和方式，是为资产阶级服务的，它不可避免地具有历史和阶级的局限性。选举事实上是有钱人的游戏，是资本玩弄民意的过程。

2.法律名义上的平等掩盖着事实上的不平等

资产阶级名义上标榜“法律面前人人平等”，但是，由于资本主义社会是建立在私有制和资本特权的基础上的，资本家和劳动者之间、富人和穷人之间存在着事实上严重的不平等，资产阶级法律的实质是将存在于资本家和劳动者之间、富人和穷人之间的经济利益的不平等合法化。

3.资本主义国家的政党制是一种维护资产阶级统治的政治制度

从表面上看，资本主义的两党制或多党制允许工人阶级及其政党参与国家政治生活，

甚至在马克思主义政党力量比较强大的国家还会出现马克思主义政党与资产阶级政党联合执政的情况，但是马克思主义政党参政的程度必然是受国家政权的资本主义性质制约的，不可能出现由于马克思主义政党的参政改变资产阶级国家性质，使国家政权能够真正维护工人阶级利益的现象。因此从本质上说，资本主义国家多党制仍然是资产阶级选择自己的国家管理者，实现其内部利益平衡的政治机制。

4.政党恶斗相互掣肘，效率低下，社会矛盾激化

资产阶级政党往往被金钱、媒体和利益集团等控制，为了各自利益相互斗争，议而不决，效率低下，在选举中常常为了筹集竞选经费、赢得选票一味讨好选民，置民众和国家的整体和长远利益于不顾，使得各种社会矛盾不断积累和尖锐化。

【课堂讨论】 我们对资本主义政治制度应采取何种态度呢？

我们对于资本主义的政治制度应该坚持辩证批判的态度和方法。要吸取借鉴其政治制度中符合政治统治和社会管理一般规律的内容；而对于带有深刻的资产阶级阶级印记和阶级偏见的政治制度建设和实施的理论、观点、立场、方法等方面，我们应该进行分析、批判，要深刻认识其作为资产阶级政治统治工具的阶级本质。正如列宁所指出的："资产阶级民主同中世纪制度比较起来，在历史上是一大进步，但它始终是而且在资本主义制度下不能不是狭隘的、残缺不全的、虚伪的、骗人的民主，对富人是天堂，对被剥削者、对穷人是陷阱和骗局。"

三、资本主义的意识形态及其本质

要正确而全面地认识资本主义社会的上层建筑，不仅要了解资本主义的政治制度，还必须进一步分析研究资产阶级的意识形态。

资本主义意识形态是在资本主义国家中占统治地位的、反映了作为统治阶级的资产阶级的利益和要求的各种思想理论和观念的总和，包括资本主义国家中占统治地位的政治、经济、法律、哲学、伦理、历史、文学、宗教等大多数人文社会科学的理论、学说或意识形态等等。资本主义意识形态是资本主义社会的观念（或思想）上层建筑，是对资本主义社会经济基础和政治制度的反映，也是资本主义政治制度建立的直接理论依据。资产阶级意识形态直接或间接地反映社会的经济及政治特点，体现资产阶级的利益和要求，从思想意识上维护资本主义制度。

(一)资本主义意识形态的形成

资本主义国家意识形态的思想理论和观念，是资本主义生产关系形成与发展的产物，是资产阶级在长期的反对封建专制主义和宗教神学的斗争中逐步形成和发展起来的。

14～15 世纪，欧洲的文艺复兴运动提倡以人为本，反对神权统治；提倡个性解放，反对封建束缚；树立理性权威，反对蒙昧主义和神秘主义。这种以人为中心的人文主义思想在实质上是资产阶级的思想文化和世界观。17～18 世纪，资本主义在封建社会内迅速成长起来，其意识形态也在发展。在反封建的斗争中，资产阶级逐渐建立起与自己的阶级要求相适应的思想体系，形成民主、自由、平等、博爱等新观念，是人类思想的一次大解放。资产阶级在革命取得胜利后建立了资本主义国家，与文艺复兴和资产阶级革命时期一脉相承的资产阶级的各种思想理论和观念就逐步发展成为资本主义国家意识形态的基本内容。

(二)资产阶级意识形态的主要形式和核心思想

资产阶级意识形态是资本主义社会占统治地位的思想体系,它包括资产阶级的政治法律思想、经济思想、文学艺术思想、道德现、哲学世界观与宗教世界观等各种理论和观念。

资产阶级意识形态的核心是利己主义。利己主义是资本索取和掠夺本性在经济上的表现,认为人的本性生来就是自私的,宣扬自我是至高无上的,强调个人利益高于社会利益,把个人幸福看作一切行动的目的。其根源是私有制,是私有制商品经济关系在人们意识中的反映。

资产阶级利己主义的突出表现是拜金主义。资本义社会主张金钱高于一切,个人的物质利益、社会地位都是建筑在金钱的基础之上,把人与人之间的关系完全变成了赤裸裸的商品交易关系,变成了冷酷无情的金钱关系。

(三)资本主义意识形态的本质

资产阶级的意识形态为建立和维护资本主义制度作了舆论准备并提供了理论基础。同时,这些观念被赋予代表全体人民利益和要求的普遍形式,在一定时期、一定条件下和一定程度上,无产阶级和劳动人民也可以用它来争取自身的生存权利,从这个意义上说,具有进步的性质。由于它的阶级本质所决定,因而又具有不可克服的阶级局限性。

第一,资本主义意识形态是资本主义社会条件下的观念上层建筑,是为资本主义社会形态的经济基础服务的。列宁说:“所有一切压迫阶级,为了维持自己的统治,都需要两种社会职能:一种是刽子手的职能,另一种是牧师的职能”,“牧师的使命是安慰被压迫者,给他们描绘一幅在保存阶级统治的条件下减少痛苦和牺牲的前景”,“从而使他们顺从这种统治”。[①] 资本主义意识形态正是通过论证资本主义社会制度的合理性、资本主义民主的普遍性等观点来实现其“牧师职能”的。

第二,资本主义意识形态是资产阶级的阶级意识的集中体现。在资本主义条件下,资产阶级在进行阶级统治的实践中逐步形成了自己作为社会统治阶级的阶级意识。资本主义意识形态则是这种阶级意识的集中体现。一方面是由于意识形态来自统治阶级的实践,与这种阶级的历史命运紧密相连,并已经内化为阶级成员的基本信念;另一方面则是因为意识形态可以成为统治阶级进一步进行阶级实践的指导思想,成为这个社会制度的理论辩护者。

此外,对于资本主义意识形态,应该用辩证的观点来分析。资本主义社会在长期发展中创造出大量的物质财富的同时,也创造出丰富的精神成果。这些思想文化成果有相当一部分以意识形态的形式或包含在意识形态中被保存下来,同样是人类文明进步的成就和体现。

当然从历史的角度来看,由于资本主义意识形态同时也是人类文明发展的重要载体,因此我们也必须注意用辩证批判的态度对待它。对于资本主义意识形态中那些正确反映了人类社会生活的一般规律的思想理论和观念,我们应该加以学习、参考和借鉴;而其中反映了资产阶级利益和要求的、对社会生活进行了扭曲反映的、为了维护资产阶级政治统

① 《列宁选集》第2卷,人民出版社1995年版,第478页。

治的需要而有意编造来欺骗民众的虚假理论，则必须加以分析鉴别和持鲜明的批判态度。

【结语】 通过讲解，我们了解到政治制度和意识形态作为资本主义的政治上层建筑与观念上层建筑，集中体现了资本主义的经济基础的要求，并在制度上和思想上维护资本主义制度。从唯物史观来看，资本主义政治制度与意识形态的形成和发展是对封建专制制度的否定，对于人类社会历史的发展进程曾经起过积极的促进作用，是人类历史发展的巨大进步。但是由于受到其阶级性质的限制，在本质上也不可避免地有着难以克服的阶级与历史的局限性。

（王洪春）

3.8　建设思维

【教案视角】

1.社会主义概念辨析(90 分钟)

2.社会主义对资本主义的比较优势(90 分钟)

【本讲视角】 第 2 视角

【教学目的】 通过本专题教学，使学生理清社会主义的概念，在与资本主义的比较中，全面准确地理解社会主义的优势。

【本讲内容】

社会主义对资本主义的比较优势

任何一种新的社会制度，都有一个产生、发展到成熟的过程。社会主义制度作为一种新型的社会制度，在人类历史上存在不过几十年的历史，而走上社会主义道路的国家绝大部分都是经济文化比较落后的国家，赶上并超过发达资本主义国家，需要一段长时间的艰苦奋斗，不断总结实践经验，避免出现大的失误，才能达到。而且，社会主国家从存在那一天起，资本主义国家对它的颠覆活动就从未停止过。“资强社弱”的全球两制格局还将维持相当长的时期。因此，对社会主义的认识若没有科学的世界观和方法论作指导，就会得出错误的结论。诸如在青年学生中流传的“社会义制度好，资本主义生活好；社会主义政治好，资本主义经济好；社会主义将来好，资本主义现在好”，这都是从表面现象、用形而上学的方法得出的错误结论。必须用历史的、辩证的、全面的观点去理解社会主义，才能走出认识上的误区。社会制度是一个体系，包括政治、经济、文化等各个方面，社会主义的优势也体现在这些方面。

一、社会主义的政治优势

社会主义的政治体制是超越西方政治制度的现代国家制度，具有旺盛的生命力和明显的优势。这种体制的优越性是资本主义国家的政体无法比拟的。

(一)如何看待西方的政体

1.西方政体属于近代而非现代国家制度

梅宁华在《对现代国家制度的新思考》一文中集中分析了我国的政治体制具有的明显

优势和西方政体的弊端。[1] 按照现代政治理论，现代国家制度是人类社会创造的最有效的组织单位，是现代社会的核心元素。其显著特征有：一是法治完备，建立起一套适应国家经济社会发展要求的现代法律体系；二是民意表达有一系列的规范，建立起保护公众表达权的一系列规章制度；三是国家的政治、社会决策科学化、民主化，有一整套保障决策科学、民主的程序；四是国家政党、行政机构、社会组织运行高效，能够保证社会、经济的高效、平稳、低成本运行；五是有一套体现现代人类文明的观念，如法治、科学、人权、爱国、民主等的价值体系。

从政治学角度看，西方国家的政体形式，一般认为包括民主共和制和君主立宪制两种形式，但从科学意义上看，所谓民主制度和集权政体都不能成为真正意义上的现代国家制度。以民主制度而言，自资产阶级革命以来，已经历三百多年，它的历史局限性在全球化时代非常明显。而且由于西方各国自诩这种制度"先进"，不思改进，其弊端日益显现。作为历史上形成的政治形态，民主制度只能称为近代国家制度。由此看，现代国家制度是一个比民主政体层次更高、内涵更广的政治概念。有人认为只有民主制国家才是现代国家，这显然是一种把民主制看作是现代国家的唯一条件，从而把现代国家内涵狭隘化的观点。现代国家与国家政体并非是一一对应的关系，有了民主制的一些形式，如选举，也并不意味着就是现代国家。因为选举作为一种民主形式，它的产生比现代国家的历史要长，希特勒是通过选举上台的，但并不能说当时的德意志第三帝国就是现代国家。如非洲一些国家，选举搞得很早，范围很大，但从法治程度、经济发展水平、政府运行效能等方面综合来看，却很难称得上是现代国家。

2.选举不是民主政治的标签

近年来，西方一些人把选举作为民主政体的标签，以是否举行普选作为衡量一个国家是否民主、一个政体是否为民主政体的唯一标准。此种观点也是荒谬的。毋庸讳言，普选确实在一定程度上使人民的意愿得到相对充分的表达，这使得普选产生的政体具有形式上的"正当性"。但这种"正当性"仅仅是象征意义的，并不代表全民意愿。在西方国家的选举中，选民仅是全体公民的一部分，有的国家选举参加投票的选民不足国民总数的一半，而选举中胜出的候选人的得票率有时仅有48%对47%的微弱优势。那么试想，48%的选民的意志实现了，这些选民的意志能代表全民意志吗？显然不能。因为一部分选民的意志实现，就意味着另一部分选民利益的牺牲或丧失。这种相对民意只是一种获得公权力的手段，并没有体现出全民意志的民主性。

众所周知，在西方的选举制度中，选举实质上是金钱操纵的候选人之间的角逐，巨额的选举经费使选举变为"金钱笼子中的自由鸟"，成为精英把持权力和限制大众权利的合法手段。如在美国本土和欧洲一些国家，普选均受到很多批评，美国大选的商业化和金钱化已经为很多人所诟病。就连奥巴马都直言不讳地承认，竞选需要钱。去弄钱的过程就是一个产生腐败的过程，拿了钱，就要照顾提供金钱者的利益。在西方很多国家，选民对选举的兴趣和热情逐年走低，民意低迷成为笼罩在西方选举制度头顶的一大阴霾。

---

① 参见梅宁华：《对现代国家制度的新思考——从奥运成功举办看我国政治体制的优势》，2008年9月26日《人民日报》。

还要看到，在某种意义上说，选举实际上是对选票的争夺，为了争夺选民，就要不断发掘各个社会群体的特殊利益，强化各个群体对自身利益的诉求，这样就无形中激化了社会的对立情绪，不利于形成社会共识，增强社会凝聚力，甚至会起到撕裂族群的作用。

例如，台湾地区仿效西方搞竞选，民进党在选举中大搞民粹，采取强化分歧、突出矛盾的策略，并以此建立和巩固自己的选民队伍。其结果导致政党恶斗，族群分裂，社会动荡，经济下滑。

泰国是一个公认的民主国家，但近来国内陷入混乱，由泰国人民民主联盟发起的示威，沸腾不止，就连大刀也开始在街头政治中挥舞。即使选举出政府，反对派也大闹不止。而且为了现实民主，不能采取法律手段。国家动荡不已，这绝非实行民主的初衷。

有人说，这是泰国的民主还不是很成熟。那么日本自明治维新建立资本主义制度已一百多年，应该算是比较成熟了吧?! 但事实上，首相经常因民意支持度低、政策无法推行而更迭频繁。导致日本十几年经济停滞不前，大量经济社会问题得不到解决，政府和政党没有执政能力。

3. 两党制不等于有效监督，更不能与民主画等号

政党政治只是政治体制的一个方面，并不能决定国家政体的性质。一方面，政党的性质是由它所代表的民意的性质决定的，政党与民主并无必然的联系。在西方资产阶级政党两党制或多党制下，轮流执政似乎很民主，其实不管哪个政党执政，都必须符合西方社会的价值观，都必须维护各重要集团的利益，这一根本点不会因为执政党与在野党的换位而改变。美国的民主党与共和党只是在诸如税收、堕胎等一些无关乎国家体制的问题上表达着各自不同的“政见”，而在维护国家根本制度和大财团的利益上，二者并无根本区别。另一方面，在一个现代国家，政党数量的多少与政体的民主程度也无必然联系，能否代表绝大多数人的利益，也不能机械地根据政党的多少以及是否实行政党轮流执政来判定。

例如，新加坡一党长期执政，却被世界公认为典型的现代国家。人民行动党认为，西方“政党轮流、多党纷争”的政党制度带给新加坡的只是“连绵不断的动荡”。而且，他们认为，多党竞争制度下极有可能导致极端分子甚至投机分子上台，影响政治的稳定。新加坡的政党制度启示我们：在政体的模式、体制、机制的选择上，必须走出将民主等同于监督、将民主等同于两党制或多党制的误区。

台湾的陈水扁就是一个政党轮替出的怪胎。他竟在任内大肆洗钱，将巨额资产转移到海外，台湾自身并未发现，而是国际机构调查才揭出丑闻。这岂不是对“民主意味着监督”这一观点的极大讽刺？而实行所谓民主制度的一些亚非拉国家，如印度、智利等，腐败现象极为严重。

（二）社会主义政治制度属于现代政治制度

社会主义政治制度是基于现代价值观之上的现代政治制度。

从社会的发展阶段和价值观上看，西方价值观过于强调个人的权利和地位，强调冲突而不是协商解决矛盾。这在自由资本主义时期，有利于发挥个人的主观能动性，也有利于推动经济的发展，但随着经济全球化进程的加快，过分地强调个人权利、个人自由不利于社会资源的整合，不利于社会的整体进步。所以，在社会进步没有达到相应程度的时候，

过分地强调个人自由，最后导致国家和社会担负的成本过大，这样的个人自由将变成社会的灾难。

例如，印度实行西方的议会制，议而不决，不能形成有效共识，严重掣肘了印度经济社会的发展和整体进步。前苏联、东欧的一些社会主义国家照搬西方政治模式和价值观进行民主改革，“个人价值至上”、“个人利益不能侵犯”成为一些寡头对抗政府的借口，结果国家失去凝聚力，社会治理崩溃，国家四分五裂。

中国传统文化的价值观重集体，在政治设计中也重权力的相对集中。但是要看到，过分强调集体的价值，容易抹杀个人的权利和自由，导致国家权力过分集中。这也是中国几千年封建社会政治制度的最大弊病。我国建立社会主义后，尤其是改革开放的30年来，当代中国的政治制度设计，剔除了中国传统价值中忽视个人价值的不足，吸收了传统的“民为本”思想和西方价值观中强调个人价值的一面，把党的领导与人民当家作主结合起来，把发展民主与完善法治结合起来，把选举民主与协商民主结合起来，把民主与集中结合起来，既能有效发挥公权力集中调配资源的能力和集中力量办大事的优势，又大力发扬人民民主，强调个人的创造性，充分保障私权利的实现，从而在价值观上实现了对西方价值观和中国传统价值观的超越。

理论上讲，只有实现公共利益与个人利益有机统一的政治制度才是最科学的。从这个意义上讲，民主是个好东西，集中也是个好东西，有民主又有集中，则是更好的东西。社会主义把民主和集中两者科学结合，是现代政治制度的体现。

（三）全面客观看待政治制度的优劣

按照历史唯物主义的观点，内容决定本质，一个国家政治制度的优劣并不取决于其表现形式，而是决定于这个国家政治制度的本质。从发展的观点看，一个国家政治制度的优越性的表现并不是凝固的、一成不变的，而是处于不断变化的过程之中。一个国家的政治制度的优越性，可以通过政治体制的调整、改革来实现。社会主义的政治制度，自诞生之日就显示了强大的生命力，虽然目前相较于发展了几百年的资本主义的政治制度，尚有很多待完善之处，但它从本质上是先进的，是优越于资本主义政治制度的。在制度运行中，随着时间的推移和自身改革的不断推进，它将日益显露出自己的优势。

马克思主义辩证法揭示，认识是一个过程，实践也是一个过程，表现为从低级到高级、从不完善到完善的过程。社会主义政治制度的建设也是一个不断发展推进的过程。因此，说社会主义政治制度的先进并不意味着它完美无缺，它的一些制度形式要在实践中通过改革来完善自身。

二、社会主义的经济优势

（一）生产力发展得又快又好是第一个优势

社会主义比资本主义的优越性，公有制比私有制的优越性，应首先表现在它有利于更快、更好地发展社会生产力。马克思主义的科学性首先是从生产力原则出发的。发展社会主义就是为了克服和消除旧社会制度中阻碍生产力发展的内在矛盾，以更快、更好地提高社会生产力的水平和质量。马克思和恩格斯远在150多年前的《共产党宣言》中就明确提出：“无产阶级将利用自己的政治统治，一步一步地夺取资产阶级的全部资本，把一切生产工具集中在国家即组织成为统治阶级的无产阶级手里，并且尽可能地增加生产力的总量。”[①]列宁在十月革命以后强调指出，无产阶级取得国家政权以后，它的最主要、最根本的需要就是增加产品的数量，大大提高社会生产力。

新中国60多年发展的历史已雄辩地证明，无论从纵向方面同旧中国比较，还是横向方面同发达资本主义国家或发展中资本主义国家，乃至被西方誉为“楷模”的“亚洲四小龙”比，都可看出社会主义发展道路的优越性。

从新旧中国比较中可以看到新中国的伟大成就：旧中国饿殍遍野，民不聊生。新中国人民安居乐业，生活水平不断提高。据统计，全国国内生产总值由1952年的679亿元，增加到2008年的300670亿元，增长76.8倍，年均增长8.1%。金融机构存款余额由1952年的93.3亿元，增加到2008年的466203亿元，增长4995.8倍，年均增长16.4%。

1988年，世界银行发表的《1988年世界发展报告》中指出：“中国长期的人均国民生产总值的增长速度在发展中世界一直是很快的。有些地区仍然贫困，但是中国的健康状况，文化水平和平均寿命与许多中等收入国家是相当的。”

日本经济研究中心理事长金森久雄曾说：“不加粉饰地对比，应该肯定社会主义国家的经济增长率高，资本主义的优势是幻想。”

我们再看中国和印度，两国国情基本相似，发展起点基本相同，但不同的制度选择，导致了今天巨大的发展差距，中国的人均GDP是印度的三倍多。大家可能看过电影《贫民窟的百万富翁》，该片就真实地反映了印度贫民窟触目惊心、让人绝望的状况。

（二）社会主义公有制和市场经济的结合是第二个优势

2008年开始的世界金融危机重创世界经济，暴露了西方新自由主义发展模式存在严重问题，使得社会主义与现代市场经济相结合的优势凸显，对政府应该如何监管市场的问题，很多西方学者和媒体都认为中国混合式的经济模式值得参考。很多西方学者也反思了资本主义制度的结构性弱点，肯定中国的制度优势。在经济方面，中国的优势在于公有制和市场经济的结合。社会主义公有制的精髓和优势在于坚持公有、联合的主导方向，现代市场经济的精髓和优势在于为企业之间以及劳动者之间提供平等竞争的微观动力。同时，竞争又不是自由放任地进行，而是在国家宏观调控下严格依法进行。

社会主义和市场经济的结合既有必要性又有可能性。从必要性看，公有制如果不与市场经济相结合，社会主义将表现为传统意义上的低效率。因此，社会主义公有制与现代市场经济结合，这是社会主义发展的必由之路。从可能性看，市场经济作为资源配置的一种方式，与所有制没有直接的联系。公有制作为一种经济关系，反映的是人们在一个经济体中相互之间的利益关系，它与资源配置方式没有直接的联系，与市场经济不存在根本的冲突。因此，社会主义公有制与市场经济是可以兼容的。

现实社会主义国家与资本主义国家都在自觉不自觉地借鉴对方的长处和经验，但这绝不是如有些人所说的两种制度“经济趋同论”。这种趋同论的错误在于抹杀了社会主义和资本主义的本质差异，只是看到了某些现象。社会主义市场经济与资本主义市场经济之间存在共性，但也有重要区别。宗寒在《两种市场经济的三个重要区别》一文中指出了

① 《马克思恩格斯选集》第1卷，人民出版社1995年版，第293页。

两种市场经济的三种区别：两种市场经济的所有制基础不同；两种市场经济的立足点不同；两种市场经济的宏观调控不同。①

(三)如何认识社会主义经济上的优势

社会主义优越性的发挥是一个历史过程。现代的功能结构学说告诉我们，系统结构决定功能，同时，系统结构又依赖于功能，结构与功能统一于过程之中。如果我们把社会主义制度看作是系统结构，那么，其优越性的发挥就依赖于系统的功能，制度的优越性通过社会主义的经济发展过程体现出来。

由于社会主义是在经济不发达的国家率先建立，在一个时期内经济水平必然落后于发达的资本主义国家，甚至差距很大，因而社会主义优越性在短期内还来不及也不可能充分发挥出来。社会主义社会是一个包含若干发展阶段的过程。在它的各个阶段所能显示的优越性也是不同的。在现在的社会主义初级阶段，只能是与之相适应的优越性。比如经济发展速度较高，但效果(缩小与发达资本主义国家人均国民生产总值绝对的差距)还不可能马上显示出来。较高水平的优越性只有到中、高级阶段即当社会主义的经济文化得到高度发展，社会主义的各种具体体制日趋完善时，内在的生机和活力才能充分发挥出来。正如邓小平同志指出的，我们应坚持社会主义，但要进一步建设对资本主义具有优越性的社会主义，首先必须摆脱贫困的社会主义。只有到下世纪中叶，达到中等发达国家的水平，才能理直气壮地说社会主义优于资本主义，才能说真正搞的是社会主义。

三、社会主义的文化优势

(一)先进文化是社会主义本身应该具备的特征

文化是民族的灵魂，是国家认同感与凝聚力的不竭源泉，是社会的有机组成部分。社会主义的整体优势必然而且也必须通过政治、经济、文化等各具体方面表现出来，文化优势是社会主义优越性的重要体现之一。社会主义不仅要比资本主义在经济上更能发展生产力，在政治上更能保障人民当家作主，而且要在文化上更为先进。

20世纪90年代，哈佛大学约瑟夫·奈提出了著名的“软实力”的理论。在国际竞争中，包括文化在内的软实力的作用越来越突出。改革开放以来，我们在建设高度物质文明的同时，也在努力建设高度的社会主义精神文明。社会主义事业是物质文明和精神文明相辅相成、协调发展的事业。物质贫乏不是社会主义，精神空虚也不是社会主义。党的十五大提出，社会主义现代化应该有繁荣的经济，也应该有繁荣的文化。“提高国家文化软实力”，是党的十七大对文化建设提出的新要求。培育和增强文化竞争力是增强综合国力的重要途径之一。

面对世界范围内各种思想文化的相互激荡，面对小康社会人民群众日益增长的文化需求，我们必须从社会主义事业兴旺发达的高度，充分认识文化建设的重要性和紧迫性。人类文明进步的历史充分表明，没有先进文化的积极引领，没有人民精神世界的极大丰富，没有全民族创造精神的充分发挥，一个国家、一个民族就不可能屹立于世界先进民族之林。

凸显社会主义先进文化优势，也是进一步划清社会主义先进文化与资本主义等腐朽

① 参见宗寒：《两种市场经济的三个重要区别》，《红旗文稿》2011年第24期。

文化的界限的需要。一方面,社会主义文化与资本主义文化,既有历史的传承关系,又有现实的密切联系,这是毫无疑问的。社会主义文化是在人类文明积累成果的基础之上发展起来的,当然包括资本主义文化以及历史上其他文化传统中的积极因素。当今社会主义与资本主义等多种制度共存,在经济全球化的相互紧密联系中,社会主义文化必然会与资本主义文化进行相互交流并在一定程度上对之有所吸纳。而另一方面,社会主义制度是对资本主义的否定。马克思主义创始人在《共产党宣言》中就指出:"共产主义革命就是同传统的所有制关系实行最彻底的决裂;毫不奇怪,它在自己的发展进程中要同传统的观念实行最彻底的决裂。"[①]因此,社会主义先进文化在性质上是一种全新的文化,与资本主义等剥削性质的文化是相互区别和对立的。社会主义先进文化的优势,也是在这些区别和对立中显现出来的。

(二)社会主义文化优势体现的主要层面

1.坚持马克思主义的指导地位是社会主义文化优势的根本

马克思主义是社会主义文化建设的旗帜和灵魂,从根本上说,是由马克思主义鲜明的阶级立场、严密的科学体系和巨大的实践指导作用所决定的。在社会主义文化建设中坚持马克思主义的指导地位,这是一种基础性和制度性规定。用一元统领多元,是社会主义文化建设始终沿着正确方向前进的根本保证。党的十五大指出,中国特色社会主义的文化,就是以马克思主义为指导,以培育有理想、有道德、有文化、有纪律的公民为目标,发展面向现代化、面向世界、面向未来的,民族的、科学的、大众的社会主义文化。就今天而言,中国特色社会主义文化的制度性规定,简言之就是社会主义核心价值体系,即马克思主义指导思想、中国特色社会主义共同理想、以爱国主义为核心的民族精神和以改革创新为核心的时代精神、社会主义荣辱观等。

在文化的制度性规定之中,马克思主义指导是社会主义文化的核心和灵魂。马克思主义是人类历史上迄今最先进、最科学的思想体系,以马克思主义为指导是社会主义文化优于、高于和不同于资本主义等其他文化的关键。

2.体制优势是社会主义文化优势发挥的途径

制度是通过体制表现出来的。制度好,还要体制好,才能充分展示社会主义文化的优势。社会主义体制一个重要的优势是能集中力量办大事。在中国文化建设的大项目、大工程、大活动上,都曾充分体现出社会主义的这种快速而超强的动员力。2008年北京奥运会和残奥会取得巨大成功,向世界奉献了一届无与伦比的奥运会,这是体制优势的最好证明。中国长期提倡的"百花齐放,百家争鸣"、"古为今用,洋为中用"等方针,对民族文化取其精华、去其糟粕,这些方针都有利于利用各方面的资源,发挥各种聪明才智,从而繁荣和发展社会主义文化。

3.发展水平是社会主义文化优势的最终体现

无论制度如何优越,体制如何有效,如果发展水平上不去,所有的优越性都将是一句空话。在经济上,社会主义的优越性要体现在比资本主义发展更快上,并最终在发展水平上超过资本主义。在文化上也应该是这样。新中国成立之后,尤其是改革开放以来,中国

① 《马克思恩格斯选集》第1卷,人民出版社1995年版,第293页。

文化发展有了长足的进步。这体现在全社会教育程度提高和科学技术的进步上，体现在文化产品的丰富上，体现在文化产业的发展上，还体现在人们的精神面貌、道德水平等各个方面。目前，中国特色社会主义文化发展呈现出蓬勃生机和活力，马克思主义指导地位不断巩固，社会主义核心价值体系建设深入推进，群众性精神文明创建活动广泛展开，人们的精神世界日益丰富，全民族的文明素质明显提高，中华民族的凝聚力和向心力显著增强，国家文化软实力不断提升。文化在现阶段的发展进步还只是体现了社会主义文化的方向性和速度性等优势，并不意味着现在的社会主义文化的发展水平已经超越了资本主义的文化。

（三）正确看待社会主义初级阶段的文化现状与优势

当然，中国还处在社会主义初级阶段，文化总体发展水平还不高。文化发展水平与全面建设小康社会的目标和进程还不相适应，文化产品和服务的数量、质量、品种与人民群众日益增长的精神文化需求还不相适应。尤其是对外方面，中国文化产品的国际竞争力还不强，文化进出口还很不平衡，还存在较大的文化逆差。文化发展上要体现出全面的优越性还有很长的路要走。

社会主义文化的优势应该全面体现在制度、体制以及发展各个层面。目前，在认识这个文化优势上要注意以下几点：第一，这种优势还是不平衡的。制度优势、体制优势和发展优势表现得不一样。总的来说，社会主义文化制度的基本性质（制度层面）是优越的。社会主义文化体制还存在一些问题，还需要探索。社会主义文化水平还比较低，还需要大的发展。第二，这种优势充分发挥还需要很长的时间。社会主义文化制度的完善和改革需要时间，文化水平的提高更需要时间。文化建设有自身特殊的规律，需要长期积累和循序渐进，靠文化“大跃进”的方式被实践证明是行不通的。第三，这种优势也是相对的。社会主义文化总是以民族形式出现的。在经济全球化的历史背景下，中国的社会主义文化与其他各种民族文化共存共荣，各种文化都有相对的优势和弱点，应该相互学习和借鉴。[①] 不能认为社会主义文化优越，就贬低和排斥其他文化。对于世界上一切有利于加强社会主义文化建设的有益经验，一切有利于提高人民精神境界的文化成果，一切有利于发展社会主义文化的管理方式，我们都要积极加以借鉴。

【结论】 判断社会主义制度或其他制度是否优越，最终都要以解放生产力还是束缚生产力的发展作为根本标准，这是矛盾的普遍性。但社会主义的生产关系和上层建筑与其他社会制度的最重要区别不在于解放和发展生产力，而在于真正体现人民性，这是矛盾的特殊性。社会主义和其他社会制度的区别不在于没有阴暗面，不可否认，社会消极现象在社会主义仍是一种客观存在。社会主义中社会矛盾的非对抗性决定了社会主义制度自身可以通过改革解决这些矛盾。这也是社会主义优越性的一个体现。

（田洪星）

---

① 参见陶文昭：《论中国特色社会主义的文化优势》，《思想理论教育导刊》2011年第8期。

3.9　远景思维

【教案视角】

1.共产主义是人类最崇高的社会理想(90分钟)

2.马克思主义展望未来社会的科学方法(90分钟)

3.共产主义社会的基本特征(90分钟)

4.共产主义理想实现的历史必然性(90分钟)

5.共产主义理想实现的长期性(90分钟)

【本讲视角】　第3视角

【教学目的】　通过本专题教学,帮助大学生理解实现共产主义是人类最伟大的事业,了解马克思、恩格斯展望未来社会的科学立场和方法,共产主义社会是历史发展的必然趋势,是能够实现的理想。而共产主义的实现是一个长期的实践过程,帮助大学生坚定共产主义信念,投身中国特色社会主义建设事业。

【本讲内容】

共产主义社会的基本特征

理想是人们基于现实而在意识中对未来美好、圆满的想象、构造和设计。理想凝聚着人们对未来的全部憧憬和希望,召唤、激励着人们把它变成新的现实。美好的未来理想在充当人的生活实践前导的同时,还为人的精神世界拓展着天地,清除着阴霾。共产主义理想是无产阶级及其政党以实现共产主义社会制度为基本内容的奋斗目标,是共产党人的最高理想。它是由无产阶级的革命导师马克思和恩格斯,通过批判地吸收空想社会主义的思想成果,运用辩证唯物主义和历史唯物主义的科学世界观分析社会发展的客观规律,认真总结工人运动的实践经验,而提出来的一种光辉的社会理想。

一、物质财富极大丰富,消费资料按需分配

(一)社会生产力高度发展,产品极大丰富,是共产主义社会实现的必要条件

马克思和恩格斯认为,共产主义社会是建立在生产力高度发达的基础上的。恩格斯在《共产主义信条草案》中明确提出,"财产公有"制度不是任何时候都可以实现的,它必须建立在因发展工业、农业、贸易等而产生的大量的生产力和生活资料的基础之上,建立在因使用机器、化学方法和其他辅助手段而使生产力和生产资料无限增长的可能性的基础之上。马克思、恩格斯在《共产党宣言》中充分肯定了资本主义在发展生产力方面的成就,并认为资本主义所创造的巨大生产力为共产主义的实现准备了物质基础。马克思在《哥达纲领批判》中又进一步指出,只有在生产力增长起来,在集体财富的一切源泉都充分涌流之后,才能实行共产主义分配原则。

(二)生产力的高度发展也是共产主义社会本身的一个重要特征

共产主义制度的建立不仅以高度发展的生产力为基础,而且将使未来社会的生产力得到更高的发展。恩格斯指出:"摆脱了私有制压迫的大工业的发展规模将十分宏伟,相形之下,目前的大工业状况将显得非常渺小,正像工场手工业和我们今天的大工业相比一

样。工业的这种发展将给社会提供足够的产品以满足所有人的需要。现在由于私有制的压迫和土地的分散而难以利用现有改良成果和科学成就的农业，将来同样也会进入崭新的繁荣时期，并将给社会提供足够的产品。”①

(三)共产主义社会的生产资料将实现社会直接占有

高度发展的社会化大生产，决定了共产主义社会将彻底废除私有制，实行普遍的生产资料公有制。恩格斯指出：“废除私有制甚至是工业发展必然引起的改造整个社会制度的最简明扼要的概括。”②共产主义社会的生产资料将实现社会直接占有。那时，自由平等的劳动者联合体共同占有和使用生产资料。至于这种联合体具有什么样的形式，有待于历史发展来说明。

(四)共产主义社会消费资料将实行按需分配

与生产资料的社会占有相适应，共产主义社会将按照自然资源的情况和社会成员的需要，对生产进行有计划的组织和管理。恩格斯指出：“这种新的社会制度首先必须剥夺相互竞争的个人对工业和一切生产部门的经营权，而代之以所有这些生产部门由整个社会来经营，就是说，为了共同的利益、按照共同的计划、在社会全体成员的参加下来经营。”③那时，由于全社会占有生产资料和共同组织生产，以及共同分配产品，个人劳动与社会劳动、个人利益与社会利益达成了直接统一。个人劳动直接成为社会劳动的一部分，个人利益直接在社会利益中得到实现。劳动者个人的劳动将不再通过交换价值的途径向社会劳动转化，社会成员之间的相互服务也不必采取等价交换的形式来进行了。于是，“以交换价值为基础的生产便会崩溃”④，在资本主义私有制基础上得到充分发展的商品生产将被超越。马克思指出：“在一个集体的、以生产资料公有为基础的社会中，生产者不交换自己的产品；用在产品上的劳动，在这里也不表现为这些产品的价值，不表现为这些产品所具有的某种物的属性，因为这时，同资本主义社会相反，个人的劳动不再经过迂回曲折的道路，而是直接作为总劳动的组成部分存在着。”⑤

在共产主义社会，个人消费品的分配方式是“各尽所能，按需分配”。马克思指出：“在共产主义社会高级阶段，在迫使个人奴隶般地服从分工的情形已经消失，从而脑力劳动和体力劳动的对立也随之消失之后；在劳动已经不仅仅是谋生的手段，而且本身成了生活的第一需要之后；在随着个人的全面发展，他们的生产力也增长起来，而集体财富的一切源泉都充分涌流之后，——只有在那个时候，才能完全超出资产阶级权利的狭隘眼界，社会才能在自己的旗帜上写上：各尽所能，按需分配！”⑥

二、社会关系高度和谐，人们的精神境界极大提高

(一)到共产主义社会，阶级将消亡

阶级是在生产力有了一定发展而又发展不足的情况下产生的，它也将随着现代生产

① 《马克思恩格斯选集》第1卷，人民出版社1995年版，第242页。

② 《马克思恩格斯选集》第1卷，人民出版社1995年版，第237页。

③ 《马克思恩格斯选集》第1卷，人民出版社1995年版，第237页。

④ 《马克思恩格斯全集》第46卷(下)，人民出版社1980年版，第218页。

⑤ 《马克思恩格斯选集》第3卷，人民出版社1995年版，第303页。

⑥ 《马克思恩格斯选集》第3卷，人民出版社1995年版，第305～306页。

力的充分发展、社会产品的极大丰富而不可避免地归于消亡。恩格斯说："现在我们正在以迅速的步伐走向这样的生产发展阶段，在这个阶段上，这些阶级的存在不仅不再必要，而且成了生产的真正障碍。阶级不可避免地要消失，正如它们从前不可避免地产生一样。"①

阶级的产生是自发的过程，阶级的消灭则是人们自觉地进行斗争的结果。建立无产阶级专政是达到消灭阶级的必由之路。无产阶级夺取政权，废除生产资料私有制，消灭剥削制度和剥削阶级，是消灭阶级的一个重要步骤。无产阶级要完成消灭阶级这个伟大的历史使命，还必须极大地发展生产力，极大地提高人们的共产主义道德和科学文化水平，从而使城市和乡村、工业和农业、脑力劳动和体力劳动之间的重大社会差别逐渐消失。当社会生产力发展到这个阶段，对生产资料的阶级占有和政治上、精神上的阶级占有，不仅成为多余，而且成为经济、政治和精神发展的障碍，这时，阶级才能最终消灭。

消灭阶级是一个长期的、复杂的历史过程。在无产阶级夺取政权、剥削阶级作为阶级被消灭之后，无产阶级仍然不得不在一定范围内同剥削阶级的残余分子进行斗争。无产阶级在一定历史时期开展阶级斗争是为了在将来最后消灭阶级和阶级斗争。由于各个社会主义国家的国情不同，实现消灭阶级的具体途径和方式往往各不相同。

(二)到共产主义社会，国家将消亡

国家不是从来就有的，而是阶级矛盾不可调和的产物。国家作为社会政治现象，随着社会的发展变化而发展变化。人类进入阶级社会后经历了几个不同的发展阶段，国家的发展也表现为几种历史类型的更替。国家历史类型的变革，同社会形态的变革规律是一致的。马克思主义认为，生产力与生产关系的冲突是社会变革的经济基础，生产关系一定要适应生产力性质的规律是社会发展的基本规律。阶级关系的变化，必然出现社会的变革，使国家政权从一个阶级手中转到另一个阶级手中，旧的国家类型被新的国家类型所代替。国家历史类型的更替过程也是社会的进步与发展的过程。封建制国家代替奴隶制国家，资产阶级国家代替封建制国家，社会主义国家代替资产阶级国家，是不以人们的意志为转移的客观规律。

历史唯物主义认为，国家作为人类社会的历史现象，最终必然会走向消亡。阶级的消灭是国家消亡的必要前提，只有消灭剥削阶级，消灭一切阶级和阶级差别，彻底铲除阶级产生和存在的根源，国家才会消亡。只有到了共产主义的高级阶段才具备这样的条件。那时，生产力高度发展，物质财富极大丰富，阶级差别消失，分配领域实行按需分配，对人的统治将被对物的管理和对生产过程的领导所代替，到那时国家便自行消亡了。

国家的消亡是一个长期的历史过程，它不是什么人发布命令的结果，而是国家在充分发挥自己的职能后的必然归宿。处于初级发展阶段的社会主义社会，国家不但是必要的，而且应当充分运用社会主义国家政权的力量，组织经济建设，逐步实现社会主义现代化，建设高度文明、高度民主的社会主义社会。这个过程就是为将来国家的消亡、为实现共产主义的社会制度创造条件。

(三)到共产主义社会，战争将不复存在

---

① 《马克思恩格斯选集》第 4 卷，人民出版社 1995 年版，第 174 页。

战争是敌对双方为了达到一定的政治、经济目的而进行的武装斗争。阶级社会的战争，是用以解决阶级和阶级、民族和民族、国家和国家、政治集团和政治集团之间矛盾的最高的斗争形式。它是政治通过暴力手段的继续，是流血的政治。战争是必然要消亡的。只有全世界人民共同努力，实现共产主义，才能彻底清除战争的根源，使战争消亡，使人类进入永久和平的天堂。

（四）到共产主义社会，“三大差别”将消失

“三大差别”指工农差别、城乡差别、脑力劳动和体力劳动的差别。“三大差别”是在原始社会向奴隶社会转化时期，随着社会生产力和社会分工的发展、私有制和阶级的出现而逐步产生的。它的存在同一定的社会历史阶段相联系。到封建社会，特别是资本主义社会，“三大差别”有了很大发展。在私有制社会，“三大差别”表现为三大对立的关系。在社会主义社会，“三大差别”仍然存在，但因实现了生产资料的公有制，这种差别已不是对立关系，并且随着社会主义社会生产力的发展，“三大差别”逐渐缩小。到共产主义高级阶段，社会生产力高度发展，旧的社会分工消灭，社会物质财富极大丰富，“三大差别”将完全消失。

（五）到共产主义社会，社会与自然之间将达成和谐

共产主义社会不仅社会是和谐的，而且社会与自然之间也达成了和谐。人与自然的和谐并不是放弃对自然的改造和利用，而是以合乎自然发展规律的方式来改造和利用自然。在共产主义社会，为生产而生产的利润动机不复存在，物质生产不再不顾人的实际需要而盲目扩张，人类文明与自然环境之间将达到动态平衡与和谐。恩格斯指出，只有在这样的社会状态下，人们才第一次能够“谈到那种同已被认识的自然规律和谐一致的生活”①。

（六）到共产主义社会，人们的精神境界将得到极大提高

在共产主义社会，由于阶级消灭、国家消亡和“三大差别”消除，社会关系实现了高度和谐。与社会生产力的高度发展和社会关系的高度和谐相联系，人们的精神境界将得到极大提高。这是共产主义新人的重要体现。人的精神境界表现在许多方面，集中体现在对于他人、集体和社会的态度上。高尚的精神境界表现为自觉地为他人、为社会服务和奉献。到共产主义社会，人们不仅具有多方面的才能，而且也具有高度的觉悟，乐意为社会公共事业作出贡献。

三、每个人自由而全面的发展，人类从必然王国向自由王国飞跃

（一）人与人之间关系的三个发展阶段

马克思从人的社会关系出发，以劳动为基础，以辩证否定的分析方法为指导，透视人的全部解放与发展的历史，提出了关于人的发展经历或将要经历的三个阶段的学说。第一个阶段就是人对人的依赖关系。个人没有独立性，直接依附于一定的社会共同体，人们之间的社会联系只限于共同体内部，只是在孤立的地点和狭窄的范围内发生的地方性的联系。在这个阶段，“无论个人还是社会，都不能想象会有自由而充分的发展，因为这样的

---

① 《马克思恩格斯选集》第3卷，人民出版社1995年版，第456页。

发展是同个人和社会之间的原始关系相矛盾的"[①]。个人只是"狭隘人群"的附属物,他们不但只能从族群获得自己人的力量和性质,甚至也只在归属于族群的意义上才被称为人。第二个阶段是人对物的依赖关系。在这个阶段,由于社会关系以异己的物的关系的形式同个人相对立,所以人的发展依然受到社会关系的束缚和压抑。但是,在这个阶段,社会形成了普遍的物质交换、全面的关系、多方面的要求以及整体能力的体系。马克思指出:"在产生出个人同自己和同别人的普遍异化的同时,也产生出个人关系和个人能力的普遍性和全面性。"[②]从而为更高的历史阶段的到来创造着条件。第三个阶段是人的全面而自由的发展,是建立在个人全面发展和他们共同的社会生产能力成为他们的社会财富这一基础上的自由个性。在这个阶段,社会关系不再作为异己的力量支配人,而是置于人们的共同控制之下,人们将在丰富的和全面的社会关系中获得自由与全面的发展,成为具有自由个性的人。共产主义社会就是实现人的自由而全面发展的社会形态。在《共产党宣言》中,马克思指出:"代替那存在着阶级和阶级对立的资产阶级旧社会的,将是这样一个联合体,在那里,每个人的自由发展是一切人的自由发展的条件。"[③]

(二)实现人的自由而全面的发展是共产主义社会的根本特征

实现人的自由而全面的发展是马克思主义追求的核心价值目标之一,也是共产主义社会的根本特征。共产主义社会中人的发展指的是每一个人的发展,而不只是少数人或一部分人的发展。那时,社会发展与个人发展实现真正的统一,社会发展不再以牺牲某些个人的发展为代价。而且,那时人的发展是自由的发展,是建立在个体高度自由、自觉基础上的发展,而不是被迫的发展。自由时间的大大延长为人的全面发展提供了广阔的前景。人的自由而全面的发展,一方面是在多样化的劳动过程中实现的,另一方面又是在物质生产之外的大量自由时间中实现的。在共产主义社会,劳动不再是谋生的手段,而成为"生活的第一需要"。那时,劳动能力和劳动时间不再是分配消费品的尺度,因而劳动摆脱了谋生的压力,成为发挥人的才能和力量的活动。精神境界的极大提高是共产主义新人的重要体现,也是人的自由而全面发展的重要方面。

(三)共产主义实现从必然王国向自由王国的飞跃,是人类解放的实现

作为社会历史观的范畴,必然王国是指人们受着盲目必然性的支配,特别是受着自己所创造的社会关系的奴役的一种社会状态。自由王国是指人们摆脱了盲目必然性的奴役,成为社会关系的自觉主人,从而也成为自然界的自觉主人的一种社会状态。在马克思主义理论中,完成从必然王国向自由王国的飞跃,就是共产主义的实现,就是人类解放的实现。

自由不在于摆脱客观的自然规律和社会规律而完全独立,而在于认识这些规律,并利用这些规律来改造客观世界。从整个社会来看,一旦人类对客观的社会的和自然的必然性有了正确的认识并能支配它,使其服务于人类自觉的目的,这时也就从必然王国开始进入自由王国。人类社会历史是一个不断地从必然王国向自由王国转化的历史。原始社会

① 《马克思恩格斯全集》第46卷(上),人民出版社1980年版,第485页。

② 《马克思恩格斯全集》第46卷(上),人民出版社1980年版,第109页。

③ 《马克思恩格斯选集》第1卷,人民出版社1995年版,第194页。

中人们根本谈不上对规律的认识，完全处在一种必然王国之中；以私有制为基础的社会始终限制着人们认识的能力，尤其是限制着人们对于社会规律的掌握和运用，所以从总体上看，人们也是一直处于必然王国之中。只有到了社会主义社会，人们摆脱了私有制和阶级对立的束缚，才能为不断地从必然王国向自由王国发展开辟广阔的道路。共产主义是人类由必然王国向自由王国的飞跃。

由于自然界总是不断发展的，人类社会的发展也是无止境的，因此，人类从必然王国迈向自由王国的历史永远不会完结。共产主义社会是自觉的人类历史的开端，通过实践，人类将向更美好的未来继续前进。

【结语】 以上这些特征，尽管只是共产主义社会的大致轮廓，但它已经表明：共产主义是人类历史上最美好、最进步、最合理的社会制度。在共产主义社会里，物质生产和精神生产都有高度的蓬蓬勃勃的发展，能够满足所有社会成员的各方面的需要。那时，人类都成为有高等文化程度和技术水平的、大公无私的、聪明的共产主义劳动者，人类中彼此充满了互相帮助、互助亲爱，没有尔虞我诈、互相损害、互相残杀和战争等等不合理的事情。正因为如此，中国共产党从成立之日起，就把这一全人类最崇高、最美好、最远大的理想——实现共产主义，浓墨重彩地写在了自己的旗帜上。

（谢新雷）

第4章　中国特色社会主义信念培养

当今世界正在发生广泛而深刻的变化，当代中国正在发生广泛而深刻的变革。建设和发展中国特色社会主义、实现中华民族伟大复兴的中国梦，只有依靠一代又一代青年，尤其是大学生的继承和坚持。如何引导大学生树立坚定正确的政治方向，坚定建设中国特色社会主义的信念？如何确保他们正确理解和贯彻党的基本路线和各项方针政策？如何帮助他们把自身成才与祖国的命运、社会主义的前途统一起来，选择正确的成才方向，使自己的成长与社会发展的客观要求相符合，在改革开放和现代化建设中不迷失方向，成为建设中国特色社会主义事业的可靠接班人？……所有这些问题都需要在"毛泽东思想和中国特色社会主义理论体系概论"课教学中加以解决。

本章通过对《毛泽东思想和中国特色社会主义理论体系概论》教材内容的解读，我们认为应加强大学生九种政治视野的培养。

4.1　善于创新

【教案视角】

1. 创新——中国革命、建设、改革取得成功之关键(90分钟)
2. 创新——马克思主义中国化之精髓(90分钟)
3. 评述马克思主义中国化之成果及精髓(90分钟)
4. 马克思主义中国化理论成果之比较分析(90分钟)

【本讲视角】　第1视角

【教学目的】　通过本专题教学，帮助大学生了解马克思主义中国化的历史进程、马克思主义中国化的理论成果和马克思主义中国化理论成果的精髓，使学生认识到创新是中国革命、建设、改革取得成功之关键。同时，培养大学生的创新意识、创新能力、创新视野。

【本讲内容】

创新——中国革命、建设、改革取得成功之关键

一、马克思主义的引入及马克思主义中国化的历史进程

(一)马克思主义中国化的提出

1.马克思主义

马克思主义是马克思、恩格斯及其后继者的观点和学说的总称。马克思主义科学理论体系包括三个主要组成部分:马克思主义哲学是马克思主义全部学说的理论基础;马克思主义政治经济学是马克思主义理论最深刻、最全面、最详细的证明和运用;科学社会主义是马克思主义思想体系的核心。1848年2月,《共产党宣言》的发表标志着马克思主义的诞生。

2.马克思列宁主义传入中国是人民的选择、历史的选择

(1)国情:近代中国陷入极度贫弱的状态并面临亡国灭种的危机。西方是怎样崛起的:重商主义、宗教改革、资产阶级革命、工业革命。中国是怎样落后的:农为本、商为末的主流价值观,朱熹理学的长期思想禁锢,郑和下西洋导致的夜郎自大、不思进取。

(2)革命的发展历程:林则徐学习西方的科学技术;洪秀全主张发展资本主义雇佣劳动制的生产关系;康有为主张在中国实行君主立宪的资产阶级政治制度;孙中山先生提出了"民族、民权、民生"三民主义,第一次在中国提出了建立比较完整的资产阶级共和国的方案:这些都以失败而终。它推动着人们去思考救国救民的新路,为人们以后接受马克思主义准备了适宜的思想土壤。

1917年爆发的俄国十月社会主义革命在中国产生强烈的反响,当中国人民正在苦闷中摸索、在黑暗里苦斗的时候,俄国十月社会主义革命恰好给他们指明了一条新的出路,给他们正在苦思焦虑地探索着的种种问题提供了新的合理的解答。

十月革命前,沙俄虽然总体上还是农业国,但是工业比起在封建军阀统治下的中国来说比较发达,这样工人阶级就比较强大。

俄国无产阶级革命正遇第一次世界大战,沙俄作为协约国成员在东线独自抵挡德国进攻,节节失利,伤亡惨重。国内各阶层均希望尽快停止战事,这时俄国无产阶级适时站了出来,推翻了沙俄政府,建立了无产阶级国家。这也是历史给予的机会。这样的机会中国共产党则没有。中国的封建、资产阶级实力强大,牢牢掌握着国家政权,中国革命不可能像俄国无产阶级一样攻打大城市,一举夺取政权。

3.马克思主义中国化的科学内涵

马克思主义中国化,就是将马克思主义基本原理同中国具体实际相结合。具体地说,就是把马克思主义的基本原理更进一步地同中国的实践、历史、文化结合起来,使马克思主义在中国实现具体化:第一,马克思主义中国化就是运用马克思主义解决中国革命、建设和改革的实际问题。第二,马克思主义中国化就是把中国革命、建设和改革的实践经验和历史经验提升为理论。第三,马克思主义中国化就是把马克思主义植根于中国的优秀

文化之中。毛泽东强调要使马克思主义“和民族的特点相结合，经过一定的民族形式”[①]表现出来。

4.马克思主义中国化的原因

首先，马克思主义中国化是解决中国问题的需要。马克思主义不可能直接提供解决各国革命和建设中具体问题的现成答案，而只能提供认识世界、掌握规律、分析和解决问题的基本立场、观点和方法。其次，马克思主义中国化是马克思主义理论的内在要求。“马克思的整个世界观不是教义，而是方法。”[②]

(二)马克思主义中国化的历史进程和重要意义

1.马克思主义中国化的历史进程

建党初期最早由李大钊提出，但没认识到其重要性。1935年遵义会议后，中央领导认识到其重要性。1941～1945年延安整风后，全党认识到其重要性。指导中国人民取得了新民主主义革命的胜利，确立了社会主义基本制度，初步探索了社会主义建设的道路。

十一届三中全会以来，以邓小平为首的共产党人，初步回答了“什么是社会主义，怎样建设社会主义”的问题，推进了马克思主义的中国化。

十三届四中全会以来，以江泽民为首的共产党人，形成了“三个代表”重要思想，进一步推进了马克思主义的中国化。

十六大以来，以胡锦涛为总书记的党中央，提出了树立和落实科学发展观、构建社会主义和谐社会等重大战略思想和战略任务，继续推进着马克思主义中国化的发展进程。

十八大以来，以习近平为总书记的党中央，坚持以人为本，全面推进经济建设、政治建设、文化建设、社会建设、生态文明建设，促进现代化建设各个方面、各个环节相协调，建设美丽中国，进一步推进着马克思主义中国化的发展进程。这个进程还在继续之中。

2.马克思主义中国化的重要意义

第一，马克思主义中国化的理论成果指引着党和人民的伟大事业不断取得胜利。列宁曾说过：“没有革命的理论，就不会有革命的运动。”[③]

第二，马克思主义中国化的理论成果提供了凝聚全党和全国各族人民的强大精神支柱。

第三，马克思主义中国化倡导和体现了马克思主义的科学态度和优良学风，不断开拓着马克思主义在中国发展的新境界。

二、马克思主义中国化的理论成果

马克思主义中国化的历史进程中产生了两大理论成果：毛泽东思想、中国特色社会主义理论体系。中国特色社会主义理论体系包括邓小平理论、“三个代表”重要思想、科学发展观。

---

① 《毛泽东选集》第2卷，人民出版社1991年版，第707页。

② 《马克思恩格斯选集》第4卷，人民出版社1995年版，第742页。

③ 《列宁选集》第1卷，人民出版社1995年版，第311页。

(一)毛泽东思想

1.毛泽东思想的形成和发展

(1)毛泽东思想的含义:是马列主义在中国的运用和发展,是被实践证明了的关于中国革命和建设的正确的理论原则和经验总结,是中国共产党集体智慧的结晶。

(2)毛泽东思想形成的时代背景:20世纪上半叶,帝国主义战争与无产阶级革命的时代主题。

(3)毛泽东思想形成的实践基础:中国共产党领导的革命和建设的实践。

(4)毛泽东思想形成和发展的过程:第一次国内革命战争时期(1924～1927年),开始形成;遵义会议至抗日战争时期,走向成熟;解放战争时期和新中国成立后,继续发展。

2.毛泽东思想的科学体系和主要内容

(1)毛泽东思想具有多方面的内容:新民主主义革命的理论;社会主义革命和社会主义建设的理论;革命军队建设和军事战略的理论;政策和策略的理论;思想政治工作和文化工作的理论;党的建设理论;国际战略和外交工作的思想方法和工作方法理论等。

(2)毛泽东思想的活的灵魂:实事求是、群众路线、独立自主。

3.毛泽东思想的历史地位和指导意义

(1)马克思主义中国化第一次历史性飞跃的理论成果。

(2)中国革命和建设的科学指南。

(3)中国共产党和中国人民宝贵的精神财富。

(二)邓小平理论

1.邓小平理论的形成和发展

(1)邓小平理论的含义:是马克思主义的基本原理同当代中国实践和时代特征相结合的产物,是毛泽东思想在新的历史条件下的继承和发展,是中国共产党集体智慧的结晶。

(2)邓小平理论形成的时代背景:和平与发展逐渐成为时代的主题。

(3)邓小平理论形成的实践基础:我国改革开放以来社会主义现代化建设新的实践。

(4)邓小平理论的形成和发展大体上经历了三个阶段:第一阶段,从1978年党的十一届三中全会前后到1982年党的十二大,开始形成;第二阶段,从1982年党的十二大到1987年党的十三大,基本形成;第三阶段,从1987年党的十三大到1992年邓小平视察南方的谈话和中共十四大,达到成熟。

2.邓小平理论的科学体系和主要内容

(1)邓小平理论的科学体系的基础(邓小平理论的首要的基本理论问题):什么是社会主义,怎样建设社会主义?

(2)邓小平理论的主要内容:社会主义本质理论;社会主义初级阶段理论;社会主义改革开放理论;社会主义市场经济理论等。

3.邓小平理论的历史地位和指导意义

(1)中国社会主义建设规律的科学认识。

(2)改革开放和社会主义现代化建设的科学指南。

(3)党和国家必须长期坚持的指导思想。

(三)"三个代表"重要思想

1."三个代表"重要思想的形成和发展

(1)"三个代表"重要思想的含义:是对马列毛邓的继承和发展,反映了当代世界和中国的发展变化对党和国家工作的新要求,是加强和改进党的建设、推进我国社会主义自我完善和发展的强大理论武器,是中国共产党集体智慧的结晶。

(2)"三个代表"重要思想形成的时代背景:20 世纪 80 年代末以来,世界局势和世界格局的深刻变化。东欧剧变;世界多极化、经济全球化发展;霸权主义、强权政治又有新表现,恐怖主义上升;新科技日新月异。

(3)"三个代表"重要思想形成的实践基础:改革开放以来,特别是十三届四中全会以来党和人民建设中国特色社会主义的伟大探索。

(4)"三个代表"重要思想形成的现实依据:党的建设面临的新形势、新任务。党员大幅增加,大批新干部走上领导岗位;要进一步提高领导水平和执政水平,提高拒腐防变和抵御风险的能力。

(5)"三个代表"重要思想的形成过程:2000 年 2 月至 7 月,是"三个代表"重要思想的提出阶段;2001 年 7 月至 2002 年 11 月,是"三个代表"重要思想形成体系的阶段;2002 年党的十六大以来,是"三个代表"重要思想深化发展的阶段。

2."三个代表"重要思想的科学体系和主要内容

(1)"三个代表"重要思想的实质:在邓小平理论的基础上,进一步回答了"什么是社会主义,怎样建设社会主义"的问题,创造性地回答了"建设什么样的党,怎样建设党"的问题。

(2)"三个代表"重要思想集中概括起来,即中国共产党必须始终代表中国先进生产力的发展要求,始终代表中国先进文化的前进方向,始终代表中国最广大人民的根本利益。

3."三个代表"重要思想的历史地位和指导意义

(1)指导思想的又一次与时俱进。

(2)全面建设小康社会的根本指针。

(3)加强和改进党的建设、推进我国社会主义自我完善和发展的强大理论武器。

(四)科学发展观

1.科学发展观的形成

(1)科学发展观,是对中国共产党的中央领导集体关于发展的重要思想的继承和发展,是马克思主义关于发展的世界观和方法论的集中体现,是同马克思列宁主义、毛泽东思想、邓小平理论和"三个代表"重要思想既一脉相承又与时俱进的科学理论,是我国经济社会发展的重要指导方针,是发展中国特色社会主义必须坚持和贯彻的重大战略思想。

(2)科学发展观形成的时代背景:是在立足社会主义初级阶段基本国情,总结我国发展实践,借鉴国外发展经验,适应新的发展要求的时代背景下形成、发展起来的。

我国社会主义初级阶段的基本国情是提出科学发展观的根本依据。提出科学发展观,就是要求我们牢记社会主义初级阶段的基本国情,认清全面建设小康社会、基本实现现代化的长期性和艰巨性,提高想问题、办事情决不可脱离实际的自觉性。

我国在新世纪、新阶段的阶段性特征是提出科学发展观的现实基础。我国已进入发展的关键时期、改革的攻坚时期和社会矛盾的凸现时期。我国的发展既具有巨大潜力和广阔空间，也承受着人口、资源、环境等方面的巨大压力；我国的发展既面临着前所未有的机遇，也面临着严峻挑战。

当代世界的发展实践和发展理念是提出科学发展观的重要借鉴。科学发展观正是在深刻总结世界发展经验教训的基础上提出的，它顺应了当今世界发展的潮流，吸收了当今世界各国在发展的认识和实践上取得的积极成果。

(3)科学发展观形成的实践基础：改革开放以来，特别是十六届三中全会以来党和人民建设中国特色社会主义的伟大探索。

(4)发展的过程：2003年10月，党的十六届三中全会第一次提出科学发展观。2004年9月，党的十六届四中全会把树立和落实科学发展观作为提高党的执政能力的重要内容。2005年10月，党的十六届五中全会，提出要把经济社会发展切实转入全面、协调、可持续发展的轨道。2007年10月，党的十七大把科学发展观写入了党章。

2.科学发展观的主要内容

(1)科学发展观的第一要义是发展：生产力发展是人类社会发展的最终决定力量，社会主义的根本任务是发展生产力，发展才是硬道理。

(2)科学发展观的核心是以人为本：以人为本就是以最广大人民的根本利益为本。体现了马克思主义历史唯物论的基本原理，体现了党全心全意为人民服务的根本宗旨和推动经济社会发展的根本要求。我们党的一切奋斗和工作都是为了造福人民。要做到发展为了人民，发展依靠人民，发展成果由人民共享。

(3)科学发展观的基本要求是全面、协调、可持续：全面，是指各个方面都要发展。就是要以经济建设为中心，全面推进经济建设、政治建设、文化建设、社会建设，实现全面进步。协调，是指各个方面的发展要相互适应。就是要统筹城乡发展，统筹区域发展，统筹社会发展，统筹人与自然和谐发展，统筹国内发展和对外开放。可持续，是指发展进程要有持久性、连续性。就是要促进人与自然的和谐，实现经济发展和人口、资源、环境相协调，保证一代接一代地永续发展。

(4)科学发展观的根本方法是统筹兼顾：坚持统筹兼顾，就是既要总揽全局、统筹规划，又要抓住牵动全局的主要工作、事关群众利益的突发问题。

3.科学发展观的指导意义

(1)科学发展观是同马列主义、毛泽东思想、邓小平理论和“三个代表”重要思想既一脉相承又与时俱进的科学理论。马克思主义认为，生产力发展是人类社会发展的最终决定力量。新中国成立后，毛泽东提出要根据本国情况走自己的道路，正确处理人民内部矛盾，正确处理社会主义建设中的十大关系，坚持统筹兼顾、综合平衡等重要方针和原则。十一届三中全会以后，邓小平提出了社会主义的根本任务是发展生产力，发展才是硬道理，实施“三步走”战略，坚持“两手抓、两手都要硬”，统筹两个大局等一系列重要思想。十三届四中全会以后，江泽民提出了把发展作为党执政兴国的第一要务，坚持用发展的办法解决前进中的问题，建立社会主义市场经济体制，促进社会主义物质文明、政治文明、精神文明全面发展和人的全面发展，正确处理改革、发展、稳定的关系等一系列重要思想。

(2)科学发展观是马克思主义关于发展的世界观和方法论的集中体现。科学发展观强调坚持以经济建设为中心，体现了历史唯物主义关于生产力发展是人类社会发展的基础的观点。科学发展观坚持以人为本，体现了历史唯物主义关于人民是历史发展主体的观点和共产党人全心全意为人民服务的宗旨。科学发展观坚持全面发展和协调发展，体现了唯物辩证法关于事物之间相互联系、辩证统一的基本原理。科学发展观坚持可持续发展，体现了辩证唯物主义关于人与自然关系的思想和社会主义在消除资本主义弊端方面的优越性。

(3)科学发展观是我国经济社会发展的重要指导方针和发展中国特色社会主义必须坚持和贯彻的重大战略思想。科学发展观进一步回答了实现什么样的发展、怎样发展等重大问题，体现了我们党对共产党执政规律、社会主义建设规律、人类社会发展规律认识的进一步深化，对于发展中国特色社会主义具有长远的指导意义，因而是发展中国特色社会主义必须坚持和贯彻的重大战略思想。

三、马克思主义中国化理论成果的精髓

(一)实事求是思想路线的形成和发展

1. 实事求是思想路线的形成和确立

在中国共产党的历史上，以毛泽东为代表的中国共产党人首先提出了实事求是的思想路线。经过延安整风和党的七大，该路线在全党得到了确立。

2. 实事求是思想路线的重新确立和发展

(1)在 1957 年下半年以后，实事求是的思想路线被不同程度地偏离了。

(2)实事求是思想路线的重新确立、丰富和发展：以邓小平为核心的党的中央领导集体重新确立了解放思想、实事求是的思想路线，实现了党在思想路线方面的拨乱反正。十三届四中全会以来，以江泽民为主要代表的中国共产党人进一步提出党的思想路线是解放思想、实事求是、与时俱进，把对党的思想路线和理论精髓的认识提高到一个新的水平。以胡锦涛为代表的中国共产党人提出要求真务实，进一步深化了对实事求是思想路线的认识。

(二)实事求是思想路线的内容和意义

1. 实事求是思想路线的基本内容

(1)党的思想路线：一切从实际出发，理论联系实际，实事求是，在实践中检验真理和发展真理。

(2)实事求是是党的思想路线的实质和核心：实事求是内在地包含一切从实际出发，理论联系实际，在实践中检验真理和发展真理的内容。

一切从实际出发是前提和基础。理论联系实际是途径和方法。在实践中检验真理和发展真理是验证条件和目的。实事求是也内在地包含着解放思想、与时俱进、求真务实等内容。要做到实事求是，必须解放思想、与时俱进、求真务实。解放思想、与时俱进、求真务实的目的和归宿都是实事求是。

我们通常把党的思想路线称作“实事求是的思想路线”。

2. 实事求是思想路线的重要意义

(1)它是马克思主义认识论在马克思主义中国化实践过程中的运用、丰富和发展。

(2)它是制定并贯彻执行正确的政治路线的思想基础。

(3)它是加强党的思想作风建设和提高领导能力的重要内容。

(三)解放思想,实事求是,与时俱进

1. 实事求是是马克思主义中国化理论成果的精髓

一方面,正是由于把握和运用了这个精髓,才有毛泽东思想、邓小平理论和“三个代表”重要思想以及科学发展观的创立和发展;另一方面,这个精髓又体现在马克思主义中国化各个理论成果基本内容的各个方面。

2. 解放思想是发展中国特色社会主义的一大法宝

(1)解放思想是党的思想路线的本质要求,是实现实事求是的前提条件。回顾我们的奋斗历程,特别是改革开放三十多年的历程,我们在实践上的每一个重大发展、理论上的每一个重大突破、工作上的每一个重大进步,都是解放思想的结果。

(2)解放思想是常提常新的事情。在当前的国际、国内形势下,我国发展面临的机遇前所未有,同时面临的挑战也前所未有,在我们前进的道路上,既有许多有利条件,也有不少不利因素。特别是我国社会主义的自我完善和发展还有许多重大课题需要进一步探索和回答,还有大量工作需要去做。

(3)解放思想是发展中国特色社会主义的思想保证。在新世纪新阶段,深入贯彻落实科学发展观,我们只有坚持解放思想,才能科学分析我国全面参与经济全球化的新机遇、新挑战,全面认识工业化、信息化、城镇化、国际化深入发展的新形势、新任务,深刻把握我国发展面临的新课题、新矛盾,正确制造适应时代要求和人民愿望的方针政策,奋力开创中国特色社会主义事业的新局面。

3. 不断推进理论创新

(1)坚持实事求是的思想路线,就要不断推进理论创新。

(2)实践基础上的理论创新是社会发展和变革的先导,要使党和国家的事业不停顿,首先理论上不能停顿。

(3)理论创新要坚持正确的方向和思想方法。

(4)理论创新必须服务于、落脚于实践创新。

4. 坚定不移地走自己的路

(1)坚持实事求是的思想路线,在中国革命、建设和改革问题上,最根本的就是要坚持把马克思主义同我国实际结合起来,坚定不移地走自己的路。

(2)走自己的路,在思想方法上体现了矛盾的普遍性和特性殊的统一。

(3)走自己的路,在基本立场上体现了独立自主和对外开放的统一。

(4)走自己的路,在理论原则上体现了理论与实践的具体的历史的统一。

(5)走自己的路,意味着开拓创新。实践永无止境,创新永无止境。

【结语】 马克思主义要在中国发挥指导作用,就必须实现中国化。马克思主义中国化,就是把马克思主义基本原理同中国革命、建设和改革的实践结合起来,同中国的历史传统和优秀文化结合起来,既坚持马克思主义,又发展马克思主义。马克思主义中国化的实质是马克思主义基本原理同中国具体实际相结合。

中国共产党在不断推动马克思主义中国化的进程中,先后产生了两大理论成果:毛泽东思想和中国特色社会主义理论体系。它们都是马克思主义基本原理同中国具体实际和时代特征相结合的产物，都是中国共产党集体智慧的结晶，都是党必须长期坚持的指导思想。它们之间既一脉相承又与时俱进。

实事求是既是中国共产党思想路线的核心，又是马克思主义中国化理论成果的精髓。

（张尧智）

4.2　活学活用

【教案视角】

1. 近代中国社会和近代中国革命（90 分钟）
2. 中国社会各阶级的分析（90 分钟）
3. 新式的资产阶级民主主义革命（90 分钟）
4. “农村包围城市，武装夺取政权”（90 分钟）
5. 新民主主义革命的三大法宝（90 分钟）

【本讲视角】　第 4 视角

【教学目的】　通过本专题教学，帮助大学生了解中国共产党探索中国革命道路的艰辛历程，认识到“农村包围城市，武装夺取政权”的道路最切合中国实际，是中国革命的正确选择；增强大学生对中国共产党成功领导中国革命这一伟大历史功绩的内心认同，确立学生对党的信仰；同时启发学生，学习知识不能读死书，要把书本理论与实际情况结合起来，活学活用，用以解决学习、生活和工作中的实际问题。

【本讲内容】

“农村包围城市，武装夺取政权”

中国共产党对革命道路的选择，经过了由“城市中心论”到“农村包围城市”的转变。“农村包围城市，武装夺取政权”的革命新道路，对于中国革命既有必要性，又有可能性。“工农武装割据”是农村包围城市的必由之路。

一、中国共产党人对革命新道路的艰难探索

（一）中国共产党成立初期，把工作的重心放在中心城市

中国革命是在俄国十月革命的直接影响下发生的，受十月革命的影响，中国共产党成立初期，一直把工作的重点放在中心城市，把主要的时间和精力用来组织和领导城市的工人运动和学生运动。在相当长的时间内，他们并不曾怀疑这一模式在中国的适应性问题，毛泽东也不例外。那时候，我国著名教育家陶行知先生正在提倡乡村教育。恽代英曾经给毛泽东写信，建议向陶行知学习，到乡村去搞一搞。毛泽东当时回答说，现在城市工作还忙不过来，哪顾得上农村？可见当时毛泽东也是把精力放在城市工作中的。从毛泽东的生平看，从 1923 年到 1926 年底，毛泽东主要在上海和广东工作。他是在 1926 年底 1927 年初，结束了国民党内的工作，为回应党内外对农民运动的一片指责声，回湖南对农民运动进行考察，看到了农村中农民运动显示出来的巨大力量，认识到了农民问题的重要性，从此开始投身农民运动的。毛泽东认识到农民问题的重要性，开始投身农民运动，这

是中国革命走向农村的前提。

(二)大革命失败后,党的工作重心开始转向农村

1927年大革命失败,中国共产党在汉口紧急召开“八七会议”。会议确定了土地革命和武装斗争的方针,但是,学习苏联经验,以城市为中心的思维模式仍然没有改变。南昌起义、广州起义、秋收起义都是以夺取中心城市为目标的,结果都因为敌我力量悬殊而失败。

【资料】 秋收起义

“八七会议”后,毛泽东即以中央特派员的身份,星夜兼程赶回湖南,组织在湘鄂粤赣发动秋收起义。起义部队主要由三部分力量组成:原国民革命军第二方面军第四集团军总指挥部的警卫团,团长卢德铭和主要团干部都是共产党员;湖南省的部分农民武装,还有安源路矿的工人武装,大约有5000人,由卢德铭为起义总指挥。当时的中共中央要求这次起义仍然以国民党的旗帜来组织和发动。但毛泽东到达湖南后发现,国民党的旗子在百姓中已经成了军阀的旗子,成了一面黑旗,他主张抛弃国民党的旗帜,在暴动中打出共产党的旗帜。毛泽东把三支力量合并为一个师,抛弃了国民革命军的番号,把部队番号定为工农革命军,打出了以镰刀斧头为图案的红旗。1927年9月9日,部队兵分三路,分别从修水、安源、铜鼓出发,向长沙进发。

但是,三路部队在进攻过程中先后遭遇挫败。第一团出现了内部叛变,损失惨重,起义总指挥卢德铭牺牲;第二团先胜后败,在成功占领浏阳后遭到优势敌人的围攻,兵力损失三分之二;第三团也是先胜后败,遭到敌人的两面夹击,加上部队疟疾流行,不得不撤退。毛泽东认识到,在这样的敌我力量对比下,靠这样的一支武装力量,县城都打不下来,更不用说省城了。经过慎重权衡,毛泽东放弃了攻打长沙的计划,带领部队艰苦转战一个多月,行程四千多里,来到井冈山。

毛泽东带领部队上井冈山,开创了第一个农村革命根据地,在实践上开始了对中国革命新道路的探索。1928年,朱德带领南昌起义的部队和毛泽东带领的工农革命军会师井冈山,创立了工农革命军第四军,朱德任军长,毛泽东任党代表。从此,他们开始了在井冈山一带开展土地革命、领导武装斗争、创建革命根据地的工作,毛泽东把这些工作概括为“工农武装割据”。“工农武装割据”思想的形成标志着中国共产党人在探索中国革命新道路的过程中迈出了坚实的一步。但是这个时候,我们还不能说毛泽东已经抛弃了城市中心的观念。这时候的毛泽东还仅仅是把农村工作看作是“帮助城市斗争,促成革命潮流高涨”的一个条件,看作是城市斗争的一种辅助性力量。以农村为中心,农村包围城市的思想还没有形成。

(三)初步确立以农村为中心的思想

1930年元旦,红军趁着蒋桂战争的时机,要前往赣南开创新的革命根据地。军队整装待发,红旗烈烈。但是,就在出发前,毛泽东收到了林彪的一封信。林彪对农村革命根据地的作用表示怀疑,不赞成毛泽东争取江西,创立赣南、闽西革命根据地的计划和行动,主张流动游击,等到中心城市发起武装暴动时,再把农村中的红军力量加上去。可以看出,林彪只是把红军在农村的发展看作权宜之计,仍然着眼于城市的武装暴动。在当时,这绝不仅仅是林彪一个人的思想,党内、军内很多人都是这样认为的。毛泽东给林彪回了

一封公开信，这就是后来的《星星之火，可以燎原》。在这封信中，毛泽东对林彪流动游击的观念进行了批评，阐明了农村革命根据地在中国革命中的地位和意义，指出“朱德毛泽东式、方志敏式之有根据地的，有计划地建设政权的，深入土地革命的……政权发展是波浪式地向前扩大的”的政策和革命道路是正确的[①]。虽然没有明确提出农村斗争是中国革命的唯一道路，但“以乡村为中心”的思想已经呼之欲出。

对于毛泽东建立农村革命根据地、开展工农武装割据的做法，当时主持中央工作的李立三表示了强烈不满。此时国民党内部先后发生蒋桂战争和中原大战，李立三因此对国内的革命形势做了过高的估计，认为中国无产阶级革命运动的高潮已经到来，因此要求发起全国的总暴动。他认为，农村只是统治阶级的“四肢”，城市才是统治阶级的“头脑”和“心腹”，认为“单只斩断了它的四肢，而没有斩断他的头脑、炸裂他的心腹，还不能制他的最后的死命”。而完成斩断统治阶级头脑，并炸裂其心腹的任务，必须由城市工人阶级的斗争来完成。对毛泽东的“乡村中心”论和“农村包围城市”路线进行批评，提出：“暴动，暴动，再暴动；夺取中心城市，夺取，夺取，再夺取！”要求以城市为中心，发起全国规模的武装暴动，命令红四军向中心城市进攻，夺取九江和武汉。结果导致了惨重的失败。[②]

【资料】　攻打长沙

从 1930 年 6 月开始，中国共产党内出现了以“立三路线”为代表的“左”倾冒险主义。李立三等认为革命高潮已经到来，在军事上制定了各路红军攻打中心城市，“会师武汉，饮马长江”的作战计划。受“立三路线”的影响，1930 年 6 月，红三军团根据中共中央军委关于向中心城市进攻的指示，趁蒋桂战争的时机，攻占了守备空虚的长沙。这是红军作战史上第一次占领省会级城市，它极大地鼓舞了广大红军官兵的斗志，燃起了他们进攻中心城市的希望和冲动。但事实是，红三军团在长沙城内只坚持了 9 天。敌人组织了几倍于红三军团的兵力对长沙展开了疯狂的反扑，红三军团在遭受了很大损失，付出了重大牺牲后，被迫撤离长沙。

就在红三军团奉命攻打长沙的时候，毛泽东、朱德率领的红一军团也接到中央要他们攻打南昌的命令。受到红三军团胜利攻占长沙的鼓舞，这时的毛泽东也燃起了攻占中心城市的希望。但毛泽东等根据敌我力量的对比，放弃攻打南昌，做出了会合红三军团再攻长沙的计划。

敌人在重新夺回长沙后加强了长沙的布防，有 25 团的兵力驻防，用铁丝、竹钉、高压电网等构筑了三道封锁线。红军缺乏攻城炮火，只能凭着一腔热血和血肉之躯冲锋陷阵。在长达 30 里的战线上，成千上万的红军指战员跃出战壕，用最简陋的武器和古代农民战争那样的方式，向着握有新式装备和坚固防御工事的守敌发起了进攻，结果在长沙城下发生了非常惨烈的一次战役。六年后，朱德怀着沉重的心情向史沫特莱讲述了这次战斗的情景：战士们不顾生死地跃出壕沟，一批又一批地倒在敌人的炮火之下。他们试图冲开敌人防御工事周围的电网，视死如归，触电而亡的尸体堆成了堆。第二次攻打长沙是红军成立以来规模最大的一次战斗。战斗以失败和红军的巨大伤亡告终，红军撤离长沙，转入江

① 《毛泽东选集》第 1 卷，人民出版社 1991 年版，第 98 页。

② 李立三：《新的革命高潮前面的诸问题》，《布尔塞维克》1930 年第 3 卷第 5 期。

西。两次攻打长沙说明，在当时的革命条件下，对中心城市的进攻即便能够取得暂时的胜利，也没有坚持下去的条件。在敌人的白色包围之中，独守一座孤城是守不住的，也是没有意义的。这次战役的结果用事实证明了，攻打中心城市是不合时宜的，城市中心道路在中国是走不通的。

毛泽东从失败中进一步认识到，俄国式的革命道路在中国是行不通的，更加坚定了他以乡村为中心的认识。

(四)“农村包围城市，武装夺取政权”道路理论的正式形成

尽管中国革命的实践一再表明，夺取中心城市是不合时宜的，但俄国革命的影响是如此的顽固。城市中心路线还是又一次控制了党和红军，这一次的代表人物是王明和博古。他们批判毛泽东的“乡村中心论”为“右倾机会主义”，要求把战争引向中心城市，争取一省和数省的胜利。命令红军攻打南昌、赣州、吉安、抚州等中心城市，对党内持不同意见的人进行排挤和打击，毛泽东失去了兵权，在长达四年的时间里，几乎没有发言权。王明路线给中国革命造成了惨重的损失。

失败再一次证明了城市中心路线是错误的，也使毛泽东对以乡村为中心、农村包围城市的道路有了更加深刻的认识。长征结束后，从 1936～1939 年，毛泽东先后写作完成了《中国革命战争的战略问题》、《中国革命和中国共产党》、《〈共产党人〉发刊词》等著作，总结中国革命的经验教训，对农村包围城市的革命道路进行了系统的阐述，使其具有了成熟的理论形态。

二、“农村包围城市，武装夺取政权”道路的必要性

中国共产党经过艰难的探索，最终选择了“农村包围城市，武装夺取政权”的道路。那么，中国革命为什么必须走向农村？为什么只能走农村包围城市的路？在城市的斗争为什么不能成功？

(一)中国的社会性质是半殖民地半封建社会

半殖民地半封建的社会性质与把工作的中心放在农村有什么关系呢？在西方民主制国家里，工人罢工、群众游行都是合法的，人们可以在广场、公园、街道等公共场合发表演说，这些都是民主制度赋予人们的民主权力，是合法的。既然是合法的，这些工作就可以公开地搞、长期地搞，就可以在中心城市搞。通过在中心城市这样长期的、公开的宣传，就会使城市的广大群众逐渐地了解你、接受你，直到最后加入你。这样就起到了宣传群众、发动群众、赢得群众，积蓄和壮大自身力量的作用。待到时机成熟，举行武装暴动，先夺取城市，然后自上而下夺取全国政权，这是可能的。

但中国不同。作为一个半殖民地半封建国家，对外没有主权，对内没有民主，是封建专制，是军阀统治。工人罢工、群众游行、学生演讲是要遭到血腥镇压的。所以，在这样的条件下，在中心城市宣传和发动群众的工作难以开展，没有条件去赢得和掌握中心城市的群众。没有群众基础，在城市搞武装暴动，群众根本不知道你是干什么的、你要干什么，在中心城市的斗争就很难成功。所以，我们党把工作重心转向农村，去宣传教育农村的群众，去发动和组织农民。

(二)中国的基本国情是农业国

作为一个农业国，中国革命的主要战略阵地在农村，中国革命主要的人力物力资源来

自农村，中国革命的主要力量是农民。因此需要到农村中去，深入发动农民。

（三）中国革命的形势是长期敌强我弱

中国革命的敌人有强大的帝国主义、顽固的封建势力，还有官僚资本主义势力，他们实力雄厚、装备精良，把持着国家政权，力量非党强大，并长期占据中心城市。中国革命将长期处于敌强我弱的形势之下。这一特点决定了中国革命不会很快成功，即便通过偷袭等方式能够暂时占领某个中心城市，也守不住，没有生存下去的条件。南昌起义、攻打长沙等事实证明了这一点。所以我们需要通过长期的斗争才能赢得革命的胜利。为此，应该避免在力量悬殊的情况下过早地跟敌人进行一决胜负的决战，而是要首先积蓄力量、壮大实力。为此需要在一段时期内避开敌人的锋芒所在，到其统治的薄弱环节——农村中去养精蓄锐，徐图发展。

所以，把工作的中心放在农村，走农村包围城市的路，是由我国半殖民地半封建的国家性质、农业国的基本国情和敌强我弱的革命形势共同决定的，是中国革命的必然选择。

三、"农村包围城市，武装夺取政权"道路的可能性

中国共产党在城市的斗争没有成功的条件，所以只能选择走向农村。那么，在农村能不能成功？

1927年，毛泽东带领部队到井冈山的时候，革命力量还非常弱小。井冈山上的条件非常艰苦。敌人还不断地对根据地进行围剿，来自中央的错误路线连续造成根据地革命斗争的失败，使革命力量遭受损失。在这种境遇中，许多人对革命的前途感到很茫然，发出了红旗到底能打多久的疑问。面对这样的疑问，毛泽东在1928年10月写了《中国的红色政权为什么能够存在》一文。在文章中，毛泽东通过分析中国社会的特点和中国革命的形势，从五个方面分析了中国农村红色政权存在与发展的可能性。

（一）中国的政治经济发展不平衡——根本原因

经济发展不平衡表现在：资本主义经济在中国有了微弱发展，但在社会经济中占优势地位的仍然是自给自足的地方性农业经济。因为农业经济可以自给自足，所以近代中国农村保持着很大的独立性，可以不依赖城市而生存，农村和城市的关系不是非常的紧密。李立三所谓的"农村只是统治阶级的四肢，城市才是其头脑和心腹"的比喻，并不符合中国实际。在中国，农村和城市的关系并不那么紧密。

经济发展不平衡还表现在：中国是小城市大农村。作为一个农业国，中国城市太小，农村太大。统治阶级主要盘踞在中心城市，小城市大农村的社会状况使统治阶级无法通过城市完全控制农村。在一些远离中心城市的边远地带，统治阶级的统治力量会很薄弱，甚至无法达到，这为农村红色政权提供了必要的生存空间。在这里，红色政权能够自给自足，有条件生存下来并走向发展壮大。我们可以看到，中共最早建立的一批根据地，比如井冈山革命根据地、闽西、赣南、鄂豫皖、闽浙赣等，大都分布在两省或三省交界的边缘山区，这里远离城市，交通不便，是敌人统治的薄弱地带。

政治发展不平衡的表现是：中国大地从北到南分布着各路军阀。为了争夺地盘和权势，他们之间长期分裂、互相混战，使红色政权获得了存在和发展的机会。毛泽东说："我们只须知道中国白色政权的分裂和战争是继续不断的，则红色政权的发生、存在并且日益发展，便是无疑的了。”①

这就是中国政治经济发展的不平衡为红色政权的存在和发展提供的可能性。这是红色政权存在发展的根本原因。

（二）国民革命的政治影响及良好的群众基础

最早的农村革命根据地主要分布在江西、湖南、湖北、广东、广西等省份。这是因为，这些地区受到大革命的影响，有良好的群众基础。在国民革命时期中，广州是国民革命的大本营，北伐军从广州誓师，一路北进，席卷大半个中国。两广、两湖以及江西、福建等地区受大革命的影响最大，群众运动最为高涨。受国民革命的这些影响，这些地方的群众有较高的政治觉悟，也有一定的斗争经验。群众基础良好，革命根据地的工作比较容易开展。这是农村红色政权存在发展的又一个有利条件。

（三）全国革命形势继续向前发展

毛泽东认为，分布在各地农村的红色政权能不能存在和发展，取决于全国的革命形势。如果全国的革命形势是向前发展的，全国人民的革命要求是强烈的，农村的红色政权作为一支革命的力量，反映了革命的呼声，顺应了革命的要求，就有发展壮大的条件。而全国的革命形势是不是向前发展，这又取决于引发革命的社会矛盾。引发中国革命的社会矛盾，是帝国主义和中华民族的矛盾、封建主义和人民大众的矛盾。在这一时期，这两对矛盾一个也没有解决，而且在继续激化。在国际上，继 1919 年巴黎和会之后，1921 年华盛顿会议在“门户开放”、“机会均等”的名义下使中国又回到了多个帝国主义国家共同控制的局面。在国内，各路军阀连年混战。蒋桂战争、蒋冯战争、中原大战，广大人民继续生活在水深火热之中。社会矛盾尖锐，人民要求革命，共产党领导的农村红色政权代表了人民的革命要求，因而有条件生存并走向发展壮大。

这三个方面就是当时的中国社会为红色政权的存在和发展提供的有利条件，是一些有利的客观条件。除此之外，红色政权要想存在和发展，还需要两个重要的主观条件。

（四）相当力量的正式红军的存在

相当力量的正式红军的存在是红色政权存在和发展的必要条件。

（五）共产党组织的有力量和政策的不错误

共产党组织的有力量和政策的不错误是保证红色政权能够长期存在和发展的最重要的主观条件。

因为有这五个方面的条件，农村红色政权存在和发展就是可能的。

四、“工农武装割据”是实现农村包围城市、武装夺取政权的必由之路

“工农武装割据”这个概念对同学们来说或许有点陌生，不好理解。但是，对军阀割据我们都不陌生。为了帮助同学们更好地理解“工农武装割据”，我们借助军阀割据做一下解读。

军阀割据势力的形成有两个因素是必不可少的：一个是地盘，割据就是割地而据，没有地盘就形不成割据局面；一个是武装，没有武装就没有能力割地，有了地也守不住。我们看到，张作霖有强大的东北军，坐拥东北；阎锡山有晋军割据山西；李宗仁偏安云贵地

---

① 《毛泽东选集》第 1 卷，人民出版社 1991 年版，第 49 页。

区，有桂军做保障。“工农武装割据”作为一种武装割据，与军阀割据有共性：它也要有地盘，这就是农村革命根据地；它也要有武装，开展武装斗争，这是保卫和发展根据地的需要。但是，“工农武装割据”与军阀割据又有性质上的不同。在军阀割据下，军阀对地盘内的百姓实行经济剥削和政治压迫，而“工农武装割据”正好相反，它开展土地革命，为根据地人民分土地，让百姓得解放，翻身做主人，在这一点上体现出它的“工农”性质。

所以，所谓“工农武装割据”，就是在中国共产党的领导下，以土地革命为主要内容，以武装斗争为主要斗争形式，以革命根据地红色政权建设为依托，实现土地革命、武装斗争和根据地建设三者的密切结合和有机统一。

土地革命、武装斗争和根据地建设这三者的关系：武装斗争是主要的斗争形式，没有武装斗争就没有共产党的生存，就没有革命的发展、人民的解放。土地革命是主要内容，中国共产党领导革命，目的就是从根本上改变旧中国的生产关系，让广大农民获得生产资料，从而摆脱压迫和剥削，翻身做主人。而根据地是依托，没有了根据地，武装斗争、土地革命都将无法进行下去。

“农村包围城市，武装夺取政权”的道路就是，通过武装斗争打下一块儿地盘，在这里开展土地革命，打倒地主和土豪劣绅，给百姓分土地，建立起共产党的红色政权，这里就成为共产党的根据地。然后依托这一根据地，再进行武装斗争，夺取又一块地盘，再在这里开展土地革命，给百姓分土地，建立新的根据地；然后依托根据地，再进行武装斗争，开展土地革命，建立新的根据地……就这样波浪式推进，武装斗争—土地革命—农村革命根据地，三方面的工作环环相扣，互相配合，农村的根据地政权就由最初的星星之火，慢慢发展成燎原之势，逐渐形成对中心城市的包围，最后夺取城市，这就是“工农武装割据”，农村包围城市、武装夺取政权的道路就是这样走通的。

【结语】 毛泽东通过对中国社会和中国革命实际情况的深入分析，解答了“农村包围城市，武装夺取政权”的革命道路“为什么必须”、“为什么可能”以及“如何走得通”等一系列问题。这一道路是毛泽东活学活用，把马列主义普遍原理与中国革命具体实际结合起来的光辉典范，它反映了中国革命发展的客观规律，切合中国革命的实际，是指引中国革命取得胜利的唯一正确的道路。自从选择了这条道路，中国革命的胜利就不再遥远，“它是站在海岸遥望海中已经看得见桅杆尖头了的一只航船，它是立于高山之巅远看东方已见光芒四射喷薄欲出的一轮朝日，它是躁动于母腹中的快要成熟了的一个婴儿。”[①]

（许艳华）

① 《毛泽东选集》第1卷，人民出版社1991年版，第106页。

4.3 把握机遇

【教案视角】

1.社会主义改造理论的主要内容(90 分钟)

2.有中国特色的社会主义改造道路和历史经验(90 分钟)

3.社会主义改造的历史必然性(90 分钟)

4.社会主义改造的经验和教训(90 分钟)

【本讲视角】 第 2 视角

【教学目的】 通过本专题教学,使大学生深刻认识我国社会主义改造的迫切性,正确理解和把握适合中国特点的社会主义改造道路、社会主义改造的历史经验以及社会主义改造存在的不足和教训。同时,使大学生懂得我国实现从新民主主义向社会主义转变,走上社会主义建设道路是历史的选择,进而使他们更加坚定社会主义信念,拥护社会主义制度,立志为中国特色的社会主义而奋斗。

【本讲内容】

有中国特色的社会主义改造道路和历史经验

在党的过渡时期总路线的指引下,中国共产党成功地进行了生产资料私有制的社会主义改造,形成了有中国特色的社会主义改造理论。这一理论包括农业、手工业和资本主义工商业的社会主义改造三个方面,其中资本主义工商业的社会主义改造是中心内容,也是最有理论创造性的一个方面。

一、资本主义工商业的社会主义改造

(一)对资本主义工商业改造的必要性与可能性

1.必要性——民族资本的两面性

对有利于国计民生的积极作用加以利用,对不利于国计民生的消极作用加以限制和改造。利用就是在一定时期内允许对国计民生有利的资本主义工商业继续存在,并有一些发展。对国计民生有利主要是指:国家可以利用资本主义工业产品,来补充社会主义工业生产的不足,供应一部分人民生活所必需的消费品和生产资料;利用资本主义工业生产的一部分产品,去换取农民的粮食和其他农产品,从而加强工农联盟;利用资本主义企业生产经营的力量和拥有相当数量的技术人才和熟悉供销情况的人员,培养出更多的经营管理人员、技术人员和熟练工人;利用资本主义企业利润的增长,国家通过税收和价格政策,把其中一部分转变为国家积累;利用资本主义企业还可维持和吸收一部分职工就业。限制就是限制其不利于国计民生的消极作用,国家通过对企业活动范围的管理、劳动保护政策、价格政策、税收政策和国家资本主义形式的企业利润分配等,把资本主义的剥削、无政府状况和投机活动限制在一定范围之内。不过,利用和限制并不能改变资本主义的生产关系,也不能解决社会主义和资本主义、资本家与工人阶级之间的矛盾。中国共产党进行社会主义革命的目标是要确立社会主义制度,就必然要变资本主义的生产关系为社会主义的生产关系,换句话说,就是要把资本家的生产资料私有制改造为社会主义的生产资料公有制。

2. 可能性——民族资产阶级的两面性

毛泽东把中国的资产阶级区分为两部分，并以此为基础，论述了改造资本主义工商业的可能性。他指出，工人阶级同民族资产阶级的矛盾属于人民内部矛盾。工人阶级同民族资产阶级的斗争一般地属于人民内部的阶级斗争，这是因为我国的民族资产阶级有两面性。在社会主义革命时期，它既有剥削工人取得利润的一面，又有拥护宪法、愿意接受社会主义改造的一面。而且，人民手里有强大的国家机器，走社会主义道路是大势所趋。在这种情况下，他们又不得不接受改造。

(二)对资本主义工商业改造的形式——国家资本主义

列宁认为，国家资本主义就是无产阶级国家能够加以限制并规定其活动范围的资本主义。毛泽东指出，中国现在的资本主义经济其绝大部分是在人民政府管理之下的，用各种形式和国营社会主义经济联系着的，并受工人监督的资本主义经济。这种资本主义经济已经不是普通的资本主义经济，而是一种特殊的资本主义经济，即新式的国家资本主义经济。

所谓国家资本主义，就是在国家直接控制和支配下的资本主义经济。在中国有初级和高级两种形式。初级形式主要是委托加工、计划订货、统购包销、经销代销等方式，这是国家同资本主义工商业在企业外部的一种合作，即通过合同的方式，国家控制了资本主义工商业的原料来源和产品销售两个环节，造成了资本主义工商业对国家计划、对社会主义国营经济的依赖；但这部分工商企业仍然是资本主义性质的，内部的经营管理体制没有发生变化。高级形式是公私合营，又可分为个别企业的公私合营和全行业的公私合营，这是国家同资本主义工商业在企业内部的一种合作。国家资本主义是改造资本主义工商业使它逐步过渡到社会主义的主要形式。

(三)对资本主义工商业改造的方法——和平赎买

马克思主义认为，无产阶级夺取政权后，消灭资本主义所有制，可以有两种办法：一种是用无偿没收资本家财产的办法，另一种是用和平赎买的办法。马克思、恩格斯都曾说过：假如采取赎买的办法来消灭资本家私有制，“那对于我们是最便宜不过了”①。列宁在十月革命胜利以后，曾设想通过和平赎买的办法使资本主义私有制过渡到社会主义公有制，但俄国的资产阶级采取敌对的态度，列宁的设想没能实现。中国共产党根据马克思主义的普遍原理结合中国的实际情况，认为在中国对资本主义工商业实行社会主义改造有可能采取和平赎买的办法，并创造性地开辟了一条适合中国特点的对资本主义工商业进行社会主义改造的道路，从而把马克思主义和平赎买民族资产阶级的设想变成了现实。

国家资本主义与和平赎买是一个问题的两个方面，国家资本主义是形式，和平赎买是内容。和平赎买不是一次赎买，也不是由国家另外拿出一笔钱来赎买，而是由工人阶级在十几年的生产过程中，仍然为资本家生产一部分利润，即以一种有限的资本期权作为和平改造的代价。整个公私合营的过程中，在利润分配上实行过两种不同的方式。

1. “四马分肥”

---

① 《马克思恩格斯选集》第 4 卷，人民出版社 1995 年版，第 503 页。

在个别企业公私合营阶段，对企业利润实行“四马分肥”的赎买形式，即将企业利润分为国家所得税、企业公积金、工人福利费、资方红利四部分。国家所得税占34.5%，企业公积金占30%，职工福利占15%，资方红利占20.5%。大部分归国家和工人，资方红利加上他们的薪酬可占全年利润的1/4左右。这就使这些公私合营后的企业具有不同程度的社会主义性质。

2.定息

1956年，实现全行业合营后，又改为让资本家拿定息的赎买形式，即把资本家的利润限制在一定的率息上，统一规定年息为5%。当时国家决定付息7年，后又延长3年，共计10年。对资本家和资方代理人按照“包下来”的方针和“量才使用，适当照顾”的原则作了人事安排，保留他们的高薪。

【案例】 同仁堂的新生

工商界人士听到改造资本主义工商业的消息时，心情是极其矛盾和复杂的。1953年，各家企业正是蒸蒸日上，大家想大干一场的时候，国家提出把私营企业改造为社会主义企业，具体来说就是要实行公私合营，这对大家的震动很大，思想上没有什么准备，心里真是“十五只吊桶打水——七上八下。”有的说：“1949年为什么不讲总路线？那时讲，人就都跑了。”还有的说：“夕阳无限好，只是近黄昏。”

1953年，北京市地方工业局选择了同仁堂首先行公私合营，这对于同仁堂的经营者震动很大。同仁堂到这时已存在了几百年。它始建于清朝康熙八年(1669年)。北平解放前夕，北平同仁堂有职工190多人，年产值约16万元，年零售额约30万元，设备陈旧，管理落后。1949年北平解放时，同仁堂由乐氏十三世乐松生经营，他同时是天津达仁堂管理处总负责人。1950年，抗美援朝开始，同仁堂向国家捐献99000元。

同仁堂一直受到党和政府的重视和关怀。公私合营的消息传来时，对乐氏家族的震动很大，他们对经营了几百年的老铺，将要失去所有权、经营统治权和企业利润分配权，确实十分痛惜。乐松生经过反复考虑，认识到：这是大势所趋，人心所向，历史潮流，不可违背；而且，合营后，自己仍任经理，生活待遇也不错，因此决定同仁堂带头公私合营。

公私合营后，企业发生了很大的变化。如同仁堂虽然是个大药店，但以往的经营管理方式陈旧，存在生产计划性不强、物资储存分散、领取手续不清、库存积压产品过多等漏洞。公私合营后，改善了经营管理，建立起各种规章制度，增加设备，改进技术，自行设计了粉碎机、汽锅等，改进了生产包装。销售额也不断上升。门市部抓药从每天几十服，增加到每天200多服。经理乐松生高兴地说：“别家的流水逐日下降，咱们的流水逐日上升，原来担心合营工作会影响生产，没想到合营后业务发展这么快，这下可放心了。”

1955年，毛泽东、周恩来在中南海接见了乐松生，询问了他生活、工作的情况，鼓励他为医药事业多做贡献。同年，他当选为北京市人大代表、市政协委员，出任北京市副市长。1956年，北京国药业全行业公私合营，乐松生手捧大红喜报代表北京市工商界人士向毛泽东报喜。

二、农业、手工业的社会主义改造

如何使小农走上社会主义，这是马克思主义的一个重要课题。马克思主要在没有小农、只有大土地所有者和大农的英国进行活动，没有触及这个问题。恩格斯在马克思逝世一年以后的 1884 年，写了《法德农民问题》，专门论述了这个重要问题。恩格斯说："当我们掌握了国家权力的时候，我们决不会考虑用暴力去剥夺小农(不论有无报偿，都是一样)……我们对于小农的任务，首先是把他们的私人生产和私人占有变为合作化的生产和占有，但不是采用暴力，而是通过示范和为此提供社会帮助。"[①]恩格斯从原则上解决了这个问题，就是引导农民组织合作社，他还强调不能用暴力剥夺农民。列宁 1923 年在病中依靠别人的帮助，艰难地写了《论合作制》的论文。列宁在这篇文章中提出了用合作化吸引农民参加社会主义建设，对农民进行社会主义改造的主张。列宁说，在国家政权掌握在工人阶级手里，全部生产资料已掌握在工人阶级手里的条件下，"合作社的发展也就等于社会主义的发展"，列宁一再要求人们要充分认识合作社的重要意义。

毛泽东历来重视农民问题，他在民主革命时期，就在理论上阐明，农民问题是中国革命的根本问题。他的革命生涯基本上在农村，他对中国农民有深切的了解，也有浓厚的感情。新中国成立以后，尤其是在土地改革以后，他十分关注农村的互助合作运动。他把马列主义的关于改造小农的理论与中国农村的实际相结合，创立了对农业进行社会主义改造的理论和政策，从多方面发展了马克思主义的农业合作化理论。

(一)对农业社会主义改造的必要性与可能性

1. 改造的必要性

(1)社会主义工业化的发展需要。工业发展离不开工业原料和农村市场，也离不开农村劳动力的支持。不解决农业合作化问题，社会主义工业化就会遇到很大的困难。社会主义再生产不能长期建立在全民所有制大工业和私有制的小农经济相互矛盾、相互脱节的基础上。毛泽东认为，没有农业社会化，就没有全部的巩固的社会主义。

(2)巩固工农联盟的需要。毛泽东认为，过去我们同农民在土地革命基础上建立起来的那个联盟，现在农民不满足了。他们要求摆脱贫穷，共同富裕，那只有走合作化的集体富裕的社会主义道路。只有这样，工农联盟才能在社会主义的基础上得到新的巩固。

2. 改造的可能性

(1)国际、国内条件十分有利。从国内来看，经过三年的国民经济恢复，经济不但恢复到抗战前的最好水平，而且经济结构得到调整，工业生产能力大大提高；政治稳定，社会清明，工农群众建设新中国的积极性空前高涨。从国际形势来看，世界和平民主的阵营在扩大，殖民地半殖民地民族民主运动继续发展，国际环境也十分有利。

(2)在广大农民中蕴藏着走社会主义道路的积极性。毛泽东认为，土地改革后，贫农、下中农由于经济地位有所改善，但仍然不富裕，他们有走社会主义道路的积极性，是农业合作化的中坚力量。

(3)党有能力领导好农业合作化。在长期的民主革命中，中国共产党已经形成了善于领导农民的特点和优势，有领导农民建立带有社会主义萌芽性质的农业生产互助组织的经验；有土地改革的伟大胜利为农业合作化奠定的政治基础，又有强大的国营经济为整个国民经济的社会主义改造所奠定的物质基础，就一定能够领导农民搞好农业合作化运动。

① 《马克思恩格斯选集》第 4 卷，人民出版社 1995 年版，第 498 页。

(二)对农业社会主义改造的步骤

创造了经过社会主义萌芽性质的临时互助组到常年互助组，发展到半社会主义性质的初级农业生产合作社，再到社会主义性质的高级农业合作社，由低级到高级逐步过渡的形式，引导农民逐步摆脱私有制。互助组是在维持农民生产资料个人所有制的前提下，由几户或者几十户农民通过交换劳动力和生产工具而组织起来的，它带有社会主义萌芽性质。初级合作社以土地入股和统一经营为特点，带有半社会主义性质。高级合作社是农民将原来所有的土地、耕畜和主要生产工具交给合作社，归合作社集体所有，统一经营，集体劳动，具有完全社会主义性质。

1. 农业生产互助组(1949～1953年)

(1)性质：带有社会主义萌芽的集体劳动组织。

(2)特点：由几户或十几户农民，按照自愿互利的原则组织起来，共同劳动，换工互助，以解决社员间缺乏劳动力、耕畜和工具的困难。土地、耕畜、农具等生产资料仍归农民个人私有。

(3)形式：常年互助组和临时互助组。

2. 初级农业生产合作社(1954～1955年下半年)

(1)性质：半社会主义性质的农业集体经济组织。

(2)特点：按照自愿互利原则，将私有土地作股入社，实行统一经营；耕畜和大型农具交社统一使用；社员集体劳动，产品统一分配，在扣除农业税、生产费用、提留公基金和公用基金后，剩余产品按照入股土地和其他生产资料使用报酬以及劳动报酬进行分配。社员以按劳分配的原则取得报酬。劳动报酬一般高于土地报酬。

3. 高级农业生产合作社(1955年下半年～1956年底)

(1)性质：完全社会主义性质的农业集体经济组织。

(2)特点：社员私有土地无代价地转为集体所有，耕畜、大型农具按照自愿互利折价归社。实现了土地、耕牛、大型农具等主要生产资料的公有化。允许社员利用工余、假日耕种自留地和经营家庭副业，作为集体经济的补充。高级社的劳动产品由社统一分配。

(三)对农业社会主义改造的原则

在农业合作化过程中，针对农民既是私有者又是劳动者的双重性质，毛泽东指出，引导农民走社会主义合作化道路，不能剥夺其财产，不能强迫命令，而要遵循自愿互利、典型示范和国家帮助的马克思主义原则，因势利导，引导他们走社会主义道路。

1. 自愿互利

对农民不能采取剥夺的办法，只能引导、说服教育，使之自觉自愿地走上合作化道路。所谓自愿原则，就是坚持入社自愿，退社自由。同时要注意互利，即在经济上坚持平等互利，合理处理生产资料入社的问题，既防止占有生产资料较多的富裕中农侵占生产资料较少的贫下中农的利益，也要防止贫下中农侵犯富裕中农的利益。只有在互利的基础上，才能实现自愿。

2. 典型示范

对那些暂时不愿参加互助合作组织的农民，不能歧视，不能强迫命令入社，而必须通过思想教育和典型示范的办法吸引他们。示范是多方面的，最主要的是提高合作社的生产率，做到增产增收。从示范效应中使农民认识到互助合作比单干好，自觉自愿地走互助合作道路，这是推进合作化的正确途径。

3.国家帮助

就是在合作化过程中，党和政府采取各种办法来帮助合作社。一方面通过发放低息贷款支持农民走集体化道路，领导农民进行农田水利建设，向合作社提供大批农具、化肥、农药和其他生产资料；另一方面对农民加强社会主义思想教育，帮助他们培养管理干部和采用先进的耕作技术。

(四)手工业的社会主义改造

对手工业的社会主义改造，也是通过合作化的道路进行的。中共中央提出了"积极领导，稳步前进"的方针，坚持自愿互利的原则，通过说服教育、典型示范，从供销入手，实行生产改造。从组织带有社会主义萌芽的手工业供销小组到半社会主义性质的手工业供销合作社，再到生产资料折价归社，实行按劳分配的社会主义性质的手工业生产合作社，把手工业者的个体所有制改造为集体所有制。到 1956 年底，全国约有 92%的手工业者参加了合作社，基本上实现了对个体手工业的社会主义改造。

三、社会主义改造的历史经验

(一)坚持社会主义工业化和社会主义改造同时并举

按照马列主义经典作家的设想，社会主义革命首先是在社会化大生产有相当发展的资本主义国家发生，一般来说，这些国家已经实现了工业化，不存在"并举"的问题。列宁曾经深刻地指出：没有高度发达的社会化大工业，就根本谈不上社会主义，而对于一个农业国家来说，就更谈不上社会主义。中国是一个典型的农业大国，到 1952 年底，作为国家经济发展水平标志的现代工业，只占农业总产值的 26.6%，不发达的个体经济在国民经济中占有绝对优势的地位。为此，要从根本上改变国家的落后面貌，实现国家的富强，就必须加速国家的社会主义工业化。由于我国的经济基础相当落后，工业化不可能在短期内实现，如果不同时进行社会主义改造，就会失去工农联盟的基础，也不可能坚持社会主义方向，对工业化本身也不利。社会主义改造的目的是为了变革不适应工业化发展要求的生产关系，以促进社会主义工业化的进程，体现了中国社会先进生产力发展的要求。

由于实行社会主义工业化与社会主义改造同时并举的方针，因而我国在进行社会主义改造的过程中，并没有放松对经济建设这个任务的努力。1953 年，在社会主义改造全面推开的同时，我国发展国民经济的第一个五年计划也开始编制实施。正因为如此，在进行社会主义改造这样一个极其深刻、复杂和困难的社会变革中，不但没有引起激烈的社会动荡和经济破坏，而且成为社会主义建设的直接的重要推动力量。即使在社会主义改造的高潮时期，我国的工农业生产也是逐年上升的。

(二)采取积极引导、逐步过渡的方式

中国社会主义改造就其推进方式而言，可以说是一场渐进式的革命。三大改造都是以逐步过渡的方式来完成的，都有一个由量变到质变的渐进过程，即社会主义因素由量的积累到质的飞跃的过程。

我国对个体农业的社会主义改造采取了从互助组到初级社再到高级社的逐步过渡。在这个由低级到高级、从典型示范到全面推广、从局部到全局的渐进过程中，由社会主义萌芽到半社会主义性质，再到社会主义性质。社会主义因素不断积累，最终实现由量变到质变的飞跃，完成了对生产资料私有制的社会主义改造。我国对手工业改造也有一个大致相同的过程，也是一个渐进式的过程。由社会主义萌芽的手工业供销小组到半社会主义性质的手工业供销合作社，再到社会主义性质的手工业生产合作社，由量的积累到质的飞跃。对资本主义工商业改造也是渐进式的。首先是把私人资本主义工商业转变为各种形式的国家资本主义，然后再通过由低级到高级的国家资本主义逐步过渡，将资本主义私有制改造成为社会主义公有制。实践证明通过这种由低级到高级逐步过渡的方式是成功的，它是和平改造能够实现的有效保证。

（三）用和平的方法进行社会主义改造

毛泽东说："在我国的条件下，用和平的方法，即用说服教育的方法，不但可以改变个体的所有制为社会主义的集体所有制，而且可以改变资本主义所有制为社会主义所有制。"[①]我国对农业、手工业和资本主义工商业的社会主义改造都是以和平的方式进行的。运用和平的方法和合作化的道路来改造私有制的小农经济是马克思主义的一条基本原则。依据这一原则，党和国家制定了以和平的方法对个体农业进行社会主义改造的政策，其遵循的基本原则是"自愿互利，典型示范和国家帮助"。在对资本主义工商业的改造中，以毛泽东为代表的中国共产党人从中国的实际出发，创造性地制定、执行了一系列正确的政策和原则，成功地实现了马克思、列宁曾提出过的"和平赎买"的设想。采取和平的改造方式，就从根本上避免了在生产关系大变革时期往往可能会出现的对生产力的破坏，很好地保护了生产力。

四、社会主义改造存在的不足和教训

（一）社会主义改造存在的不足

当然，社会主义改造也存在着缺点和不足。1981 年 6 月通过的《关于建国以来党的若干历史问题的决议》指出：在 1955 年夏季以后，农业合作化以及对手工业和个体工商业的改造要求过急、工作过粗、改变过快，形式也过于简单划一，以致在长期内遗留了一些问题。1956 年，资本主义工商业改造基本完成后，对于一部分原工商业者处理也不很适当。"决议"用了四个"过"，总结当年社会主义改造存在的问题，是比较客观的。具体说，主要表现在以下一些方面：

1. 要求过急，改变过快

社会主义改造在 1955 年下半年后明显地过急过快，不仅广大农村由初级合作社向高级合作社的转变过急过快，而且资本主义工商业实现全行业公私合营的时间也过于短促。结果原来设想用三个五年计划，也就是十五年左右时间逐步完成的对农业、手工业和资本主义工商业的社会主义改造，实际上只用了三年多一点（加上国民经济恢复的三年，也才六年多）的时间就基本完成了，而且几乎主要是在社会主义改造高潮的一年左右时间里完成的。

2. 工作过粗

在社会主义改造高潮期间，一些行之有效的工作原则、工作方法被搁置一边，出现了

---

① 《毛泽东文集》第 7 卷，人民出版社 1999 年版，第 2 页。

“一窝蜂”的局面。社会主义改造，实际上是一场群众运动。但在初期的几年里，还是基本上按照自愿的原则，按照生产力发展的要求和个体农民、手工业者和资本主义工商业者的接受程度，循序渐进地由低级形式逐渐向高级形式发展。但是在高潮期间，原来提倡的相对深入细致的自愿互利、典型示范等工作原则和工作方法，被简单的行政命令所代替，急风暴雨式的政治性压力扑面而来。结果，不顾主客观条件是否具备，到处都“一窝蜂”式地盲目升级，盲目合并，工作简单粗糙。

3.简单划一

简单划一是指社会主义改造在模式选择上存在的问题。在农村，几乎是清一色的高级农业生产合作社；在城市，又几乎是清一色的全行业的公私合营。除此之外，几乎没有别的形式。个体经济和私营经济几乎不存在了，社会主义的全民所有制和集体所有制居于绝对的统治地位。随着清一色的社会主义公有制的出现，高度集中的计划经济体制也迅速扩展到了整个社会经济生活，并将它固定化、绝对化，几乎排斥了商品经济和市场机制的正常运行，对今后的经济发展带来了长期的负面影响。

(二)社会主义改造存在不足的原因

社会主义改造出现这些问题，有指导思想上急于求成、不够谨慎，工作方法上过于简单的因素，同时，受当时历史条件的限制，也有认识上的一些问题，主要是：在社会主义经济模式的选择和理解上，过于单一，追求纯粹的单一的社会主义经济成分；在公有制实现形式的选择和理解上过于简单化，只注意到集体所有制和全民所有制这两种基本形式，而对社会主义改造完成以后公有制经济可以和非公有制经济共同发展缺乏认识。更重要的是，当时党对我国社会主义发展阶段问题还没有形成科学的理论，对什么是社会主义还没有完全搞清楚，致使一些遗留问题长期没有得到解决。但是，我们不能因为出现这些失误而否定社会主义改造的伟大意义。

【结语】 以毛泽东为主要代表的中国共产党人根据马克思列宁主义的基本原理，结合我国具体实际，创造性地开辟了一条适合中国特点的社会主义改造道路，成功地完成了生产资料私有制的社会主义改造，实现了中国最深刻、最伟大的社会变革。

社会主义改造的基本完成，标志着社会主义制度在中国的确立。社会主义制度的确立和中华人民共和国的成立一样，是20世纪中国又一次划时代的历史巨变，也是世界社会主义运动史上又一个历史性的伟大胜利。社会主义制度的确立，为中国社会的进步和发展创造了基本的前提。

（姜桂芝）

4.4 尊重事实

【教案视角】

1. 对社会主义本质的新认识(90 分钟)

2. 社会主义本质理论的主要内容(90 分钟)

3. 社会主义本质和资本主义本质比较分析(90 分钟)

4. 党对社会主义认识的发展历程(90 分钟)

【本讲视角】 第 1 视角

【教学目的】 通过本专题教学,帮助大学生了解社会主义本质论断的提出过程,深刻理解邓小平关于社会主义本质的科学论断的含义及其对建设中国特色社会主义的实践所具有的重大指导意义。同时,使大学生认清社会主义和资本主义的本质区别,进而充分认识到社会主义制度的优越性。

【本讲内容】

对社会主义本质的新认识

在改革开放和社会主义现代化建设时期,邓小平多次说:"多年来,存在一个对马克思主义、社会主义的理解问题。"①"我们总结了几十年搞社会主义的经验,社会主义是什么,马克思主义是什么,过去我们并没有完全搞清楚。"②邓小平结合中国的实际,在总结国内外社会主义建设经验教训的基础上,创造性地对社会主义本质进行了新的概括。

一、社会主义本质理论的提出

"什么是社会主义,怎样建设社会主义"是邓小平在改革开放新时期长期思考的首要的基本的理论问题。什么是社会主义,核心是要科学认识社会主义的本质。这个问题解决了,才能正确把握怎样建设社会主义。怎样建设社会主义,核心是社会主义的发展道路问题。这个问题解决了,才能有效地把社会主义事业推向前进。也是当代世界社会主义迫切需要解决的普遍性问题。十一届三中全会以后,邓小平经过深邃的思考,创造性地提出社会主义本质理论,深化了对社会主义的认识。

(一)"社会主义本质"概念的提出

20 世纪 80 年代初,邓小平在论述怎样才能发挥社会主义制度优越性的问题时,第一次提出"社会主义本质"这一概念。他指出:"社会主义是一个很好的名词,但是如果搞不好,不能正确理解,不能采取正确的政策,那就体现不出社会主义的本质。"③他把发展生产和增加人民收入称为压倒一切的标准,实际上已经提出了社会主义本质的核心内容。同时,邓小平认为,贫穷不是社会主义,发展太慢也不是社会主义,平均主义不是社会主

---

① 《邓小平文选》第 3 卷,人民出版社 1993 年版,第 291 页。

② 《邓小平文选》第 3 卷,人民出版社 1993 年版,第 137 页。

③ 《邓小平文选》第 2 卷,人民出版社 1994 年版,第 313 页。

义,两极分化也不是社会主义,没有民主就没有社会主义。

(二)社会主义本质论雏形的构建

1986 年 9 月,邓小平在回答美国记者关于"致富光荣的口号同社会主义的关系"的问题时说:"社会主义财富属于人民,社会主义的致富是全民共同致富。社会主义原则,第一是发展生产,第二是共同致富。"[①]这段话成为社会主义本质论的雏形。1990 年 12 月,邓小平又一次强调共同富裕的问题,指出:"共同致富,我们从改革一开始就讲,将来总有一天要成为中心课题。社会主义不是少数人富起来,大多数人穷,不是那个样子。社会主义最大的优越性就是共同富裕,这是体现社会主义本质的一个东西。"[②]

(三)社会主义本质论的明确提出

1992 年初,邓小平先后考察武昌、深圳、珠海和上海等地,在历时一个多月的行程中,这位伟人、中国改革开放的总设计师一边调研视察,一边发表了一系列振聋发聩的新观点,后来被统称为"南方谈话"。邓小平在"南方谈话"中明确提出了关于社会主义本质的著名论断:"社会主义的本质,是解放生产力,发展生产力,消灭剥削,消除两极分化,最终达到共同富裕。"[③]

二、社会主义本质的科学内涵

邓小平对社会主义本质的概括,一方面强调必须集中力量解放和发展生产力,另一方面指出了解放和发展生产力的手段与目的。这一概括既坚持了马克思主义的科学社会主义,同时又赋予社会主义以新的含义和时代内容。社会主义本质的科学内涵包括以下两个方面:

(一)把解放和发展生产力概括为社会主义的本质

这是社会主义本质理论的一个十分明显和突出的特点。强调解放和发展生产力在社会主义本质中的地位,是邓小平在科学社会主义理论与社会主义建设实践内在统一的基础上认识社会主义的一个创造,也是他提出"社会主义本质"这个具有更高概括性范畴的重要原因。

邓小平从生产力的高度概括出社会主义的本质,无疑是抓住了社会主义的核心问题。马克思主义认为,生产力在人类社会历史发展中具有最终的决定作用。生产力是一切社会发展的原动力,社会主义也一样。长期以来,我们并非不懂得生产力的重要意义,但实际上对社会主义的认识和理解却更多地放在生产关系上,忽视了生产力的发展。由于对社会主义的本质认识不清,因此对社会主义的任务也不甚明了,甚至存在极大的误解,认为整个社会主义历史阶段的根本任务是阶级斗争,把阶段斗争的意义提得越来越高,以至发展到"文化大革命"。在"以阶段斗争为纲"的口号下,把许多束缚生产力发展而并不具有社会主义本质属性的东西当作社会主义的原则加以固守,而把许多在社会主义条件下有利于生产力发展和生产的商品化、社会化和现代化的东西,如按劳分配原则、商品生产、货币交换、价值规律,当作资本主义加以否定。这是违背马克思主义基本原理的。按照马

---

① 《邓小平文选》第 3 卷,人民出版社 1993 年版,第 172 页。

② 《邓小平文选》第 3 卷,人民出版社 1993 年版,第 364 页。

③ 《邓小平文选》第 3 卷,人民出版社 1993 年版,第 373 页。

克思主义的基本观点，生产力是社会存在和发展的最一般条件，也是推动人类历史发展和进步的决定性力量。社会主义制度的建立，归根结底是生产力提出的要求。社会主义的进一步发展，也离不开生产力水平的提高。邓小平把解放和发展生产力作为社会主义本质来认识，既从根本上恢复了马克思主义的本来思想，又从根本上纠正了我们过去所犯的错误；既反映了中国社会主义初级阶段的迫切需要，又对当代世界提出的挑战作出了回答。社会主义与资本主义的根本区别当然不在生产力，社会主义的最大功能、目标和价值，在于能够比资本主义更好地发展生产力。

邓小平关于社会主义本质的论述，不仅讲发展生产力，而且讲解放生产力。历来，我们党认为社会主义制度建立以后，主要是发展生产力，而不是解放生产力。但事实告诉我们，社会主义国家的体制如果有问题，也会束缚生产力的发展，因此，也就有一个解放生产力的问题。邓小平说："社会主义基本制度确立以后，还要从根本上改变束缚生产力发展的经济体制，建立起充满生机和活力的社会主义经济体制，促进生产力的发展，这是改革，所以改革也是解放生产力。过去，只讲在社会主义条件下发展生产力，不完全，应该把解放生产力和发展生产力两个讲全了。"[①]突出解放生产力问题，而且把它提到社会主义本质的高度，这是对马克思主义的重大发展，也是社会主义本质论中最有时代意义的内容。社会主义是取代资本主义而出现的崭新的社会形态，社会主义的生产关系是适应发达的社会大生产建立起来的公有制的生产关系。这种生产关系适应生产力的发展的需要，使得原来被束缚的生产力获得了解放。尽管这种生产关系和生产力之间也有矛盾，但这种矛盾的性质是非对抗性的，可以通过社会主义制度本身自觉的调节来不断加以克服，从而保证生产关系适应生产力发展状况的规律持续地、正常地发挥作用。邓小平说，通过改革，"对内搞活经济，是活了社会主义，没有伤害社会主义的本质"[②]。社会主义能够通过改革来解放生产力，从而促进生产力的发展，实现社会的发展。而这正是社会主义优越于资本主义的根据，是最能体现社会主义本质的东西。

（二）强调消灭剥削，消除两极分化，突出了最终达到共同富裕这一社会主义的目标

马克思主义认为，共产主义的最终目的是实现人的自由而全面地发展。中国原来是经济十分落后的国家，至今还处在并将长期处在社会主义初级阶段，不可能比较快地创造出实现人的自由而全面发展的条件。邓小平从中国的具体国情出发，把实现共同富裕作为社会主义的根本目标，体现了马克思主义同当代中国实际的结合。实现共同富裕，是走向人的自由和全面发展所必经的阶段。

一方面，解放生产力、发展生产力的目的是为了人民的共同富裕。解放生产力、发展生产力是为了达到共同富裕，是达到共同富裕的手段。离开生产力的发展，不可能消灭剥削，消除两极分化，最终达到共同富裕。所以，它是达到共同富裕的关键。同时，它又不是我们的目的，我们的目的是达到共同富裕。这里，共同富裕作为社会主义本质的体现，包括两个基本思想：其一，贫穷不是社会主义，社会主义要实现富裕。其二，少数人富，大多数人穷，也不是社会主义。在社会主义社会，全国人民共同努力，解放生产力，发展生产

① 《邓小平文选》第3卷，人民出版社1993年版，第370页。

② 《邓小平文选》第3卷，人民出版社1993年版，第135页。

力，从而消灭了贫穷，使社会财富迅速增加。但是如果这些财富通过各种不正当的途径与形式聚敛在少数人手中，大多数人依然贫穷，这是完全背离社会主义本质要求的。只有共同富裕，才既是社会主义的本质体现，又是社会主义优越性的重要表现。

另一方面，消灭剥削，消除两极分化，最终达到共同富裕，又是社会主义区别资本主义的本质所在。邓小平指出："社会主义与资本主义不同的地方就是共同富裕，而不是两极分化。"[①]在社会主义社会，以生产资料公有制为主体，广大人民群众成为社会的主人、生产资料的主人。这种社会制度的本质反映在社会财富的分配上，必然是在生产资料公有制的基础上，通过全体人民的共同努力而达到社会全体成员共同富裕。正如邓小平所说："我们这里没有剥削阶级，没有剥削制度，国民总收入完全用之于整个社会，相当大一部分直接分配给人民。"而资本主义"那里贫富悬殊很大，大多数财富是在资本家手中"。正是由于共同富裕体现了社会主义不同于资本主义的本质，所以，邓小平将其作为社会主义的根本原则来坚持。

邓小平社会主义本质理论的内容是一个不可分割的有机整体。它突出强调了发展生产力的重要意义，又突出了社会主义发展生产力的目的。其中，解放生产力、发展生产力是实现共同富裕的根本条件，消灭剥削、消除两极分化是实现共同富裕的根本保证，而实现共同富裕则是解放生产力、发展生产力和消灭剥削、消除两极分化的最终目标。这几个方面紧密配合，在社会主义发展的动态过程中，共同推动社会的全面进步和发展。

党的十六大以来，以胡锦涛为总书记的党中央以马克思列宁主义、毛泽东思想、邓小平理论和"三个代表"重要思想为指导，按照科学发展观的要求，提出构建社会主义和谐社会的战略任务，作出"社会和谐是中国特色社会主义的本质属性"的重大判断。它使我们对科学社会主义的认识提到一个新的高度，帮助我们自觉地把这一本质属性的要求贯穿于中国特色社会主义经济、政治、文化、社会建设整体布局和奋斗目标的各个方面，更加清醒、更加努力地为推进社会主义和谐社会建设不懈奋斗。

【案例】　华西村：共同富裕的典范

园林式的环境、现代化的工厂、豪华的汽车、富丽堂皇的别墅，在来自世界各地的游客眼里，有着"天下第一村"美誉的华西村名不虚传。自 20 世纪 80 年代以来，华西村在全国率先成为"电话村"、"别墅村"、"轿车村"、"电脑村"。华西村，从 1961 年建村以来，已走过 50 余年的光辉历程。多年来华西村"红旗不倒，青春不老"的奥秘是什么？对此，华西人自豪地回答：共同富裕之路造就了"天下第一村"具有特色的经济发展之路。

华西村党委书记吴仁宝说，华西在任何时候、任何情况下，都把发展经济放在一切工作的首位，"不管东西南北风，咬定发展不放松"，走一条具有华西特色的发展之路。

特色之一，工业兴村，有效发展。20 世纪 70 年代以来，华西人从无到有办工业，不断解放思想，在坚持集体经济的前提下，多种经济成分并存。1994 年组建华西集团公司，成为国家级企业集团，目前拥有企业 58 家，已形成铝型材、铜型材、钢材、带管、毛纺六大生产系列 1000 多个产品。华西在多年的经济建设中，形成了具有自身特色的发展理念——有效发展观。其核心是"发展是硬道理，有条件不发展是没道理，没有条件创造条件发展

① 《邓小平文选》第 3 卷，人民出版社 1993 年版，第 123 页。

是真道理”;它注重“三个有效”:有效投入、有效生产、有效资产。华西曾有一家生产普通型钢的型钢厂,其产品在市场上一度陷入无竞争能力的困境。经过市场考察,发现型钢的关联产品热轧带钢市场广阔,一旦经济升温将率先启动。华西人超前决策,1999年上半年就投入6000多万元,把型钢厂改造成年产30万吨的热轧带钢厂,当年就投产见效,如今热轧带钢厂已是华西销量高、产品优、效益好的龙头企业之一。华西人总结说:“没有效益的企业和产品,我们不搞。”

特色之二,善抓机遇,做大做强。1998年年底,中国加入世贸大局已定,中国企业面临着一场新的挑战,挑战的关键在于设备的先进程度和产品的科技内涵。华西人果断决策,走“现有企业为基础,技改延伸找出路”的路子,不失时机地投资3亿元对8个项目进行技改延伸,个个项目建设快、见效快。热带、铜带、冷带等产品都迸发了市场活力。

特色之三,品牌产品,三业齐飞。华西村以名村、名人的无形资产为依托,大力实施名牌战略。以纺织服装为例,华西具备了年产500万精纺产品的能力,织出了120支高档毛纺面料,每年的西服产量也达到了20万套。“华西村”牌服饰在1999年被评为中国十大品牌。“仁宝”牌西服被全国服装委员会西服专业委员会认定为优质产品。这些名牌服饰在全国大中城市的各大商场内,与国内外众多知名品牌有力竞争,受到消费者的青睐。华西村的另一个知名产业就是旅游业,田园风光游、“三农”游、特色教育游每年吸引着100多万中外游客前来华西。旅游业作为“无烟工业”已成为华西三大经济支柱之一。

华西经济发展的特色远不止这些。以创新思维走特色之路,华西村始终先人一拍、快人一步、与时俱进,走在了时代发展的前列,成为实践“三个代表”的光辉典范。跨入新世纪,吴仁宝老书记说得好:“还是要讲发展,而且是真发展、有效发展,能够代表先进生产力的发展要求,这是新世纪华西发展的核心所在,也是事关华西千秋大业、子孙后代的大事情!”

富口袋不忘富脑袋。华西人坚持两个文明一起抓,富了口袋,不忘富脑袋。1988年,当社会上出现信仰危机、部分群众思想滑坡的苗头时,华西人便创造性地适时成立了华西精神文明开发公司,聘用的20多名信息员成为群众思想的“晴雨表”。20世纪80年代中期,在社会上刮起资产阶级自由化歪风,部分党员干部的理想信念发生动摇的大背景下,华西村开展了“爱党爱国爱华西,爱亲爱友爱自己”的“六爱”教育活动,使全村村民受到了生动的爱国主义、集体主义、社会主义教育,为全村经济发展提供了精神动力。90年代后,华西村又创造性地开展了“党史、村史、家史、个人成长史”教育、“守法、守信、守约”教育、“三不忘”教育和禁赌刹风、尊老爱老等系列教育。

如今,村里建起了百米金塔、千米巨龙、万米长廊等大小文化景点80多个,有民族宫、华西之路、影剧院、舞厅、书场、保龄球馆、篮排球场、网球场等文体娱乐设施。特别值得一提的是,由50多人组成的华西特色艺术团,以群众喜闻乐见的形式教育群众、警示群众。他们长年表演着各种精彩的戏曲、音乐、舞蹈、杂技等节目,令你笑口常开,形成了极富华西特色的文化氛围,充分体现了时代发展的先进性。人是生产力的第一因素。华西的特色文化建设,归根到底是提高人的素质,努力造就具有鲜明时代特征的新型农民。几十年来,华西人坚持以人为本,为经济发展提供了人才保证。提倡“30岁以下会外语,40岁以下会国语”,会开车、会用电脑、会讲外语,在华西农民眼里不再稀奇。

共同富裕之路越走越宽广。华西村大门前，竖着的一块巨大的标语，上写："家有黄金数吨，一天只能吃三顿；房子豪华独占鳌头，一人只能占一个床位。"这是吴仁宝老书记的一句格言，用来警示自己和全体干部要时刻代表最广大人民的根本利益，要教育全村走共同富裕的道路。

从 20 世纪 70 年代起，吴仁宝给自己立下了"三不"规矩：不拿全村最高的工资，不拿全村最高的奖金，不住全村最好的房子。多年来，上级政府每年发给他的奖金，累计有近 5000 万元，他分文不拿，全部留给了集体。如今，华西村民都住上了洋气的现代化别墅，只有吴仁宝还住在 20 世纪 70 年代建造的老楼房里。别人都劝他搬进新建设的别墅，他总是婉言谢绝。他和华西的许多干部一样，把看到群众过上生活富裕、精神愉快、身体健康的幸福生活作为自己最大的快乐。

如今的华西人，吃的是东北大米，穿的是全澳毛服装，喝的是长江自来水，住的是别墅，行的是轿车，真正达到了共同富裕、安居乐业。全村没有一个暴发户，也没有一个贫困户，家家都是余钱户。家家住上了 400～600 平方米的别墅楼，户户有着百万元乃至千万元的存款。如今的华西村，是"远看像林园，近看像公园，细看农民生活在幸福的乐园"，难怪连美国游客参观了华西村后，也发出了"像这样的社会主义，我们也要"的感慨。

吴仁宝认为：一家富了不算富，全村富了才算富；一村富了不算富，全国富了才算富。在全村共同富裕的基础上，华西村不忘国家、不忘集体、不忘左邻右舍及经济欠发达地区，开始为全国富裕作出自己的贡献。从 1989 年开始，他们就着力于对周边 5 个村的帮带，有效地促进了他们的经济发展。他们还实施跨省扶贫，分别与黑龙江、宁夏等省区合作建立了"省外华西村"，帮带当地农民脱贫致富。

登上华西村的标志——高约百米的金塔，极目四望，300 多幢别墅鳞次栉比，远处青山绿水，尽收眼底。华西村向人们展示的是具有中国特色的社会主义现代化新农村的光辉前景。

三、社会主义本质理论的重要意义

邓小平坚持科学社会主义理论和实践的基本成果，抓住"什么是社会主义，怎样建设社会主义"这个根本问题，深刻揭示了社会主义本质，这是对马克思主义的重大发展，对于建设中国特色社会主义具有重大的理论和实践意义。

第一，社会主义本质理论把我们对社会主义的认识提高到了一个新的科学水平。社会主义本质理论的提出，把我们对社会主义的认识，从主要强调关于公有制、按劳分配等特征，进一步深入到实现共同富裕这个建设社会主义的根本目标上。过去由于缺乏对社会主义本质的认识，我们在建设社会主义、巩固和发展社会主义方面，认为公有制和按劳分配的范围越广、程度越高，越有助于实现共同富裕，甚至脱离实际条件，盲目扩大公有制的范围，提高公有制的程度，结果导致远离根本目的的结果。这在多次出现的"穷过渡"中表现得十分明显。在改革开放的进程中，对改革开放的一些政策调整之所以经常会出现不同的意见，从认识论的角度看，也是因为离开了社会主义的根本目的孤立地看待是否符合公有制、按劳分配等社会主义的特征。因此，提出一个把建设社会主义的手段和目的统一起来的更高层次的社会主义本质概念，搞清楚建设社会主义的根本目的和目标，对于统一认识，促进改革开放事业的发展，保证社会主义改革的正确方向，是十分重要的。社会主义本质理论的提出，为判断改革开放的是非得失提供了强大的思想武器，有力地促进了社会主义现代化建设事业大踏步地向前发展。

第二，社会主义本质理论对探索怎样建设社会主义具有重要的实践意义。邓小平提出社会主义本质理论的针对性，一方面是过去只着重于关注巩固和扩大公有制、按劳分配和计划经济，把它当作目的本身，而忽视了更为基本的建设社会主义的根本目的和目标；另一方面是防止改革进程中可能出现的少部分人富而大部分人穷的两极分化和其他消极现象。这两种情况都不可能使我国的社会主义建设找到一条正确的道路。社会主义本质理论把搞清楚"什么是社会主义，怎样建设社会主义"紧密地结合起来，揭示了实现社会主义本质与建设社会主义的道路之间的内在逻辑关系。社会主义本质理论的提出，为我们寻找一种能够从更深层次把握住社会主义的本质，从而为中国的社会主义建设在改革开放中探索出一条发展更快、人民享受到社会主义建设成果最大、能够充分体现出对资本主义优越性的道路，奠定了理论基础，开辟了广阔前景。

【结语】 邓小平在深入总结历史经验教训的基础上，对"什么是社会主义，怎样建设社会主义"这个核心问题进行了深入的思考，提出和阐明了社会主义本质的理论。邓小平对社会主义本质所作的理论概括，对科学社会主义理论既是坚持和继承，又是发展和创新，为我们真正搞清楚"什么是社会主义，怎样建设社会主义"，并在实践中创造出充满活力的社会主义奠定了科学的思想基础。

（姜桂芝）

4.5 研判准确

【教案视角】

1. 中国现在处于并将长期处于社会主义初级阶段(90 分钟)

2. 为什么说中国处于社会主义初级阶段(90 分钟)

3. 评述社会主义初级阶段理论(90 分钟)

【本讲视角】 第 1 视角

【教学目的】 通过本专题教学，帮助大学生了解中国社会主义处于一个什么样的发展阶段，这一阶段社会的主要矛盾和根本任务是什么，应该制定什么样的路线、方针、政策以及发展战略，使学生认识到研判准确的重要性。我国历史上所犯的"文革"、"大跃进"等错误，一个主要原因是对自己缺乏科学的、清醒的认识。同时，培养大学生研判准确的能力。

【本讲内容】

中国现在处于并将长期处于社会主义初级阶段

一、社会主义初级阶段是我国最大的实际

(一)社会主义初级阶段理论的形成和发展

马克思、恩格斯曾经设想未来社会将经历三个阶段，即从资本主义到共产主义的过渡

时期、共产主义社会的第一阶段、共产主义社会的高级阶段。在社会主义思想发展史上，最早提到社会主义发展阶段问题的是列宁。

1959 年底至 1960 年初，毛泽东在读苏联《政治经济学教科书》时，认为："社会主义这个阶段，又可能分为两个阶段，第一个阶段是不发达的社会主义，第二个阶段是比较发达的社会主义。后一个阶段可能比前一个阶段需要更长的时间。"[①]毛泽东即指出：我们已经进入社会主义，但我们还没有建成社会主义。以后，毛泽东又明确认定我国的社会主义还处在不发达阶段，并认为社会主义可能分为不发达和比较发达两个阶段，但这样一个良好的认识国情的开端没有坚持下来。

党的八大制定了把阶级斗争置于比较合乎实际的位置，集中力量发展社会生产力，实现国家工业化，逐步满足人民日益增长的物质和文化需要。强调要坚持民主集中制和集体领导制度，加强党和群众的联系的政策。但随后党在指导思想上逐渐偏离了八大的正确路线，逐步把阶级斗争置于中心位置，使社会主义建设一度陷入了困境。

党的十一届三中全会后，逐步形成了系统的社会主义初级阶段理论。在十一届三中全会上，邓小平重新确认党的根本任务是发展生产力，逐步确立了改革开放的基本方针。

在党的十二大开幕词中，邓小平提出了"建设有中国特色社会主义"的命题，把建设高度的物质文明和精神文明作为奋斗目标，提出新的历史时期的总任务是：团结全国各族人民，自力更生，艰苦奋斗，逐步实现工业、农业、国防和科学技术现代化，把我国建设成为高度文明、高度民主的社会主义国家。这是党在社会主义初级阶段基本路线形成的一个重要阶段。

1987 年召开的党的十三大最终确立起了以"一个中心，两个基本点"为主要内容的社会主义初级阶段基本路线。这表明党在社会主义初级阶段的基本路线正式形成。党的十三大第一次把社会主义初级阶段作为事关全局的基本国情加以把握，明确了这一问题是党制定路线、方针、政策的根本出发点和根本依据（立足点）。这是党对社会主义和中国国情认识上的一次飞跃。

（二）社会主义初级阶段的科学含义和主要特征

1. 社会主义初级阶段的含义

社会主义初级阶段包括两层含义。第一，我国社会已经是社会主义社会。我国必须坚持而不能离开社会主义。第二，我国的社会主义社会还处在初级阶段。我们必须从这个实际出发，而不能超出这个阶段。

前一层含义阐明的是初级阶段的社会性质，后一层含义则阐明了我国现实中社会主义社会的发展程度。

邓小平关于我国当前处于社会主义初级阶段的科学论断揭示了我国当前社会制度的性质、社会主义的发展水平、社会发展程度和阶段。

2. 社会主义初级阶段的基本特征

一是逐步摆脱不发达状态，基本实现社会主义现代化的历史阶段。

二是由农业人口占很大比重、主要依靠手工劳动的农业国，逐步转变为非农业人口占

① 《毛泽东文集》第 8 卷，人民出版社 1999 年版，第 116 页。

多数,包含现代农业和现代服务业的工业化国家的历史阶段。

三是由自然经济和半自然经济占很大比重,逐步转变为经济市场化程度较高的历史阶段。

四是由文盲半文盲占很大比重,科技教育文化落后,逐步转变为科技教育文化比较发达的历史阶段。

五是由贫困人口占很大比重、人民生活水平比较低,逐步转变为全体人民比较富裕的历史阶段。

六是由地区经济文化很不平衡,通过有先有后的发展,逐步缩小差距的历史阶段。

七是通过改革和探索,建立和完善比较成熟的充满活力的社会主义市场经济体制、社会主义民主政治体制和其他方面的体制的历史阶段。

八是广大人民牢固树立建设有中国特色的社会主义的共同理想,自强不息,锐意进取,艰苦奋斗,勤俭建国,在建设物质文明的同时努力建设精神文明的历史阶段。

九是逐步缩小同世界先进水平的差距,在社会主义基础上实现中华民族伟大复兴的历史阶段。

3.科学认识和准确把握社会主义初级阶段的意义

(1)它是马克思主义关于社会主义发展阶段的新论断。

(2)社会主义初级阶段理论是党制定和执行正确路线、方针、政策的基本依据,可以防止和克服“左”、右倾机会主义错误的发生。

(3)可以使我们更深刻地理解和掌握党在现阶段的基本理论、路线、纲领、方针和政策的科学性和正确性,保持清醒的头脑,坚定、自觉地把中国特色社会主义事业不断推向前进。

(三)我国社会主义初级阶段的长期性

社会主义初级阶段的长期性,从根本上说是由中国进入社会主义的历史条件和建成社会主义所需要的物质基础所决定的。

近代中国特殊的历史条件(从半殖民地半封建社会走向社会主义社会),决定了在我国,要改变生产力发展水平落后的基本状况,完善社会主义生产关系和上层建筑,实现现代化,是一个长期的历史任务。

不承认中国人民可以不经过资本主义的充分发展阶段而走上社会主义道路,是社会发展问题上的机械论。以为不经过生产力的巨大发展就能够直接进入社会主义的发达阶段,是社会发展问题上的空想论。

社会主义所要求的物质技术基础,是随着生产力的迅速发展、经济和社会现代化水平的提高而不断提高的。一方面,工业化仍然是我国现代化进程中需要继续完成的历史任务,还要为此付出很大的努力;另一方面,我们又面临着以信息化为标志的新的科技革命的挑战,面临着在综合国力竞争中处于不利地位的压力。

二、社会主义初级阶段的基本路线和基本纲领

(一)社会主义初级阶段的主要矛盾

社会主义初级阶段的主要矛盾是人民日益增长的物质文化需要同落后的社会生产之间的矛盾。在我国社会主义初级阶段社会主要矛盾中,生产力落后将长期是矛盾的主要方面。

(二)社会主义初级阶段的基本路线的提出及其主要内容

1.社会主义初级阶段的基本路线

(1)含义:领导和团结全国各族人民,以经济建设为中心,坚持四项基本原则,坚持改革开放,自力更生,艰苦创业,为把我国建设成为富强、民主、文明、和谐的社会主义现代化国家而奋斗。这一基本路线的主要内容被概括为"一个中心,两个基本点"。

(2)内容:建设富强、民主、文明、和谐的社会主义现代化国家是奋斗目标;"一个中心,两个基本点"是主要内容、基本途径;领导和团结全国各族人民是领导力量和依靠力量;自力更生、艰苦创业是根本立足点。

2.正确处理改革开放和四项基本原则的关系

四项基本原则是立国之本,是我们党和国家生存发展的政治基石;改革开放是强国之路,是我们党和国家发展进步的活力源泉。坚持四项基本原则与改革开放的统一,必须旗帜鲜明地反对资产阶级自由化。要把以经济建设为中心同四项基本原则、改革开放这两个基本点统一于建设中国特色社会主义的伟大实践中。

(三)社会主义初级阶段的基本纲领

1.社会主义初级阶段的基本纲领的内容

社会主义初级阶段经济纲领:在社会主义条件下发展市场经济,不断解放和发展生产力,坚持和完善社会主义基本经济制度,坚持和完善社会主义分配制度。

社会主义初级阶段政治纲领:坚持中国共产党的领导和人民当家作主;坚持依法治国,发展社会主义民主政治,建设社会主义法治国家;实现社会安定、政府廉洁高效、全国各族人民团结和睦、生动活泼的政治局面。

社会主义初级阶段文化纲领:以马克思主义为指导;以培育有理想、有道德、有文化、有纪律的公民为目标;发展民族的、科学的、大众的社会主义文化,推动社会主义文化大发展大繁荣。

社会主义初级阶段社会纲领:以共同建设、共同享有为原则,以改善民生为重点,要解决好人民最关心、最直接、最现实的利益问题,形成全体人民各尽所能、各得其所又和谐相处的局面。

社会主义初级阶段生态纲领:坚持节约资源和保护环境的基本国策,着力推进绿色发展、循环发展、低碳发展,努力建设美丽中国,实现中华民族永续发展。

2.社会主义初级阶段党的最高纲领与最低纲领

(1)最高纲领:实现共产主义。江泽民说:实现共产主义需要几代人、十几代人,甚至几十代人坚持不懈的努力奋斗,才有可能实现。

(2)最低纲领:建设中国特色社会主义。建设中国特色社会主义需要一个很长的历史时期,仅它的初级阶段就至少需要一百年的时间。在当今的现实中,为建设中国特色社会主义而奋斗,就是为实现共产主义而奋斗。

最高纲领与最低纲领既有区别,又有联系,辩证统一于为实现共产主义奋斗的全部历史进程。坚持最高纲领不能离开现实空谈远大理想;实践最低纲领不能只顾眼前而忘记远大理想。

三、社会主义初级阶段的发展战略

(一)"三步走"的发展战略

1. 经济社会发展战略的含义

经济社会发展战略是指一个国家根据对社会经济发展各种制约因素的分析，从全局出发制定的较长时期内社会经济发展将要达到的总目标，以及实现这一目标的根本途径。

2. 经济社会发展战略的特点

经济社会发展战略具有长期性、根本性、关键性的特点。

3. 经济社会发展战略的内容

(1)战略目标：到21世纪中叶，人均国民生产总值达到中等国家水平，人民生活比较富裕，基本实现现代化。

(2)战略重点：一是农业，二是资源、环境，三是科教与创新。

(3)战略阶段：第一步，从1981到1990年实现国民生产总值比1980年翻一番，解决人民的温饱问题。第二步，从1991年到20世纪末，使国民生产总值再翻一番，达到小康水平。第三步，到21世纪中叶，国民生产总值再翻两番，达到中等国家水平，基本实现现代化。然后，在这个基础上继续前进。21世纪第一个十年，实现国民生产总值比2000年翻一番，使人民的小康生活更加富裕，形成比较完善的社会主义市场经济体制；再经过十年的努力，到建党一百周年时，使国民经济更加发展，各项制度更加完善；到21世纪中叶建国一百周年时，基本实现现代化，建成富强、民主、文明的社会主义国家，从而使"三步走"的战略和步骤更加具体明确。

(4)战略方针：抓住机遇、深化改革、扩大开放、促进发展、保持稳定是我国社会主义现代化建设必须长期坚持的方针。

(二)全面建设小康社会

中共十六大报告中提出21世纪头二十年，我们的主要任务是：全面建设小康社会。

1. 小康社会

(1)"小康"的含义：最早出自《诗经》。《诗经·大雅·民劳》中曰："民亦劳止，汔可小康。"其意是讲，老百姓终日劳作不止，最大的希望就是过上小康的生活。

(2)小康社会的含义："所谓小康社会，就是虽不富裕，但日子好过。"[①]

2. 总体上达到小康水平

20世纪末，我国总体上实现的小康还是低水平、不全面、发展很不平衡的小康。

低水平的小康，是指刚进入小康的门槛，只是解决了衣食无虞的基本生存需要，离宽裕还较远。

不全面主要是指已经达到的小康侧重于物质文明方面，对精神文明、政治文明、生态环境可持续发展方面关注不够。

发展很不平衡是指进入小康的人口在全国分布是不平衡的。

3. 全面建设小康社会

十六大提出，大体用二十年时间，全面建设一个惠及十几亿人口的更高水平的小康

---

① 《邓小平文选》第3卷，人民出版社1993年版，第161页。

社会。

4. 党的十八大提出了全面建成小康社会的新要求

(1)经济持续健康发展,实现国内生产总值和城乡居民人均收入比 2010 年翻一番。

(2)人民民主不断扩大,依法治国基本方略全面落实。

(3)文化软实力显著增强,全民文明素质和社会文明程度明显提高。

(4)人民生活水平全面提高,基本公共服务均等化总体实现。

(5)资源节约型、环境友好型社会建设取得重大进展。

【结语】 我国现在处于并将长期处于社会主义初级阶段,是党对当代中国基本国情所做出的科学判断。社会主义初级阶段具有明显的过程性特征,是我国在经济文化比较落后的条件下建设社会主义必然要经历的长达百年的社会发展阶段。

社会主义初级阶段的主要矛盾是人民日益增长的物质文化需要同落后的社会生产之间的矛盾。在社会主义初级阶段必须坚持“一个中心、两个基本点”的基本路线。

党在社会主义初级阶段的基本纲领,明确了中国特色社会主义经济、政治、文化、社会建设的基本目标和基本政策。坚持党在社会主义初级阶段的基本纲领,必须正确处理最高纲领和最低纲领的关系。

中国共产党提出了基本实现现代化战略的构想和“三步走”战略。党的十八大在十六大、十七大确立的全面建设小康社会目标的基础上,提出了全面建成小康社会的更高目标。

(张尧智)

4.6　讲求实效

【教案视角】

1. 改革开放是中国特色社会主义的必由之路(90 分钟)

2. 坚定不移地推进全面改革(90 分钟)

3. 正确认识改革中出现的矛盾和问题(90 分钟)

4. 坚持对外开放的基本国策(90 分钟)

【本讲视角】 第 1 视角

【教学目的】 通过本专题教学,帮助大学生了解改革开放的历史背景、性质、目的,改革开放的历史进程,改革开放给中国社会带来的深刻变化,改革开放对中国特色社会主义的重大意义,使大学生深化对改革开放的认识,坚定改革开放的信念。

【本讲内容】

改革开放是中国特色社会主义的必由之路

中国共产党作出改革开放的历史性抉择有着深刻的国内、国际背景。改革开放是党在新的时代条件下带领人民进行的新的伟大革命,是社会主义制度的自我完善和发展。改革开放给中国社会带来了翻天覆地的变化,取得了举世瞩目的发展成就。改革开放是决定当代中国命运的关键抉择，是发展中国特色社会主义、实现中华民族伟大复兴的必由之路。

1978年11月10日，中央工作会议在北京京西宾馆开幕，原定20天的会议，延长到了36天，一直开到了12月15日。12月13日，邓小平在中央工作会议闭幕式上作了《解放思想，实事求是，团结一致向前看》的讲话。邓小平说："一个党，一个国家，一个民族，如果一切从本本出发，思想僵化，迷信盛行，那它就不能前进，它的生机就停止了，就要亡党亡国。""如果现在再不实行改革，我们的现代化事业和社会主义事业就会被葬送。"①这次中央工作会议为随后召开的十一届三中全会作了充分准备，邓小平的这篇讲话成为十一届三中全会的主题报告。

1978年12月18日至22日，中共十一届三中全会在北京举行。全会坚决批判了"两个凡是"的错误方针，确定了解放思想、开动脑筋、实事求是、团结一致向前看的指导方针，果断停止使用"以阶级斗争为纲"的口号，作出了把党和国家工作重心转移到经济建设上来，实行改革开放的历史性决策。十一届三中全会是新中国成立以来党和国家历史上的伟大转折，开辟了改革开放和集中力量进行社会主义现代化建设的历史新时期。在完成了这次华丽转身后，改革开放大幕开启，中国进入了改革开放和社会主义事业发展的新时期。

我们党为什么在这个时候作出了改革开放的历史性决策呢？

一、改革开放是决定当代中国命运的关键抉择

（一）改革开放的理论依据

1. 马克思主义关于社会基本矛盾的学说

马克思主义认为，生产力和生产关系、经济基础和上层建筑之间的矛盾是人类社会的基本矛盾。当生产关系适应生产力发展的要求时，它就会促进生产力的发展；反过来，当生产关系不适应生产力的发展要求时，它就成为生产力发展的障碍，束缚和阻碍生产力的发展，这时候，就需要改变旧的生产关系，确立新的生产关系，以解放生产力，使生产力在新的生产关系的基础上获得发展。这是人类社会发展的一般规律。正是在生产力和生产关系的这种矛盾运动中，人类社会由原始社会发展到奴隶社会、封建社会、资本主义社会，也是生产力和生产关系的这种矛盾运动决定了人类社会由资本主义社会过渡到社会主义社会的必然性。但是，人类进入社会主义社会以后，生产力和生产关系之间还有没有矛盾？有的话会是怎样的矛盾？怎么样解决？这些问题，马克思和恩格斯没有探讨。恩格斯只是指出："所谓'社会主义社会'不是一种一成不变的东西，而应当和任何其他社会制度一样，把它看成是经常变化和改革的社会。"②

1936年，苏联宣布建成社会主义以后，斯大林认为社会主义社会的生产关系和生产力是完全适合的，工人、农民、知识分子亲密团结，友爱合作，在政治上道义上是一致的，这种友爱合作的团结一致就是社会主义社会发展的动力，从而否认社会主义社会有矛盾。到了晚年，社会主义建设的实践使斯大林不得不承认社会主义社会也存在生产关系和生

① 《邓小平文选》第2卷，人民出版社1994年版，第143、150页。

② 《马克思恩格斯全集》第37卷，人民出版社1971年版，第443页。

产力的矛盾，但是斯大林没有把这个问题当作带有根本性、全局性的问题进行研究和探讨。

在马克思主义发展史上，第一次对社会主义社会的基本矛盾进行全面阐述的是中国共产党人。1957 年，在《关于正确处理人民内部矛盾的问题》的讲话中，毛泽东运用马克思主义的基本原理，全面阐述了社会主义社会的矛盾问题。

2. 毛泽东关于社会主义社会矛盾的理论

(1)指出社会主义社会仍然存在着矛盾。毛泽东说，社会总是充满着矛盾，即使社会主义和共产主义社会也是如此，不过矛盾的性质和阶级社会有所不同罢了。正是这些矛盾推动着社会主义社会向前发展。

(2)阐明了社会主义社会基本矛盾及其性质和特点。社会主义社会的基本矛盾仍然是生产关系和生产力之间、上层建筑和经济基础之间的矛盾。它的性质是非对抗性的，特点是“又相适应又相矛盾”。解决的方法是依靠社会主义自身的力量，通过对生产关系和生产力、上层建筑和经济基础不相适应的方面进行调整得到解决。

(3)提出了通过社会主义制度本身解决社会基本矛盾的思想。社会主义社会矛盾不是对抗的，不需要像资本主义矛盾那样通过阶级斗争的方式，可以依靠社会主义力量自身解决。

(4)指出我国存在着两类不同性质的矛盾，即敌我矛盾和人民内部矛盾。前者是对抗性的矛盾，后者是非对抗性的矛盾。在社会主义改造完成之后，正确处理人民内部矛盾是国家政治生活的主题。

毛泽东关于社会主义社会基本矛盾的学说，是对马克思主义社会矛盾学说的重要贡献。它从理论上回答了社会主义社会发展的动力问题。但是，由于社会主义制度刚刚建立，社会主义建设的实践才刚刚开始，社会主义社会的矛盾还没有充分暴露出来，因此毛泽东虽然正确地提出了社会主义社会矛盾的学说，但对社会主义社会矛盾的认识只能停留于一般性的论述，没有做深入具体的研究。

邓小平肯定了毛泽东关于社会主义社会基本矛盾的理论，同时也指出：“指出这些基本矛盾，并不就完全解决了问题，还需要就此作深入的具体的研究。”[①]在领导社会主义建设的实践中，邓小平对社会主义社会的基本矛盾有了新的认识，在新的实践中丰富和发展了社会主义社会基本矛盾的理论。

3. 邓小平关于社会主义社会基本矛盾的理论

(1)判断一种生产关系和生产力是否相适应，主要看它是否适应生产力的要求，能否推动生产力发展。一些即使是社会主义性质的生产关系，如果超越了社会主义初级阶段的生产力水平，也会阻碍生产力的发展，因而与生产力的发展相矛盾。

(2)提出社会主义社会依然有解放生产力的问题。突破了长期以来把解放生产力只是同一个阶级推翻另一个阶级的革命联系到一起的认识，为改革开放提供了坚实的理论基础。

(3)把社会主义社会基本矛盾、主要矛盾和根本任务统一起来。主要矛盾是生产力发展水平低，远远不能满足人民和国家的需要。根本任务是发展社会生产力。

① 《邓小平文选》第 2 卷，人民出版社 1994 年版，第 181～182 页。

(4)指出解决社会主义初级阶段主要矛盾的途径是改革。找到了社会主义社会发展的基本形式,即改革是解放和发展生产力的必由之路。

综上所述,生产力和生产关系的基本矛盾是社会发展的根本动力,社会主义社会的基本矛盾仍然是生产力和生产关系、经济基础和上层建筑之间的矛盾。也就是说,在社会主义条件下,也会有生产关系与生产力不相适应的情况,当生产关系与生产力发展不相适应的时候,也需要改变生产关系以适应生产力的发展要求。改革是解决社会主义社会基本矛盾的根本途径。这就是改革的理论依据。中国共产党在20世纪70年代末提出改革的历史任务,正是因为当时"一大二公三纯"的所有制关系和高度集中的计划经济体制与我国的生产力水平不相适应,严重地束缚了我国生产力的发展。不改革,生产力就得不到解放,社会主义社会就不能发展。所以需要改革,必须改革,改革是推动社会主义社会发展的直接动力。

(二)改革开放的现实依据

【资料】 "文革"结束后中国的经济社会状况

"文化大革命"给我国国民经济造成了巨大的损失,经济增长缓慢,人民生活长期得不到改善。在十年"文革"期间,有5年经济增长不超过4%,有的年份更出现了负增长。1967年,增长-5.7%;1968年,增长-4.1%;1976年,增长-1.6%。

从1957~1976年,全国职工几乎没有涨过工资。1957年,全国职工平均工资为624元,到1976年下降到575元。1978年,全国农民每人年均收入只有74.64元,其中两亿农民的年均收入低于50元。1.12亿人口每天只能挣到一角一分钱,1.9亿人每天能挣到一角三分钱,2.7亿人每天能挣一角四分钱。许多农民一年到头还倒欠生产队的钱。很多生活消费品供应不足,只能通过票证定量供应。人们的服装从样式到颜色都单调划一。

1978年9月,邓小平在视察东北三省时说:"外国人议论中国人究竟能够忍耐多久,我们要注意这个话。我们要想一想,我们给人民究竟做了多少事情呢?""我们太穷了,太落后了,老实说对不起人民。""社会主义要表现出它的优越性,哪能像现在这样,搞了二十多年还这么穷,那要社会主义干什么?"①

"文革"结束后中国的经济、政治以及百姓的生活状况让我们汗颜,它以无情的事实警示我们:社会主义不能再这么搞下去了,中国不能再这么搞下去了。"如果现在再不实行改革,我们的现代化事业和社会主义事业就会被葬送。"改革是陷入困境的中国做出的合乎逻辑的选择,一个必须的选择。

【资料】 "当惊世界殊"的心灵撞击

从20世纪50年代中期到70年代初,第三次科技革命从西方兴起并迅速影响世界,世界主要资本主义国家在新科技革命的推动下进入了发展的黄金时期。中国因为错过了新科技革命的影响,与西方国家的差距迅速拉大。

1965年至1978年的13年间,中国国民收入同美国国内生产总值的差距由10.1倍扩大到16.2倍,同日本的差距由0.4倍扩大到6.9倍,同联邦德国的差距由0.7倍扩大到4.2倍。1965年,中国的国民收入为巴西国内生产总值的3.36倍,而1978年却只有巴西

---

① 《邓小平年谱1975~1997(上)》,中央文献出版社2004年版,第380、381、384页。

的 64%。1965 年，印度国内生产总值相当于中国国民收入的 80%，到 1978 年上升到 90%。从人均水平看，这种差距扩大得更厉害。同美国、加拿大、澳大利亚、法国、英国、联邦德国、意大利、日本的差距分别由 40.1 倍、26.4 倍、22.2 倍、21 倍、20 倍、19 倍、11 倍、9 倍，扩大到 74.7 倍、67.3 倍、63.5 倍、69.2 倍、42.3 倍、80.5 倍、34.8 倍和 65.3 倍。

这种巨大差距，在"文革"结束后中国考察团出国考察的过程中被真切地认识到。1978 年，中国政府派出了多个考察团赴国外进行访问和考察。国务院副总理谷牧率领的西欧五国团在一个多月时间里先后访问了法国、瑞士、德国等五个国家，参观考察了工厂、矿山、港口。欧洲经济的现代化、自动化、高效率，给考察团留下了深刻的印象。他们看到，德国一个年产 5000 万吨褐煤的露天煤矿只用 2000 工人，而中国生产相同数量的煤需要 16 万工人，相差 80 倍；瑞士伯尔尼公司一个水利发电站装机容量 2.5 万千瓦，职工只有 12 人，而中国装机容量 2.6 万千瓦的江西江口水电站，职工却有 298 人，高出 20 多倍。西欧的高速公路宽 30 多米，时速 80～100 千米，而中国没有高速公路。

从 1978 年 9 月，邓小平在两个多月的时间里连续出访了日本、泰国、马来西亚、新加坡等亚洲国家，对中国周边国家经济起飞的情况有了切身的理解。在日本，邓小平乘坐时速 210 公里的新干线高速列车；在神奈川的一家汽车制造厂，邓小平了解到，这里的劳动生产率比中国一汽高出几十倍。这些让邓小平对现代化有了深切的感受。

不同层次的出访获得的共同感受是：世界现代化的发展程度已经如此之高，中国与世界的差距已经如此之大，西方国家百姓的生活比中国老百姓已经高出如此之多，中国太落后了。刚刚将目光投向世界的中国人感受到前所未有的震撼和冲击。世界已经不一样，中国应该怎么办？如果再不调整政策，寻求改变，真是愧对国家、愧对人民、愧对这个时代了。中国与西方国家在经济社会发展和人民生活等方面的剧烈对比，凸显出改革开放的紧迫性，不改革开放，就没有出路，就是死路一条。

二、改革开放是一场新的革命，是社会主义制度的自我完善和发展

改革开放是一场新的革命，这说明，从改革开放的力度来看，它是深刻的、带有根本性的；改革开放是社会主义制度的自我完善和发展，这说明，从改革开放的性质来看，它是坚持着社会主义的方向、服务于社会主义的发展的。

(一)改革开放是党在新的时代条件下带领人民进行的新的伟大革命

革命是指带有根本意义的广泛而又深刻的变革。邓小平多次指出，"我们把改革当作一种革命"，或者说，改革是一场革命性的变革。怎样理解改革是一场革命？

1.就解放生产力而言，改革开放是一场革命

革命解放生产力是马克思主义的一个基本原理。根据马克思的理论，当旧的生产关系不适应生产力的发展，成为生产力发展的障碍的时候，就应该变革这种旧的生产关系。但是，社会的统治阶级是维护旧的生产关系的，地主阶级维护封建制度，资产阶级维护资本主义制度。在这种情况下，要想改变旧的生产关系就需要推翻统治阶级，因此，就发生了一个阶级推翻另一个阶级的社会革命。通过革命推翻旧的社会制度，确立新的社会制度，从而使生产力从旧的生产关系下获得解放。中国共产党领导的新民主主义革命和社会主义革命，都是这样性质的革命，推翻了旧的社会制度，确立了新的社会主义制度，从而大大解放了生产力。改革是一场新的革命，这个"新"就是相对于之前的新民主主义革命

和社会主义革命而言的。

邓小平在领导中国社会主义建设的实践中认识到，我国原有的高度集中的计划经济体制，不利于生产要素的合理配置和有效利用，也不利于调动、激发企业和劳动者的积极性、主动性和创造性，严重地制约了我国生产力的发展。所以，在社会主义制度下仍然存在解放生产力的问题。这是邓小平对社会主义认识的一个突破。

但是在社会主义条件下，解放生产力不是通过一个阶级推翻另一个阶级的方式进行，而是通过改革进行。改革那种僵化的旧体制，建立起充满生机和活力的新体制和新机制，使社会资源得到合理配置和有效利用，激发企业的生产活力，调动劳动者生产和创造的积极性，从而能够使社会主义社会的创造能力和发展潜力迸发出来，使长期被旧体制束缚的生产力获得解放和发展。邓小平说："革命是解放生产力，改革也是解放生产力。推翻帝国主义、封建主义、官僚资本主义的反动统治，使中国人民的生产力得到解放，这是革命，所以革命是解放生产力。社会主义基本制度确立以后，还要从根本上改变束缚生产力发展的经济体制，建立充满生机和活力的社会主义经济体制，促进生产力的发展，这就是改革，所以改革也是解放生产力。""改革的性质同过去的革命一样，也是为了扫除发展社会生产力的障碍，使中国摆脱贫穷落后的状态。从这个意义上说，改革也可以叫革命性的变革。"①

2.就广泛性和深刻性而言，改革开放是一场革命

邓小平说，改革是全面的改革，包括经济体制的改革、政治体制改革和其他相应的各个领域的改革。就经济体制的改革而言，它又包括经济活动的组织形式、运行方式、管理方式以及分配方式等所有方面的改革。这些改革势必会使人们的生产生活方式、思想观念发生相应的变化。因此，改革涉及经济、政治、文化观念等各个领域，是全面的、广泛的。

这场改革不但范围广泛、全面，而且还极其深刻。它不是对原有经济体制的细枝末节的修修补补，而是对原有经济体制的根本性变革，改革指向的是经济体制的深层结构和根本问题。例如所有制方面的改革，计划经济体制向市场经济体制的转向，这都是带有根本性的问题。这些变革还引起了社会经济关系的深刻变化，并引起了旧的思想观念的根本转变。所以，这场改革从政策的重新选择、体制的重新构建，以及由此引起的社会生活和观念变化的广泛性和深刻性来说，"我们实质上搞的是一场革命"。

3.就决定中国命运的深远意义而言，改革开放是一场革命

20世纪60年代到70年代，当中国在忙于搞阶级斗争和"文化大革命"的一二十年间，西方国家在新的科技革命的推动下取得了突飞猛进的发展，中国与西方国家的差距迅速扩大。十年"文革"结束，留给领导集体的是僵化的体制、禁锢的思想、百废待兴的建设任务，还有社会主义建设事业长期徘徊、停滞的局面。不改革就走不出困境，就打不开社会主义事业的新局面。改革关系着社会主义中国的前途命运，成为决定中国命运的重大举措。邓小平指出，"这场革命不搞……不只是四个现代化没有希望，甚至于要涉及到亡党亡国的问题，可能要亡党亡国"②。"改革是决定中国命运的一招"③。从对社会主义中

---

① 《邓小平文选》第3卷，人民出版社1993年版，第370、135页。

② 《邓小平文选》第2卷，人民出版社1994年版，第397页。

③ 《邓小平文选》第3卷，人民出版社1993年版，第368页。

国发展的深远影响和重要意义来说，改革是一场革命。

(二)改革开放是社会主义制度的自我完善和发展

改革是一场革命，但不是一个阶级推翻另一个阶级意义上的社会革命，改革不是要推翻社会主义制度，改革的性质是社会主义制度的自我完善和发展。

1.从对象看，改革开放不是要推翻社会主义的基本制度，而是变革束缚生产力发展的各种体制

"制度"和"体制"是两个不同的概念。改革初期，我们有些人因为长期极"左"路线造成的严重后果而怀疑甚至否定社会主义制度。

邓小平把社会主义基本制度与社会主义的具体体制区别开，并指出，正是由于具体的体制背离了社会主义基本制度的要求，才阻碍了生产力的发展和社会主义制度优越性的发挥。所以，必须对社会主义的具体体制进行改革。邓小平特别强调指出："社会主义制度并不等于建设社会主义的具体做法。"[①]进行体制改革不是要改变社会主义的根本制度，应当把社会主义根本制度同表现这种制度的各种体制区分开来。改革具体体制不是要抛弃社会主义，而是要更好地坚持和发展社会主义。

2.从目的看，改革开放不是要抛弃社会主义，而是为了巩固和发展社会主义

邓小平不但区分了社会主义的基本制度和具体体制，而且科学地分析了改革具体体制和坚持基本制度之间的关系。通过改革旧的僵化的体制，建立充满生机和活力的新体制，使生产力得到发展，社会主义制度的优越性得到体现，从而更好地坚持和发展社会主义。邓小平说："我们的改革要达到一个什么目的呢？总的目的是要有利于巩固社会主义制度，有利于党的领导，有利于在党的领导和社会主义制度下发展生产力。"[②]

3.从原则看，改革开放必须坚持社会主义的方向

邓小平在强调改革开放的重要性和迫切性的同时，还特别强调改革开放的方向性。他说："世界上对我国的改革有两种评论。有些评论家认为改革会使中国放弃社会主义，另一些评论家认为中国不会放弃社会主义。后一种看法比较有眼光。"[③]

邓小平在领导中国的改革中，特别强调改革的社会主义方向。他指出，我们干四个现代化，人们都说好，但有些人脑子里的四化与我们脑子里的四化不同。我们脑子里的四化是社会主义的四化。他们只讲"四化"，而不讲社会主义，这就忘记了事物的本质，就离开了中国的发展道路。[④]

【结语】 总结国内外社会主义发展的经验教训，我们可以得出这样的结论：第一，不改革开放不行，必须要改革开放；第二，以改革开放为名，改变社会主义的方向不行，必须坚持改革开放的社会主义性质。

（许艳华）

---

① 《邓小平文选》第 2 卷，人民出版社 1994 年版，第 250 页。

② 《邓小平文选》第 3 卷，人民出版社 1993 年版，第 241、134 页。

③ 《 邓小平文选》第 3 卷，人民出版社 1993 年版，第 241、134 页。

④ 《邓小平文选》第 3 卷，人民出版社 1993 年版，第 204 页。

4.7　整体布局

【教案视角】

1. 中国特色社会主义事业总体布局(90 分钟)

2. 评述我国五位一体的布局理论(90 分钟)

3. 我国不同时期布局理论比较分析(90 分钟)

【本讲视角】 第 1 视角

【教学目的】 通过本专题教学,一方面帮助大学生了解中国特色社会主义事业总体布局是不断丰富和发展的,使学生认识到经济建设、政治建设、文化建设、社会建设和生态文明建设五位一体的总体布局,反映了中国共产党对社会主义建设规律在实践和认识上的深化,反映了我们党对实现什么样的发展、怎样发展这一科学发展重大战略问题认识的深化;另一方面培养大学生以全面视野考虑问题的能力。

【本讲内容】

中国特色社会主义事业总体布局

党的十八大报告强调:"建设中国特色社会主义,总依据是社会主义初级阶段,总布局是五位一体,总任务是实现社会主义现代化和中华民族伟大复兴。"这个新概括,高屋建瓴,提纲挈领,是我们坚持和发展中国特色社会主义最重要的顶层设计。其中,确立经济建设、政治建设、文化建设、社会建设、生态文明建设五位一体的总布局,是我们党对社会主义建设规律在实践和认识上不断深化的重要成果。

一、建设中国特色社会主义经济

(一)建设社会主义市场经济体制

建国后,毛泽东、陈云等针对经济建设中出现的问题,对经济体制进行了积极的探讨,但由于把计划经济和市场经济同社会制度联系在一起,因而没有取得应有的成效。改革开放以后,随着经济体制改革的不断深化和理论的创新,建立社会主义市场经济体制最终成为我国经济体制改革选择的目标模式。

1. 社会主义市场经济理论的形成和发展

(1)我国社会主义市场经济理论的发展历程:1979～1983 年,提出了计划经济为主、市场调节为辅的改革思想;1984～1991 年,提出了计划商品经济理论;1992 以后,正式提出社会主义市场经济理论,确认建立社会主义市场经济体制的改革目标。

(2)邓小平关于社会主义市场经济的论述:计划经济和市场经济都是经济手段;计划和市场对经济的调节各有所长、各有所短;市场经济本身不具有制度属性,但它与社会主义相结合则必须体现社会主义基本制度的特征。

2. 社会主义市场经济体制的基本特征

第一,在所有制结构上,以公有制为主体,多种所有制经济共同发展。

第二,在分配制度上,以按劳分配为主体,多种分配方式并存。

第三，在宏观调控上，以实现最广大人民利益为出发点和归宿，能够把人民的当前利益与长远利益、局部利益和整体利益结合起来，更好地发挥计划和市场两种手段的长处。

（二）社会主义初级阶段的基本经济制度

1. 社会主义初级阶段基本经济制度的确立

以公有制为主体、多种所有制经济共同发展，是我国社会主义初级阶段的一项基本经济制度。其基本依据，一是公有制是社会主义经济制度的基础；二是我们处在社会主义初级阶段，需要在公有制为主体的条件下发展多种所有制经济；三是一切符合"三个有利于"标准的所有制形式，都可以而且应该用来为发展社会主义服务。

2. 坚持公有制经济的主体地位

(1)坚持和完善基本经济制度的原则。坚持和完善基本经济制度的原则是要做到两个"毫不动摇"和一个"统一"。即必须毫不动摇地巩固和发展公有制经济；必须毫不动摇地鼓励支持和引导非公有制经济发展；将坚持公有制为主体，促进非公有制经济发展，统一于社会主义现代化建设的进程中。

(2)公有制主体地位的主要体现。一是公有资产在社会总资产中占优势。这是就全国而言的，有的地方、有些产业可以有所差别。二是国有经济控制国民经济命脉，对经济发展起主导作用。公有资产占优势，要有量的优势，更要注重质的提高。

(3)国有经济起主导作用。国有经济起主导作用，主要体现在控制力上。国有经济需要控制的行业和领域主要包括：涉及国家安全的行业，自然垄断的行业，提供重要公共产品和服务的行业，以及支柱产业和高新技术产业中的重要骨干企业。

(4)公有制经济的性质和实现形式间的关系。公有制经济的性质和实现形式是两个不同层次的问题。公有制经济的性质体现在所有权的归属上，坚持公有制的性质，根本的是坚持国家和集体对生产资料的所有权。所有制作为生产关系的基础，有公有制与私有制、社会主义与资本主义的区别。而所有制的实现形式是采取怎样的经营方式和组织形式问题，它不具有"公"与"私"、"社"与"资"的区分。公有制的实现形式可以而且应当多样化，一切反映社会化生产规律的资本组织形式和经营方式都可以大胆利用。在组织形式上可以采取独资企业、股份制、股份合作制形式；在经营方式上可以实行公有公营、公有民营、租赁或承包经营等方式。

3. 鼓励、支持和引导非公有制经济发展

(1)非公有制经济的内涵。非公有制经济包括个体经济、私营经济、混合所有制经济中的非公有制成分等。

(2)非公有制经济的作用。对于充分调动社会各方面的积极性，促进经济增长、扩大就业、活跃市场和满足人们多样化的需要等方面具有重要作用。

(3)对非公有制经济的引导。一方面要放宽市场准入，在投融资、税收、土地使用和对外贸易等方面，与其他企业享受同等待遇；鼓励有条件的企业做强做大，完善保护私人财产的法律制度，为非公有制经济的发展创造良好的环境。另一方面要依法加强监督和管理，引导他们依法经营、照章纳税、诚实守信、保障职工合法权益。

(三)社会主义初级阶段的分配制度

1.坚持按劳分配的主体地位

(1)社会主义初级阶段的公有制为主体、多种所有制经济共同发展的基本经济制度，决定了收入分配领域必须实行按劳分配为主体、多种分配方式并存的分配制度。

(2)社会主义实行按劳分配的原因：社会主义实行按劳分配，是由社会主义公有制和社会生产力的发展水平决定的。前者是实行按劳分配的所有制基础。生产资料公有制排除了个人凭借对生产资料的所有权来无偿地占有他人劳动成果，根据每个劳动者提供的劳动数量和质量进行收入分配。后者是实行按劳分配的物质基础。当生产力水平还没有达到高度发达的程度，社会产品还没有极大丰富时，劳动还是谋生的手段，还没有成为生活的第一需要，劳动者向社会提供的劳动数量和质量存在着差别，只有承认这种差别，才能充分调动劳动者的积极性。

2.多种分配方式并存

(1)按生产要素的分配形式分为三种类型：一是以劳动作为生产要素参与分配。以劳动作为生产要素参与分配的主要是个体劳动者和被雇佣于非公有制经济的雇佣劳动者。二是劳动以外的生产要素所有者参与分配。主要包括资本所有者在生产经营活动中凭借资本所取得的利润；将自有的货币或资本借给他人经营或存入金融机构所取得的利息；以实物形态资本租借给他人经营或使用而取得的租金等。三是管理和知识产权类的生产要素如科技发明、创造、信息、专利等参与分配。

(2)按劳分配和按生产要素分配结合起来的意义：在社会主义初级阶段，实行按劳分配和按生产要素结合的分配制度，有利于优化资源配置，促进经济发展，有利于最广泛最充分地调动一切积极因素，让劳动、知识、技术、管理和资本的活力竞相迸发，让一切创造财富的源泉充分流动，以造福人民，造福社会。

3.深化分配制度改革，健全社会保障体系

(1)深化分配制度改革必须注意以下两个问题：正确认识“先富”与“共富”的关系。允许和鼓励一部分地区、一部分人依靠诚实劳动和合法经营先富起来，先富的带动后富的，逐步实现共同富裕。邓小平认为这是一个“能够影响和带动整个国民经济的政策”①。共同富裕绝不等于也不可能是完全平均，也不可能是所有社会成员在同一时间以同等速度富裕起来。在处理“先富”与“共富”的关系上，在不同时期也应该有不同的重点。在一定时期内需要着重强调让一部分地区、一部分人先富起来，而发展到一定的时候，就应该逐步把“共富”作为重点。

注重社会公平，防止两极分化。允许和鼓励一部分地区、一部分人先富起来，但这并不意味着社会成员间的收入差距愈大愈好。初次分配与再分配都要处理好效率和公平的关系，再分配更加注重公平。把提高效率同促进社会公平结合起来，实现在经济发展的基础上由广大人民共享改革发展成果，推动社会主义和谐社会建设。

(2)健全社会保障体系。社会保障体系包括社会保险、社会救助、社会福利、优抚安置和社会互助、商业保险与慈善事业等。现有社会保障制度的主要内容有：职工基本养老保

① 《邓小平文选》第2卷，人民出版社1994年版，第152页。

险制度、基本医疗保险制度、失业保险制度，城市居民最低生活保障制度。

（四）促进国民经济又快又好发展

国民经济又快又好发展，要求"好"与"快"有机结合；提高自主创新能力，建设创新型国家；转变经济发展方式，坚持走中国特色新型工业化道路；建设社会主义新农村；统筹区域发展；建设资源节约型、环境友好型社会。

二、中国特色社会主义政治

（一）中国特色社会主义的民主政治

1. 坚持党的领导、人民当家作主和依法治国的有机统一

中国共产党的领导是人民当家作主和依法治国的根本保证；人民当家作主是社会主义民主政治的本质和核心要求，是社会主义政治文明建设的根本出发点和归宿；依法治国是党领导人民治理国家的基本方略。三者统一于中国特色社会主义民主政治的伟大实践之中。

2. 人民民主专政

国体，就是国家的阶级性质，即国家的权力由社会的哪个阶级或哪些阶级掌握。人民民主专政是我国的国体。

3. 人民代表大会制度

政体，主要是指国家的政权组织形式，即体现国体的具体政治制度。

(1)人民代表大会制度是中国人民当家作主的根本政治制度，是我国的政体。

(2)人民代表大会制度是中国人民当家作主的根本途径和最高形式，也是党在国家政权中充分发扬民主、贯彻群众路线的最好实现形式。一方面，人民代表大会制度为中国人民当家作主提供了最好的组织形式；另一方面，人民代表大会制度为国家机构高效运转提供了有力的制度保障。

(3)人民代表大会制度建立六十多年来的实践证明，人民代表大会制度是符合中国国情的。

4. 共产党领导的多党合作和政治协商制度

(1)中国共产党领导的多党合作和政治协商制度的实质和形成过程。

实质：它是我国的一项基本政治制度，是马克思主义政党理论和统一战线学说与我国具体实际相结合的产物，是中国社会主义民主政治制度的重要形式。

多党合作的组成党派：中国共产党和中国大陆的八个民主党派（中国国民党革命委员会、中国民主同盟、中国民主建国会、中国民主促进会、中国农工民主党、中国致公党、九三学社和台湾民主自治同盟）。

(2)中国共产党领导的多党合作制和政治协商制度的首要前提、根本准则和基本方针。

首要前提：中国共产党的领导是多党合作的首要前提和根本保证。

根本活动准则：中国共产党与各民主党派都以宪法为根本活动准则，负有维护宪法尊严、保证宪法实施的职责。

基本方针：中国共产党与各民族党派合作的基本方针是"长期共存，互相监督，肝胆相照，荣辱与共"。

(3)中国人民政治协商会议的主要职能:政治协商、民主监督、参政议政。

(4)我国的政党制度的特征:在我国的政党制度中,中国共产党是执政党,民主党派是参政党,不是在野党,更不是反对党。中国共产党和民主党派有着共同的根本利益、共同的目标和共同的理想。各民主党派都参加国家政权,参与国家事务的管理,参与国家大政方针的协商、制定和执行。中国共产党和民主党派都以宪法为根本活动准则,都受到宪法的保护,享有宪法规定范围内的政治自由、组织独立和法律上的平等地位。

(5)判断一个国家的政党制度究竟好不好:要以它的基本国情来认识,要从它的实践效果来分析。实践证明,我国的政党制度已逐步显示出它的优越性。

5.民族区域自治制度

世界上的多民族国家在处理民族问题方面有不同的制度模式,其中我国采用的是民族区域自治。

6.基层群众自治制度

党的十七大首次把基层群众自治制度纳入中国特色社会主义民主政治制度的基本范畴,并且必须作为发展社会主义民主政治的基础性工程重点推进。基层群众自治制度是我国政治制度体系中的重要组成部分,其主要内容有农村村民委员会、城市居民委员会和企业职工代表大会。中国农村村民自治的主要内容有民主选举、民主决策、民主管理和民主监督。

(二)依法治国,建设社会主义法治国家

1.依法治国是党领导人民治理国家的基本方略

(1)依法治国的科学内涵:广大人民群众在党的领导下,依照宪法和法律规定,通过各种途径和形式管理国家事务,管理经济文化事业,管理社会事务,保证国家各项工作都依法执行,逐步实现社会主义民主的制度化、法律化,使这种制度和法律不因领导人的改变而改变,不因领导人看法和注意力的改变而改变。依法治国的主体是党领导下的人民群众;依法治国的客体是国家事务、经济文化事业和社会事务;依法治国所依的法是宪法和法律;我国宪法和法律体现了党的主张和人民利益、人民意志的统一。

(2)依法治国的意义:依法治国是中国共产党执政方式的重大转变,有利于加强和改善党的领导。依法治国是发展社会主义民主、实现人民当家作主的根本保证。依法治国是发展社会主义市场经济和扩大对外开放的客观需要。依法治国是国家的长治久安的重要保障。

2.加强社会主义法制建设

加强社会主义法制建设的基本要求:有法可依,有法必依,执法必严,违法必究。有法可依是前提,有法必依是核心,执法必严是关键,违法必究是保障。

(三)推进政治体制改革,发展民主政治

1.深化政治体制改革,扩大社会主义民主

(1)政治体制是指政治制度的具体表现和实现形式,主要是指党和国家的领导制度、组织制度、工作制度等具体制度。评价政治体制是否正确的标准:政局是否稳定;人民是否团结;生活是否改善;生产力是否持续发展。

(2)原则:必须坚持正确的政治方向,以保证人民当家作主为根本,以增强党和国家的活力、调动人民的积极性为目标。必须坚持党的领导、人民当家作主、依法治国的有机统一，坚持社会主义政治制度的特点和优势，坚持从我国国情出发。要借鉴人类政治文明的有益成果，但绝不照搬西方政治制度模式。

(3)任务：要健全民主制度；完善法律制度；完善司法体制机制；加快行政管理体制改革；健全政府职责体系；完善制约和监督机制；深入开展党风廉政建设和反腐败斗争。

2.社会主义社会的民主、自由和人权

(1)民主、自由、人权是人类的普遍追求。但是，由于历史条件和阶级利益不同，各个国家的社会制度、文化传统、经济发展状况不同，人们对于民主、自由、人权的认识和实践往往并不一致。民主的形式是多样性的，没有统一的标准。民主建设是逐步发展的历史过程，它的发展程度同一定的经济文化状况相关联。我国还处于社会主义初级阶段，现在我国社会主义民主形式仍不够完备，还有许多地方需要丰富和完善。

(2)民主、自由、人权的核心是民主。

(3)社会主义的民主、自由和人权本质上优于和高于资本主义，在实现民主、自由和人权方面不受资本和金钱的束缚。社会主义愈发展，民主也愈发展。但社会主义的民主、自由和人权的充分实现需要有一个历史过程，需要在经济、政治、文化等方面逐步创造条件，同时需要不断探索适合中国国情的民主、自由和人权的具体实现形式，以保障人民依法管理国家和社会事务、管理经济和文化事业，当家作主。

三、建设中国特色社会主义文化

(一)发展社会主义先进文化

1.始终代表中国先进文化的前进方向

(1)文化的含义。广义文化的含义，是指人类所创造的物质财富和精神财富的总和。狭义文化的含义，是指人类所创造的精神财富。当今时代，文化越来越成为民族凝聚力和创造力的重要源泉，越来越成为综合国力竞争的重要因素。一个国家的综合国力，既包括由经济、科技、军事实力等表现出来的“硬实力”，也包括以文化、意识形态吸引力体现出来的“软实力”。一个国家的崛起，从根本上说，在于它的综合国力的全面提升。所谓“软实力”是指一国的文化、价值观念、社会制度、发展模式的国际影响力与感召力。

(2)毛泽东十分强调文化的作用。毛泽东提出的民族的、科学的、大众的文化，吸收民族文化的精华、剔除其封建性的糟粕，百花齐放、百家争鸣、古为今用、洋为中用等思想，成为文化建设的重要指导方针。邓小平指出，一手抓物质文明，一手抓精神文明，两手抓，两手都要硬。进入全面建设小康社会的新阶段，以胡锦涛为总书记的党中央把文化建设摆在更加突出的位置。

(3)中国特色社会主义文化建设的重要战略地位。中国特色社会主义文化是现代化建设的重要内容。中国特色社会主义文化是凝聚和激励全国各族人民的重要力量，是综合国力的重要标志。中国特色社会主义文化为现代化建设提供智力支持、精神动力和思想保证。

2.中国特色社会主义文化建设的根本任务

中国特色社会主义文化建设的根本任务：以马列毛邓和“三个代表”为指导，全面贯彻科学发展观，着力培育有理想、有道德、有文化、有纪律的公民，切实提高全民族的思想道德素质和科学文化素质。

3.中国特色社会主义文化建设的基本方针

中国特色社会主义文化建设的基本方针:坚持以马克思主义为指导,为人民服务,为社会主义服务。坚持百花齐放、百家争鸣的方针。坚持贴近实际、贴近生活、贴近群众,不断推进文化创新。坚持立足当代又继承民族优秀文化传统,立足本国又充分吸收世界优秀文化成果。坚持一手抓繁荣,一手抓管理。

(二)建设社会主义核心价值体系

1.社会主义核心价值体系是建设和谐文化的根本

(1)必须建设社会主义核心价值体系。社会主义核心价值体系是社会主义制度在价值层面的本质规定,是国家文化软实力的核心内容。建设社会主义核心价值体系,是党在思想文化建设上的一个重大理论创新和重大战略任务。建设社会主义核心价值体系,既是丰富和发展中国特色社会主义理论体系的迫切需要,也是推动文化大发展、大繁荣,提高国家文化软实力的必然要求。

(2)社会主义核心价值体系的基本内容:马克思主义指导思想、中国特色社会主义共同理想、以爱国主义为核心的民族精神和以改革创新为核心的时代精神、社会主义荣辱观。

(3)社会主义核心价值体系的内在关系:坚持马克思主义的指导地位,抓住了社会主义核心价值体系的灵魂;树立共同理想,突出了社会主义核心价值体系的主题;培育和弘扬民族精神与时代精神,掌握了社会主义核心价值体系的精髓;树立和践行社会主义荣辱观,打牢了社会主义核心价值体系的基础。

2.坚持马克思主义指导思想

马克思主义指导思想作为社会主义核心价值体系的灵魂,解决的是举什么旗的问题,决定了社会主义核心价值体系的性质和方向,是社会主义核心价值体系的理论基础,居于领导地位。

3.树立中国特色社会主义的共同理想

中国特色社会主义共同理想作为社会主义核心价值体系的主题,是走什么路、实现什么目标的问题。

4.弘扬民族精神与时代精神

民族精神和时代精神作为社会主义核心价值体系的精髓,解决的是应当具备什么样的精神状况和精神风貌的问题。

5.树立社会主义荣辱观

社会主义荣辱观作为社会主义核心价值体系的基础,解决的是人们行为规范的问题。胡锦涛提出了“八荣八耻”①社会主义荣辱观。

---

① “八荣八耻”,即坚持“以热爱祖国为荣,以危害祖国为耻;以服务人民为荣,以背离人民为耻;以崇尚科学为荣,以愚昧无知为耻;以辛勤劳动为荣,以好逸恶劳为耻;以团结互助为荣,以损人利己为耻;以诚实守信为荣,以见利忘义为耻;以遵纪守法为荣,以违法乱纪为耻;以艰苦奋斗为荣,以骄奢淫逸为耻”。

（三）加强思想道德建设和教育科学文化建设

1. 加强思想道德建设

思想道德建设，解决的是整个中华民族的精神支柱和精神动力问题。加强思想道德建设，是建设社会主义核心价值体系的必然要求，是中国特色社会主义文化建设的重要内容和中心环节。

新时期以来，在发展社会主义市场经济和对外开放的条件下，原有的一些道德规范已经远远不能适应社会发展的需要，而新的道德规范尚未形成，从而出现了不同程度的理想信念模糊、价值取向扭曲、诚信意识淡薄、社会责任感缺乏等问题，加强思想道德建设就越来越成为一项紧迫的现实任务。

2. 发展教育和科学

教育和科学是中国特色社会主义文化建设的重要内容，对于提高民族素质、提高社会文明程度、促进经济发展和社会全面进步具有重要作用。科学技术作为第一生产力，对一个国家、一个民族现在和未来的发展具有决定性意义。

教育是提高人民科学文化素质和思想道德素质的基本途径，教育涉及千家万户，惠及子孙后代。要坚持教育的社会主义性质，坚持教育公益性原则，努力促进教育公平，办好让人民群众满意的教育。要把全面实施素质教育作为教育工作的主题，摆在教育工作最核心的位置。坚持育人为本、德育为先，把立德树人作为教育的根本任务。

3. 深化文化体制改革，大力发展文化事业和文化产业

当今世界，文化在国际竞争中的地位和作用越来越突出，成为推动经济社会发展的强大动力，迫切要求通过深化文化体制改革，不断提高文化竞争力，推动中华文化走向世界。

深化文化体制改革要坚持以发展为主题，以改革为动力，以体制机制创新为重点，以创造、生产更多更好适应人民群众需求的精神文化产品为目标，促进文化事业全面繁荣和文化产业快速发展。

深化文化体制改革要坚持一手抓公益性文化事业，一手抓经营性文化产业。公益性文化事业是保障人民文化权益的主要途径，是政府主导的公共文化服务体系。经营性文化产业的根本任务是繁荣文化市场，满足人民群众多方面、多层次、多样性的精神文化需求。

四、构建社会主义和谐社会

（一）构建社会主义和谐社会的重要性和紧迫性

1. 构建社会主义和谐社会的提出

(1)实现社会和谐，建设美好社会，始终是人类孜孜以求的社会理想。

中国历史上产生过“和为贵”、“兼相爱”、“爱无差”、“老吾老以及人之老，幼吾幼以及人之幼”、“大同社会”等关于社会和谐的思想。

马克思主义产生之前的空想社会主义者傅立叶、欧文、魏特林也曾提出过建立和谐社会的构想。1803 年，傅立叶发表《全世界和谐》，指出资本主义制度必将为“和谐制度”所代替。1824 年，欧文在美国印地安纳州的共产主义试验，也以“新和谐”命名。1842 年，魏特林在《和谐与自由的保证》一书中，把社会主义称作“和谐与自由”的社会。

马克思、恩格斯设想的未来社会将是在人与人之间、人与自然之间都形成和谐关系的

社会。

社会和谐是中国共产党不懈奋斗的目标。毛泽东在《论十大关系》和《关于正确处理人民内部矛盾的问题》等著作中，提到过一些社会和谐的思想。邓小平、江泽民也提到过一些社会和谐的思想，党的十六大明确把“社会更加和谐”列为全面建设小康社会的一个重要目标。

(2)构建社会主义和谐社会的现实依据：这是我们抓住和用好重要战略机遇期、实现全面建设小康社会宏伟目标的必然要求。这是我们把握复杂多变的国际形势、有力应对来自国际环境的各种挑战和风险的必然要求。这是巩固党执政地位的社会基础、实现党执政历史任务的必然要求。

2.构建社会主义和谐社会的科学含义

(1)社会主义和谐社会是民主法治、公平正义、诚信友爱、充满活力、安定有序、人与自然和谐相处的社会。这六个方面体现了民主与法治的统一、公平与效率的统一、活力与秩序的统一、科学与人文以及人与自然的统一。

(2)准确把握社会主义和谐社会的含义：社会主义和谐社会是社会主义性质的。建设社会主义物质文明、政治文明、精神文明，可以为构建社会主义和谐社会提供坚实基础；构建社会主义和谐社会，又可以为建设社会主义物质文明、政治文明、精神文明提供重要条件。构建社会主义和谐社会既是全面建设小康社会的重要内容，也是全面建设小康社会的重要条件；在实现全面建设小康社会的宏伟目标后，还要继续为构建更高水平的和谐社会长期奋斗。

3.构建社会主义和谐社会的重要意义

(1)理论意义：是对人类社会发展规律认识的深化，是对马克思主义关于社会主义社会建设理论的丰富和发展；是对社会主义建设规律认识的深化，丰富和发展了中国特色社会主义理论；是对共产党执政规律认识的深化，是党执政理念的升华。

(2)实践意义：有利于全面推进中国特色社会主义事业；有利于调动社会各方面的积极性，确保实现全面建设小康社会的目标；有利于进一步解决好人民群众最关心、最直接、最现实的利益问题，实现好、维护好、发展好最广大人民的根本利益；有利于增强民族凝聚力和抵抗风险能力，更好地维护国家主权、安全和发展利益。

(二)构建社会主义和谐社会的总体思路

1.构建社会主义和谐社会的指导思想、基本原则和目标任务

(1)指导思想和基本原则：

指导思想：以马克思列宁主义、毛泽东思想、邓小平理论和“三个代表”重要思想为指导。

基本原则：以人为本，科学发展，改革开放，民主法治，正确处理改革、发展、稳定的关系，在党的领导下全社会共同建设。

(2)构建社会主义和谐社会的目标任务：民主法治更完善；城乡、区域更和谐；就业充分，社会保障完善；政府职能根本改变；公民素质明显提高；创新型国家基本建成；社会稳定；节能减排明显好转；实现更高水平的小康社会。

2. 加快推进以改善民生为重点的社会建设

加强推进以改善民生为重点的社会建设应采取如下措施：优先发展教育，建设人力资源强国；实施扩大就业的发展战略，促进以创业带动就业；深化收入分配制度改革，增加城乡居民收入；加快建立覆盖城乡居民的社会保障体系，保障人民基本生活；建立基本医疗卫生制度，提高全民健康水平；完善社会管理，维护社会安定团结。

五、建设社会主义生态文明

（一）建设社会主义生态文明的总体要求

建设生态文明是关系人民福祉、关乎民族未来的长远大计。生态文明的核心是正确处理人与自然的关系。我国生态文明建设必须立足于当前特殊的自然生态环境现状、经济发展水平、文化建设状况、社会政治条件以及人口素质等，走符合国情的社会主义生态文明建设道路。

中国特色社会主义生态文明体现了和谐发展、全面发展、可持续发展和循环发展的思想。党的十八大明确提出了大力推进生态文明建设的总体要求：树立尊重自然、顺应自然、保护自然的生态文明理念，把生态文明建设放在突出地位，融入经济建设、政治建设、文化建设、社会建设各方面和全过程，努力建设美丽中国，实现中华民族永续发展。这个总体要求的核心和实质，"就是要建设以资源环境承载力为基础、以自然规律为准则、以可持续发展为目标的资源节约型、环境友好型社会"①，努力走向社会主义生态文明新时代。建设社会主义生态文明，必须把节约资源放在首位，加大环境保护力度，做好生态保育工作，建设循环经济。

根据生态文明建设的总体要求，到 2020 年实现全面建成小康社会时，生态文明建设的总目标是：资源节约型、环境友好型社会建设取得重大进展；主体功能区布局基本形成，资源循环利用体系初步建立；单位国内生产总值能源消耗和二氧化碳排放大幅下降，主要污染物排放总量显著减少；森林覆盖率提高，生态系统稳定性增强，人居环境明显改善。

（二）树立生态文明理念

党的十八大提出，面对资源约束趋紧、环境污染严重、生态系统退化的严峻形势，必须树立尊重自然、顺应自然、保护自然的生态文明理念。

（三）坚持节约资源和保护环境的基本国策

良好的生态环境是人和社会持续发展的根本基础，节约资源和保护环境是我国的基本国策。

第一，坚持节约优先、保护优先、自然恢复为主。在资源开发和利用中，把节约资源放在首位；在环保工作中，把预防为主、源头治理放在首位；在生态系统保护和修复中，把利用自然力修复放在首位。这三个方面形成一个统一的有机整体，是我国生态文明建设的方向和重点。

第二，着力推进绿色发展、循环发展、低碳发展。

第三，形成节约资源和保护环境的空间格局、产业结构、生产方式、生活方式。

第四，建立系统完整的生态文明制度体系，用制度保护生态环境。建立系统完整的生

---

① 《十七大以来重要文献选编》(上)，中央文献出版社 2009 年版，第 109 页。

态文明制度体系，最重要的是要把资源消耗、环境损害、生态效益等体现生态文明建设状况的指标纳入经济社会发展评价体系，使之成为推进生态文明建设的重要导向和约束。

【结语】 中国特色社会主义经济、政治、文化、社会和生态文明建设"五位一体"的总体布局，是深刻总结我们党领导社会主义建设的历史经验、顺应国际国内大势和人民群众美好生活新期待提出来的。"五位一体"的总布局，是一个相辅相成的有机整体。把握了中国特色社会主义建设的基本领域，抓住了全面建成小康社会的决定性方面。

落实"五位一体"的总布局，就要牢牢抓好党执政兴国的第一要务，坚持以经济建设为中心，在经济不断发展的基础上，协调推进政治建设、文化建设、社会建设和生态文明建设以及其他各方面的建设，坚持把中国特色社会主义事业全面推向前进。

建设中国特色社会主义，必须坚持以科学发展为主题，以加快转变经济发展方式为主线，不断提高发展的质量和效益，推动国民经济持续快速健康发展；必须坚定不移地走中国特色社会主义政治发展道路，坚持党的领导、人民当家作主、依法治国有机统一，不断发展社会主义民主政治；必须坚持走中国特色社会主义文化发展道路，大力推动社会主义文化发展繁荣，努力建设社会主义文化强国；必须在经济建设的基础上，更加注重社会建设，着力推进社会主义和谐社会建设；必须树立尊重自然、顺应自然、保护自然的生态理念，把生态文明建设放在突出地位，融入经济建设、政治建设、文化建设、社会建设各方面和全过程。

（张尧智）

4.8 手法巧妙

【教案视角】

1. 建国以来中共领导人关于祖国统一的战略思考(90 分钟)
2. 运用巧妙手法解决祖国统一和外交问题。(90 分钟)
3. 新时期中国面临的外交形势(90 分钟)

【本讲视角】 第 2 视角

【教学目的】 通过本专题教学，帮助学生理解祖国实现完全统一的方针政策和在当前形势下所采取的外交政策，同时对学生进行爱国主义教育和解决问题的能力培养，使他们能够从这些方针政策中学习到解决问题的技巧，掌握运用巧妙的手法解决现实中所遇到的各种问题的能力。

【本讲内容】

运用巧妙手法解决祖国统一和外交问题

为解决祖国统一问题，在进行了多种探索之后最终形成了"和平统一，一国两制"的科学构想，随后这一构想在香港和澳门成功实践。这些政策的实施体现了高超的巧妙手法，在解决祖国统一问题时，本着统筹兼顾、与时俱进的原则，既照顾到了历史，也体现了对对方利益的尊重，同时不失原则性立场。这一巧妙手法同样在对外政策方面也有明显的展示。

一、"和平统一,一国两制"的科学构想

(一)"和平统一,一国两制"科学构想的提出

"和平统一,一国两制"的科学构想是根据历史成因、国际形势、双方实际情况提出来的,符合客观实际,对于解决实际问题指导意义巨大。

1.从武力解放台湾到和平解放台湾

"和平统一,一国两制"的科学构想最早是针对台湾问题提出来的。台湾自古以来就是中国领土不可分割的组成部分。台湾问题是中国国内战争遗留下来的问题。台湾问题的实质是中国的内政问题。以毛泽东为主要代表的中国共产党人在解决台湾问题的方针上,经历了从武力解放台湾到和平解放台湾的过程。

辽沈、淮海、平津三大战役胜利后,国民党的失败已成定局。由此,中共中央做出了解放台湾的战略部署。1949年3月,新华社发表题为《中国人民一定要解放台湾》的时评,指出:"中国人民解放斗争的任务就是解放全中国,直到解放台湾、海南岛和属于中国的最后一寸土地为止。"[①]1949年12月,中共中央发表《告前线将士和全国同胞书》,明确提出1950年的任务就是解放海南岛、台湾和西藏,全歼蒋介石集团的最后残余势力。1954年7月,中国共产党和中国政府再次提出解放台湾的任务,人民解放军于9月3日开始炮击金门。

20世纪50年代中期,国际形势缓和,亚太地区国家希望和平的呼声高涨。国内正在进行社会主义改造和第一个五年计划的经济建设,需要一个和平的国际环境,开展社会主义建设。台湾局势发生变化,美蒋在合作中出现矛盾。根据形势的发展变化,我们党及时调整了对台政策,提出了和平解放台湾的政策,并从两个方面开展工作:一是敦促美国政府与中国政府谈判;二是向台湾当局提出和平解放台湾的倡议。1958年10月,毛泽东提出:台湾如果回归祖国,照他们(指蒋介石等)自己的方式生活。关于军队问题,毛泽东表示:可以保存,我们不压迫他裁兵,不要他简政,让他搞三民主义。此后,我们党对解决台湾问题又提出许多重要原则,周恩来将我们党提出的一系列和平解决台湾问题的思想、政策和主张归纳为"一纲四目"。

2."和平统一,一国两制"科学构想的提出背景

20世纪70年代,国际国内形势发生了深刻变化,为确立和平解决台湾问题的方针创造了新的有利条件。1971年10月,第26届联合国大会通过2758号决议,恢复中华人民共和国在联合国的合法席位,驱逐台湾当局的非法代表。1978年12月,党的十一届三中全会决定将党和国家工作的重心转移到经济建设上来。1979年1月1日,中美建立外交关系,美国承认中华人民共和国政府是中国的唯一合法代表,并承认只有一个中国,台湾是中国的一部分。在此背景下,以邓小平为核心的中央领导集体创造性地提出了"一国两制"的科学构想。随后,逐步形成了"和平统一,一国两制"的基本方针。

3."和平统一,一国两制"科学构想的基本内容

"和平统一,一国两制"构想的基本内容有:第一,一个中国;第二,两制并存;第三,高度自治;第四,尽最大努力争取和平统一,但不承诺放弃使用武力;第五,解决台湾问题,实

---

① 新华社:《中国人民一定要解放台湾》(1949年3月15日时评),《新华月报》1949年第1卷第1期。

现祖国的完全统一,寄希望于台湾人民。

4."和平统一,一国两制"科学构想的重要意义

"和平统一,一国两制"构想是充分尊重历史和现实、照顾各方面利益、维护民族团结、实现祖国完全统一和民族伟大复兴的科学构想。"和平统一,一国两制"构想创造性地发展了马克思主义的国家学说。"和平统一,一国两制"构想有利于争取社会主义现代化建设事业所需要的和平的国际环境与国内环境。"和平统一,一国两制"构想为解决国际争端和历史遗留问题提供了新的思路。

(二)"和平统一,一国两制"科学构想在香港、澳门的成功实践

"一国两制"构想首先运用于解决香港和澳门问题。香港、澳门相继回归祖国,是按照"一国两制"方针实现祖国完全统一的重要步骤,对台湾问题的解决有着重要的示范作用。

1.香港、澳门问题的历史成因

香港、澳门问题是历史上殖民主义侵略遗留下来的问题。香港是被英国殖民主义者通过向中国发动侵略战争,强迫清政府先后签订《南京条约》、《北京条约》、《展拓香港界址专条》等不平等条约而强占的。澳门是被葡萄牙殖民主义者通过胁迫清政府签订不平等的《中葡北京条约》逐步强占的。新中国成立后,对香港、澳门的立场是:香港、澳门地区是中国的领土,不承认外国强加在中国人民头上的不平等条约;对于这一历史遗留下来的问题,将在适当时机通过谈判予以解决;未解决之前暂时维持现状。

2."一国两制"构想在香港、澳门的成功实践

党的十一届三中全会以后,随着国际形势的变化和我国现代化建设新局面的开创,和平解决香港问题的条件已经成熟。根据"一国两制"的构想,我国政府和英国政府从1982年9月~1984年9月,就解决香港问题进行了22轮艰苦的谈判。1984年12月19日,中英两国政府领导人在北京正式签署了《中华人民共和国政府和大不列颠及北爱尔兰联合王国政府关于香港问题的联合声明》及3个附件,宣布中华人民共和国将于1997年7月1日对香港恢复行使主权。1990年4月,七届全国人大三次会议正式批准《中华人民共和国香港特别行政区基本法》。1997年7月1日,中英两国政府举行了香港政权交接仪式,中国恢复对香港行使主权,香港回到了祖国的怀抱。

在中英就解决香港问题开始谈判后,解决澳门问题的各项准备工作也开始积极有序地进行。1986年6月~1987年3月,中葡两国先后举行了4轮会谈。1987年4月13日,《中华人民共和国政府和葡萄牙共和国政府关于澳门问题的联合声明》在北京正式签署,宣布中国政府将于1999年12月20日对澳门恢复行使主权并设立澳门特别行政区。1999年12月20日,中葡两国政府举行澳门政权交接仪式,经历400多年沧桑的澳门重新回到了祖国的怀抱。

3."和平统一,一国两制"科学构想在香港、澳门成功实践的重大意义

香港、澳门的回归使"一国两制"由科学构想变为现实,充分说明了"一国两制"构想是正确、可行的。香港、澳门顺利回归祖国,标志着中国人民在完成祖国统一大业的道路上取得了重要进展,表明了中国人民实现祖国统一的坚强意志和决心,体现了中国共产党治国理政和处理国际关系的卓越能力。"一国两制"在香港、澳门的成功实践对解决台湾问题具有重要的示范和推动作用。

(三)新形势下"和平统一,一国两制"构想的重要发展

香港、澳门问题顺利解决以后,"和平统一,一国两制"构想主要解决的就是台湾问题了。20 世纪末 21 世纪初,国际形势发生了很大变化,两岸局势与以前相比也有较大不同,在这种新形势下,就需要针对变化了的世情、国情及两岸局势对"和平统一,一国两制"构想进行丰富和发展。

1. 20 世纪 80 年代末 90 年代初以来,"和平统一,一国两制"构想的重要发展

这段时期围绕台湾问题的内外环境发生了巨大变化。在国际上,随着东欧剧变、苏联解体,美国加紧利用台湾问题对我国进行牵制。在台湾岛内局势也发生了重大变化。1988 年 1 月,蒋经国去世,李登辉继任台湾当局领导人。此后,李登辉逐步背弃一个中国原则,顽固拒绝和谈统一,公开制造"两个中国"、"一中一台",支持、纵容"台独"势力及其活动。2000 年 5 月,主张"台独"的民进党在台湾上台后,顽固坚持"台独"立场,拒不接受一个中国原则,否认"九二共识",并在 2002 年 8 月悍然抛出"一边一国"论。

面对国内外形势的巨大变化,以江泽民为核心的第三代中央领导集体,在"和平统一,一国两制"构想的基础上,提出了一系列具有鲜明时代特色的重要论断和主张。特别是江泽民于 1995 年 1 月 30 日发表的题为《为促进祖国统一大业的完成而继续奋斗》的重要讲话,提出了现阶段发展两岸关系、推进祖国和平统一进程的八项主张。2002 年 11 月,江泽民在十六大报告中高度概括了台湾局势和两岸关系形势的重大变化和主要特征,提出了今后一个时期对台工作的指导思想和总体要求。这些重要论述,体现了中央对台方针政策的一贯性、连续性和在新形势下的重大发展,创造性地丰富和发展了"和平统一、一国两制"重要思想。第一,明确提出坚持一个中国原则是实现和平统一的基础和前提,坚定地维护一个中国原则。第二,在坚持和平统一、不承诺放弃使用武力的基础上,提出了"文攻武备"的总方略。第三,首次提出进行海峡两岸和平统一谈判,创造性地发展了关于两岸谈判的主张。第四,将做好台湾人民工作提升到"完成祖国统一的重要基础"的战略高度,努力扩大两岸经济文化交流和人员往来。第五,指出台湾问题不能无限期地拖延下去。第六,从国家发展战略高度阐述了解决台湾问题与经济建设的辩证关系,强调解决台湾问题的关键在于增强综合国力。

2. 新世纪新阶段的对台方针政策

在 2003 年后相当一段时间里,"台独"势力在分裂祖国的道路上越走越远,台海局势日益严峻。以胡锦涛为总书记的党中央,针对当时台海局势的紧张状况,作出了一系列重大决策和部署。2005 年 3 月 4 日,胡锦涛提出了新形势下发展两岸关系的四点意见:坚持一个中国原则决不动摇;争取和平统一的努力决不放弃;贯彻寄希望于台湾人民的方针决不改变;反对"台独"分裂活动绝不妥协。2005 年 3 月 14 日,十届全国人大三次会议审议通过了《反分裂国家法》。这些措施使我们掌握了反"台独"斗争的主动权。

2008 年 3 月,台湾局势发生积极变化。"台独"分裂势力在台湾地区选举中遭到重挫下台,重新执政的国民党反对"台独",坚持"九二共识",使两岸关系出现了新的转机。2008 年 12 月 31 日,胡锦涛在纪念《告台湾同胞书》发表 30 周年座谈会上发表重要讲话,全面系统地阐述了两岸关系和平发展的思想,科学回答了为什么要推动两岸关系和平发展、怎样推动两岸关系和平发展的重大问题,明确提出新世纪新阶段推动两岸关系和平发

展的六点意见。第一，恪守一个中国，增进政治互信。第二，推进经济合作，促进共同发展。第三，弘扬中华文化，加强精神纽带。第四，加强人员往来，扩大各界交流。第五，维护国家主权，协商涉外事务；第六，结束敌对状态，达成和平协议。

党的十八大后，两岸同胞往来更频繁，经济联系更密切，文化交流更活跃，共同利益更广泛。在此形势下，2013 年 6 月，习近平就坚定不移走两岸关系和平发展道路提出了四点意见：第一，坚持从中华民族整体利益的高度把握两岸关系大局。第二，坚持在认清历史发展趋势中把握两岸关系前途。第三，坚持增进互信、良性互动、求同存异、务实进取。第四，坚持稳步推进两岸关系全面发展。

在“和平统一，一国两制”构想的指导下解决台湾问题，是一个复杂的系统的工程，不仅要考虑国际形势的变化，也要注意台海形势的变化；不仅要考虑历史的原因，也要考虑现实的局面；不仅要考虑国家的整体利益，也要照顾到台湾人民的利益；不仅要坚守祖国统一的原则性，也要注意政策的灵活性。唯有统筹兼顾，才能最终顺利解决祖国统一问题。

二、独立自主的和平外交政策

外交是内政的延续，为中国特色社会主义建设提供稳定的国内环境，就需要采取巧妙的手法创造一个有利的国际环境。由此，恰当的外交政策就显得格外重要。针对国内外的形势，以及历史上其他国家的外交教训和我国的历史传统，我们采取了独立自主的和平外交政策。实践证明，这一外交政策是符合当前实际的。

（一）当代国际形势

1. 当今时代的主题

20 世纪 70 年代末以后，邓小平对世界形势的发展变化进行了深入的研究和分析，在此基础上逐步形成了对时代主题的判断，其基本点是：第一，世界大战在一个相当长的时期内可以避免，我们有可能争取较长时期的和平环境。第二，和平与发展是当今世界两大带有全球性的战略问题，是东西方之间、发达国家与发展中国家之间矛盾全局的集中体现。第三，和平与发展是相辅相成的，世界和平是促进各国共同发展的前提条件，各国的共同发展则是保持世界和平的重要基础。第四，和平与发展成为时代主题，并不意味着这两个问题已经解决。

当今世界正处在大发展、大变革、大调整之中。和平与发展仍然是时代主题，求和平、谋发展、促合作已经成为不可阻挡的时代潮流。但是，世界还很不安宁，世界和平与发展面临诸多挑战。总体和平、局部战争，总体缓和、局部紧张，总体稳定、局部动荡，是当前和今后一个时期国际局势发展的基本态势。时代主题的变换，为我国社会主义事业发展提供了新的机遇，也带来了新的挑战。在外交政策方面如何应对时代主题变化所带来的机遇与挑战，是对我国外交智慧的考验，只有运用巧妙的手法化解这些问题才能为中国特色社会主义建设创造良好的外部环境。

2. 世界多极化和经济全球化

世界格局多极化是国际关系发展的必然结果。国际格局走向多极化，是时代进步的要求，符合各国人民的利益。但是也要看到，世界多极化的最终形成将经历一个漫长、曲折、复杂的演进过程。在这个过程中，单极与多极的矛盾、称霸与反霸的斗争，将成为相当长一个时期内国际斗争的焦点。合作中的竞争和竞争中的合作成为世界格局多极化趋势发展过程中的重要特征。在世界格局多极化与单边主义的斗争中，军事力量仍然是关键因素。在日趋激烈的综合国力竞争中，经济技术的地位越来越重要。中国要在世界格局多极化的趋势中发挥大国作用，必须不断增强综合国力，发挥独特的建设性作用，承担与我国国力和地位相适应的国际责任和义务，不做超出国力和发展阶段的事情。

世界格局演变的一个重要背景就是经济全球化。20 世纪 90 年代以来，随着冷战的结束，世贸组织建立，信息技术发展，加快了经济全球化发展的趋势。但是，经济全球化是一把“双刃剑”，它在使各种生产要素在全球范围内优化组合和资源优化配置，从而促进全球经济的迅速发展的同时，增多了各国和全球共同面临的社会经济问题，加剧了国际竞争，增加了国际风险，并对国家主权和发展中国家的民族工业造成了严重冲击。面对西方国家主导的经济全球化，对发展中国家来说，这是一个难得的历史机遇，也是一个巨大的挑战。面对经济全球化带来的机遇和挑战，发展中国家在扩大开放时应根据本国的具体条件，循序渐进，注意提高防范和抵御风险的能力。另外，各国之间应增进合作，共同建设世界各国平等、互惠、共赢、共存的经济全球化。

(二)当前中国外交政策和国际战略

1. 抓住和用好重要战略机遇期

党的十六大提出，本世纪头二十年是一个必须紧紧抓住并且可以大有作为的重要战略机遇期。十八大重申，我国发展仍处于可以大有作为的重要战略机遇期，强调我们要准确判断重要战略机遇期内涵和条件的变化，全面把握机遇，沉着应对挑战，赢得主动，赢得优势，赢得未来，确保 2020 年实现全面建成小康社会的宏伟目标。战略机遇期稍纵即逝，只有紧紧抓住和用好了才有意义。抓住重要战略机遇期，关键在于能善于发掘和充分利用一切有利于我们发展的资源和关系，统筹国内、国际两个大局。

2. 中国坚持走和平发展的道路

和平发展道路归结起来就是：既通过维护世界和平发展自己，又通过自身发展维护世界和平；在强调依靠自身力量和改革创新实现发展的同时，坚持对外开放，学习借鉴别国长处；顺应经济全球化发展潮流，寻求与各国互利共赢和共同发展；同国际社会一道努力，推动建设持久和平、共同繁荣的和谐世界。

中国坚持走和平发展道路，是中华民族优秀文化传统的传承和发展，也是中国人民从近代以来的苦难遭遇中得出的必然结论。走和平发展道路，是基于中国特色社会主义的必然选择。走和平发展道路，是基于当今世界发展潮流的必然选择。

中国和平发展打破了“强国必霸”的大国崛起模式，带给世界的是更多机遇，必将推动国际力量对比朝着相对均衡的方向发展，为世界作出更大贡献。“中国将坚持与邻为善、以邻为伴，巩固睦邻友好，深化互利合作，努力使自身发展更好惠及周边国家。”①

3. 独立自主的和平外交政策

中华人民共和国成立以来，一贯坚持独立自主的和平外交政策。我们党在新中国成

① 习近平：《共同创造亚洲和世界的美好未来——在博鳌亚洲论坛 2013 年年会上的主旨演讲》，2013 年 4 月 8 日《人民日报》。

立时就制定了独立自主的和平外交政策。根据这一基本方针，在不同的历史时期还针对国际形势发展的趋势和特点，确定并实施了不同的具体外交战略和外交政策。

中国坚定不移地奉行独立自主的和平外交政策，是由我国的社会主义性质和在国际上的地位决定的。坚持独立自主的和平外交政策，就是把国家主权和安全放在第一位，坚定地维护我国的国家利益；就是从我国人民和世界人民的根本利益出发，对于一切国际事务，都要根据事情本身的是非曲直，决定自己的立场和政策；就是坚持各国的事务应由本国政府和人民决定，世界上的事情应由各国政府和人民平等协商；就是主张和平解决国际争端和热点问题；就是不以社会制度和意识形态的异同决定国家关系的亲疏；就是坚持不同任何大国或大国集团结盟，不搞军事集团，不搞军备竞赛，不进行军事扩张，永远不谋求霸权。

独立自主的和平外交政策的基本原则，是我国对外交往活动的根本准则，是在外交工作实践中探索出来的处理对外关系的根本依据。第一，坚持独立自主地处理一切国际事务的原则。独立自主，就是坚持从我国的实际情况出发，依靠自己的力量，同任何国家友好相处，不容许任何国家损害我国的尊严和主权。第二，坚持和平共处五项原则为指导国家间关系的基本准则。和平共处五项原则的精髓，就是国家主权平等。第三，坚持同发展中国家加强团结与合作的原则。中国是发展中国家，加强同发展中国家的团结与合作是我国对外政策的基本立足点。第四，坚持爱国主义与履行国际义务相统一的原则。在处理国际事务和对外关系时，既要坚决维护本国人民的根本利益，在涉及我国主权、领土完整、国家利益、国家安全的问题上决不妥协退让，同时又要注意维护世界和平和世界人民的根本利益。

4. 实施互利共赢的开放战略

实施互利共赢的开放战略是由我国实行独立自主的和平外交政策和坚持走和平发展道路所决定的。互利共赢是中国走和平发展道路的鲜明特征。实施互利共赢的开放战略符合世界各国共同发展的客观要求。

奉行互利共赢的开放战略，必须推动建立更加公正的国际政治经济新秩序，通过深化合作促进世界经济强劲、可持续、平衡增长。奉行互利共赢的开放战略，重在推进各国和各国人民共同享受发展成果。要坚持从我国实际出发，坚定不移走自己的路，同时要树立世界眼光。

5. 推动建设持久和平、共同繁荣的和谐世界

维护世界和平、促进共同发展是中国外交政策的宗旨。中国倡导并致力于同世界各国一道推动建设持久和平、共同繁荣的和谐世界。在国际关系中，中国坚持弘扬平等互信、包容互鉴、合作共赢的精神，共同维护国际公平正义。在处理国际关系和外交关系方面，我们坚持大国是关键、周边是首要、发展中国家是基础、多边是舞台的外交工作布局。"只有世界所有国家紧密团结起来，共同把握机遇、应对挑战，才能为人类社会发展创造光明的未来，才能真正建设一个持久和平、共同繁荣的和谐世界。"①

【结语】 通过本部分内容的学习，我们得知在当前国际形势下，既要为我国的现代化

① 胡锦涛：《努力建设持久和平、共同繁荣的和谐世界》，2005 年 9 月 16 日《人民日报》。

建设创设良好的国内外环境,又要实现祖国的完全统一大业,尤为复杂。为实现这一目标,需要统筹考虑,不仅考虑我们自己的目标,也要考虑相关问题的历史成因和相关方的现实利益。运用巧妙的手法,本着共赢的原则协商解决,或许能够取得更大的成就。同样,在外交方面也必须尽可能运用巧妙的手法化解分歧、达成共识、实现共赢,从而降低解决问题的难度和成本,达到事半功倍的效果。

(王暖春)

4.9　执政合法

【教案视角】

1. 为什么要坚持中国共产党的领导(90 分钟)

2. 中国共产党执政的职责是什么(90 分钟)

3. 如何加强党的建设,保持党的先进性(90 分钟)

【本讲视角】　第 3 视角

【教学目的】　帮助大学生明白高度重视和不断加强党的建设,是中国共产党从小到大、由弱到强的一大法宝,在新的历史条件下,党的执政能力建设关系到党的建设和中国特色社会主义事业的全局,先进性是马克思主义政党的生命所系、力量所在,加强党的先进性建设是一项长期的历史任务。

【本讲内容】

如何加强党的建设,保持党的先进性

新时期,把党的建设作为一个系统工程来抓,就是要以先进性建设为主线,认真解决提高党的领导水平和执政能力、增强拒腐防变和抵御各种风险的能力这两大历史性课题,全面推进党的思想、政治、组织和作风建设,把制度建设贯穿其中,从整体上提高党建设工作的水平,不断增强党的创造力、凝聚力和战斗力。新时期推进党的建设新的伟大工程的重点,是加强党的执政能力建设和先进性建设。只有根据时代的要求和人民的愿望,加强执政能力建设和党的先进性建设,党才能更好地完成执政使命。

一、党的建设是一项伟大的工程

(一)党的建设是一项伟大的工程

高度重视和不断加强党的建设,是中国共产党从小到大、由弱到强,从挫折中奋起、在战胜困难中不断成熟的一大法宝,也是党领导的伟大事业不断取得胜利的根本保证。

以毛泽东为核心的党中央领导集体,成功地实施党的建设的伟大工程,建设了一支领导人民夺取新民主主义革命胜利、建立社会主义制度的工人阶级先锋队。以邓小平为核心的党中央领导集体,围绕在改革开放和社会主义现代化建设的背景下建设一个什么样的党、怎样建设党的问题,开创了新时期党的建设的伟大工程。面向新世纪,以江泽民为核心的党中央领导集体,领导全党继续推进了党的建设的伟大工程。以胡锦涛为总书记的党中央领导集体提出加强党的执政能力建设和党的先进性建设,更好、更全面、更有效

地推进党的建设。

【案例】 毛泽东的党建思想

毛泽东指出："建设一个全国范围的、广大群众性的、思想上政治上组织上完全布尔什维克化的中国共产党"，"为了中国革命的胜利，迫切需要建立这样一个党"，这是一件"伟大的工程"。[①] 为此，毛泽东结合中国国情的实际着重从思想上建设党，解决党员从思想上入党问题。首先，对广大党员进行为人民服务的精神和共产主义精神的教育；其次，必须开展积极的思想斗争；第三，必须开展经常性的批评和自我批评。毛泽东在着重加强思想建党的同时，还从理论、政治、组织和作风等几方面加强党的建设。

【课堂讨论】 毛泽东为什么着重思想建党？

【点评】 "建设一个什么样的党，怎样建设党"，即党的建设目标和方向问题，是党的建设的首要问题。中国的政治、经济、文化相对落后，社会阶层中以农民和小资产阶级为主，提高他们的思想觉悟就成为党的建设的首要问题。只有思想问题解决了，才能解决理论、政治、组织和作风等其他方面的问题。着重从思想上建党是毛泽东建党的一大特色，并对后来的建党思想产生了深远的影响。

【资料】 民主革命时期，由于当时中国社会的特点，我们党的绝大多数党员来自农民和其他劳动者，也有不少来自于知识分子，还有来自非劳动者阶层的革命分子。比如，1929 年，红四军有党员 1329 人，其中工人 311 人，占 23.4%；农民 626 人，占 47%；小商人 106 人，占 8%；学生 192 人，占 14.5%；其他 95 人，占 7%。

(二)当前加强党的建设的重要性

新时期推进党的建设新的伟大工程的重点，是加强党的执政能力建设和先进性建设。时代在发展，形势在变化。在机遇和挑战并存的条件下，中国共产党要带领全国各族人民全面建设小康社会，实现继续推进现代化建设、完成祖国统一、维护世界和平与促进共同发展这三大历史任务，必须大力加强执政能力建设和先进性建设。

1. 这是中国共产党正确应对面临的机遇和挑战、顺利完成肩负的历史使命的现实需要

时代和实践的发展，总是不断给党提出新的要求，也给党的先进性赋予新的内涵。随着形势的发展，党的领导方式、领导方法、领导艺术，也势必要加以改革、改进和改善，光靠老经验、老办法、老传统是不够的，必须适应新情况、新要求，进行新的创造。因此，我们必须发展地而不是静止地、具体地而不是抽象地看待党的先进性和执政能力问题。只有根据时代的要求和人民的愿望，加强执政能力建设和党的先进性建设，党才能更好地完成执政使命。

2. 这是世界上一些长期执政的大党、老党相继丧失政权的惨痛教训给我们的历史警示

20 世纪 80 年代末 90 年代初以来，世界上一些执政几十年甚至上百年的大党、老党，先后失去政权，有的甚至走向衰亡。出现这种情况，原因是复杂的，从根本上说，是因为这些政党不注重执政能力建设，执政成绩不能令人民满意。这些事实告诉人们，党的执政地

---

① 《毛泽东选集》第 2 卷，人民出版社 1991 年版，第 602 页。

位不是与生俱来的，也不是一劳永逸的，无产阶级政党夺取政权不容易，执掌好政权尤其是长期执掌好政权更不容易。一个政党过去先进，不等于现在先进；现在先进，不等于永远先进。因此，中国共产党必须居安思危，增强忧患意识，坚持用发展的眼光审视和要求自己，以改革的精神加强和完善自己，永不自满，永不懈怠，不断把马克思主义中国化和中国特色社会主义事业推向前进。

【案例】　苏共垮台的教训

20 世纪，苏联发生了两件震惊世界的大事。俄国十月革命后，1918 年建立了世界上第一个社会主义国家。七十三年后的 1991 年的 8 月 24 日，苏共却突然间被迫宣布解散。在生死存亡的关头，苏共未能得到人民包括 1000 多万苏共党员的积极响应，军队也拒绝执行命令，甚至发生倒戈。

导致苏共失权、苏联解体的原因绝不止一个，而是各种原因的合力，苏共丧权也决非"一日之寒"。但有一点，"苏联共产党不仅仅是被国内外的反共势力所搞垮，更是被它一直宣称代表的工人阶级和苏联人民所抛弃。而这后一点，是导致苏共亡党的决定性因素之一"①。

当时，苏共缺乏党内民主，长期以党代政，形成了个人集权制、职务终身制、干部任命制。个人集权制使苏共及其干部形成具有特殊利益、却与群众越来越疏远的"共同体"；职务终身制导致大批庸人进入和滞留在领导层，党的总体决策能力下降；而干部任命制导致相当多的干部使用自上而下的任命制和变相任命制，不允许党员对党的具体政策有任何不同看法，形成了提拔亲信和保官的组织路线。这三制使苏共领导人以言立法，以言废法，以人治代替法治，最终使苏共脱离了人民，进一步失去了作出正确判断的基础。在"8·19"事件之前，苏共各级党组织已在很大程度上被官僚特权阶层、腐败分子所控制。党同人民群众的血肉联系，在许多地方已经荡然无存。这为我们提供了深刻的教训。

【课堂讨论】　苏共垮台的教训对当今加强党的建设有何启示？

【点评】　苏联共产党之所以能取得十月革命和卫国战争的成功，就在于苏联共产党注重加强党同人民群众的血肉联系并保持自身的先进性，这两者之间是相辅相成的。但随着苏联共产党执政地位的巩固，苏共逐渐走上了背离人民同时也丧失先进性和执政能力的穷途末路，最终苏共的垮台在所难免。对于执政的中国共产党来说，一定要注重加强党和人民群众的紧密联系和自身的先进性和执政能力建设，这将决定党的前途与命运。

3. 这是进一步提高中国共产党的领导水平和执政水平的迫切需要

党执政半个多世纪以来，执政成就有目共睹，执政能力同党肩负的重任和使命总体上是适应的。同时也必须看到，党员、干部和基层党组织等方面都存在着一些突出问题，有些党员理想信念淡薄，丧失了先进性，有些党组织缺乏战斗力和创造力；党的执政能力建设也存在一些亟待解决的突出问题，在领导方式和执政方式、领导体制和工作机制、领导干部和领导班子的素质及能力等方面，还存在与社会主义现代化建设事业不相适应的问题，严重影响党的执政形象和执政成效。因此，只有不断加强先进性建设和执政能力建设，党才能保持强大的创造力、凝聚力、战斗力，才能始终成为中国特色社会主义事业的坚

---

① 黄苇町：《苏共亡党十年祭》，江西高校出版社 2002 年版，第 4 页。

强领导核心。

二、加强党的执政能力建设

(一)党的执政能力的内涵

党的执政能力就是党提出和运用正确的理论、路线、方针、政策和策略，领导制定和实施宪法和法律，采取科学的领导制度和领导方式，动员和组织人民依法管理国家和社会事务、经济和文化事业，有效治党、治国、治军，建设社会主义现代化国家的本领。

(二)党的领导核心重视执政能力建设

执政能力建设是党执政后的一项根本建设，是我们党执政后始终面临和不断探索的一个重大课题。新中国成立前夕，毛泽东把执政比作“进京赶考”，强调必须向一切内行的人们学经济工作，从作风和本领两方面提出了党的执政能力问题。十一届三中全会以来，邓小平紧密结合改革开放和社会主义现代化建设的实际，强调坚持党的领导必须改善党的领导，提出了党和国家领导体制改革的问题，对党的执政能力建设提出了新要求。以江泽民为核心的中央领导集体把加强党的执政能力建设与推进社会主义现代化建设紧密结合，与保持党的先进性紧密结合，表明党对执政能力建设有了更深刻的认识，更具有时代紧迫感。2004 年 9 月，党的十六届四中全会通过的《中共中央关于加强党的执政能力建设的决定》，全面总结了半个多世纪以来党执政的主要经验，明确提出了加强党的执政能力建设的指导思想、总体目标和主要任务，是加强党的执政能力建设的纲领性文献。

【案例】《甲申三百年祭》的回声

似乎毛泽东早有预感，在全国解放前四五年，就提醒全党同志要戒骄戒躁，防止当官做老爷的思想。适逢李自成打入北京、明朝灭亡三百周年纪念日，郭沫若写了一篇《甲申三百年祭》，对李自成的历史功过进行了评价，特别是对他进京以后，重蹈历代帝王的覆辙，骄傲、腐化、追求享乐，使艰苦打下来的江山不久便被清军覆灭这段历史经验进行了总结。

毛泽东看到这篇文章，认为正是教育全党的好教材，把它定为了整风文件，为全党同志打好预防针。1949 年，北平解放一个月了，大家准备着进入大城市，既兴奋，又紧张。毛泽东又旧话重提：我们进北平，可不是李自成进北平，他们进了北平就变了。我们共产党人进北平，是要继续革命，建设社会主义，直到实现共产主义。要教育战士，不要中了资产阶级的糖衣炮弹……

毛泽东跟警卫员们聊起进城后要干些什么。有的说，进城后要买块手表，看时间。有的说：进城后，不吃小米，吃小米都吃伤了。毛泽东一听就说：我们就是用小米加步枪，打败了日本侵略者和美蒋反动派，进了大城市，也不要忘了这些。我们进城后还要建立新中国政府，很多人要在政府里当官。不管当多么大的官，做什么样的工作，都是为人民服务，都是革命工作，都需要努力奋斗。可不要以为进城了，当官了，就不求上进了，不愿再过艰苦的生活了。那样，就和李自成差不多了。

1949 年 3 月 23 日，毛泽东离开了西柏坡，踏上了进入北平的旅途。毛泽东感慨地说：今天是进京“赶考”。周恩来答说：“我们应当都能考试及格，不要退回来。”毛泽东笑答：“退回来就失败了。我们决不当李自成，我们都希望考个好成绩。”

【课堂讨论】 建国初期，中国共产党自身面临着什么新的考验？

【点评】 建国初期，中国共产党自身面临着新的考验。这不仅是指在全新的任务面前要排除万难去学会全新的本领，更重要的是指在进入繁华城市、执掌全国政权、从事和平建设的全新的历史条件下，党能不能保持同人民群众的血肉联系，继续保持实事求是、谦虚谨慎和艰苦奋斗的优良传统，不被权力、地位和资产阶级的捧场所腐蚀。这是党的七届二中全会提出的警告，也是党的许多朋友所十分关切的。在党的七届二中全会上，毛泽东把党在执政条件下的建设问题突出地提到党的日程上来，要求全党同志务必继续保持谦虚、谨慎、戒骄、戒躁的作风，继续保持艰苦奋斗的作风。党的八大更是集中讨论了执政党的建设问题。党的建设的不断加强，为取得新民主主义革命、社会主义革命和建设的伟大胜利提供了根本保障。

(三)党的执政经验

在半个多世纪的执政实践中，中国共产党积累了执政的成功经验，主要是：必须坚持党在指导思想上的与时俱进，用发展着的马克思主义指导新的实践；必须坚持推进社会主义的自我完善，增强社会主义的生机和活力；必须坚持抓好发展这个党执政兴国的第一要务，把发展作为解决中国一切问题的关键；必须坚持立党为公、执政为民，始终保持党同人民群众的血肉联系；必须坚持科学执政、民主执政、依法执政，不断完善党的领导方式和执政方式；必须坚持以改革的精神加强党的建设，不断增强党的创造力、凝聚力、战斗力。上述这些经验，也是加强党的执政能力建设的重要指导原则，必须在实践中长期坚持并继续丰富和发展。

(四)加强党的执政能力建设的主要任务

当前和今后一个时期，加强党的执政能力建设的主要任务是：按照推动社会主义物质文明、政治文明、精神文明协调发展的要求，坚持把发展作为党执政兴国的第一要务，不断提高驾驭社会主义市场经济的能力；坚持党的领导、人民当家作主和依法治国的有机统一，不断提高发展社会主义民主政治的能力；坚持马克思主义在意识形态领域的指导地位，不断提高建设社会主义先进文化的能力；坚持最广泛、最充分地调动一切积极因素，不断提高构建社会主义和谐社会的能力；坚持独立自主的和平外交政策，不断提高应对国际局势和处理国际事务的能力。要紧紧围绕上述任务，立足现实、着眼长远，抓住重点、整体推进，不断研究新情况、解决新问题、创建新机制、增长新本领，全面加强和改进党的建设，使党的执政方略更加完善，执政体制更加健全，执政方式更加科学，执政基础更加巩固。

三、加强党的先进性建设

(一)先进性建设的内涵

加强党的先进性建设，就是要通过推进党的思想建设、组织建设、作风建设和制度建设，使党的理论和路线、方针、政策顺应时代发展的潮流和我国社会发展进步的要求，反映全国各族人民的利益和愿望，使各级党组织不断提高创造力、凝聚力、战斗力，始终发挥领导核心和战斗堡垒作用，使广大党员不断提高自身素质，始终发挥先锋模范作用，使我们党永葆与时俱进的品质，始终走在时代前列，不断提高执政能力，巩固执政地位，完成执政使命。

【案例】 身先垂范的毛泽东

布衣平民装：革命战争年代，生活条件艰苦，毛泽东始终和战士一样穿着简单。在他身边的工作人员常想给他添制些新衣裤，毛泽东却说："我的标准，不露肉不透风就行"，"我节约一件衣服，前方战士就多一发子弹"。进了北京城，毛泽东成了国家主席，可以说是权力无上了，要做几件像样的衣服又算得了什么！但毛泽东没有这样做。他又说："现在国家还穷，不能开浪费的头。""没有条件的时候不讲究，这一条好做到；经济发展了，有条件讲究仍然约束自己不讲究，这一条难做到。共产党人就是要做难做的事！"他依然保持着革命战争年代勤俭节约的作风，一身布衣平民装。毛泽东1976年逝世后，人们在清理他的遗物时发现：在毛泽东日常生活用品的存物中，有打了70多个补丁的睡衣，打了50多个补丁的毛巾被，有打了大块大块补丁的内衣内裤，有接长和加肥的棉毛衫、毛衣毛裤，有补了又补的被单和棉纱长袜子，还有连鞋匠都不愿修理的旧拖鞋等。

正人先正己：毛泽东的大儿子毛岸英与刘思齐结婚时，毛泽东只邀请了几个开国元老吃顿便饭，而且饭菜还是毛岸英、刘思齐自己操办的。新房是机关里的一间普通的平房，床上只有两条被子。其中一条还是儿媳从娘家带来的嫁妆。毛泽东给儿子唯一的新婚礼物只是一件他穿过的大衣。毛泽东的女儿李敏、李讷上大学后，都是在学校寄宿就餐，只有星期六才回家。

不搞裙带关系：旧中国官场上搞裙带关系已是司空见惯，"一人当官，鸡犬升天"成了当时的真实写照。毛泽东进京以后，首先破了这条官场上千百年来破不了的常规。文运昌是毛泽东二舅的儿子，是毛泽东的表兄，1910年，毛泽东去湘乡县立高等小学堂读书，文运昌是引荐人和担保人，并积极向毛泽东推荐《新民丛报》等进步书刊，对毛泽东接触新思想起过重要作用。1950年初，毛泽东的另一表兄弟文南松写信给他，要他出面给胞兄文运昌介绍个工作。毛泽东给文南松回了信，信中写道："……运昌兄的工作，不宜由我推荐，由他自己在人民中有所表现，取得信任，便有机会参加工作。"就这么一个表兄，毛泽东也没有利用手中的权力为他谋取一官半职。

说到做到：1949年3月，毛泽东在西柏坡举行的中共七届二中全会上告诫全党说："因为胜利，党内的骄傲情绪，以功臣自居的情绪，停顿起来不求进步的情绪，贪图享乐不愿再过艰苦生活的情绪，可能生长。因为胜利，人民感谢我们，资产阶级也会出来捧场。敌人的武力是不能征服我们的，这一点已经得到证明了。资产阶级的捧场可能征服我们队伍中的意志薄弱者。可能有这样一些共产党人，他们是不曾被拿枪的敌人征服过的，他们在这些敌人面前不愧英雄的称号；但是经不起敌人用糖衣炮弹的攻击，他们在糖弹面前要打败仗，我们必须预防这种情况。"①

天津地委书记刘青山，行署专员张子善，都是20世纪30年代初参加革命的老干部。他们在国民党血腥的白色恐怖下，在艰难的八年抗日战争和三年解放战争中，都曾为党和人民群众的解放进行过英勇斗争，建立过功勋。新中国成立后仅仅一年时间，刘青山、张子善便在资产阶级糖衣炮弹的侵蚀下腐化起来。他们利用职权，先后贪污国家救济粮、治河专款、地方粮，克扣民工粮、机场建筑款及骗取国家银行贷款等，共计171.6272亿元(旧人民币，1万元折合现人民币1元)。毛泽东知道后说：正因为他们两人地位高、功劳大、影响大，所以才下决心处决他们！只有这样，才能挽救20个、200个、2000个、20000个犯

① 《毛泽东选集》第4卷，人民出版社1991年版，第1438页。

有不同错误的干部。于是刘青山、张子善被处以极刑，后来被人们称之为“开国第一刀”。

【课堂讨论】 毛泽东的事迹对当今加强党的建设有何启示？

【点评】 中国共产党这个从成立时只有 50 多个成员的党，到今天拥有 7000 万党员的执政党，之所以能久经磨难而不衰，千锤百炼更坚强，一个重要原因就在于始终如一地把自身建设放在至关重要的地位。中国共产党从夺取政权转向治理天下的那一刻起，如何经受执政的考验，便成为了其事业兴衰成败的关键。中国共产党的领袖们对即将要面临的考验早已有了充分的准备。毛泽东带头严于律己，保持勤俭节约的作风，严惩腐败，不搞裙带关系，交上了一份让人满意的答卷。

(二)党的先进性建设的经验

中国共产党始终高度重视保持党的先进性，总是把党的先进性建设摆在突出的位置来抓。中国共产党保持和发展先进性的创造性实践，为进一步加强党的先进性建设提供了宝贵经验。加强党的先进性建设，第一，必须准确把握时代脉搏，保证党始终与时代发展同步伐。第二，必须把实现好、维护好、发展好最广大人民的根本利益作为党全部工作的出发点和落脚点，保证党始终与人民群众共命运。第三，必须使党的理论和路线、方针、政策不断与时俱进，保证党的全部工作始终符合实际和社会发展规律。第四，必须围绕党的中心任务来进行，保证党始终引领中国社会发展进步。第五，必须坚持党要管党、从严治党，保证党始终具有蓬勃生机和旺盛活力。这些宝贵经验来之不易，对于进一步推进党的先进性建设，具有长期指导作用。

(三)加强党的先进性建设的路径

1. 加强党员队伍建设

加强党的先进性建设，要始终抓好保持和发展党员队伍的先进性这个基础工程。保持党员队伍的先进性，根本在于增强广大党员的先进性意识，激发其自我教育、自我提高的内在动力。重点在于解决党员队伍中存在的突出问题，不断增强党员队伍整体的先进性。

2. 结合党的历史使命和中心任务进行

结合党的历史使命和中心任务来进行加强党的先进性建设是一项长期的历史任务，要紧紧围绕党的历史使命和中心任务来进行。新世纪新阶段，加强党的先进性建设，要紧密结合贯彻落实科学发展观的实践、构建社会主义和谐社会的实践、加强党的执政能力建设的实践和保持党同人民群众血肉联系的实践，使党的建设的各项工作经得起实践、历史、人民的检验。

3. 以改革的精神推进党的建设

保持党的先进性，必须以改革的精神推进党的建设，不断为党的肌体注入新活力。要高度重视从青年中发展优秀分子入党，补充新鲜血液。马克思主义的政党只有赢得青年，才能赢得未来。党的事业离不开青年，青年的成长更离不开党。一切有理想、有抱负的中国青年，只有在中国共产党的领导下，同人民紧密结合，为祖国奉献青春，才能大有作为。青年一代要坚持学习科学文化与加强思想修养的统一，坚持学习书本知识与投身社会实践的统一，坚持实现自身价值与服务祖国的统一，坚持树立远大理想与脚踏实地艰苦奋斗的统一，努力成长为有理想、有道德、有文化、有纪律的人，成长为对党和人民的事业有所建树的人。

【结语】 先进性是马克思主义政党的根本特征，是关系马克思主义政党生存发展的根本性问题。中国共产党历来重视党的建设，特别是党的先进性建设。党在不同历史时期面对不同历史任务而对党的先进性建设提出不同的具体要求。新时期党的建设的重点是党的执政能力建设和先进性建设。党的先进性建设是执政能力建设的决定因素，而党的执政能力建设是执政条件下党的先进性建设的现实要求和集中表现。

（葛宁）